LOTTE SCHENK-DANZINGER

Entwicklungspsychologie

**Völlig neu bearbeitet von
KARL RIEDER**

öbv & hpt

Die Deutsche Bibliothek – CIP-Einheitsaufnahme

Der Titeldatensatz für diese Publikation ist bei
Der Deutschen Bibliothek erhältlich.

1. Auflage 2002
© **öbv&hpt**, Wien 2002
Satz und Grafik: Manuela Strasser
Umschlag: Sabine Diemling
Druck: MANZ CROSSMEDIA, 1051 Wien
ISBN: 3-209-**03681**-0

Inhaltsverzeichnis

Vorwort		**11**
1	**Mensch-Werdung**	**13**
2	**Entwicklungspsychologie als Forschungsgegenstand**	**19**
2.1	Zu einer Arbeitsdefinition	19
2.2	Gegenstand der Entwicklungspsychologie	19
2.3	Stellung der Entwicklungspsychologie innerhalb der Psychologie	20
2.4	Methodologische Fragen	21
2.4.1	Qualitative oder quantitative Forschung?	21
2.4.2	Zielvorstellungen für entwicklungspsychologische Forschung	25
3	**Das Phänomen der Entwicklung**	**27**
3.1	Definition der Entwicklung	27
3.2	Entwicklungstheorien	29
3.3	Grundlegende Entwicklungsprozesse und ihre Merkmale	31
4	**Die Determinanten der Entwicklung**	**34**
4.1	Vererbung	34
4.2	Reifung	35
4.3	Lernen	37
4.3.1	Definition des Lernens	37
4.3.2	Die biologischen Voraussetzungen des Lernens	37
4.3.3	Spontanes Lernverhalten	41
5	**Ein Modell der Persönlichkeitswerdung**	**42**
5.1	Die soziokulturellen Faktoren – der ökologische Ansatz	43
5.1.1	Menschliche Ökosysteme	43
5.1.2	Entwicklungsaufgaben	45
5.1.3	Entwicklung über die Lebensspanne	47
5.2	Die innerseelischen dynamischen Faktoren	47
5.2.1	Die bewusste Selbststeuerung	47

5.2.2	Die unbewussten dynamischen Prozesse	48
5.2.3	Erklärungen zum Persönlichkeitsmodell	49
5.3	Einige Anmerkungen zur Anlage-Umwelt-Problematik	50
6	**Das Leben bis zur Geburt**	**55**
6.1	Vorgeburtliche Entwicklung	55
6.2	Was der Fötus alles kann	59
6.2.1	Ausbildung der Funktionalität der Sinnessysteme	59
6.2.2	Motorik	60
6.2.3	Hören	61
6.2.4	Sehen	61
6.2.5	Schmecken	62
6.2.6	Lernen	62
6.3	Probleme in der vorgeburtlichen Entwicklung	63
6.4	Exogene Einflüsse auf den Fötus: Lebensgewohnheiten der Mutter	64
6.4.1	Rauchen und Passivrauchen	64
6.4.2	Alkohol	65
6.4.3	Medikamente	65
6.5	Die psychische Situation der Eltern und das ungeborene Kind	66
6.5.1	Zur Frage einer empathischen Beziehung zwischen Eltern und Ungeborenem	66
6.5.2	Reaktionen des Ungeborenen auf negative Emotionen der Mutter	68
6.5.3	Psychische Labilität	70
6.5.4	Unerwünschte Schwangerschaft	70
6.6	Die Geburt	71
6.6.1	Die normale Geburt	71
6.6.2	Zur Problematik des frühgeborenen Kindes	74
6.6.3	Die Risikogeburt	75
7	**Die biologischen Grundlagen geistiger Prozesse**	**76**
7.1	Der Einfluss der Umwelt auf die frühe Gehirnentwicklung	76
7.2	Das Prinzip der Selbstorganisation	79
7.3	Intelligenz	80
7.3.1	Zur Definition	80
7.3.2	Genotyp und Phänotyp	81
7.3.3	Potenzielle und aktualisierte Intelligenz	83

8	**Die Entwicklung im ersten Lebensjahr**	**85**
8.1	Das extrauterine Frühjahr	85
8.2	Die Verhaltensweisen im ersten Lebensjahr	86
8.2.1	Die nachgeburtliche Periode: Die ersten vier bis acht Wochen	86
8.2.1.1	Nahrungsaufnahme	86
8.2.1.2	Lernfähigkeit, Gedächtnisleistungen und Nachahmung	87
8.2.1.3	Entwicklung der Motorik	88
8.2.1.4	Reaktionen auf Sinneseindrücke: Entwicklung der Sinne	91
8.2.1.4.1	Visuelle Wahrnehmung	92
8.2.1.4.2	Auditive Wahrnehmung	93
8.2.1.4.3	Olfaktorische und gustatorische Wahrnehmung	94
8.2.1.4.4	Vestibuläre, kinästhetische und propriozeptive Wahrnehmung	95
8.2.1.4.5	Taktile Wahrnehmung	95
8.2.1.4.6	Entwicklung der sensorischen Integration	95
8.2.1.5	Schreien	95
8.2.2	Die Periode der ersten spezifischen Reaktionen auf die Umwelt: Vom dritten bis zum sechsten Monat	96
8.2.2.1	Reaktionen auf akustische und optische Reize	97
8.2.2.2	Der positive ruhige Wachzustand	98
8.2.2.3	Das Greifen	98
8.2.2.4	Das erste Lächeln	100
8.2.2.5	Der Erwerb der Lautsprache: Die Vorstufen	101
8.2.2.5.1	Vokalisierung	101
8.2.2.5.2	Lallen	102
8.2.2.5.3	Die affektive Reaktion des Kindes auf Sprache	102
8.2.2.5.4	Gebärde, Mimik, Gestik	103
8.2.2.6	Neue Gedächtnisleistungen	104
8.2.3	Die Periode der aktiven Zuwendung zur Umwelt: Die zweite Hälfte des ersten Lebensjahres	104
8.2.3.1	Die Entwicklung der Motorik	104
8.2.3.2	Nachahmungsleistungen im motorischen Bereich	107
8.2.3.3	Die Beziehung zur ständigen Pflegeperson	107
8.2.4	Die Ausbildung der spezifisch menschlichen Merkmale	108
8.2.4.1	Das Gehen	109
8.2.4.2	Das erste Wort	109
8.2.4.3	Das erste Werkzeugdenken	113

9	**Interaktion im ersten Lebensjahr: Bindung**	**114**
9.1	Bonding	114
9.2	Die Entwicklung des Bindungsmotivs	117
9.3	Die Initiativen von Mutter und Kind	121
9.4	Die Entwicklung der Vater-Kind-Beziehung	122
9.5	Die Folgen gestörter Interaktion oder das Fehlen adäquater Interaktionsmöglichkeiten im ersten Lebensjahr	125
9.5.1	Ältere Untersuchungen	125
9.5.2	Aktuelle Problembereiche	126
9.6	Die Auswirkungen der sicheren Bindung	129

10	**Das Kleinkindalter: Vom zweiten Lebensjahr bis zum Schuleintritt**	**131**
10.1	Die Körperbeherrschung	131
10.2	Wahrnehmungsleistungen	134
10.2.1	Entfernungssehen, Tiefensehen und Raumwahrnehmung	134
10.2.2	Die Wahrnehmungskonstanz	134
10.2.3	Dominanz der visuellen Wahrnehmung	135
10.3	Verschiedene kognitive Leistungen	135
10.3.1	Das Erfassen von Beziehungen	135
10.3.2	Die Eroberung des Raumes	136
10.3.3	Zeit und Zeitperspektive	137
10.3.4	Die Gestaltwahrnehmung	139
10.3.5	Die Raumlage der Gestalten und die Unterscheidung von rechts und links	141
10.3.6	Der Mengenbegriff	142
10.3.7	Das Erfassen von Gegenstandsmerkmalen und das Gruppieren nach Merkmalen	143
10.3.8	Wahrnehmungsdifferenzierung und Intelligenz	145
10.3.9	Gedächtnis	145
10.4	Die Sprache	148
10.4.1	Grundzüge der Sprachentwicklung im Vorschulalter	148
10.4.2	Theoretische Grundfragen	150
10.4.3	Das Fragealter	154
10.4.4	Begriffsbildung	155
10.5	Die geistige Welt des Kleinkindes	158

10.5.1	Die kognitive Entwicklung nach Jean Piaget	158
10.5.2	Egozentrismus und Anthropomorphismus	159
10.5.3	Das magische Denken und der physiognomische Charakter der Umwelt	160
10.5.4	Der Finalismus und das prälogische wahrnehmungsgebundene Denken	161
10.5.5	Die Überwindung des kleinkindhaften Weltbildes	161
10.6	Das Spiel und seine Bedeutung	163
10.6.1	Definition, theoretische Grundlegung und Merkmale	163
10.6.2	Die Spiele im Kleinkindalter	164
10.6.2.1	Das Rollenspiel (Fiktions- oder Illusionsspiel)	164
10.6.2.2	Das Funktionsspiel	167
10.6.2.3	Das werkschaffende (schöpferische) Spiel	168
10.6.3	Die Bedeutung der Spielerziehung	171
10.6.4	Die Vorstufen des Regelspiels	173
10.6.5	Geschlechtsspezifische Unterschiede	174
10.7	Die Kinderzeichnung	175
10.7.1	Stadien der Kinderzeichnung	175
10.7.2	Merkmale der Kinderzeichnung	177
10.8	Leistungsmotivation und Aspirationsniveau	184
10.9	Die emotionale Entwicklung im Kleinkindalter	185
10.9.1	Erste Gewissensbildung	185
10.9.2	Das so genannte Trotzalter	187
10.9.3	Die psychoanalytische Theorie der frühkindlichen Entwicklung	188
10.9.3.1	Die frühkindliche Sexualentwicklung	188
10.9.3.2	Die Abwehrmechanismen	190
10.9.3.3	Von der infantilen Abhängigkeit zur ersten Verselbstständigung	192
10.9.3.4	Die Rolle des Vaters	195
10.10	Das Kind im Kindergarten	196
11	**Die spätere Kindheit**	**200**
11.1	Allgemeines zum Strukturwandel in der späteren Kindheit	200
11.2	Schulfähigkeit und Schulbereitschaft	200
11.2.1	Kriterien der Schulfähigkeit	200
11.2.2	Ein ökologisches Modell des Konstrukts Schulfähigkeit	203
11.2.3	Die Sprache des Kindes beim Schuleintritt	205

11.3	Das soziale Feld der Schule: Schule als Umwelt	211
11.4	Verhaltensänderungen vom Kleinkind zum Schulkind	212
11.5	Der naive Realismus	216
11.5.1	Denkleistungen auf der Strukturstufe des naiven Realismus	216
11.5.2	Die motorische Entwicklung	218
11.5.3	Motorische Entwicklung und Schreibleistung	218
11.6	Der kritische Realismus	219
11.6.1	Die Merkmale des kritischen Realismus	219
11.6.2	Die Wahrnehmung von Raum und Zeit	220
11.6.3	Die endgültige Überwindung des Egozentrismus	221
11.6.4	Formale Denkoperationen gegen Ende der späteren Kindheit	222
11.7	Die Entwicklung der Sprache im Schulalter: Allgemeine Tendenzen	223
11.8	Das Gedächtnis	225
11.8.1	Gedächtnis und Stufen der Intelligenzentwicklung	227
11.8.2	Der Einsatz von Strategien	228
11.8.3	Das Metagedächtnis	229
11.9	Die soziale und moralische Entwicklung	230
11.9.1	Die Beziehung zu Gleichaltrigen	230
11.9.2	Die Spiele der späteren Kindheit	232
11.9.3	Die Beziehung zu LehrerInnen	232
11.9.4	Die Beziehung der Geschlechter	233
11.9.5	Kind und Familie	233
11.9.6	Das moralische Urteil der Kinder: Entwicklungstendenzen	234
11.9.7	Das Problem der Absicht	235
11.9.8	Das Problem der Strafe	235
11.9.9	Vergeltung unter Kindern	236
11.9.10	Der Begriff der Gerechtigkeit	236
11.9.11	Die moralische Entwicklung nach Kohlberg	236
11.10	Emotionale Probleme	237
11.10.1	Die Schulangst	237
11.10.2	Magische Ängste	239
11.10.3	Probleme der Identifikation mit der eigenen Geschlechtsrolle	239
11.11	Sexuelle Aufklärung	243
11.12	Exkurs: Sexueller Missbrauch	244
11.13	Zur Entwicklung der Leistungsmotivation	248

12	**Das Jugendalter**	**251**
12.1	Vorbemerkungen	251
12.2	Vorpubertät	253
12.2.1	Allgemeines	253
12.2.2	Puberaler Wachstumsschub und geschlechtliche Differenzierung	255
12.2.2.1	Das unterschiedliche Entwicklungstempo von Knaben und Mädchen	256
12.2.2.2	Das Problem der Akzeleration	256
12.2.2.3	Erklärungsmodelle für die Ursachen der Akzeleration	257
12.2.2.4	Die psychischen Auswirkungen der Akzeleration	258
12.2.2.5	Somatische Entwicklung und Selbstwertgefühl	259
12.2.3	Die Erscheinungen der Vorpubertät beim Knaben	260
12.2.3.1	Die Kraftsteigerung	260
12.2.3.2	Die Gemeinschaft der Gleichaltrigen	260
12.2.3.3	Die Beziehung zu den Eltern	260
12.2.3.4	LehrerInnen und Schule	261
12.2.3.5	Die Entwicklung im kognitiven Bereich	261
12.2.4	Die Erscheinungen der Vorpubertät bei Mädchen	262
12.2.4.1	Veränderung der Grundstimmung	262
12.2.4.2	Vom Eigenleben der Mädchen	263
12.2.4.3	Das Selbstwertgefühl der Mädchen	264
12.2.4.4	Beziehungen zu Eltern und Brüdern	264
12.2.4.5	Haltungsverfall und Schulleistungen	265
12.2.5	Sexualpädagogik in der Vorpubertät	265
12.3	Pubertät und Adoleszenz	266
12.3.1	Allgemeines zur Pubertät	266
12.3.2	Die biologischen Grundlagen	270
12.3.3	Die Entwicklungsaufgaben im Jugendalter	271
12.3.4	Coping – Wie Entwicklungsaufgaben bewältigt werden	276
12.3.5	Der Kontext der Erfüllung der Entwicklungsaufgaben – Exkurs zur Familie	280
12.3.6	Die Selbstfindung	284
12.3.7	Die Ablösung von der Familie	285
12.3.8	Aufbau eines Wertesystems – Interiorisation von Normen	287
12.3.9	Die Entwicklung des moralischen Urteilens nach L. Kohlberg	291
12.3.10	Jugend und Politik	293

12.3.11 Berufswahl, Lebenspläne und Erwartungen 296
12.3.12 Soziale Beziehungen zu Gleichaltrigen 298
12.3.13 Freizeitverhalten 301
12.3.14 Sexuelle Beziehungen 303
12.3.15 Problemverhalten und Fehlanpassungen 305
12.3.15.1 Depressionen 306
12.3.15.2 Drop-outs 306
12.3.15.3 Drogen und Alkohol 308
12.3.15.4 Suchtverhalten 310
12.3.15.5 Delinquenz 312
12.3.15.6 Rechtsextremismus 313
12.3.16 Der individuelle Verlauf der Pubertät 315

Bibliografie **318**

Sachregister **331**

Personenregister **356**

Bildnachweis **360**

Vorwort

Es ist keine geringe Aufgabe, vor die man sich gestellt sieht, wenn ein derart gut eingeführtes Werk wie *die* Entwicklungspsychologie von Lotte Schenk-Danzinger einer vollständigen Neubearbeitung unterzogen werden soll.
Seit der letzten Bearbeitung durch die Autorin hat sich – wie in allen anderen Wissens- und Forschungsbereichen – die verfügbare Information, das verfügbare Wissen ungeheuer vermehrt, sodass es für Einzelne schwierig wird, Schritt zu halten. Die klassische Betrachtungsweise, die der Entwicklungspsychologie die Aufgabe zuweist, Gesetzmäßigkeiten aufzuzeigen, nach denen sich das Verhalten eines Menschen sowie seine Denkformen, seine Wahrnehmung, seine Haltungen und Einstellungen, aber auch seine Leistungen im Laufe des Lebens verändern – also der primäre Bezug auf die Zeitdimension Lebensalter, wurde im letzten Drittel des 20. Jahrhunderts zunehmend durch neue Programmatiken erweitert. Hier sind vor allem die Entwicklungspsychologie der Lebensspanne und die immer mehr in den Vordergrund tretende Beachtung und Berücksichtigung der sich in einem stetigen Wandel befindlichen Umwelt, in der Entwicklung stattfindet, zu nennen.
Diese Paradigmenwechsel sind bei neueren Übersichtswerken und Einführungen zur Entwicklungspsychologie schon durch die thematische Gliederung sofort augenfällig. Dennoch habe ich mich entschlossen, den ursprünglichen Aufbau, den Lotte Schenk-Danzinger gewählt hatte, ganz beizubehalten. Denn gerade in diesem klaren und übersichtlichen Duktus, der sich durch das Buch zieht, liegen unbestreitbare Vorteile für die BenutzerInnen des Werkes, ermöglicht er doch eine sehr rasche und zielgerichtete Orientierung und erste Informationsgewinnung. Die Ansprüche der neuen entwicklungspsychologischen Forschungsausrichtungen sind thematisch und inhaltlich der Dimension Lebensalter zugeordnet, es wird immer wieder auf sie Bezug genommen, sodass die LeserInnen auch die wesentlichsten Aspekte des wissenschaftstheoretischen Diskurses im Fachbereich mitverfolgen, aufgreifen und zum Ausgangspunkt ihrer eigenen kritischen Reflexion und Weiterarbeit machen können.
Eine weitere schwierige Aufgabe war die Frage, welche Forschungsergebnisse exemplarisch und illustrativ neu aufgenommen werden sollen, und welche der bestehenden im Originaltext beibehalten, adaptiert oder entfernt werden müssen. Auch hier war die selbst gesteckte Zielvorgabe, möglichst viel an exemplarischer und gesicherter Information zu bieten, dient das vorliegende Werk doch vor allem

für einen ersten Einstieg in den Wissens- und Forschungsbereich. Augenmerk wurde aber darauf gelegt, dass die LeserInnen in allen thematischen Bereichen genügend aktuelle Referenzen vorfinden, die ein vertiefendes Studium eines fachspezifischen Komplexes oder einer speziellen Fragestellung ermöglichen.

Nicht zuletzt galt es aber, das Denken der Autorin und die dadurch zum Ausdruck kommende Grundhaltung der unbedingten Zuwendung zum Kind im Text zu erhalten und durch die Arbeit für die LeserInnen erlebbar zu machen. Als Bearbeiter der Neuauflage hoffe ich, dass es gelungen ist, all diesen Ansprüchen einigermaßen zu genügen.

Karl Rieder

1 Mensch-Werdung

Das Konzept „Mensch" im europäischen Verständnis bezieht sich auf drei Wurzeln:
1. Die jüdisch-christliche Tradition,
2. die griechisch-antike Tradition,
3. die moderne Naturwissenschaft.

Daraus folgt, dass wir keine einheitliche Idee vom Menschen haben, denn er kann einerseits in evolutionärer Sicht als *natursystematischer Begriff* aufgefasst werden oder als *Wesensbegriff*, der auf seine Sonderstellung im Kosmos abzielt. Allerdings wird es heute oft abgelehnt, im Menschen etwas allzu Hervorgehobenes gegenüber der restlichen Natur zu sehen. Wir wissen, dass die meisten unserer Gene mit denen von Tieren übereinstimmen, doch muss man beachten, dass biotische Wesen in ihrer Natur und Wesenheit nur zu einem geringen Teil von der Sequenz der Gene bestimmt werden. Wichtig sind darüber hinaus biochemische Prozesse in Zellen, die Funktionsweise der Organe und des gesamten Organismus und selbstverständlich auch das Verhalten der jeweiligen Organismen. Aus gleichen Genen können so sehr unterschiedliche Wesenszüge entstehen.

Abbildung 1: Ein Denkanstoß aus der Werbung (aus facts 23, 2001)

Eine Sonderstellung des Menschen ist auch durch Zuschreibung spezifischer Merkmale schwer zu fassen, da sich im Rahmen der Forschungen zur universellen Evolution gezeigt hat, dass das Auftreten neuer Systemeigenschaften durch die Vereinigung von Untersystemen ein natürlicher Vorgang ist. So unterscheidet sich normalerweise das Wesen eines (Gesamt)Systems qualitativ ganz deutlich von den Eigenschaften seiner einzelnen Teile.

Die gröbste Unterscheidung alles Seienden weist drei große Gruppen aus:

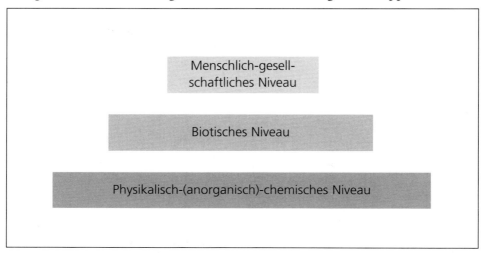

Abbildung 2: Die drei Großgruppen alles Seienden

Nur Menschen vermögen in einem außerordentlich weitgehenden Ausmaß die Dominanz des Biotischen durch gesellschaftliche Vorsorge und geplante und gezielte Umweltveränderungen zu überwinden.

Die Entwicklung zum Menschen ist durch die Entstehung von grundlegend Neuem gekennzeichnet. *Funktionswechsel* und *Dominanzwechsel* sind dafür charakteristisch und verantwortlich. Nach HOLZKAMP (1985) weisen alle Entwicklungsprozesse mit Qualitätsänderungen fünf typische Phasen aus:

- Auf der jeweils früheren Stufe müssen die Voraussetzungen für das sich entwickelnde Neue bereits grundgelegt sein.
- Diese Keimformen entwickeln sich nicht von alleine zu einer dominanten Form. Dass sie bedeutsam werden können, wird durch Veränderungen der Außenweltbedingungen für das sich jeweils Entwickelnde bewirkt.
- Der dadurch ausgelöste Prozess ist mehr als biologische Anpassung: Es handelt sich um einen *Funktionswechsel*.

- Sobald die neuen Prozesse wesensbestimmend werden, ist der *Dominanzwechsel* vollzogen. Das Neue hat sich durchgesetzt. Der Vorgang ist irreversibel. Dadurch ist ein Qualitätssprung der Entwicklung gekennzeichnet.
- Auf der Grundlage dieses Neuen verändert sich der gesamte Prozess des betreffenden sich entwickelnden Systems durch innere Umgestaltungen und Differenzierungen. Auch die sozialen Strukturen verändern sich.

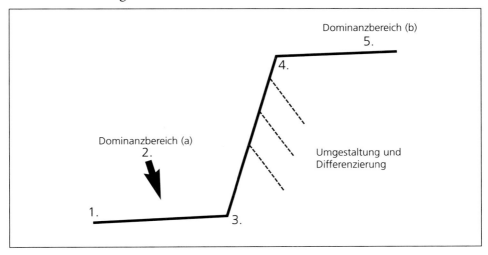

Abbildung 3: Allgemeine Struktur von Qualitätssprüngen (nach SCHLEMM 2001)

Leben, Bewusstsein, Erkenntnisfähigkeit sind Systemeigenschaften und immer nur als solche verständlich.

Dessen ungeachtet wird die Frage nach der Eigenart des Menschen und seiner besonderen Stellung in der Welt auch heute immer wieder reflektiert. Im deutschsprachigen Forschungsbereich haben die Arbeiten von Arnold GEHLEN große Bedeutung erlangt. In dieser Sicht, die bis heute nachlebt, charakterisieren die folgenden Merkmale den Menschen im Vergleich zu den übrigen Lebewesen und insbesondere auch im Vergleich zu seinen nächsten Verwandten, den Primaten:

1. Der Mensch ist im weitaus geringeren Maße als Tiere mit Instinkten, die das Verhalten in angeborener, zweckmäßiger Weise regeln, ausgestattet. Damit ist er auch nicht gleichsam schicksalsmäßig eingebettet in eine Welt von Zeichen und Signalen, auf die er auf Grund seiner Instinktausstattung zweckmäßig und relativ starr reagiert. *Der Mensch ist ein Lernwesen.* Er muss vom ersten Tag seines Lebens an lernen, um sich in seiner komplexen, ständig

wechselnden und sich verändernden Umwelt zu behaupten. Er ist ein *offenes System* und daher in besonderer Weise anpassungsfähig, nicht nur an die verschiedensten Bedingungen des Lebens, sondern auch an einen raschen Wechsel der Umstände. *Instinktreduktion ermöglicht Freiheitsgrade des Handelns.*

2. Ein wesentliches charakteristisches Kennzeichen des Menschen – nach Eccles vielleicht das grundlegendste Merkmal der menschlichen Spezies überhaupt – ist ihr *Selbstbewusstsein*. Menschen können sich selbst gegenübertreten, und sie besitzen die *Fähigkeit*, zu ihren eigenen Trieben und instinktgesteuerten Impulsen *Stellung zu nehmen*, sie zu unterdrücken, die Bedürfnisbefriedigung hinauszuschieben oder Verzicht zu leisten. *Das allerdings muss der Mensch erst lernen – vor allem im Laufe seiner Kindheit.*

Dieses Unterscheidungsmerkmal ist jedoch durch neue Forschungsbefunde – vor allem bei Primaten – etwas problematisch geworden. Letztlich hängt in dieser Diskussion alles davon ab, wie man den Begriff Bewusstsein fasst, und es stellt sich auch die Frage, ob man überhaupt genau beschreiben kann, was ein Bewusstsein überhaupt ist.

Man kann aber auch darüber nachdenken, wodurch Bewusstsein entsteht. Gehirne erkennen die Welt, indem sie Abbilder von realen Gegebenheiten virtuell nachbauen. Wenn ein Gehirn sich selbst betrachtet, dann schafft es ein virtuelles Abbild von sich selbst. Dieses Abbild könnte als Ich erfahren werden. Das Ich-Bewusstsein dürfte somit die ursprünglichste Form des Bewusstseins sein. Auf dieses können dann alle weiteren Abbilder projiziert und Handlungen dazu in Beziehung gesetzt werden.

3. Der Mensch lebt – soweit das vom heutigen Forschungsstand her beurteilt werden kann – als einziges Wesen in *Vergangenheit, Gegenwart und Zukunft.*
4. Da er auf die Zukunft bezogen lebt, *plant und handelt er*. Er passt sich nicht nur handelnd seiner Umwelt an, sondern er verändert sie auch handelnd, um sie seinen Bedürfnissen anzupassen.

Exemplarisch kann der qualitative Unterschied zwischen tierischem und menschlichem Handeln am Beispiel der Werkzeugherstellung und -benutzung gezeigt werden. Tiere verbinden hier nur konkreten Bedarf und unmittelbare konkrete Befriedigung des Bedarfs. Der Mensch nimmt das Mittel aber nicht nur unmittelbar in Gebrauch, es kommt zu einer so genannten *Zweck-Mittel-Verkehrung* (Holzkamp 1985): Das Mittel wird nicht mehr nur unmittelbar zum Gebrauch genommen, sondern aufgehoben, falls es wieder einmal in derselben Weise notwendig werden sollte, für

sich selbst oder jemand anderen aus der sozialen Gemeinschaft. Das Mittel trägt nun den Zweck in sich, es ist so bereits vor dem jeweils konkreten Auftreten des Zwecks vorhanden (SCHLEMM 2001).
5. Tiere lernen vorwiegend durch Konditionierungen und Nachahmung, der Mensch hingegen *lernt vor allem durch Einsicht*, indem er die Beziehungen von Faktoren innerhalb einer Situation erfasst oder solche Zusammenhänge selbst herstellt. Ferner hat er als einziges Lebewesen die Fähigkeit, *durch Identifikation mit Vorbildern*, denen er sich durch eine *positive emotionale Beziehung* verbunden fühlt, zu lernen.
6. Der Mensch hat nicht nur *primäre Bedürfnisse* nach Nahrung, Flüssigkeit und Befriedigung des Geschlechtstriebes, sondern er hat von Anfang an auch *sekundäre Bedürfnisse*, und zwar nach *Sicherheit, Geborgenheit* und *Liebe*, nach *Geltung* und *Selbstverwirklichung*.
7. Diesen primären und sekundären Bedürfnissen entsprechen *primäre* und *sekundäre Motivationen*. Die Beweggründe des Handelns werden beim Menschen von physiologischen Bedürfnissen in viel geringerem Maße bestimmt als vom Streben nach Liebe, Lob, Geltung, Ansehen, Macht, Geld und Prestige – von sekundären Bedürfnissen somit, die im sozialen Kontakt erlernt werden.
8. Nur Menschen besitzen die *Wortsprache*. Im Gegensatz zu Tieren, deren instinktgesteuerte Kommunikationssysteme primär der Lebens- und Arterhaltung dienen, haben Menschen die Fähigkeit, Sachverhalte darzustellen. Merkmale, die ausschließlich menschlichen Sprachen als Kommunikationsform zukommen, sind *die Nicht-Erblichkeit der Einzelsprache, die faktisch unbegrenzte Möglichkeit individueller Kreativität und die typischen systemimmanenten Strukturmerkmale wie beispielsweise die Verwendung diskreter Einheiten*.
9. Der Mensch kommt – im Gegensatz zu allen anderen höheren Säugern, die alle arteigenen Eigenschaften mitbringen und meist in wenigen Stunden zu selbstständigen Lebewesen werden – in besonderer Weise *unfertig* zur Welt. Der Mensch ist gleichsam *ein Nesthocker eigener Art*, der erst mit Ende des ersten Lebensjahres ganz wesentliche arteigene Merkmale erwirbt, nämlich die *Sprache*, den *aufrechten Gang* und die spezifisch menschliche, über die Brutpflege hinausgehende *Bindungsfähigkeit*.
10. Viel stärker als bei Tieren, wo dies auch der Fall sein kann, ist die *Sozialisierung* beim Menschen ein *Lernprozess*.

Bereits in der Entwicklung der tierischen Organismen haben sich wichtige Verhaltensmerkmale und psychische Fähigkeiten herausgebildet. Auf der Grundlage der kognitiven Orientierung, der Emotionalität als zustandsabhängiger Wertung erkannter Umweltgegebenheiten und Kommunikation als reziproker Interaktion von Organismen entfalten sich Sozialstrukturen. Neben weitgehend angeborene Verhaltensweisen tritt das individuelle Lernen der Tiere. In der niederen Form des subsidiären Lernens ist die Reihenfolge der auszuführenden Aktivitäten weitgehend festgelegt. Das kann bei den höheren Formen des autarken Lernens weitgehend situationsspezifisch verändert werden. Zu lernen, was in welcher Situation günstig ist, erfordert eine gewisse Spielzeit und Phasen der Einübung. Die Kindheitsphase im Sozialverband wird dadurch unbedingt notwendig.
11. Nur der Mensch besitzt die Fähigkeit, zu werten und *Wertordnungen* aufzubauen, die als Maßstäbe des Gruppen- und Individualverhaltens wirksam werden.
12. Während es bei Tieren moralanaloges Verhalten als aufgeprägte Verhaltensmuster gibt, entwickelt nur der Mensch ein *Gewissen* als jene Instanz, in die das Wertsystem eingebaut wird, und die jedes Zuwiderhandeln mit stark negativen Gefühlen besetzt.

Die meisten Merkmale des Menschen beruhen auf der außergewöhnlichen Leistungsfähigkeit des Gehirns. Sie ist das eigentlich Menschliche am Menschen.

2 Entwicklungspsychologie als Forschungsgegenstand

2.1 Zu einer Arbeitsdefinition

Um sich einer Definition von „Entwicklungspsychologie" anzunähern, müssen die darin enthaltenen Begriffe „Entwicklung" und „Psychologie" näher reflektiert werden. Abschnitt 3.1 leistet diese Auseinandersetzung für das Konzept „Entwicklung". Was aber ist Psychologie?

Die klassische Definition umschreibt *Psychologie als Wissenschaft vom Verhalten und Erleben des Menschen*, oder *exakter* mit ZIMBARDO (1999) vom *Verhalten, Erleben und Bewusstsein des Menschen und deren inneren und äußeren Bedingungen und Ursachen*. Psychologie befindet sich damit im Spannungsfeld zwischen Natur- und Geisteswissenschaften, wobei die Bevorzugung einer der beiden Ausrichtungen mit jeweils bestimmten Forschungsstrategien verknüpft ist.

Unter Vorwegnahme der Erörterungen, die zum Begriff „Entwicklung" noch angestellt werden, legen wir folgende Definition für unseren Arbeitsbereich zu Grunde: *Entwicklungspsychologie ist jene Wissenschaft, die sich mit der Veränderung menschlichen Verhaltens und Erlebens über die Zeit befasst*. Eine angewandte Entwicklungspsychologie versucht Veränderungen im menschlichen Leben und Verhalten als Beitrag zur Lösung unterschiedlicher Fragestellungen zu beschreiben, zu erklären, vorherzusagen und zu beeinflussen (STEINEBACH 2000).

2.2 Gegenstand der Entwicklungspsychologie

Eine traditionelle Begriffsbestimmung zum Gegenstandsbereich lautet: *Aufgabe der Entwicklungspsychologie ist es, Gesetzmäßigkeiten aufzuzeigen, nach denen sich das Verhalten des Menschen sowie seine Denkformen, seine Wahrnehmung, seine Haltungen und Einstellungen, aber auch seine Leistungen im Laufe des Lebens verändern.*

Es werden also *Veränderungen* untersucht. Welche Veränderungen aber werden Entwicklung genannt? MONTADA (1987) schlägt folgende Arbeitsdefinition vor, die den Gegenstandsbereich präzisiert, aber nicht alle Veränderungen einschließt, welche die Psychologie untersucht, wie etwa Lernen, Vergessen, Verdrängen etc.: Alle Veränderungen vollziehen sich in der Zeit. *Gegenstand der Entwicklungspsychologie sind Veränderungen, die auf die Zeitdimension Lebensalter bezogen werden können*, als Formel ausgedrückt:

$$V = f(A)$$

Diese Formel will aber nicht besagen, dass das Lebensalter die Ursache der Veränderung ist. Das Lebensalter dient lediglich der beschreibenden Aufzeichnung der Veränderung. Veränderungen treten ein, weil Ereignisse sie bewirken. Diese Ereignisse können mit dem Alter korrelieren, das dadurch zum Indikator für solche Ereignisse wird, müssen aber nicht. Die Entwicklungspsychologie muss sich also bemühen, die wirklichen Bedingungen zu (er)kennen. Erst sie erklären die Veränderungen. Alter selbst ist keine psychologische Variable, sondern lediglich eine physikalische Größe, die für sich nichts erklärt, sondern nur eine Dimension darstellt, in der Entwicklungsdeterminanten sich auswirken (TRAUTNER 1992).

Entwicklung vollzieht sich während des ganzen Lebens. Das vorliegende Werk beschränkt sich allerdings auf Kindheit und Jugend.

2.3 Stellung der Entwicklungspsychologie innerhalb der Psychologie

Die Entwicklungspsychologie bezieht nicht nur viele Informationen und Deutungsmöglichkeiten aus anderen Wissenschaften, vor allem aus der *Genetik*, der *Anthropologie*, der *Soziologie* und der *vergleichenden Verhaltensforschung*, sondern auch mit anderen Teilbereichen der Psychologie besteht ein enger, wechselseitiger Informationsaustausch, vor allem mit der Denkpsychologie, der Wahrnehmungspsychologie, der Lernpsychologie, der Motivationspsychologie und der Sozialpsychologie. Die Entwicklungspsychologie bedient sich der in diesen Teilbereichen erprobten Forschungsmethoden und der dort erarbeiteten Ergebnisse, steuert aber auch ihrerseits Wesentliches bei, nämlich vor allem „Informationen über die Anfänge". Ergebnisse der entwicklungspsychologischen Forschung müssen von der *angewandten Psychologie* berücksichtigt werden, vor allem von der Testpsychologie, der klinischen und der pädagogischen

Psychologie, der Arbeitspsychologie und auch von jener Richtung, die sich mit der psychologischen Betreuung alter Menschen beschäftigt.

Besonders in den 60er- und 70er-Jahren entstand – zuerst in den USA und nachfolgend in Europa – bedingt durch die allgemeine politische Entwicklung zunehmend Druck auf die Psychologie, sich mehr und mehr bestimmten aktuellen entwicklungspsychologischen Fragestellungen zu widmen, die sich aus der Praxis ergaben. Dazu zählten und zählen Bereiche wie etwa Vorschulerziehung, Erweiterung der Entwicklungspsychologie auf die gesamte Lebensspanne (Veränderungen im Alter), Begabungsreserven und „Begaben" durch Erziehung und Schule, Curriculumreformen mit Schwerpunkten im Bereich der sozialen Kompetenz, Tagesmütter, Drogenmissbrauch, Gewalt, Kriminalität – um nur einige wichtige zu nennen.

Die interdisziplinäre Stellung der Entwicklungspsychologie kann folgendermaßen skizziert werden:

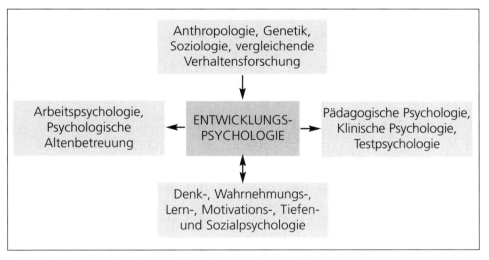

Abbildung 4: Die interdisziplinäre Stellung der Entwicklungspsychologie

2.4 Methodologische Fragen

2.4.1 Qualitative oder quantitative Forschung?

Am Anfang der Forschungsgeschichte, der Frühphase der Entwicklungspsychologie am Ende des 19. und zu Beginn des 20. Jahrhunderts, standen detaillierte Tagebuchaufzeichnungen. W. PREYER hat 1882 Beobachtungen an seinen Kindern festgehalten, die Eltern SCUPIN führten 1933 ein Tagebuch über ihren Sohn, das lange Zeit als eine wichtige Informationsquelle galt. Eine anderes Beispiel, das in der Forschung vielfach verwendet wurde, sind die Aufzeichnungen des Ehepaars STERN über die sprachlichen Äußerungen ihrer Kinder (1927). Zu erwähnen sind auch die Tagebuchanalysen von Ch. BÜHLER (1929).

Man kann diese AutorInnen als VorläuferInnen der *qualitativen Entwicklungspsychologie* betrachten.

Diese ersten Forschungsbemühungen fanden mit dem deutschen Faschismus ein jähes Ende. Nach dem zweiten Weltkrieg war eine grundlegende Orientierung an der nordamerikanischen Psychologie und eine Ausrichtung an quantitativen Methoden die Folge. Die bisherigen Untersuchungen wurden als „anekdotisch" und „unwissenschaftlich" betrachtet.

Die biografische Methode in Form von Gelegenheitsbeobachtungen entsprach in dieser Sicht nicht den Maßstäben, die in Bezug auf Objektivität und Exaktheit an eine wissenschaftliche Untersuchung angelegt wurden: Beobachtungen (an Kindern) müssen von neutralen Personen und unter wissenschaftlich kontrollierbaren Bedingungen durchgeführt werden.

Einige der quantitativ-empirisch ausgerichteten Methoden sind:

- *Systematische Dauerbeobachtung* in natürlichen Situationen, heute vor allem unter Verwendung von Videoaufzeichnungen.
- *Time Sampling*. Hier wird meist nur eine bestimmte Verhaltenskategorie beobachtet, und zwar in vorher festgelegten kurzen Zeitintervallen.
- *Beobachtung unter kontrollierten Bedingungen*. Häufiger als unter natürlichen Bedingungen werden Beobachtungen in *eigens arrangierten Situationen*, d. h. *unter voll kontrollierten Bedingungen*, durchgeführt. Bei derartigen Untersuchungen muss immer eine so genannte *äqualisierte Kontrollgruppe* herangezogen werden, das ist eine gleich große Gruppe, die der Versuchsgruppe in Alter, Geschlecht, Intelligenz und sozialer Herkunft entspricht und sich von dieser nur durch die Tatsache unterscheidet, dass sie der Situation, welche die Versuchsgruppe erlebte, nicht ausgesetzt war.
- *Experiment*. Bei Experimenten handelt es sich um eng umschriebene Leistungen, zu denen Versuchspersonen unter kontrollierten Bedingungen veranlasst werden. Der Versuch muss optimal wiederholbar sein, und er muss so angelegt sein, dass einzelne zu untersuchende Variablen veränderbar sind.
- *Test*. Die klassische Testtheorie stellt folgende Anforderungen: Verfahren sollen *objektiv, reliabel* und *valide* sein. Der Spielraum für unreflektierte

subjektive Interpretationen soll dadurch weitgehend eingeschränkt werden. Reliabilität bedeutet, dass die Anwendung eines bestimmten Verfahrens durch verschiedene Personen unter gleichen Bedingungen zu gleichen Ergebnissen führt. Validität bedeutet, dass Verfahren genau das messen oder erfassen sollen, was sie zu messen oder zu erfassen vorgeben.

- *Explorationsgespräch*. Bei der Exploration handelt es sich um ein analysierendes Untersuchungsgespräch. PIAGET hat für seine berühmten Untersuchungen eine besondere Methode entwickelt, bei der er das *Experiment* mit der *Exploration* kombiniert hat.
- *Fragebogen*. Das Entwerfen eines Fragebogens ist eine schwierige Aufgabe. Er darf keine Suggestivfragen enthalten und die Fragen dürfen den Probanden nicht dazu verleiten, sich in ein gutes Licht zu setzen oder das zu sagen, was der Fragesteller seiner Meinung nach gerne lesen würde. Auch müssen die Fragen wirklich das Problem betreffen. Ein Fragebogen muss vor seinem tatsächlichen Einsatz lange Zeit sorgfältig erprobt werden.
- *Leistungen*. Bestimmte Leistungen, wie etwa Zeichnungen oder schriftliche Äußerungen, können einen Hinweis auf die Entwicklungsstufe geben, auf der sich ein Kind befindet. Leistungserhebungen bilden eine wichtige Grundlage in der klinischen Psychologie.

Eine wesentliche methodologische Unterscheidung besteht zwischen *Querschnitt-* und *Längsschnittuntersuchungen*.

- *Querschnittuntersuchungen* werden in der experimentellen Kinder- und Jugendpsychologie sehr häufig angewendet. Sie sollen zeigen, wie sich Kinder und Jugendliche verschiedener Altersstufen mit demselben Problem auseinander setzen. Das gleiche Experiment wird mit Kindern verschiedener Altersstufen durchgeführt. Wenn man mit kleinen Gruppen beginnt, um zu sehen, ob sich Veränderungen des Verhaltens in der erwarteten Richtung zeigen, spricht man von einer Vorstudie, auch *Pilotstudie*. Erst die darauf aufbauende Hauptuntersuchung wird mit repräsentativen Stichproben durchgeführt, das heißt mit Gruppen, die in ihrer Zusammensetzung in Bezug auf Alter, Geschlecht, eventuell Schultyp, Intelligenz und soziale Herkunft den Verhältnissen in der jeweiligen Bevölkerungsgruppe entsprechen. Die dann erzielten Durchschnittswerte können, falls sie voneinander abweichen, als entwicklungsbedingte Veränderungen betrachtet und einer normierenden Beurteilung zugeführt werden.

Untersuchungen, die Aspekte des Verhaltens und Erlebens verschiedener Altersstufen zu einem Messzeitpunkt erfassen, sind mit großen Fehlern behaftet. Alters- und Generationeneffekte sind hier miteinander verquickt.
- *Längsschnittuntersuchungen.* Kinder einer bestimmten Bevölkerungsgruppe werden nach bestimmten Merkmalen genau untersucht und beschrieben, und zwar in genau festgelegten Zeitabständen, über einen großen Zeitraum hin. Die Längsschnittmethode ist der Königsweg der Entwicklungspsychologie. Sie erfasst die intraindividuellen Veränderungen und somit auch die interindividuellen Unterschiede in der Entwicklung.

Im Längsschnitt wird also eine Stichprobe zu unterschiedlichen Zeitpunkten und damit in unterschiedlichen Altersstufen untersucht. Die Qualität der Ergebnisse hängt somit wesentlich davon ab, wie gut die Stichprobe zusammengestellt wurde, welche Zeitabschnitte untersucht werden, ob und wie durch ausfallende ProbandInnen Ergebnisse verzerrt werden, und ob und wie sehr der Untersuchungsgegenstand durch Wiederholungen beeinflusst wird (STEINEBACH 2000).

Qualitative Forschungsansätze verschwanden damit vorerst weitgehend aus der Entwicklungspsychologie. Auch nach heutigem Verständnis wird qualitative Forschung vielfach bestenfalls als vorbereitende Forschung gesehen, die erst durch eine quantitative Prüfung wissenschaftliche Sicherung erhalten kann.
Seit den 60er-Jahren des 20. Jahrhunderts wurden neue Programmatiken der Entwicklungspsychologie formuliert, darunter vor allem die *„Entwicklungspsychologie der Lebensspanne".* In ihr ist implizit eine Absage an die differenzielle Entwicklungspsychologie begründet, besonders deutlich in der Kritik, die U. BRONFENBRENNER (1978) mit den seither oft zitierten Worten, „dass die gegenwärtige Entwicklungspsychologie zu einem großen Teil die Wissenschaft fremdartigen Verhaltens von Kindern in fremden Situationen mit fremden Erwachsenen in kürzest möglichen Zeitabschnitten ist", geübt hat. In der Folge gibt es heute einen deutlichen Trend einer Ablösung vom naturwissenschaftlichen Ideal der strikt kontrollierten und standardisierten Bedingungen, und eine Rückbesinnung auf die eingangs skizzierte Frühphase der Entwicklungspsychologie. Eine ausführliche Analyse und Perspektiven zur Weiterentwicklung des qualitativen Forschungsansatzes liefert G. MEY (2000).

2.4.2 Zielvorstellungen für entwicklungspsychologische Forschung

Entwicklungspsychologische Forschung erfordert neben der Beachtung der Entwicklung in Abgrenzung zu anderen individuellen Verhaltensänderungen auch die entsprechende Berücksichtigung der sich in einem stetigen Wandel befindlichen Umwelt, in der die Entwicklung stattfindet (STEINEBACH 2000). Wenn der soziale Kontext nicht angemessen berücksichtigt wird, ergeben sich nach TROMMSDORFF (1993) folgende Probleme:

- Die Bedingungen menschlichen Erlebens und Handelns bleiben unklar,
- der soziokulturelle Kontext geht verloren,
- es herrscht eine ethnozentrische Sichtweise,
- es gibt keine ökologische Valididät,
- die Ergebnisse sind für die Theoriebildung von begrenzter Bedeutung,
- es ist unklar, wie weit Befunde generalisiert werden dürfen,
- somit ist insgesamt die gesellschaftliche Relevanz der Ergebnisse in Frage zu stellen.

L. MONTADA stellte 1987 einen Katalog von *Forderungen an die entwicklungspsychologische Forschung* zusammen, die als Gütekriterien für eine kritische Bewertung herangezogen werden können. Angeführt werden hier folgende Desiderate:

1. *Wissen über Veränderungen, nicht über Altersunterschiede*
   Es geht um die Analyse *intraindividueller Veränderungen* und diesbezüglicher *interindividueller Unterschiede*. Ein Schluss von querschnittlich erfassten (interindividuellen) Altersunterschieden auf längsschnittlich zu erfassende (intraindividuelle) Veränderungen ist problematisch. Querschnittuntersuchungen liefern nur Mittelwertdifferenzen zwischen Altersstufen. Sie geben also im besten Fall einen durchschnittlichen Entwicklungstrend an und können zur Gewinnung von Altersnormen herangezogen werden.
2. *Eine differenzielle Entwicklungspsychologie*
   Benötigt werden personen- oder gruppenspezifische Entwicklungsverläufe für differenzielle und individuelle Prognosen. Darauf können Interventionsmöglichkeiten aufgebaut werden.
3. *Bedingungsanalysen auch aus Interventionsstudien, nicht nur aus deskriptiven Studien*
   Der Praktiker benötigt nicht nur Wissen über Entwicklungsbedingungen, sondern auch Wissen über deren Veränderbarkeit und Kontrollierbarkeit.

Entwicklungspsychologische Forschung muss etwas über die Möglichkeit aussagen, wie Erziehungsziele durch Intervention verwirklicht werden können. Deskriptive Untersuchungen alleine können das nicht leisten. Dieses Wissen kann nur die manipulative Forschung liefern.

4. *Prospektive Untersuchungen, um Wissen über Entwicklungsbedingungen zu gewinnen*
   In der psychologischen Praxis werden Vermutungen über Risikofaktoren für die Entstehung von Fehlentwicklungen durch Zurückverfolgen von Problemfällen gewonnen. Dabei besteht immer das Risiko von Irrtümern, die durch Generalisierungen entstehen.

5. *Untersuchungen im ökologischen Kontext*
   Laborstudien reichen nicht aus. Experimentelle Ansätze sind in der Entwicklungspsychologie nur von untergeordneter Bedeutung. Die komplexen Wechselwirkungen zwischen dem menschlichen Organismus und einer sich ständig ändernden Umwelt können in Laborsituationen nicht annähernd adäquat simuliert werden. Bei Ergebnissen unter experimentellen Bedingungen muss geklärt werden, ob diese im ökologischen Kontext auch gültig sind.

6. *Entwicklungspsychologische Forschung sollte multivariant angelegt sein*
   In der Entwicklung wirken immer mehrere steuernde Faktoren zugleich und sie beeinflussen sich in ihrer Wirkung gegenseitig. Weil sich Entwicklung immer in vielen Funktionsbereichen gleichzeitig vollzieht und es notwendig ist, die Zusammenhänge zu analysieren, ist eine multivariante Betrachtung angezeigt.

7. *Sekundäranalysen*
   Die Sicherheit bei der Anwendung von wissenschaftlichen Befunden wird durch die Replikation in weiteren Studien erhöht.

3 Das Phänomen der Entwicklung

3.1 Definition der Entwicklung

Klassische ältere Definitionen sehen Entwicklung vorwiegend als ein Reifungsgeschehen, das nach einem in der Genstruktur festgelegten Programm abläuft. Die Umwelt wird dabei zwar nicht gänzlich außer Acht gelassen, es wird ihr jedoch vor allem eine auslösende Funktion zuerkannt, in ungünstigen Fällen auch eine hemmende Wirkung. Waren die Umstände nicht außergewöhnlich ungünstig, so musste nach dieser Auffassung das anlagemäßig Vorgegebene zwangsläufig und jeweils zu seiner Zeit in Erscheinung treten.
Die folgenden Definitionen zeigen das sehr deutlich.
W. STERN schrieb 1914: „Die seelische Entwicklung ist nicht bloß Hervortretenlassen angeborener Eigenschaften, sie ist aber auch nicht bloß ein Empfangen äußerer Einwirkungen, sondern das Ergebnis der Konvergenz innerer Angelegenheiten mit äußeren Entwicklungsbedingungen." In dieser Definition der Entwicklung, der berühmten *Konvergenztheorie*, wird auf das Zusammenwirken von Anlage und Umwelt hingewiesen.
K. BÜHLER definierte 1918 Entwicklung viel mehr nach der Seite des Reifungsgeschehens, des genetischen Faktors: „Zum Begriff der Entwicklung im ursprünglichen und engen Sinn des Wortes gehört zweierlei: nämlich Anlage im Ausgangszustand und ein Plan, eine Zielrichtung des Werdens."
E. STERN betonte 1923 wiederum deutlicher als BÜHLER das Zusammenwirken innerer und äußerer Faktoren: „Entwicklung ist die unter Einwirkung äußerer Faktoren erfolgende Entfaltung von Anlagen, wobei die Entfaltung nach einer inneren Gesetzmäßigkeit erfolgt und den äußeren Faktoren die Bedeutung der Auslösung zukommt."
H. REMPLEIN legte 1944 den Akzent auf zentral gesteuerte, vom inneren Gesetz her zwangsläufig sich entwickelnde Veränderungen: „Entwicklung ist eine nach immanenten Gesetzen sich vollziehende Differenzierung einander unähnlicher Teile bei zunehmender Strukturierung und Zentralisierung."
In der Folge hat sich die Vorstellung von Entwicklung gewandelt. Es wurde festgestellt, dass es nur sehr wenige Verhaltensänderungen gibt, die auf reine Reifungsprozesse zurückgeführt werden können. Die Reifung vollzieht sich vielmehr

in enger Verknüpfung mit Lernprozessen, und viele Veränderungen sind alleine oder vorwiegend durch Lernprozesse zu erklären. Anlagen entfalten sich nach Art und Ausmaß nicht zwangsläufig in einer genetisch genau bestimmten Weise, sondern *realisieren sich nur in der Auseinandersetzung mit lernmäßigen Herausforderungen.*

Weiters wird nunmehr betont, dass das Auftreten mancher Verhaltensformen, die man früher für rein reifebedingt und daher auch für unvermeidlich gehalten hatte – wie das „Trotzalter" oder die „Flegeljahre" – von *soziokulturellen, epochalen* oder *pädagogischen* Bedingungen abhängig ist. Gewisse reifemäßige Voraussetzungen sind zwar jeweils gegeben, die Verhaltensformen treten jedoch nicht universell, sondern nur unter bestimmten kulturellen und erzieherischen Bedingungen auf (vgl. auch Seite 187f).

Dementsprechend definiert H. THOMAE 1959 Entwicklung folgendermaßen: „Entwicklung erscheint als eine Reihe von untereinander zusammenhängenden Veränderungen, die bestimmten Orten des zeitlichen Kontinuums des Lebenslaufes zugeordnet sind." Damit erfolgt weder eine Festlegung auf den Anlagebegriff noch auf den Umweltbegriff.

Entwicklung vollzieht sich also – wie wir bereits oben mit MONTADA festgestellt haben – entlang eines Zeitkontinuums als ein Prozess mit unendlich vielen Freiheitsgraden, als komplexes Geflecht von Ursache-Wirkungs-Zusammenhängen. Der Blick ruht heute auf individualisierten Lebensläufen in verschiedensten Lebensumwelten.

Zusammenhänge und Prozesse im Verlauf des Entwicklungsgeschehens veranschaulicht H. FESER (1981) mit Hilfe eines Modells, das als Bedingungsdreieck die Positionen Anlage – Umwelt – Individuum umfasst.

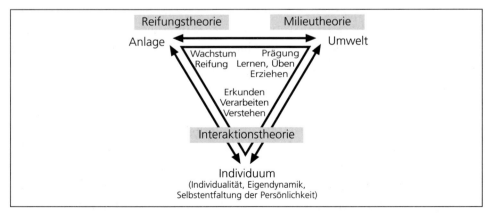

Abbildung 5: *Entwicklungstheorien (aus BUNDSCHUH 1995: 77)*

3.2 Entwicklungstheorien

Die Positionen des Modells charakterisieren zugleich auch die wichtigsten wissenschaftlichen Theorien, die über das menschliche Entwicklungsgeschehen formuliert wurden. Sie sollen im Folgenden kurz gerafft dargestellt werden.

	Umwelt aktiv	passiv
Person aktiv	Interaktionistische Theorien betonen z. B. Wechselwirkungen zwischen Personen- und Umweltveränderungen.	Selbstgestaltungstheorien betonen die aktive Konstruktion von Schemata durch die Person.
passiv	Exogenistische Theorien sehen Entwicklung als Ausdruck des Lernens durch äußere Einflüsse.	Endogenistische Theorien betonen die Reifung als wesentlichen Motor in der Entwicklung.

Abbildung 6: Schematische Übersicht über die Hauptpositionen der Entwicklungstheorien (aus STEINEBACH 2000: 25)

- *Reifungstheorie (Endogenistische Theorie; Nativismus)*
  Historisch gesehen ist sie die älteste Theorie. Sie sagt in ihrem Kern aus, dass der Reifungsfaktor den Hauptteil der menschlichen Entwicklung darstellt. Hauptvertreter ist J. J. ROUSSEAU (1712 – 1778) mit seiner Forderung, das Kind ausschließlich seinen Wachstums- und Reifungskräften zu überlassen, damit es sich gut entwickle. Biologisch orientierte Vererbungstheoretiker gehen von der Hypothese aus, dass primär der Anlagefaktor für das Entwicklungsgeschehen von Bedeutung ist.
  Die Schwächen dieser Theorie treten in der Zwillingsforschung besonders deutlich zutage.
- *Milieutheorie (Exogenistische Theorie; Empirismus)*
  Hauptantrieb der menschlichen Entwicklung ist in der Sicht dieser Theorie die Beeinflussung des Individuums durch seine jeweilige Umwelt. Der Mensch entwickelt sich durch Erfahrungen, insbesondere durch Lernangebote. Historisch gesehen ist J. LOCKE (1632 – 1704) der wichtigste Vertreter. Nach seiner Ansicht ist das Kind bei der Geburt eine „tabula rasa",

erst die Erfahrung zeichnet alle Inhalte des Bewusstseins auf diese leere Tafel. Tatsächlich gibt es aber hinreichend Evidenz, dass das Kind zahlreiche anlagemäßige Gegebenheiten und zusätzlich vorgeburtliche Erfahrungen mitbringt. Seit dem Beginn der 70er-Jahre des 20. Jahrhunderts wird das Zusammenwirken und die enge Verflechtung von Anlagekräften und Umwelteinflüssen – nämlich Erziehung, Lernen, Übung, Prägung – stärker betont.

- *Interaktionistische Entwicklungstheorien*

  Diese Theorien gehen vom Gesamtsystem Mensch – Umwelt aus, also von den interaktionistischen Prozessen, die zwischen diesen beiden Größen stattfinden. Durch diese Prozesse werden Menschen vor allem „angeregt", in ihnen beeinflussen sie sich gegenseitig, und es erfolgen immer auch Einwirkungen auf die materielle Umwelt. Dadurch werden wieder neue Prozesse in Gang gesetzt.

  Mensch und Umwelt bilden ein Gesamtsystem. Veränderungen eines Elementes oder Bereiches des Gesamtsystems führen zwangsläufig zu Veränderungen anderer Elemente oder Bereiche.

  Diese Sicht würde konsequenterweise auch bedeuten, dass es keine universelle Darstellung der Entwicklung des Menschen geben kann, da diese selbst auch immer von den jeweiligen politischen, wirtschaftlichen und ideengeschichtlichen Veränderungen abhängig ist.

- *Konstruktivistische Stadientheorien (Organismische Theorien; Selbstgestaltungstheorien)*

  Die konstruktivistischen Stadientheorien heben sich deutlich von der rein umweltbestimmten Sicht ab. Hier wird zwar der Mensch auch in einer aktiven Wechselbeziehung mit seiner Umwelt gesehen, auf die er handelnd einwirkt und deren Anregungen seine Entwicklung beeinflussen, aber *stets vermittelt durch die Sicht des betroffenen Menschen selbst*. Es handelt sich also um einen *Prozess fortschreitender Selbstkonstruktion der Umwelt*.

  J. PIAGET ist der Hauptvertreter dieser Theorie. Bei ihm spielt in erster Linie das sich entwickelnde Individuum die aktive Rolle, nicht die Umwelt. Es sind die persönlichen Erkenntnis- und Handlungsmöglichkeiten, die festlegen, wie die Umwelt begriffen wird. Die Umwelt selbst bleibt passiv.

3.3 Grundlegende Entwicklungsprozesse und ihre Merkmale

Als wesentliche Prozesse im Entwicklungsgeschehen gelten:
1. *Reifung* als Grundlage und Motor für die Entwicklung
2. *Differenzierung* von anfangs einfachen Ganzheiten
   Im Laufe der Entwicklung vollzieht sich in allen Bereichen eine Ausgliederung von Details. Die Beobachtung wird subtiler, das Blickfeld erweitert sich, das kognitive und emotionale Erleben verfeinert sich. Ein gutes Beispiel des Differenzierungsprozesses ist die Kinderzeichnung der menschlichen Figur. Hier kann man verfolgen, wie dem Kind im Laufe seiner Entwicklung immer mehr Details bewusst werden und die zuerst global-symbolische Darstellung durch immer neue Aussagen bereichert wird (vgl. Abbildung 7).
3. *Integrierung* und *Zentralisierung* von anfangs isoliert Wahrgenommenem
   In scheinbarem Gegensatz dazu steht die zunehmende Fähigkeit, vorher isoliert Erlebtes *im Zusammenhang* zu sehen, in Beziehung zueinander zu setzen und in komplexeren Einheiten zu verstehen. Ein gutes Beispiel ist die Bildinterpretation durch Kinder. Anfänglich werden Einzelheiten ohne Zusammenhang aufgezählt, ohne Erfassung der Handlung, ohne Hervorhebung des Wesentlichen.
   Die Zentralisierung ist dadurch gekennzeichnet, dass die Handlungen des Kindes ihre Zufälligkeit und ihren vorwiegend reaktiven Charakter verlieren und von Überlegungen, Plänen und Zielsetzungen gesteuert werden.

Abbildung 7: Entwicklung der menschlichen Figur in der Kinderzeichnung von der Mitte des zweiten Lebensjahres (1) über die ersten Kopf- und Körperfüßler (2, 3) bis hin zu einer Ausdifferenzierung in der Mitte des vierten Lebensjahres (4–7).

4. *Selektivität und Strukturierung von anfangs Ungeordnetem*
Der Mensch erfasst immer nur einen Teil des Reizangebotes seiner Umwelt. Die Auslese ist einerseits durch die Struktur und Reife der kognitiven Funktionen, anderseits durch Interessen gesteuert. Diese können mit individuell-genetischen Faktoren oder mit einer besonderen Umweltorientierung im Zusammenhang stehen.
Die fortschreitende Reifung zusammen mit den auf Grund der jeweiligen Reifungsschritte möglichen Lernvorgängen bewirkt allmähliche Veränderungen nicht nur quantitativer, sondern vor allem auch qualitativer Art. Es kommt zur Ausbildung einer Folge von Strukturen des kognitiven und sozialen, spontanen sowie reaktiven Verhaltens. Die Verhaltensstruktur eines Vorschulkindes ist grundlegend verschieden von jener der späten Kindheit.
Die Veränderungen von einer Struktur zur anderen vollziehen sich allmählich und zumeist kontinuierlich. Sie sind – nach H. THOMAE – bestimmten Orten im zeitlichen Kontinuum des Lebens zugeordnet. Das darf jedoch nicht als eine zu eng begrenzte Alterszuordnung verstanden werden. Altersnahe Gruppen zeigen meist eine ähnliche Struktur des kognitiven und sozialen Verhaltens. Unterschiede sind erst bei größeren Altersspannen deutlich ausgeprägt. Innerhalb einer Altersstufe können jedoch beträchtliche individuelle Unterschiede bestehen. Ein besonderes zusätzliches Merkmal ist die *Irreversibilität*. Die Strukturen des kognitiven und sozialen Verhaltens treten in einer *nicht umkehrbaren Aufeinanderfolge* in Erscheinung. Die Abfolge vollzieht sich in jeder Entwicklung in derselben Reihenfolge, jedoch keineswegs im selben Tempo.
5. *Verfestigung* von Verhaltensformen
Verhaltensweisen und Werthaltungen, die schon früh und mit großer Bestimmtheit in der soziokulturellen Umwelt tradiert werden, bewirken Verfestigungen. Sie werden zu *Gewohnheiten, Vorurteilen, festen Meinungen*. Sie konstituieren aber auch die Basis des *kulturspezifischen Rechtsbewusstseins*. Besonders – und das ist pädagogisch von großer Bedeutung – verfestigen sich Verhaltensweisen und Werthaltungen, die mit positiven emotionalen Begleitgefühlen erworben und erlernt werden.
Verfestigungen stellen durch die Herausbildung gefestigter Verhaltensformen einerseits ein steuerndes und stabilisierendes Element in der Entwicklung des Menschen dar, sie sind anderseits aber auch ein einengender Faktor insofern, als Verfestigungen die Entscheidungsfreiheit und die Unvoreingenommenheit des Menschen stark einschränken (können).

4 Die Determinanten der Entwicklung

4.1 Vererbung

Vererbt ist jener Teil am Entwicklungsgeschehen, der in der Genstruktur vorprogrammiert ist, also die *strukturell-genetischen Merkmale*, die bewirken, dass sich überhaupt ein Mensch und nichts anderes entwickelt, mit den *Dispositionen* zum Spracherwerb, zur Gewissensbildung und zur Bindungsfähigkeit, mit den *individuell-genetischen Merkmalen* der körperlichen Erscheinung, der Vitalität und der Sensibilität. Vererbt ist wahrscheinlich auch die individuelle Obergrenze der Entfaltbarkeit von Intelligenz und von besonderen Spezialbegabungen.
Häufig wird dafür der Begriff *Anlage* verwendet. Darunter versteht man die *angeborenen Dispositionen* und Bereitschaften, die den physischen und den psychischen Bereich betreffen.
In der Genstruktur vorprogrammiert und daher vererbt sind auch die beim Menschen nicht sehr zahlreichen und nicht sehr spezialisierten *Instinkte*. Instinktverhalten ist dadurch gekennzeichnet, dass es nicht gelernt werden muss, sondern verfügbar ist, wenn es zur Erhaltung des Lebens gebraucht wird, sei es des eigenen Lebens oder des Lebens der Nachkommenschaft. Dazu zählt beispielsweise der Saugreflex des Neugeborenen.
Reize in der Umwelt, die Instinktverhalten auslösen, werden *Schlüsselreize* genannt. Für Neugeborene ist etwa die Berührung von Lippen und Wangen der Schlüsselreiz zur Auslösung des Saugreflexes. Das Weinen des Kindes ist ebenfalls ein Schlüsselreiz, es löst den Pflegeinstinkt der Betreuung aus. Es handelt sich um *angeborene Auslösemechanismen* (AAM).
Angeborene Auslösemechanismen verarbeiten Informationen sehr schnell und filtern die aufgenommenen Merkmale auf ihre Verhaltensrelevanz. Stimmt die gefilterte Information mit der manifest vorhandenen Information überein, wird eine reizbezogene Verhaltensweise ausgelöst. Die manifeste Information entstammt dem Artgedächtnis und ist neuronal gespeichert (SINZ 1976).
Die vergleichende Verhaltensforschung hat in ihren Befunden viele Hinweise auf andere vererbte Verhaltensweisen gegeben. Viele Gesten und Gebärden sind universell, sie müssen nicht erlernt werden: Auch blind Geborene bedienen sich

ihrer. Derartige Verhaltensweisen, die auf vergleichbarer Basis auch bei Tieren auftreten, werden *Erbkonstellationen* genannt. Dazu gehören beispielsweise unsere Bevorzugung von Nischen und von Plätzen, an denen wir mit dem Rücken zur Wand sitzen können, sowie die Vorliebe von Kindern für Höhlen, für Spielplätze unter Tischen, Spielhäuser. All das erinnert – so die Verhaltensforschung – an unsere evolutionäre Vergangenheit. Auch die Tendenz des Menschen, in jeder Gruppe, die längere Zeit besteht, eine hierarchische soziale Ordnung zu bilden, ist eine Erbkonstellation.

4.2   Reifung

Reifung ist jener Anteil, den das organische Wachstum zur Entwicklung beiträgt. Sie vollzieht sich als ein Teil unseres biologischen Erbes in festgelegten, nicht umkehrbaren Aufeinanderfolgen.
Reifung manifestiert sich am deutlichsten im körperlichen Wachstum und in der motorischen Entwicklung. Aber auch die Entwicklung der Sprache, der Wahrnehmung, des Denkens und des Gedächtnisses hat reifemäßige Veränderungen des Gehirns und der Nervenbahnen als Grundlage.
Von Reifung spricht man immer dann, wenn spezifische organische Veränderungen spezifische Fähigkeiten möglich machen, ohne dass vorhergegangene Lernprozesse notwendig waren. *Reifung und Lernen sind allerdings sehr eng miteinander verknüpft.* Auch Fertigkeiten, die primär durch Reifungsvorgänge möglich werden, werden sofort nach ihrem Auftreten durch Lernprozesse aufgefangen und ausgebaut.
Reifungsprozesse wirken in besonderem Maße in der frühen Kindheit bis zur Pubertät. Für die frühe Kindheit ist vor allem die Reifung des Muskel- und Nervensystems sowie der endogenen Drüsen, die für Triebe und Affekte verantwortlich sind, bedeutsam.
Vor allem unmittelbar nach der Geburt und im Säuglingsalter kann die Bedeutung der Reifung für die normale Entwicklung anhand des *Reflexgeschehens* abgelesen werden (vgl. auch Seite 89f). Bei Reflexen handelt es sich um motorische oder sekretorische Antworten auf sensible Reize. Ganz allgemein ausgedrückt sind Reflexe also festgelegte Verhaltensmuster, die in der Regel als direkte Reaktion auf spezifische Reize ohne willentliche Kontrolle auftreten. Innerhalb der ersten beiden Lebensmonate bildet sich die Zellstruktur der

Großhirnrinde am intensivsten strukturell weiter. Die Bildung bedingter Reflexe verändert sich, die Nerventätigkeit vervollkommnet sich:
- Die Anzahl der Reize, auf die ein Kind reagiert, nimmt zu.
- Die Erregbarkeit der Großhirnrinde und der subkortikalen Schichten, die für die Bildung von Nervenverbindungen erforderlich sind, wird optimiert.
- Die Stärke und Funktionstüchtigkeit von Hemmungsprozessen nimmt erheblich zu. Für die gesamte Entwicklung eines Kindes ist die Bildung immer feinerer Differenzierungshemmungen als Grundlage jeglicher Unterscheidung, Auswahl, Analyse, jeglichen Vergleiches, notwendig.
- Mit fortschreitendem Alter nimmt die Trainierbarkeit der Großhirnrinde zu. Verbindungen bilden sich schneller aus. Die sich bildenden Nervenbahnen und Nervenverbindungen werden durch die verschiedenen Arten der Hemmungsprozesse – Differenzierung, Strukturierung, Verfestigung – immer beständiger und fester.

Reflextätigkeit erweist sich somit als grundlegend für alle späteren Aktivitäten und Verhaltensweisen.

BUNDSCHUH (1995) führt vier wesentliche Aspekte im Zusammenhang mit Reifungsvorgängen an:
1. *Neurophysiologische Bedingungen*: Die Reifungsprozesse des Nervensystems und des Gehirns (*Encephalisation*) und die fortschreitende Verbesserung der Feinstruktur im Zusammenhang mit der Ummantelung der Nervenbahnen (*Myelisation*).
2. *Verhaltensreifung*: Reifungsvorgänge stellen einen deutlichen Erleichterungsfaktor für das Erlernen entsprechenden Verhaltens dar. Allerdings kann man Reifen im Sinne von anlagemäßigen Voraussetzungen und Lernen auf der Basis exogener Einflüsse nur theoretisch analysieren. Praktisch ist eine getrennte Sichtweise nicht möglich.
3. *Sachimmanente Entfaltungslogik*: Das Erreichen einer bestimmten Entwicklungsstufe ist eine notwendige Voraussetzung für das Erlernen von Inhalten einer der folgenden neuen Stufen.
4. *Sensible oder kritische Phasen.* Unter *sensiblen Phasen* versteht man dem Organismus innewohnende (endogen bedingte) Perioden gesteigerter Empfänglichkeit und *Plastizität* für die Ausbildung bestimmter Verhaltensweisen, die in späteren Entwicklungsstadien nicht mehr in diesem Umfang vorhanden sind. Das bedeutet, dass die Reifung in bestimmten

Phasen optimale Lernbedingungen für bestimmte Angebote der Umwelt schafft. Stehen Reizangebote, Betätigungs- und Handlungsmöglichkeiten erst nach Ablauf der sensiblen (kritischen) Phasen zur Verfügung, können die entsprechenden Prozesse (Funktionen, Verhaltensweisen) nicht nur später in Erscheinung treten, vielmehr ist mit einer mangelhaften Entwicklung zu rechnen.

4.3 Lernen

4.3.1 Definition des Lernens

HILGARD & BOWER (1981) definieren Lernen als *Veränderung im Verhalten oder im Verhaltenspotenzial* eines Subjekts in einer bestimmten Situation, die durch wiederholte Erfahrungen des Subjekts in dieser Situation hervorgerufen wurde und nicht durch angeborene Reaktionstendenzen, Reifung oder momentane Zustände (Müdigkeit, Alkoholeinfluss, Triebzustände usw.) erklärt werden kann.

Unter Lernen versteht man somit mehr als nur Wissenserwerb. Es ist allgemein jede auf Erfahrung und Informationsverarbeitung beruhende Verhaltensänderung.

4.3.2 Die biologischen Voraussetzungen des Lernens

Eine Biologie des Lernens (und des Gedächtnisses) hat es nach R. SINZ (1976) mit Verhaltensänderungen zu tun, die

- ein angeborenes antriebsdifferenziertes Verhaltensrepertoire zu ihrer Modifikation voraussetzen,
- einen rezeptorischen Apparat der Informationsaufnahme erfordern und
- an einen informationsverarbeitenden und zur Informationsspeicherung und -bewertung vorgebildeten neuronalen Mechanismus gebunden sind.

Die äußerst komplizierten und noch nicht völlig geklärten Vorgänge im Gehirn, die ersten Lernprozessen zu Grunde liegen, können hier nur angedeutet werden. Die meisten Befunde stammen aus Tierexperimenten. Die Homologie zwischen tierischem und menschlichem Zentralnervensystem ist eine Voraussetzung dafür, die Funktionen und Verhaltensleistungen ihrer Strukturen ebenfalls zu homologisieren und die durch die Tierexperimente gewonnen Gesetzmäßigkeiten kritisch auf den Menschen auszuweiten, unter besonderer Berücksichtigung, dass die Befunde durch die besondere kognitive Struktur des menschlichen Gehirns und die Sprache und die davon abgeleiteten Leistungen des Menschen einer Modifizierung und Erweiterung unterliegen.

Im Verlauf der embryonalen Entwicklung wird die Grundlage für alle Hirnaktivitäten bereitet. Neuronen in der benötigten Menge (40 000 Neuronen und 600 Millionen Synapsen/mm³) werden in den entsprechenden Bereichen positioniert, Embryos erwerben ihr vollständiges neuronales Inventar ungefähr um den 125. Tag (PELTZER-KARPF 1994). Bereits vor der Geburt entwickeln sich hoch spezialisierte Filter, die nach der Geburt die Reize, die von der Umwelt dargeboten werden, je nach Vorprogrammierung verarbeiten.

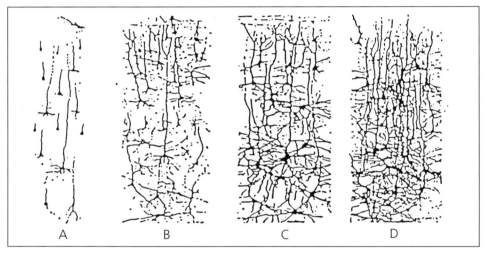

Abbildung 8: Stadien der postnatalen Hirnreifung beim Menschen. Bildung von Axonen und Dendriten: (A) kurz nach der Geburt, (B) nach drei Monaten, (C) nach 15 Monaten, (D) nach 24 Monaten. (Aus: PELTZER-KARPF 1994: 6)

Neuronale Verbindungen werden vorerst im Überfluss angelegt. Gene enthalten die Anweisung zur Produktion spezifischer Moleküle, die entscheiden, ob eine Nervenzelle eine Verbindung zu einer anderen erhält und wie gut ausgeprägt diese Verbindung ist (WENDT 1997). Die redundanten Anlagen, die nicht benötigt werden, werden später unter dem Einfluss der Erfahrung wieder gelöst. Relevante Kontakte hingegen werden in neuronalen Netzen stabilisiert.

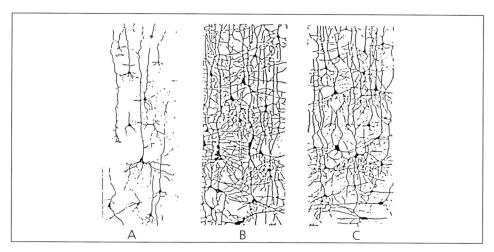

Abbildung 9: Stadien der postnatalen Hirnreifung beim Menschen. Abbau von Axonen und Dendriten: (A) kurz nach der Geburt, (B) mit 6 Jahren, (C) mit 14 Jahren. (Aus: PELTZER-KARPF 1994: 7)

Dass diese Veränderungen im Gehirn zum großen Teil als Folge von Lernprozessen auftreten, gilt heute als gesichert. Diese Mechanismen laufen innerhalb der einzelnen Funktionssysteme zu unterschiedlichen Zeiten ab. Jedes System hat seine eigene *kritische Phase*, in der es besonders empfänglich für die Aufnahme von Information/Umweltreizen ist.

Dadurch wird auch klar, warum Reizdeprivation gerade in dieser frühen Zeit so schwer wiegende Folgen haben kann. Nicht nur die Neuronen selbst werden durch Reizangebote erst zum Funktionieren angeregt. Lernprozesse, die durch Reizangebote in Gang gesetzt werden, können verschiedene Arten der Reizleitungen zwischen den Neuronen vermehren und auf diese Weise die Feinstruktur der Gehirnrinde in einer Weise verändern, die höhere Leistungen ermöglicht. Ein Mangel an Reizangeboten in der Umwelt vermindert nicht nur die Reaktionsbereitschaft der Neuronen, sondern kann sie auch – wie aus Beispielen völliger Isolierung bekannt ist – verkümmern lassen. Eine reizarme Umwelt erschwert auch alle geistigen Prozesse, deren biologische Entsprechungen in den Schaltvorgängen zwischen den Neuronen zu suchen sind.

Viele Fragen im Zusammenhang mit den kritischen Phasen sind auch heute noch nicht vollständig befriedigend geklärt. Sicher ist, dass viele Leistungen vor einem bestimmten Zeitpunkt nicht zustande kommen, auch wenn man versucht, sie durch Training zu erreichen. Die Reifung bietet dazu noch keine

Voraussetzung: das Kind ist unreif und daher überfordert. Bei zu frühen Angeboten mit der Zielsetzung „Lernen" ergeben sich bei noch fehlenden Reifungsvoraussetzungen Überforderungssituationen mit negativen Folgen für die Entwicklung in den entsprechenden Bereichen, aber insbesondere für die Persönlichkeitsentwicklung durch Frustration, Ängste und Störungen in der Entwicklung des Selbstbilds.

Die kritischen Perioden selbst haben *zeitliche Spielräume*, die für *verschiedene Funktionen verschieden groß* zu sein scheinen. Innerhalb dieser zeitlichen Spielräume sind vergleichsweise frühe Realisierungen von Verhaltensänderungen ebenso möglich wie Verzögerungen. Letztere werden vor allem durch unzureichende Herausforderung und Einschränkungen der

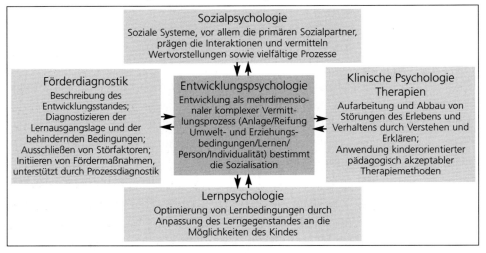

Abbildung 10: Querverbindungen der Entwicklungspsychologie (aus BUNDSCHUH 1995: 140)

Handlungsfreiheit bedingt. Die Annahme, dass Verzögerungen *aufholbar* sind, bildet die hypothetische Grundlage aller Förderbestrebungen. Tatsächlich gibt es für Nachholprozesse gesicherte Belege. SCHENK-DANZINGER (1965) konnte im *motorischen Bereich* das *Phänomen der latenten Reifung* nachweisen. Bei Kindern mit Behinderungen ist ein zeitlich mehr oder weniger verschobenes Auftreten sensibler Phasen wahrscheinlich, auch können sich solche Phasen über längere Zeiträume erstrecken.

Allerdings muss man auch festhalten, dass Entwicklungs- und Reifungsimpulse versiegen können, wenn die kritische Phase – aus welchen Gründen auch immer – nicht ausgenützt wird.

Es zeigt sich in diesem Zusammenhang wieder die Bedeutung der interdisziplinären Zusammenarbeit der Entwicklungspsychologie im Rahmen einer zielgerichteten Förderdiagnostik (siehe Abbildung 10).

4.3.3 Spontanes Lernverhalten

Im Verhalten des Kindes finden wir spontane Aktivitäten, die ebenfalls als biologische Grundlagen des Lernens angesprochen werden können. Der Mensch hat sie im Übrigen mit allen höheren Tieren gemeinsam. Sie dienen offenbar dazu, der Großhirnrinde die für ihre Funktionsfähigkeit nötigen Impulse zuzuführen. Es sind dies

- das Neugierdeverhalten
- die Funktionsübung.

Beim *Neugierdeverhalten* unterscheiden wir zwei Stufen, nämlich den *Orientierungsreflex* als Reaktion auf neue Reize und das *Explorieren* als aktives Erkunden der Umwelt. Das wird erst möglich, wenn das Kind mit etwa vier bis fünf Monaten zu greifen gelernt hat. Es kann sich dabei allerdings vorerst noch nicht an den Objekten orientieren, die ihm in die Hände fallen, sondern muss jene Bewegungen mit ihnen ausführen, welche durch die neuromuskuläre Reifung gerade möglich sind und dadurch zugleich auch geübt werden. So ist es dem Kind vorerst egal, mit welchem Gegenstand es hantiert. Während es im ersten Lebensjahr primär seine Bewegungsabläufe ausformt, macht es mit den Dingen, die ihm dazu angeboten werden, wichtige sensorische und sensomotorische Erfahrungen. So fließen Explorieren und Funktionsübung ohne Übergang ineinander.

Erst im zweiten Lebensjahr, wenn alle Grundformen der Bewegung erworben und eingeübt sind, verschiebt sich der Akzent von der Bewegung auf die Beachtung des Objektes. Das Kind richtet nun seine Neugierde auf die Gegenstände und sucht sie zu begreifen.

Von *Funktionsübung* spricht man immer dann, wenn grundlegende Bewegungsformen geübt werden müssen, bevor sie in größeren Zusammenhängen sinnvoll und zielstrebig eingesetzt werden können. Sie werden ohne eigentliches Ziel aus Freude an der Bewegung und den damit verbundenen Veränderungen ausgeführt und verhelfen jeder neuen, als Folge der neurophysiologischen Reifung auftretenden Funktion durch Übung und die dadurch erlernte *Bewegungspräzision* zur vollen Entfaltung.

5 Ein Modell der Persönlichkeitswerdung

Entwicklung fassen wir heute also, wie bereits ausführlich diskutiert wurde, als einen *komplexen, fortschreitenden Prozess von Wechselwirkungen* zwischen der *strukturellen Reifung* (Altersreifung), den *individuell-genetischen Anlagen* (körperliche Gestalt, Intelligenz, Musikalität etc.), den *Umwelteinflüssen* und schließlich der *Art und Intensität der individuellen Selbststeuerung* auf.

Das folgende Modell soll einen Überblick über die *Faktoren* geben, die das Entwicklungsgeschehen jedes einzelnen Menschen bestimmen und die, während die Entwicklung fortschreitet, relativ konstante *Verhaltensformen* – Eigenschaften, Haltungen, Wertorientierungen – und schließlich die *Persönlichkeit* entstehen lassen.

So erweist sich *Entwicklung als integrierender Prozess*, an dem folgende Faktoren beteiligt sind:

Genetische Faktoren	Vererbung	strukturelle Reifung zum Menschen individuell-genetische Anlagen
Soziokulturelle Faktoren	Lernen	Kulturkreis weitere Umwelt engere Umwelt
Innerseelische dynamische Faktoren	Selbststeuerung	bewusste Selbststeuerung unbewusste dynamische Prozesse

Abbildung 11: Faktoren der Entwicklung

5.1 Die soziokulturellen Faktoren – der ökologische Ansatz

5.1.1 Menschliche Ökosysteme

Lebewesen leben mit ihrer Umwelt in Symbiose, wobei das Ökosystem eines Lebewesens keineswegs beliebig ist. Es enthält die Bedingungen, die für den Bestand der Art und des jeweiligen Individuums notwendig sind. Umgekehrt trägt das Lebewesen selbst zur Erhaltung des Ökosystems bei.

Menschliche Ökosysteme umfassen aber mehr als biologische Faktoren. Auch die in einer Kultur erzeugten materiellen Gegenstände, die Regeln des Zusammenlebens, die impliziten und expliziten Handlungsvorschriften und die Einrichtungen, mit denen die betreffende Kultur die Entwicklung des Menschen sichert – in erster Linie die Familie sowie soziale Partner, soziale Gruppen und schließlich das gesamte gesellschaftliche System zählen wesentlich dazu (OERTER 1987).

In traditionellen Konzepten umfassen die soziokulturellen Faktoren modellhaft drei konzentrische Kreise, nämlich

- den *Kulturkreis*, in dem man lebt, der in der Regel durch die vorherrschende Religion bestimmt ist,
- die *weitere Umwelt* mit der Volks- und Gruppenzugehörigkeit, wobei das Ausmaß der Verfestigungen innerhalb soziokultureller Gruppen den Grad der Offenheit oder Geschlossenheit der Gesellschaft bestimmt; und
- die *engere Umwelt* als den Einflussbereich der *Familie*, der *Schule* und des *Freundeskreises Gleichaltriger*.

Im ökologischen Verständnis menschlicher Entwicklung stehen drei zentrale Konzepte im Vordergrund:

- Der *Lebensraum* (LEWIN 1936) betont die subjektive Seite der Umwelt, also die individuelle Bedeutung, die die jeweilige Umwelt im menschlichen Leben hat. Allerdings ist der Lebensraum keine rein subjektive Konstruktion, sondern beruht immer auf objektiven Gegebenheiten. Der gegebene soziale und physische Raum wird aber erst durch die subjektive Bedeutung, die ihm das Individuum zumisst, und durch sein Handeln in ihm zum Lebensraum.
- Das *Setting* (BARKER 1968) geht vom objektiven fassbaren Umfeld, vom *Kontext*, aus und behandelt alle Faktoren eines Umweltausschnittes – Ort, Zeit, physikalische Eigenschaften, Aktivität, Teilnehmer, Rolle – gleichberechtigt. So

wird ein Setting nach BRONFENBRENNER 1977 als Ort mit spezifischen physikalischen Eigenschaften, in denen Teilnehmer in bestimmter Weise und in bestimmten Zeitabschnitten aktiv sind, definiert. Analyseeinheiten sind Passungen von Milieu und Verhalten, die zusammengesetzt sind aus
1. kollektiven, normierten Verhaltensmustern, die an einem bestimmten Ort und zu einem festen Zeitpunkt auftreten und nicht an ein bestimmtes Individuum gebunden sind, und
2. einem physikalischen und sozialen Milieu, das die Verhaltensmuster umgibt und an sie angepasst ist.

- BRONFENBRENNER versuchte 1979 die Entwicklung des Menschen in komplexen, ineinander verwobenen ökologischen Systemen zu beschreiben. Er unterscheidet vier verschiedene Arten von Systemen, wobei jedes Folgende umfassender als das Vorausgehende ist:
  1. Das *Mikrosystem* als das unmittelbare System, in dem das sich entwickelnde Individuum lebt, und das an bestimmte Settings gebunden ist.
  2. Das *Mesosystem*, das aus zwei oder mehreren Settings besteht, denen das sich entwickelnde Individuum angehört, wobei die Wechselbeziehungen zwischen diesen Settings wieder eigene, für die Entwicklung relevante Systeme bilden.
  3. Das *Exosystem*, das ein oder mehrere Settings umfasst, die aber mit dem Individuum nur indirekt in Wechselwirkung stehen, weil es in ihm nicht direkt handelnd aufgenommen ist.
  4. Das *Makrosystem* auf der Ebene der Gesamt- oder Subkultur. Ihm liegen Überzeugungssysteme oder Ideologien und Weltanschauungen zu Grunde.

In ökologischer Sicht ist *Entwicklung* somit ein *Prozess, durch den das sich entwickelnde Individuum eine umfassende, differenzierte und gültige Konzeption seiner ökologischen Umwelt erwirbt und sich in ihr aktiv handelnd engagiert.* Nach OERTER (1987) ergeben sich daraus zwei wichtige Aspekte:
- Das Individuum kann sich nur entwickeln, wenn es neue Settings kennen lernt und damit sein Wissen und Können auf die neuen Umweltbedingungen ausweitet.
- Entwicklung besteht in der Eroberung neuer Umweltausschnitte, im Durchwandern von Settings, und im Erwerb von Kompetenzen in neuen Settings.

Die Entwicklungsdynamik wird im Wesentlichen durch die im Entwicklungsverlauf immer wieder geforderten Übergänge von einem Mikrosystem zum nächsten beeinflusst. Diese ökologischen Übergänge werden als Motor der Entwicklung gesehen (STEINEBACH 2000).

5.1.2 Entwicklungsaufgaben

Im Lebensraum des sich entwickelnden Kindes gibt es also eine Reihe von Aufgaben, die es schrittweise bewältigen muss. HAVIGHURST (1982) spricht von *Entwicklungsaufgaben*. Sie stellen sich in einer bestimmten Lebensperiode des Individuums. Diese Aufgaben lassen sich folgenden Bereichen zuordnen:
- individuelle Leistungsfähigkeit
- soziokulturelle Entwicklungsnorm
- individuelle Zielsetzung

Die Konzeptualisierung von Entwicklungsaufgaben durch ein Individuum führt seine Entwicklung aber nur dann weiter, wenn adäquate Möglichkeiten zur Bewältigung (*Coping*) vorhanden sind oder aufgebaut werden können. Bei den Lösungsversuchen eignet sich der Mensch jene Kompetenzen an, die er für die Bewältigung kommender Aufgaben benötigt.

Stress oder Belastungen in der Auseinandersetzung mit Entwicklungsaufgaben können zu *Krisen* führen. Krisen sind nach BRANDSTÄDTER (1982) Situationen, in denen sich entscheidet, ob ein Prozess oder eine Entwicklung einen günstigen oder ungünstigen Verlauf nimmt.

Entwicklungsaufgaben verbinden somit das Individuum mit seiner Umwelt. Die soziokulturellen Anforderungen (Erwartungen der Gesellschaft) werden mit der individuellen Leistungsfähigkeit in Beziehung gesetzt, zugleich hat das Individuum aber eine aktive Rolle bei der eigenen Gestaltung seiner Entwicklung. Diese aktive Rolle wird besonders bei der Gestaltung individueller Ziele im Rahmen der Persönlichkeitsentwicklung deutlich und bewusst. Die Untersuchungen von THOMAE (1968) haben gezeigt, dass Persönlichkeitsentwicklung von den Befragten als eigener Aufgabenbereich, der getrennt ist von beruflicher Karriere, Familie und Freizeit, wahrgenommen wird.

Abbildung 12: Ein Strukturmodell der Entwicklungsaufgabe (nach OERTER 1987: 120)

Alter	FREUD Phase	Thema	ERIKSON Krise	HAVIGHURST Aufgabe (Auswahl)
1. Lebensjahr	Orale Phase: frühe und späte Phase	Einnehmen, Festhalten	Vertrauen vs. Misstrauen	Bindung, Objektpermanenz, (Sensu-) Motorik, Sprache, Selbstkontrolle, Phantasie
2. und 3. Lebensjahr	Anale Phase: frühe und späte Phase	Zurückhalten, Ausscheiden	Autonomie vs. Scham	
4. bis 6. Lebensjahr	Phallische Phase	Eindringen, Bemächtigen	Initiative vs. Schuldgefühl	(Ab 5 Jahre): Geschlechtsrollenidentifikation, einfache moralische Entscheidungen, konkrete Operationen, soziale Gruppen, Kulturtechnik
7. bis 11. Lebensjahr	Latenz		Werksinn vs. Minderwertigkeitsgefühl	
12. bis 18. Lebensjahr	Genitale Phase: Vorpubertät und Pubertät	Aktivierung, Interesse	Identität vs. Identitätsdiffusion	Körperliche Reifung, formale Operationen, Peers, Identität, moralisches Bewusstsein
Junge Erwachsene			Intimität vs. Isolierung	Autonomie von den Eltern, heterosexuelle Beziehungen, Heirat, Berufswahl, Familiengründung
Mittlere Erwachsene			Generativität vs. Selbstabsorption	Heim und Haushalt, Kindererziehung, Karriere
Ältere Erwachsene			Integrität vs. Verzweiflung	Neue Rollen, Akzeptieren des eigenen Lebens, Einstellung zum Sterben entwickeln

Abbildung 13: Phasen, Krisen und Entwicklungsaufgaben (aus STEINEBACH 2000: 23)

5.1.3 Entwicklung über die Lebensspanne

Das Konzept von Entwicklungsaufgaben stellt einen wichtigen Beitrag zur Entwicklungspsychologie der Lebensspanne dar. Als wesentliche Erweiterung tritt die *Lebensereignisforschung* dazu. Nach MONTADA (1998) liegen diesen Konzeptionen drei Annahmen zu Grunde:
1. Die Entwicklung des Menschen erscheint als ein vom Menschen selbst geplanter und realisierter Prozess.
2. Im Prozess der menschlichen Sozialisation werden die Beteiligten gleichermaßen Subjekt und Objekt.
3. Gelingen und Misslingen menschlicher Entwicklung hängt ganz wesentlich von der gegebenen Passung individueller Wünsche und Möglichkeiten einerseits und von sozialen Anforderungen und Unterstützungen anderseits ab.

Wenn Entwicklung wesentlich von der individuellen Auseinandersetzung mit und in neuen Settings abhängt, stellt sich auch die Frage, welche Merkmale des Individuums diesen Prozess begünstigen: Persönlichkeitstheoretische und handlungstheoretische Positionen fließen so gleichermaßen in die ökologische Sichtweise ein.

Handlungstheoretisch (aktional) ist die Lebensspanne ein von Menschen beeinflusster und gestalteter Prozess. Handlungen sind Verhaltensweisen, die auf angenommene Einstellungen bezogen werden. Entwicklung ist somit ein Prozess, der von einer hoch komplexen, dynamischen und konfliktreichen Struktur persönlicher Ziele und Möglichkeiten sowie von sozialen Angeboten und Anforderungen abhängt (STEINEBACH 2000).

5.2 Die innerseelischen dynamischen Faktoren

5.2.1 Die bewusste Selbststeuerung

Die *aktive Selbststeuerung des Individuums* ist also – wie gezeigt wurde – von außerordentlicher Bedeutung für die Entwicklung und die Ausbildung der Persönlichkeit. Das selbststeuernde Ich macht sich sehr früh bemerkbar, spätestens zur Zeit der ersten Willenskundgebungen im zweiten und dritten Lebensjahr. Es spielt die wichtige Rolle des *Koordinators zwischen dem Organismus und der Umwelt* (Ch. BÜHLER 1962).

Selbststeuernde Tendenzen bestehen während der gesamten Kindheit und es hängt in hohem Maß von der Erziehung ab, wie groß der Spielraum ist, der diesen Tendenzen gewährt wird. Von ganz entscheidender Bedeutung werden sie jedoch in der Pubertät, wenn wir erwarten, dass der junge Mensch erste Lebensziele, Pläne, zukunftsgerichtete Tendenzen erkennen lässt und Kräfte mobilisiert, die in die Richtung einer Realisierung dieser Pläne führen.

Die Selbststeuerung unterscheidet sich nach
- *Dynamik* und
- *Richtung*.

Die Dynamik ist individuell unterschiedlich ausgeprägt und nach der Auffassung vieler Autoren als *Vitalstärke* eine angeborene, überdauernde *Charakterkonstante*.

Die Richtung der selbststeuernden Tendenzen umfasst mehrere Komponenten:
- Bedürfnisbefriedigung
- Selbstbeschränkung in Anpassung an die Umwelt
- schöpferische Expansion
- Aufrechterhaltung der inneren Ordnung

In der frühen Kindheit bestehen vor allem das Bestreben, primäre Bedürfnisse zu befriedigen, und die Tendenz zur Expansion bei Funktionsübungen, Neugierdeverhalten und Spiel. Im Zusammenhang mit der *ersten Gewissensbildung* und der *Interiorisation der Werte* im vierten und fünften Lebensjahr wird die Tendenz zur Selbstbeschränkung als Anpassung an die Umwelt immer deutlicher und beherrscht in zunehmendem Maße das Schulalter. Eng verknüpft mit der Bildung des Über-Ich sind auch die ersten Bestrebungen zur Aufrechterhaltung der inneren Ordnung: Schuldgefühle, Sühnebedürfnis, der Wunsch, sich im Einklang mit sich selbst und seiner Umwelt zu fühlen. *Schöpferische Expansion* ist ebenfalls bereits sehr früh auf die Erfüllung selbstgestellter Aufgaben gerichtet.

5.2.2 Die unbewussten dynamischen Prozesse

A. ADLER hat 1929 als Erster darauf verwiesen, dass Erfahrungen zur Entwicklung von *bestimmten Lebensgrundsätzen* und *konstanten Haltungen* beitragen, ohne dass wir uns dessen selbst bewusst werden. Er hat diese Grundhaltungen *Leitlinien* oder *Leitbilder* genannt. Es handelt sich praktisch um verfestigte Reaktionen auf Erfahrungen, die Kinder im sozialen Kontakt machen. Diese Leitlinien können positiv oder negativ besetzt sein.

Die Stufen der frühkindlichen Sexualität werden ebenfalls in unbewussten Prozessen durchlaufen (S. FREUD 1935). Triebregungen, die von der sozialen Umwelt des Individuums nicht geduldet werden, werden verdrängt oder sublimiert. Fehlentwicklungen im Verlauf dieser Prozesse führen zur Ausbildung von Neurosen. Die gesamte Persönlichkeit eines Neurotikers ist geprägt durch seine *Angst* und durch seine *zu starken Abwehrmechanismen*.

Auf die psychoanalytische Theorie der frühkindlichen Entwicklung wird auf Seite 188f. eingegangen.

5.2.3 Erklärungen zum Persönlichkeitsmodell

Zur Entwicklung der Persönlichkeit gibt es eine Vielzahl unterschiedlicher Konzeptionen, Modelle und Theorien. Grundsätzlich kann man zwei Positionen unterscheiden:

- *Trait-orientierte Konzeptionen* der Persönlichkeit. Ihnen liegt in Anlehnung an GUILFORD (1959) die Auffassung zu Grunde, dass eine individuelle Persönlichkeit die einzigartige Organisation ihrer Eigenschaften (= traits) ist. Persönlichkeit ist ein mehr oder weniger statisches Element.
- *Prozessorientierte Konzeptionen von Persönlichkeitsentwicklung*. Persönlichkeit wird in Anlehnung an ALLPORT (1937) als eine dynamische Organisation jener psycho-physischen Systeme innerhalb eines Individuums gesehen, die dessen jeweils einzigartige Anpassungen an seine Umwelt bestimmen. Persönlichkeit ist hier prozessual ausgerichtet.

Prozessorientierte Modelle können Entwicklungsprozesse adäquater darstellen. Zu unserem Modell der Persönlichkeitsentwicklung sind zusätzlich zwei grundsätzliche Erläuterungen notwendig:

1. Die unterschiedlichen Konzeptionen heben jeweils einen anderen Aspekt des Prozesses hervor: FREUD das biologisch vorprogrammierte psycho-sexuelle Geschehen, ERIKSON psycho-soziale Interaktionen, WHITE die Kompetenzentwicklung, HAVIGHURST ein integriertes Zusammenwirken biologischer, sozialer und psychischer Einflüsse, THOMAE die subjektiv aktiven Strukturierungen und Sinngebungen.

   Es ist aber wichtig zu betonen, dass grundsätzlich alle Faktoren *integriert* sind, dass alle untereinander in *wechselseitiger Abhängigkeit* stehen.

2. *Im individuellen Leben kann der eine oder der andere Faktor stärker wirksam werden.* Die individuell-genetische Anlage wird dort entscheidend sein, wo z. B. eine sehr hohe Intelligenz oder eine sehr hohe Musikalität zum Durchbruch kommen. Eine Persönlichkeit kann auch geprägt werden durch ihre besondere *Neigung zu Verfestigungen*, was zur engen Anpassung an bestimmte soziokulturelle Muster führen kann. In anderen Fällen wiederum machen sich starke *Tendenzen der aktiven Selbststeuerung* bemerkbar.

5.3 Einige Anmerkungen zur Anlage-Umwelt-Problematik

Entwicklung ist Interaktion von Anlage und Umwelt. Bis heute ist es eine heftig diskutierte und strittige Frage, ob den Erbanlagen oder den Umwelteinflüssen mehr Bedeutung bei der Entwicklung eines Menschen zukommt. Aus der Beantwortung dieser Frage ergeben sich erhebliche praktische Konsequenzen. Zwei extreme Standpunkte können am Beispiel der unterschiedlichen Verteilung der Intelligenzquotienten in verschiedenen Sozialschichten der Bevölkerung demonstriert werden. Bekanntlich häufen sich die höheren Intelligenzquotienten bei den Kindern der sozialen Mittel- und Oberschicht, während in der sozialen Unterschicht* bei vielen Kindern niedrigere Quotienten ermittelt werden.

Nach Auffassung der *Erbtheoretiker* gibt es in der Mittel- und Oberschicht mehr intelligente Kinder, weil es in diesen Bevölkerungsgruppen mehr intelligente Eltern gibt. Hinter dieser Auffassung steht die Annahme, dass Intelligenz eine unabänderliche, vererbte und sich unter allen Umständen realisierende Größe darstellt.

Die *Milieutheoretiker* vertreten hingegen die Auffassung, dass sich in der Mittel- und Oberschicht mehr begabte Kinder befänden, weil sie durch ihr Milieu besser herausgefordert und gefördert würden. Hinter dieser Annahme steht die Theorie, dass alle Menschen ihrer Anlage nach grundsätzlich gleich seien und Unterschiede zwischen den Menschen sich ausschließlich als Folge unterschiedlicher Anregungen und Lernmöglichkeiten im Milieu herausgebildet hätten.

Die gesellschaftspolitischen Konsequenzen dieser unterschiedlichen Auffassungen sind klar. Die Anhänger der Erbtheorie glauben an das Vorhandensein anlagebedingter Eliten. Die Anhänger der Milieutheorie hingegen vertreten einen pädagogischen Optimismus, sie glauben an die unbegrenzte Bildbarkeit des Kindes und an die Möglichkeit, Kinder durch entsprechende Bildungsangebote zu „begaben". Sie glauben auch daran, dass es möglich ist, durch kompensierende Bildungsangebote Defizite, die sie ausschließlich auf mangelnde Lernangebote zurückführen, auszugleichen, und auf diese Art Chancengleichheit für alle zu schaffen (vgl. auch Seite 84).

Zahlreiche wissenschaftliche Untersuchungen haben belegen können, dass eine obere Grenze der intellektuellen Entfaltbarkeit vererbt ist und dass eine *graduell verschiedene Verteilung* des genetisch festgelegten Entfaltungspotenzials in der Bevölkerung vorhanden ist.

Es gibt einige klassische Methoden zum Nachweis von Anlageeinflüssen. Dazu zählen

- Chromosomenanomalien
- Passung in ein Erbgangsmodell
- Populationsgenetische Analysen

Populationsgenetische Methoden erlauben es, die in einer Population gegebenen phänotypischen *Unterschiede* auf Anlage- und/oder Umwelt*unterschiede* zurückzuführen (zu Genotyp und Phänotyp siehe auch Seite 81). Phänotypische Merkmalsausprägungen werden in Paaren oder in Mengen von Individuen verglichen, die hinsichtlich der Ähnlichkeit oder Unähnlichkeit ihrer Erbanlagen und ihrer Entwicklungsumwelten eingeschätzt werden können.

Folgende Methoden werden dabei eingesetzt:

- Zwillingsuntersuchungen
- Untersuchungen an Adoptivkindern
- Familienforschung
- Wirkung spezifischer Umwelteinflüsse (Interventionsforschung, Veränderung der Lebenslage etc.)

Auf die Vererbbarkeit des Intelligenzpotentials weisen bereits die *Familienforschungen* hin, die zeigen, dass es relativ hohe Korrelationen zwischen Intelligenzleistungen von Verwandten gibt, und zwar sind die Korrelationen um so höher, je näher die Personen verwandt sind. Es ergibt sich allerdings die Schwierigkeit, dass in diesen Untersuchungen die Einflüsse von Vererbung und Umwelt besonders schwer getrennt werden können. Die festgestellten Übereinstimmungen von Intelligenzleistungen in der Familie könnten somit sowohl auf Vererbung als auch auf ähnliche Umwelteinwirkungen zurückgeführt werden.

Verlässlicher ist die Methode der *Zwillingsforschung*, da bei *eineiigen Zwillingen* identische Erbanlagen angenommen werden können. Die folgende Abbildung zeigt, dass der Grad der Übereinstimmung der Intelligenzleistungen bei eineiigen Zwillingen sehr hoch ist, auch dann noch, wenn die Zwillinge getrennt aufgewachsen sind.

	Anzahl der Paare	Korrelationswert der Intelligenzleistung
Eineiige Zwillinge, gemeinsam aufgewachsen	95	0,925
Eineiige Zwillinge, getrennt aufgewachsen	53	0,874
Zweieiige Zwillinge, gemeinsam aufgewachsen	127	0,543
Geschwister, gemeinsam aufgewachsen	264	0,531
Geschwister, getrennt aufgewachsen	151	0,438
Nichtverwandte Kinder, gemeinsam aufgewachsen	136	0,267

Abbildung 14: Korrelationswerte der Intelligenz (nach BRACKEN *1969). Die Übereinstimmung der Leistungen ist um so größer, je mehr sich der Korrelationskoeffizient dem Wert 1 annähert.*

Dass die Umwelt aber trotzdem von Bedeutung ist, zeigen diese Befunde auch. Am deutlichsten bei eineiigen Zwillingen, die getrennt aufwachsen, denn ihre Übereinstimmung ist zwar immer noch überdurchschnittlich hoch, aber doch wesentlich geringer als jene der gemeinsam Aufwachsenden.

Interessant sind auch die Befunde aus Studien mit Adoptivkindern. Trotz der methodischen Schwächen vieler Untersuchungen zeigt sich eindeutig eine höhere Korrelation zwischen biologischen Eltern (meist nur Mutter) und Kindern als zwischen Adoptiveltern und Adoptivkindern, sodass dadurch der Anlageeinfluss als nachgewiesen gelten kann.

	N-Fälle	durchschnittliche Korrelation
Durchschnittswert der Adoptiveltern (Intelligenzalter) x IQ des Kindes	351	0,19
Durchschnittswert der biologischen Eltern (Intelligenzalter) x IQ des Kindes (zusammen lebend)	378	0,58
Durchschnittswert der biologischen Eltern (sozialer Status) x IQ des Kindes (getrennt lebend)	41	0,70
IQ der biologischen Mutter x IQ des Kindes (getrennt lebend)	255	0,34

Abbildung 15: Kovariation der Intelligenz von Kindern und ihren biologischen bzw. Adoptiveltern (nach MUNSINGER *1975 aus* OERTER *1987: 29)*

Zusammenfassend kann man sagen, dass sich die Frage, welcher Anteil an der Intelligenzentwicklung der Vererbung und welcher Anteil der Umwelt zufällt, nicht beantworten lässt. *Die Intelligenz eines Kindes, die testmäßig oder durch Verhaltensbeobachtung erfasst wird, ist ja bereits immer das Ergebnis der Herausforderung seiner potenziellen Intelligenz durch die Umwelt.* Als gesichert kann aber gelten, dass das Leben in einer besonders anregungsarmen Umwelt eine Einschränkung der Intelligenzentwicklung bewirken kann, während Stimulierung durch Förder- und Lernangebote, insbesondere verbunden mit emotionaler Zuwendung, zu einer maximalen Entfaltung des angeborenen Intelligenzpotenzials führen kann.

Kompensatorische Lernangebote können jedoch bestenfalls eine Lücke zwischen einem erreichten und einem auf Grund der Anlage erreichbaren Intelligenzniveau füllen. Aber gerade das kann von außerordentlicher Bedeutung für die Bildungs- und Lebenschancen eines Menschen sein.

Von besonderer Wichtigkeit hingegen ist es, in der Auseinandersetzung über Anlage- und Umwelteinflüsse die *richtigen Fragen* zu stellen. Es gibt viele unterschiedliche Wege des Zusammenwirkens dieser beiden Faktoren. Es ist sinnvoller, diese Wege – *Koaktionen* nach DOLLASE 1985 – zu erkunden, als nach ihren Einflussanteilen zu fragen (A. ANASTASI 1958).

Nach ROTH, OSWALD und DAUMENLANG (1972) kann man dieses strittige Thema mit den folgenden drei Punkten zusammenfassen:

1. Es ist sinnvollerweise nicht bezweifelbar, dass Intelligenzleistungen sowohl auf genetischer Basis beruhen als auch von Umwelteinflüssen abhängen. Zwischen beiden Determinanten finden Interaktionen statt.
2. Die Versuche, prozentual festzulegen, welcher Anteil der Intelligenz erbbedingt und welcher umweltabhängig ist, werden den Tatsachen so lange nicht gerecht, als sie nicht die Interaktionen zwischen den Gegebenheiten berücksichtigen. Die Ergebnisse entsprechender Untersuchungen gelten höchstens für Populationen in einer konstant gesetzten Umwelt. Generalisierungen sind nicht zulässig.
3. Unabhängig von dem Grad, der im Endeffekt der Vererbung zukommt, ist die genetische Ausstattung eines Individuums zunächst nichts als eine Potenz, die in der Umwelt und durch sie aktualisiert werden muss. Fraglich ist nur die Variationsbreite, die bei gegebener Ausstattung durch Umwelteinwirkungen möglich ist.

---

* „Unterschicht" ist ein soziologischer Begriff und bedeutet keine Diskriminierung dieser Bevölkerungsgruppe.

6 Das Leben bis zur Geburt

6.1 Vorgeburtliche Entwicklung

Das Zusammenwirken von Anlage und Umwelt, das die Entwicklung eines Menschen bestimmt, beginnt nicht erst mit der Geburt. Auch der vorgeburtliche Zeitraum ist in vielfacher Hinsicht grundlegend und wichtig, weil bestimmte Ereignisse und Bedingungen über den mütterlichen Organismus Einfluss auf das werdene Kind haben können und damit nicht nur seine intrauterine Entwicklung, sondern auch sein nachgeburtliches Schicksal mitunter entscheidend beeinflussen können.

Bei seiner Geburt ist ein Kind im Durchschnitt bereits rund vierzig Wochen alt, und es hat in der Zeit vor seiner Geburt wesentliche Fortschritte in seiner anatomischen, physiologischen und Verhaltensentwicklung durchgemacht, wie die Übersicht in Abbildung 17 zeigt.

Als neurologisches Alter eines Kindes gilt das Alter vom Zeitpunkt seiner Konzeption an. Der menschliche Keim wird in den ersten acht bis zwölf Wochen seiner Entwicklung als *Embryo* bezeichnet. In dieser Zeit entwickeln sich Körperstruktur und innere Organe. Die Entwicklung

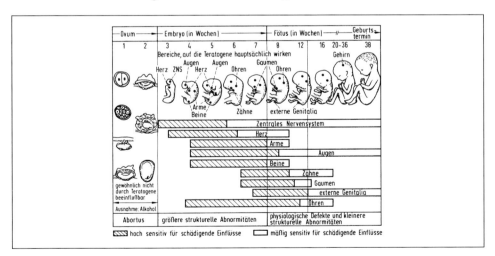

Abbildung 16: Gefährdete Zeiten für die Organentwicklung der Embryonal- und Fötalzeit (aus RAUH 1987: 138).

des Zentralnervensystems beginnt bereits in den ersten Wochen nach der Konzeption mit der Bildung der Nervenplatte und des Rückenmarks, ihrer räumlichen Orientierung als Grundlage für die sich bildenden Nervenzellen. Als Erstes dürfte nach den vorliegenden Befunden das visuelle Zentrum und damit auch die Platzierung der Augen festgelegt werden.

Ab dem dritten Monat der Schwangerschaft spricht man vom *Fötus*. Es ist die Zeit erheblichen Gehirnwachstums und spontaner, zum Teil sehr differenzierter Aktivität. Das Gehirngewicht nimmt zwischen der 20. Schwangerschaftswoche und dem sechsten Lebensmonat des Kindes enorm zu. In diesem Zeitraum gibt es zwei Wachstumsschübe. Im dritten bis zum fünften Schwangerschaftsmonat vermehren sich die Nervenzellen sehr schnell. In dieser Zeit ist das kindliche Gehirn besonders gefährdet. Wenige Wochen vor der Geburt beginnt der zweite Wachstumsschub mit einem Gipfel um den dritten bis vierten Monat nach der Geburt. Nun differenzieren sich die Nervenzellen und bilden viele Dendriten und Synapsen.

Alter	Größe Gewicht	Organ- und physiologische Entwicklung	Verhaltensentwicklung
Embryonalzeit			
16 Tage	1 mm	Konzeption: 3 Keimblätter mit räumlicher und symmetrischer Orientierung (vorn/hinten, oben/unten, innen/außen, rechts/links). Noch keine Nervenzellen. Einnistung in den Uterus.	
18-20 Tage		Nervenplatte bildet sich; stülpt sich von der Seite her auf zur Corda und zur Kopffalte; Bildung eines Zentralen Nervensystems (ZNS). Wanderung von Nervenzellen.	
22-25 Tage		Muskelzellen entlang der Körpermitte; Aufteilung des Körpers in Segmente (spätere Bewegungseinheiten).	
4 Wochen	6-8 mm	Innere Organe bilden sich. Knospung der Extremitäten. Wahrnehmungsorgane des Kopfes erkennbar: Augen, Ohren, Nasenflügel, Mund, Zunge. Axonbildung zur Verbindung zwischen den Nervenzellen: Absterben „überschüssiger" Nervenzellen.	
4-8 Wochen	8 mm bis 2 cm	Innere Organe zeigen Ansätze von Funktion. Rezeptoren im Kopf erhalten ihre Gestalt. Hände und Füße bilden sich aus. Erste visuelle Nervenzellfasern wachsen zum Dach des Mittelhirns. Gehirn sendet Impulse.	
8-12 Wochen	2 cm	Organdifferenzierung, Herzschlag, Leber produziert Blutzellen; Niere entzieht Urin aus dem Blut; Adrenalin und Androgen (aus den männlichen Keimdrüsen) nachweisbar. Alle für Wahrnehmen und Erkunden notwendigen Organe sind in verkleinertem Maßstab vorhanden. Erste Nervenfasern bilden sich aus, um ein zusammenhängendes Netz zwischen Hirnstamm und Rezeptoren/Effektoren zu bilden.	Ende der 8. Woche: erste Bewegungen. Unterscheidbare Bewegungsmuster: Gesamtbewegungen, Zusammenzucken, Schluckauf, isolierte Arm- und Beinbewegungen, Zurückbeugen und Rotation des Kopfes. Um die 11. Woche: erste Hand-Gesicht-Kontakte

Alter Fötalzeit	Größe Gewicht	Organ- und physiologische Entwicklung	Verhaltensentwicklung
12.-16. Woche	9 cm	Erste Knochenzellen, Knorpelbildung, Formung von Finger- und Zehennägeln, Geschlechtsorgane differenzieren sich, Bildung der Stimmbänder. Vorderhirn stark ausgeprägt. Nicht-neurale Gliazellen bilden sich vermehrt: sie regulieren die Bedingungen für die chemische und elektrische Kommunikation der Nervenzellen. Im 3.-5. Monat stark vermehrte Teilung der Nervenzellen und Zellwanderung zu den Hemisphären des ZNS entsprechend der „Landkarte" der dortigen Repräsentation des Körpers.	Atmungsbewegungen, Kieferbewegungen, Sich-Strecken, Gähnen, Vorbeugen des Kopfes, Zwinkern, Saugen und Schlucken, Schreitbewegungen und „Salto rückwärts", Bewegungen der Finger und Handgelenke. Bis zur 14. Woche Zunahme der Aktivität des ganzen Körpers. Ab etwa 14. Woche Zyklen von Aktivitätsschüben und Ruhepausen.
16.-20. Woche	16 cm 100 g	Weitere Knorpelbildung. Untere Extremitäten wachsen verstärkt. Augenmuskeln sind ausgebildet.	Bewegungen des Fötus von der Mutter spürbar. Feine Gesichts- und Handbewegungen (Reflexe auslösbar).
21.-24. Woche	25 cm 400 g	Knochenachse wird gestreckt. Hautstruktur erhält endgültige Form. Talgdrüsen funktionieren. Hautsinne sind ausgebildet. Kleinhirn ist noch rudimentär. Um die 20. Woche Wachstumsspurt des ZNS: Erhebliche Vermehrung der Nervenzellen. (Im Falle vorzeitiger Geburt beginnende Fähigkeit zu atmen und zu schreien.)	Viel spontane Aktivität. Bevorzugte Lage und Schlafhaltung, Wachzeit wie beim Neugeborenen sowie Dämmerzustande. (Erste Differenzierung zwischen taktilen und Schmerzreizen.)
25.-28. Woche	30 cm 700 g	Lagunahaar über den ganzen Körper. Augen voll ausgebildet mit Brauen und Wimpern. Viele Geschmacksknospen auf der Zunge. Flüssigkeitsabgabe über die Haut. Bis zur Geburt starke Zunahme der Hirnstromaktivität. (Extrauterin bedingt überlebensfähig.)	Anpassung der Körperhaltung, z. B. an die Bewegungen der Mutter. Augenbewegungen bei geöffnetem Auge. Unregelmäßige Atembewegungen, Schlucken amniotischer Flüssigkeit. (Kann, extrauterin, bei Auslösung des Greifreflexes sein eigenes Gewicht halten.)
29.-32. Woche	35 cm 1200 g	Großhirn bedeckt fast das ganze Gehirn. Haarwuchs am Kopf. Bei Buben ist eine der beiden Testes (Keimdrüsen des männlichen Fötus) ins Scrotum (Hodensack) abgesunken. Der Muskeltonus nimmt bis zur Geburt von den Beinen aus zu den Schultern zu, die Stärke der Reflexe aber in Richtung vom Kopf zu den Füßen. (Bei vorzeitiger Geburt eigenständiges Atmen möglich.)	Unabhängiges extrauterines Überleben möglich. Fähig zu Atmung, Schreien, Schlucken; viele spezialisierte Reaktionen, aber temperaturinstabil und sehr infektionsanfällig.
33.-36. Woche	45 cm 2000 g	Unterhautfettbildung, Straffung der Haut, Gewichtszunahme um ca. 250 g pro Woche. Ab 35. Woche bestehen reife Synapsen und Axone zwischen den Sinneszellen und dem Gehirn („Schaltung" und damit Möglichkeit der Informationsaufnahme über die Sinne).	Sehr aktiv, Hören möglich: aber Umweltgeräusche werden von Herzschlag und Darmgeräuschen der Mutter überdeckt.
37.-42. Woche	51-54 cm 3000 g und mehr	Zweiter Wachstumsspurt des Gehirns: Volumenzunahme von 100 auf 400 ccm, insbesondere durch Synapsen- und Dendritenbildung sowie Gliazellen. Damit Differenzierung der Nervenzellen. Die meisten Hirnzellen sind nun vorhanden. Absinken in den Geburtskanal. Geburt um die 40. Woche.	„Mithören" des extrauterinen akustischen Geschehens möglich mit mütterlichem Herzschlag und Darmgeräuschen als „Hintergrundmusik". Abnahme der spontanen Motilität (wegen räumlicher Enge und motorischer Hemmung).

Abbildung 17: Embryonal- und Fötalentwicklung (aus RAUH 1987: 132 – 133)

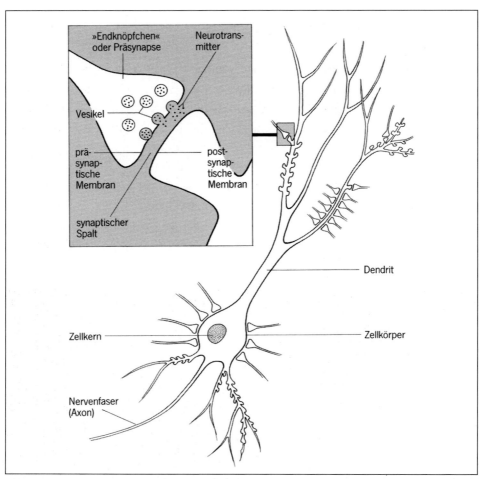

Abbildung 18: Grundaufbau einer Nervenzelle und Struktur einer chemischen Synapse (aus BREIDBACH 1993: 54)

Nach H. RAUH (1987) interessieren aus der Sicht der Entwicklungspsychologie vor allem die folgenden vier Fragen:
- Wie entwickeln sich die neurologischen Grundlagen für Wahrnehmung und Verhalten?
- Wie entsteht Verhalten und finden intrauterin bereits Lernprozesse statt?
- Kann die vorgeburtliche Entwicklung Modelle für die spätere Entwicklung liefern?
- Welche Risiken und Gefährdungen aus der vorgeburtlichen Zeit können sich später auf die psychische Entwicklung des Kindes auswirken?

6.2 Was der Fötus alles kann

6.2.1 Ausbildung der Funktionalität der Sinnessysteme

Die folgende Übersicht zeigt die Sinnessysteme des Menschen und den Zeitpunkt der Ausbildung der Funktionen. Diese Eckdaten haben besonders für die Weiterentwicklung von Frühgeborenen Bedeutung. Wenn ein Kind beispielsweise in der 27. Schwangerschaftswoche zur Welt kommt, kann es alle Sinne bereits einsetzen. Es spürt Berührungen, empfindet Wärme, Kälte und auch Schmerz, es hat Eigenbewegungen und kann seine Lage verändern, es schmeckt, riecht, hört und unterscheidet zwischen hellem und dunklem Licht. Es hat alle Grundlagen für die Weiterentwicklung, diese muss aber in einer Umgebung geschehen, die den besonderen Bedürfnissen und Fähigkeiten des frühgeborenen Kindes weitestgehend entspricht.

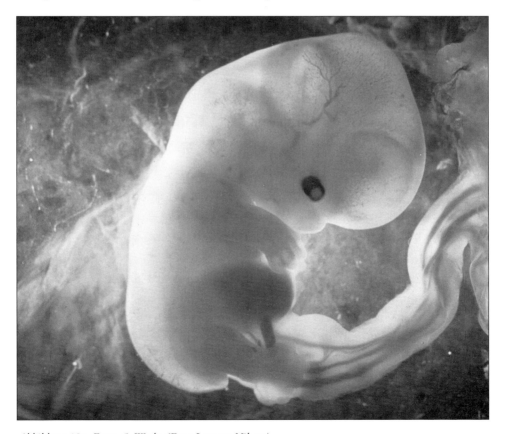

Abbildung 19a: Fötus, 5. Woche (Foto: Lennart Nilsson)

System	Reize	Rezeptororgan	Empfindung	funktional
Hautsinne	Druck, Vibration	Meissner'sche Tastkörperchen	Berührung	8. SSW
	Temperaturdifferenz	Krause'sche Körperchen	Wärme, Kälte	26. - 40. SSW
	Intensive Reize	freie Nervenendigungen	Schmerz	26. - 40. SSW
Kinästetischer, statischer und propriozeptiver Sinn	Lageveränderung, Bewegung	Vater-Pacini-Körperchen in tiefen Hautschichten	Eigenbewegung, Körperstellung, Raumlage	16. SSW
		Spannungsrezeptoren in Muskel- und Sehnenspindeln		
	Kopfbewegung	Vestibularapparat im Innenohr		
Chemische Sinne	Chemische Substanzen in wässriger Lösung	Geschmacksknospen der Zunge	Geschmack	26. - 40. SSW
	Chemische Substanzen in Gasform	Riechepithel im Nasendach	Geruch	26. - 40. SSW
Gehör	Mechanische Vibrationen 20 - 20000 Hz	Corti-Organ im Innenohr	Töne, Klänge, Geräusche	25. SSW
Gesichtssinn	Elektromagnetische Wellen 400 - 760 nm	Netzhaut im Auge	Licht, Farbe, Muster	26. - 40. SSW

Abbildung 19b: Vorgeburtliche Entwicklung und angeborene Fähigkeiten (nach HAUKE 1998: 1)

6.2.2 Motorik

Bereits ab dem dritten Monat bewegt sich der Fötus lebhaft, wenn auch für die Mutter noch nicht wahrnehmbar. Durch Ultraschalluntersuchungen konnte belegt werden, dass es sich bei den relativ komplexen Bewegungsmustern nicht nur um reflektorische Erscheinungen handelt. In der 12. bis 16. Woche gehören dazu unter anderem auch schon Räkeln, Strecken und Gähnen. Die Aktivität des Fötus nimmt bis kurz vor dem Geburtstermin zu. Etwa vom fünften Schwangerschaftsmonat an sind die Bewegungen bereits so stark, dass sie von der Mutter wahrgenommen werden können. Vor der Geburt lässt die Aktivität aufgrund der sich entwickelnden motorischen Hemm- und Steuerungsmechanismen nach.

Ab der 14. Woche lassen sich deutliche Abfolgen von Phasen der Aktivität und von Ruhepausen erkennen. Dies ist im Sinne einer rhythmischen Strukturierung von Bedeutung. Es steht auch im Zusammenhang mit einer Vielzahl von Reizen, die durch rhythmische Bewegungen und Geräusche auf das Ungeborene ausgeübt werden. Der Fötus nimmt das rhythmische Ein- und Ausatmen, den Herzschlag der Mutter wahr, er wird durch den rhythmischen Gang der Mutter in der Gebärmutter hin und her geschaukelt. Auch der gesamte Tagesablauf der Mutter stellt ein derartiges rhythmisches Muster dar, der sich auf das Kind überträgt (VAN DEEST 1997).

Interessant ist der Umstand, dass viele Mütter Ähnlichkeiten zwischen den Bewegungen, die sie während der Schwangerschaft gespürt haben, und denen des Säuglings feststellen. PIONTELLI konnte das durch den Vergleich von Ultraschallbildern während der Schwangerschaft und der Beobachtung des Kindes in seiner nachgeburtlichen Bewegungsentwicklung ebenfalls belegen (nach LÜPKE und VOSS 1998).

6.2.3 Hören

Dass das ungeborene Kind hört, weiß man einerseits aus seinen Reaktionen auf Musik (CLEMENTS 1977) und auf laute Geräusche in der Außenwelt, anderseits aus seinen Reaktionen auf die Herztöne der Mutter.

Es gibt mehrere Möglichkeiten, die Betroffenheit des Fötus durch einen Reiz zu erkennen: beschleunigte Herztätigkeit, gesteigerte Bewegungen, Veränderungen der Hirnströme. Eine solche kann bei starken Geräuschen von außen festgestellt werden, ebenso bei Beschleunigung des mütterlichen Herzschlags. LILEY (1972) berichtet von sehr differenzierten Reaktionen auf Musik. Während Vivaldi und Mozart den Fötus beruhigen, verursachen Brahms, Beethoven und Rockmusik heftige Bewegungen.

Es handelt sich jedoch nur um eine gewisse Hörfähigkeit, die beim Fötus ab dem 5. Monat nachgewiesen werden kann, denn auch die Hörverarbeitung im eigentlichen Sinn unterliegt einem Reifungsprozess. Dieser vollzieht sich im Gegensatz zum visuellen System langsamer. Mittelohr- und Innenohrfunktionen beginnen pränatal ab der 12. Woche, die Hörrinde im Temporallappen ab der 20. Woche zu funktionieren. Wichtige zentrale Anteile entwickeln sich aber erst postnatal. Der Sinnesapparat des Ohres beim Neugeborenen kann zwar kräftige akustische Reize entgegennehmen, die Reaktionen sind vorerst allerdings noch rein reflektorisch.

6.2.4 Sehen

Im Mutterleib gibt es nicht viel zu sehen, daher bleibt der Gesichtssinn vorerst wenig entwickelt. Dass Lichtreize jedoch bereits registriert werden, beweist die

Tatsache, dass Schwankungen der fötalen Herztätigkeit auftreten, wenn im späteren Stadium der Schwangerschaft bei schon sehr gespannter und daher lichtdurchlässiger Bauchdecke ein starkes Blinklicht auf den Bauch der Mutter gerichtet wird.

Die große Bedeutung des Sehens zeigt sich funktionell dadurch, dass mehr als die Hälfte der Cortexoberfläche der Verarbeitung visueller Information dient. Bei der Geburt sind alle visuellen Funktionen rudimentär ausgebildet.

6.2.5 Schmecken

Dass der Geschmackssinn schon entwickelt ist, zeigt ein Experiment von LILEY (1972): Wenn dem Fruchtwasser Saccharin zugeführt wird, schluckt der Fötus mehr und schneller; bei einem schlecht schmeckenden Zusatz verzieht er das Gesicht und macht keine Schluckbewegungen.

6.2.6 Lernen

Das Vorhandensein von *bedingten Reflexen* – also von Gedächtnisreaktionen auf Vorsignale –, wie man sie bald nach der Geburt in der Nahrungssituation beobachten kann, wenn das Kind als Reaktion auf einen regelmäßigen Vorreiz – etwa Umbinden eines Lätzchens – schon zu saugen beginnt, bevor es noch mit der Nahrungsquelle in Berührung gekommen ist, konnte schon vor der Geburt nachgewiesen werden. SPELT berichtet 1948 von folgendem Experiment:

16 Ungeborene wurden einige Male einem starken Geräusch ausgesetzt, auf das sie mit lebhaftem Strampeln reagierten. Unmittelbar nach jedem Geräusch setzte eine Vibration ein, ein sanfter Reiz, der normalerweise keine Reaktion auslöst. Nach einiger Zeit reagierten die Kinder mit Strampeln auf Vibrationen, denen keine Geräusche vorangegangen waren – ein erlerntes Verhalten.

Ein anderer Hinweis auf Erinnerungen an den vorgeburtlichen Zustand ist die bekannte Reaktion von Säuglingen auf eine Audioaufnahme von Herztönen. Schreiende Kinder können auf diese Weise beruhigt werden (experimenteller Nachweis durch SALK 1973). Auch die beruhigende Wirkung des Schaukelns und Wiegens kann als Erinnerung an die Bewegungen des mütterlichen Körpers interpretiert werden.

6.3 Probleme in der vorgeburtlichen Entwicklung

Es gibt eine Vielzahl unterschiedlicher endogener, genetischer und konstitutioneller Faktoren, aber auch exogene Ursachen, die den Fötus in seiner Entwicklung gefährden können. Letztere könnten weitgehend vermieden werden, deshalb werden sie unten ausführlicher besprochen.
Nach MERKER 1985 kommt ungefähr ein Viertel aller befruchteten Eizellen bis zur Geburt. Die meisten sterben bereits vor der Einnistung in den Uterus ab, ungefähr 10 % sind spontane Fehl- oder Totgeburten (insbesondere zwischen der 10. und der 15. Schwangerschaftswoche). Die Ursache für die meisten spontanen Fehlgeburten sind Entwicklungsfehler mit Todesfolgen.
In Deutschland kommen etwa drei Prozent der Kinder mit Missbildungen zur Welt. Die *Teratologie* versucht die Ursachen dafür genau zu ergründen, vor allem, um prophylaktisch wirken zu können, da viele Fehlentwicklungen und Missbildungen durch verantwortetes und bewusstes Handeln der Umgebung (nicht nur unmittelbar der Eltern) vermieden werden können (vgl. auch Abbildung 17).
Zu den häufigsten Ursachen, die je nach Zeitpunkt, Dauer und Intensität die fötale Entwicklung beeinflussen und schwer wiegende Spätfolgen haben können, gehören:
- Unter- und/oder Fehlernährung der Mutter
- Metabolismusstörungen der Mutter
- Alter der Eltern
- Infektionskrankheiten
- Strahlenexposition
- Umweltbelastungen
- Alkohol
- Drogen, insbesondere Schmerz- und Rauschmittel
- Rauchen und Passivrauchen
- Stress
- ablehnende Einstellung zum Kind

6.4 Exogene Einflüsse auf den Fötus: Lebensgewohnheiten der Mutter

6.4.1 Rauchen und Passivrauchen

Dass die Rauchgewohnheiten der Mutter das werdende Kind schädigen können, ist seit langem bekannt. Nachweisbar ist eine höhere Anzahl von Mangelgeburten bei Raucherinnen. Unter Mangelgeburt versteht man ein Geburtsgewicht unter 2500 g bei voller Gestationszeit.

Die Mutter raucht	Erfasste Geburtenzahl	Anteil der Mangelgeburten
nicht	4235	8,5 %
gelegentlich	789	7,9 %
bis 5 Zigaretten	420	10,9 %
regelmäßig 6 bis 10 Zigaretten	347	14,1 %
10 und mehr	245	16,7 %
Zusammen	6036	9,2 %

Abbildung 20: Mangelgeburten nach den Rauchgewohnheiten der Mütter (DFG 1977)

Die Ergebnisse einer umfassenden Untersuchung bei 6000 Schwangeren und ihren Kindern der Deutschen Forschungsgemeinschaft (1977) zeigten, dass Rauchen nicht nur zu einer Reduktion des Geburtsgewichtes, sondern aller Geburtsmaße, auch der Körperlänge und des Schädelumfanges, führt.

Das Risiko, dass das Kind einer rauchenden Schwangeren vor oder unmittelbar nach der Geburt stirbt, ist im Vergleich zu Kindern von nicht rauchenden Müttern um ungefähr 35 % erhöht. Besonders ungünstig wirkt sich das Rauchen während des letzten Drittels der Schwangerschaft, vor allem vier Wochen vor der Geburt, also während des Zeitraums, in dem allgemein die größte Zunahme des Körpergewichts zu verzeichnen ist, aus. Die Mortalitätsrate bei Föten und Neugeborenen ist auch dann deutlich erhöht, wenn Mütter gar nicht, Väter hingegen stark rauchen. Die meisten eindeutigen Befunde zum Passivrauchen stammen allerdings aus nachgeburtlichen Lebensabschnitten.

Neben der unmittelbaren chemischen Einflusswirkung und der Verengung der Blutgefäße in der Plazenta, was einen ungünstigen Einfluss auf die Sauerstoff- und Nahrungszufuhr für den Fötus zur Folge haben kann, spricht viel dafür, dass die ungünstigeren Ernährungsgewohnheiten starker Raucher für die zu beobachtenden negativen Einflusswirkungen verantwortlich gemacht werden müssen. Das trifft vor allem auf *Kaffee* zu. Erhöhter Zigarettenverbrauch ist häufig mit starkem Kaffeekonsum gekoppelt. Auch hier kommt es zu einem erhöhten Risiko für Mangelgeburten.

6.4.2   Alkohol

Alkoholgenuss führt überdurchschnittlich oft zu Frühgeburten. Zu Beginn der 70er-Jahre des 20. Jahrhunderts begann man sich in der Forschung ausführlicher mit den Zusammenhängen zu beschäftigen. Alkohol kann die Barriere der Plazenta sehr leicht passieren. Die Leber des Fötus kann die Substanz nur unzureichend abbauen. Unmittelbare Zusammenhänge konnten auch mit verzögertem Wachstum vor und nach der Geburt in Verbindung mit Gesichtsanomalien, dem so genannten Fötalen Alkoholsyndrom, dargestellt werden.

Erheblich beeinträchtigt kann die Gehirnentwicklung werden. Alkohol gilt heute in der westlichen Welt als die häufigste Ursache für Beeinträchtigungen der Intelligenzentwicklung und für Störungen der Konzentrationsfähigkeit.

Es darf auch nicht übersehen werden, dass erhöhter Genussmittelkonsum, insbesondere bei Alkohol, in vielen Fällen in direktem Zusammenhang mit spezifischen psychosozialen Konstellationen steht, betroffene Mütter stehen sehr häufig unter hohem psychischem und sozialem Druck, was sich auf die Entwicklung des Kindes ebenfalls äußerst nachteilig auswirken kann.

6.4.3   Medikamente

Zu Beginn der 60er-Jahre des 20. Jahrhunderts wurde durch die Contergan-Katastrophe sehr deutlich und dramatisch vor Augen geführt, welche Risiken mit der Einnahme von Medikamenten während der Schwangerschaft verbunden sein können. Wenn Frauen Contergan zwischen dem 34. und 38. Tag nach der Empfängnis eingenommen hatten, gebaren sie ein Kind ohne Ohren, erfolgte die Einnahme zwischen dem 40. und dem 46. Tag, waren Anomalien der Beine die Folge. Erst nach dem 50. Tag nach der Empfängnis wurde die fötale Entwicklung des Kindes durch dieses Medikament nicht beeinflusst.

In der umfassenden Studie der Deutschen Forschungsgemeinschaft aus dem Jahre 1977 zeigte sich, dass nur 22 % der gesunden Frauen, bei denen keinerlei Behandlungsbedürftigkeit wegen einer Erkrankung bestand, in den ersten drei Monaten der Schwangerschaft keine Medikamente, während fast 26 % vier und mehr Präparate eingenommen hatten. Die Hauptgründe waren: Übelkeit, Erbrechen und andere leichte Schwangerschaftsbeschwerden sowie Erkältungen.

Generell scheint ein Zusammenhang zwischen erhöhtem Medikamentenkonsum und psychischer Befindlichkeit zu bestehen. Die meisten Frauen, die zur Medikamenteneinnahme neigen, stehen unter erhöhten seelischen Belastungen, sodass in vielen Studien regelmäßiger Medikamentenkonsum, der nicht medizinisch indiziert ist, als Persönlichkeitsproblem betrachtet wird.

Besonders problematisch ist die Kombination eines Medikaments mit der Einnahme anderer Stoffe, insbesondere Alkohol. Auch hier ist wieder eine besondere psychosoziale Konstellation gegeben.

Zusammenfassend kann man damit festhalten, dass die *psychische Situation der Mutter*, ihre Verhaltensweisen und die *Medikamenteneinnahme gemeinsam* in der Richtung einer *erhöhten Disposition zu Frühgeburten* wirksam werden. Die Folge ist eine höhere Zahl von *unreif geborenen Kindern* und von *perinatalen Todesfällen*. Die Frühgeborenen solcher Mütter neigen zu Durchfällen, Hauterkrankungen, Harnwegsinfektionen und Anfälligkeit für Erkältungskrankheiten. Nachfolgeuntersuchungen dieser Kinder zeigen einen erhöhten Prozentsatz von Entwicklungsrückständen vor allem im motorischen Bereich.

6.5 Die psychische Situation der Eltern und das ungeborene Kind

6.5.1 Zur Frage einer empathischen Beziehung zwischen Eltern und Ungeborenem

Viele der Untersuchungen konzentrieren sich in erster Linie auf die Rolle der Mutter, und es gibt heute eine Reihe von Forschern, die sich der Auffasung von VERNY und KELLY (1981) anschließen, dass es außer der Kommunikation der Mutter mit dem Kind über Nabelschnur und Plazenta und über die Einwirkung von chemischen Wirkstoffen und Hormonen auch eine *empathische Kommunikation* gibt, dass also das Kind die *Liebe oder die Abneigung der Mutter spürt*. Solche Gefühlstönungen prägen über die Geburt hinaus erste

Erfahrungen und Erwartungen des Kindes, schaffen ein Urvertrauen oder berauben das Kind eines naiven Zutrauens in seine Umwelt. Weitere negative Erfahrungen können das Unbehagen in der Welt vertiefen, positive sie hingegen korrigieren.

Die Theorie der empathischen Beziehung zwischen Mutter und Kind lässt sich wissenschaftlich zur Zeit weder verifizieren noch widerlegen – zu viele Faktoren beeinflussen, besonders im Falle einer ambivalenten Einstellung, das Verhalten der Mutter.

Von besonderer Bedeutung ist, dass in den letzten Jahren zunehmend die *Rolle des Vaters für das vorgeburtliche Leben* betont wird. Der Vater hat wesentlichen Einfluss auf das psychische Wohlbefinden der Schwangeren und damit natürlich auch auf den Verlauf des vorgeburtlichen Lebens, der Geburt, und auf das nachgeburtliche Verhalten der Mutter. Eine verlässliche, fürsorgliche Beziehung zum Partner ist die wichtigste Stütze der Schwangeren – sie bietet ihr Sicherheit, Geborgenheit und Selbstvertrauen. Verlassenwerden, Vernachlässigung und andere negative Beziehungskonstellationen beunruhigen die Frau in der Schwangerschaft wesentlich mehr als in jeder anderen Lebenssituation und beeinträchtigen damit auch das Wohlbefinden des Ungeborenen. Es gibt eine Reihe von Verfahrensweisen, die hier unterstützend eingesetzt werden, beispielsweise die *haptonomische prä- und postnatale Eltern-Kind-Begleitung* (CIRDH 2001). Sie versucht die Entwicklung der gefühlsmäßigen Bindungen zwischen dem Kind, dem Vater und der Mutter zu fördern. Die pränatale Begleitung fördert die Entfaltung der elterlichen Gefühle auf der Basis der gefühlsmäßigen Beziehung, die sich während der Betreuung zwischen dem Vater, der Mutter und dem Kind einstellt, und führt zur Unterstützung der gefühlsbezogenen Verantwortung der Eltern gegenüber der Seinsweise ihres Kindes. Die Eltern erfahren dabei, dass sie ihr werdendes Kind in seiner körperlichen, psychischen und affektiven Entwicklung durch Geborgenheit und Beziehung unterstützen können.

Pränatale Begleitung dieser Art ist mehr als die traditionelle Form der Geburtsvorbereitung, sie ist eine umfassende und ganzheitliche Vorbereitung des Empfangs des Kindes über positive psychotaktile Interaktionen.

6.5.2 Reaktionen des Ungeborenen auf negative Emotionen der Mutter

Schon in den 40er-Jahren des 20. Jahrhunderts konnte an der Untersuchung von Soldatenfrauen gezeigt werden, dass Föten, deren Mütter starken seelischen Belastungen ausgesetzt waren, auffällig stark aktiv waren. Im Verlaufe einer Langzeitstudie zeigten sich auch später mehr Entwicklungsauffälligkeiten (Persönlichkeit und Verhalten).

Man nimmt an, dass die lebhaften Bewegungen des Fötus ängstliches Unbehagen zum Ausdruck bringen und sowohl durch den beschleunigten Herzschlag der Mutter als auch durch Adrenalinausschüttung hervorgerufen werden. Es scheint, dass ab dem siebenten Schwangerschaftsmonat die chemischen Botenstoffe, die über den Blutstrom in die Plazenta gelangen, dem Kind starkes Unbehagen bereiten.

Wie rasch sich die Erregung der Mutter auf das Kind überträgt, zeigt folgender Versuch, den VERNY und KELLY (1981) berichten:

Müttern, die sich in Bauchlage unter ein Ultraschallgerät legen mussten und nicht wussten, dass sich ein Ungeborenes in dieser Lage meist nicht bewegt, wurde erklärt, auf dem Bildschirm seien keine Bewegungen des Fötus mehr festzustellen. Dies löste bei den Frauen Schrecken und Beunruhigung aus – und schon nach wenigen Sekunden begannen sich die Föten lebhaft zu bewegen.

Derartige kurzfristige psychische Belastungen führen zwar unmittelbar zu Reaktionen des Fötus, schädigen ihn aber nicht. Langfristige Belastungen hingegen können sehr ungünstige Folgen haben. In vielen Fällen ist das Geburtsgewicht vermindert und in der Folge wird vielfach erhöhtes Auftreten von Krankheitsanfälligkeit und/oder Verhaltensauffälligkeit festgestellt.

Eine psychische Dauerbelastung der Mutter – meist hervorgerufen durch Partnerprobleme, existenzielle Sorgen, Arbeitsüberlastung – verringert sich in den meisten Fällen nicht mit der Geburt. Eher ist das Gegenteil der Fall. Daher könnte man annehmen, dass die negativen Entwicklungserscheinungen des Kindes eher auf Kontaktschwierigkeiten zwischen ihm und der extrem ängstlichen oder depressiven oder aggressiven oder ablehnenden Mutter als auf vorgeburtliche hormonale Einflüsse zurückzuführen ist. Einige Hinweise deuten jedoch auf die Richtigkeit der Annahme, dass pränatale „Angstüberflutung" auch unabhängig vom späteren Milieu psychische Folgen hat.

Zwei Adoptivkinder wurden beide jeweils im Alter von acht Tagen direkt aus der Gebärklinik in eine Familie aufgenommen, die sie sehnlichst erwartet hatte und mit viel Liebe und Sorgfalt umgab. In beiden Fällen waren die Mütter während der Schwangerschaft schwersten Dauerbelastungen ausgesetzt gewesen. Zwar sehr unterschiedlich im Alter und aus ganz verschiedenem Milieu stammend, hatten beide mit dem Problem zu kämpfen, dass die nächsten Angehörigen nichts von der Schwangerschaft erfahren durften.

Das jüngere Kind, ein Mädchen, war im Säuglingsalter extrem kontaktempfindlich. Besonders in dem Alter, in dem normalerweise 8-Monate-Angst beobachtet wird, durfte sich ihr kein fremder Mensch nähern. Auch auf bekannte Personen, die ihr fremd vorkamen, etwa auf den Großvater mit einer ungewohnten Kopfbedeckung, reagierte sie mit extremer Angst. Während des ganzen Vorschulalters litt das Kind an schweren Anfällen von Pavor nocturnus. Fast jede Nacht musste es, von Schreikrämpfen geschüttelt, auf den Arm genommen und so lange gestreichelt und getröstet werden, bis es ganz wach war. Die Angst vor Fremden verschwand gegen Ende des zweiten Lebensjahres, die Schreikrämpfe versiegten mit dem sechsten Lebensjahr. Die weitere Entwicklung war unauffällig.

Das ältere Kind, ein Knabe, war extrem schüchtern. Er besuchte schon zwei Jahre den Kindergarten, als er das erste Mal spontan mit einem anderen Kind sprach. In der Schule besserte sich der Zustand, er gewann Freunde. Aber bis heute, als Pubertierender, leidet er an Hemmungen, wenn er grüßen oder mit Erwachsenen sprechen soll, wenn man eine Meinungsäußerung von ihm erwartet, wenn er eine Rolle in einem Schulspiel übernehmen soll. Er neigt dazu, sein Licht unter den Scheffel zu stellen. Anerkennungen für gute sportliche Leistungen in Form von Abzeichen oder Pokalen zeigt er nur widerwillig her und versteckt sie vor seinen Schulkameraden.

FERREIRA (1960, 1965) untersuchte den Unterschied im Verhalten von Babies, deren Mütter in der Schwangerschaft sehr ängstlich gewesen waren, und von Babies nichtängstlicher Mütter und stellte auffallende Unterschiede im Schreiverhalten fest. Schon in den ersten vier Tagen schrien die Babies der ängstlichen Mütter sehr viel mehr, insbesondere vor der Nahrungsaufnahme (*Frustrationsintoleranz*).

Positive Erfahrungen im späteren Leben können negative pränatale Einflussfaktoren oder Schädigungen korrigieren oder mildern. Es muss aber ebenso festgehalten werden, dass spätere negative Erfahrungen anfängliche, pränatal bewirkte Verhaltensauffälligkeiten verstärken und fixieren können.

6.5.3 Psychische Labilität

In einer Studie der Deutschen Forschungsgemeinschaft 1977 wurden von 38 % der Schwangeren *psychosomatische Beeinträchtigungen*, wie unklare Kopf-, Rücken- und Magenschmerzen sowie Kreislaufbeschwerden, genannt. Diese Frauen waren meist älter, gehörten eher der sozialen Mittelschicht an, wiesen häufig hypochondrische Züge auf und hatten oft traurige Erfahrungen mit vorhergegangenen Geburten gemacht (Abortus, verstorbenes Kind).

Bei keiner dieser vegetativ auffälligen Frauen, die alle ihre Kinder haben wollten, kam es zu einer Beeinträchtigung oder Schädigung des Fötus.

Anders war die Situation bei der Gruppe der Schwangeren, die hohe seelische Belastungen im Familienleben und im Beruf angaben. Sie neigten insbesondere zu verstärkter Übelkeit, nahmen Medikamente und sie wurden als psychisch labil und erregbar eingestuft. In dieser Gruppe traten Abortneigung, Frühgeburten und eine höhere Anzahl operativer Geburten auf. Bei vielen Kindern dieser Gruppe zeigten sich Unreife und Untergewicht. Nachfolgeuntersuchungen der Kinder bis zum Alter von drei Jahren zeigten vermehrt Störungen des Essverhaltens und Verhaltensauffälligkeiten.

6.5.4 Unerwünschte Schwangerschaft

Die psychosomatische Gynäkologie sieht in der bewussten oder unbewussten Ablehnung der Schwangerschaft nicht nur eine Ursache für Probleme und Störungen im Schwangerschaftsverlauf, sondern auch eine Gefahr für die Gesundheit des geborenen Kindes, das durch die ambivalente Einstellung der Mutter einem inkonstanten und inkonsequenten Pflege- und Erziehungsverhalten ausgesetzt ist und daher in seiner körperlichen und seelischen Entwicklung erheblich beeinflusst werden kann.

Die wichtigsten Gründe für die Ablehnung einer Schwangerschaft sind erhöhte seelische Belastungen durch Partner-, Familien- und Eheprobleme; weiters große Jugend oder höheres Alter der Mutter, mehrere Kinder bei starker Belastung in Haushalt und/oder Beruf, Berufs- und Karriereplanung.

Gefährdet in ihrer Beziehung zum Ungeboren sind aus psychoanalytischer Sicht auch „unglückliche Töchter", Frauen, die eine schlechte Beziehung zu ihren Müttern haben und sich in negativer Weise mit diesen identifizieren, sowie auch sehr ängstliche Frauen, die – ohne eigentliche existenzielle Sorgen – sich wegen der Gesundheit des Kindes, wegen der Verantwortung, wegen der Einstellung des Partners und dergleichen quälende Gedanken machen.

6.6 Die Geburt

6.6.1 Die normale Geburt

Nach vierzig Wochen bzw. 266 Tage nach der Konzeption (280 Tage nach der letzten Regelblutung der Mutter) kommt das Kind zur Welt. Bei termingerechter Geburt sind mitteleuropäische Babies durchschnittlich 51 bis 54 cm groß und wiegen 3,0 bis 3,5 Kilogramm.

Die Geburt ist ein einschneidendes Geschehen. Der Adrenalin- und Noradrenalinpegel des Fötus erreicht ein Niveau, das im Leben danach nie mehr so hoch sein wird. Diese Stresshormone erhöhen die Pumpfähigkeit des Herzens und die Frequenz der Herzschläge. Dem empfindlichen Gehirn wird vermehrt Blut zugeführt. Damit soll einem Sauerstoffmangel während des Geburtsvorganges vorgebeugt werden. Die Plazenta stellt die Nahrungszufuhr ein.

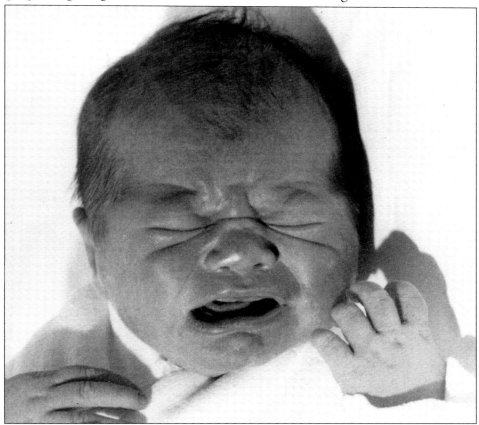

Abbildung 21: Nach der Geburt

Für die werdende Mutter kündigt sich die bevorstehende Geburt durch die Wehen an. Die Muskulatur der Gebärmutter zieht sich in Abständen von etwa 15 bis 20 Minuten zusammen. Starke Muskeln im oberen Teil der Gebärmutter drücken den Fötus nach unten, bis der Körper schließlich in den Geburtskanal einmündet. Dieser Vorgang kann zeitlich stark variieren, er dauert bei einer Frau, die zum ersten Mal entbindet, gewöhnlich länger als bei weiteren Geburten. Das zweite Stadium des Geburtsvorganges nimmt weniger Zeit in Anspruch, es erfordert die aktive Unterstützung der Gebärenden. In einem dritten Stadium nach der eigentlichen Geburt des Kindes, in dem die Wehen noch fortdauern, wird die Plazenta als so genannte Nachgeburt herausgepresst. Die Geburt macht beim Kind eine sehr komplizierte Umstellung und Neuanpassung des Organismus notwendig: Atmung, Kreislauf, Temperaturregelung, Nahrungsaufnahme und -verarbeitung. Nach den Normen der Weltgesundheitsorganisation WHO wird die dafür erforderliche Zeitspanne als *Neugeborenenperiode* mit 28 Tagen definiert. Die ersten sieben Tage werden als *frühe Neugeborenenperiode* bezeichnet.

Die ersten physiologischen Anpassungsleistungen des Neugeborenen werden anhand des *Apgar-Index* überprüft, wobei ein Wert ab 7 als normal gilt. 10 ist der optimale Wert, ein Wert unter 4 stellt einen akuten Notfall dar, der sofortige medizinische Maßnahmen notwendig macht.

Apgar-Index

Das Kind wird 60 sec. (bzw. 5 und 10 Min.) nach der Geburt nach 3 Bewertungsstufen (0 = niedriges, 2 = gutes Ergebnis) beurteilt bzgl.:

1. Hautfärbung
2. Gleichmaß und Art der Atmung
3. Muskeltonus
4. Reflexauslösbarkeit
5. Herzschlag/Pulsfrequenz (unter/über 100 bzw. fehlend).

Ein maximaler Wert von 10 bedeutet: gesundes Kind mit regelmäßigem Herzschlag, kräftigem Schrei, wohl entwickeltem Husten-Reflex und rosa Hautfarbe.

Abbildung 22: Der Apgar-Index (aus RAUH 1987: 139)

Die ersten Atemzüge gleich nach der Geburt, mit denen die Lungenatmung einsetzt, sind die schwersten, weil die kleinen Luftbläschen der Lunge erst geöffnet werden müssen. Die dazu erforderliche Kraft entspricht etwa jener, die man für das Aufblasen eines Luftballons aufwenden muss. Der erste Atemzug ist in der Regel von Schreien begleitet. Die Atmung bleibt noch ungefähr zwei Tage unregelmäßig, bis die Lunge völlig vom Schleim befreit ist. Wenn die Atmung nicht innerhalb von acht Minuten eintritt (Asphyxie), besteht die Gefahr einer Hirnschädigung.

Die Art, wie auch heute nicht so selten Entbindungen durchgeführt werden und wie das Kind unmittelbar nach der Geburt versorgt wird, lässt erkennen, dass noch die Meinung vertreten wird, dass der Fötus bei der Geburt nichts empfinde. Diese Auffassung ist vollständig falsch. Bei jeder Wehe ist das Kind einem Druck von etwa 25 kg ausgesetzt. Sehr stark verlängerte oder sehr komplizierte Geburten setzen das Kind sehr großen Belastungen und einem bedeutenden Stress aus. Ob die Geburt allerdings für das Kind ein psychologisch einschneidendes Erlebnis darstellt, ist eine umstrittene Frage. *Dass der Geburtsakt selbst als seelische Verletzung (Geburtstrauma) weiterwirkt und die Grundlage der menschlichen Urangst bildet, wie die Psychoanalyse annimmt, kann nicht bewiesen werden.* In der Folge der Auffassung, die von FREUD und RANK (1924) und BERNFELD (1925) vertreten wurde, werden alle späteren Angst- und Schreckreaktionen auf diese Urangst zurückgeführt. Das Erlebnis der Trennung soll sich in der späteren unbewussten Sehnsucht fortsetzen, in den ursprünglichen Zustand zurückzukehren. Als Indiz dafür gilt die embryonale Schlafhaltung. Der Konflikt zwischen dem Wunsch nach Rückkehr und der Angst bei der Erinnerung an den Geburtsvorgang stelle somit einen neurotischen Grundkonflikt dar.

Tatsächlich aber machen die meisten Säuglinge nach der ersten Versorgung keinen verstörten Eindruck. MACFARLANE schreibt 1978:

Für mich, der ich Babys nach der Geburt sehr genau und aus der Nähe beobachtet habe, ist überraschend, wie untraumatisiert sie wirken. Oft beruhigt sich das Baby nach dem ersten lauten Schrei schnell und liegt dann still da, offenbar zufrieden damit beschäftigt, mit seiner neuen Umgebung zurande zu kommen.

Vielleicht hat die Natur bei den Neugeborenen in derselben Weise vorgesorgt wie bei den Müttern: Kein Schmerz wird von ihnen so schnell vergessen wie der während der Entbindung durchlebte. Wäre es anders, stünde es schlecht um die Bereitschaft zu weiteren Schwangerschaften.

Diese Beobachtungen und Überlegungen haben zu einer Diskussion geführt, die sich nicht so sehr auf den Geburtsvorgang selbst konzentriert, sondern auf die Art, *wie das Neugeborene in die extrauterine Lebensumwelt eingeführt wird*. Diesem Empfang wird große Bedeutung für die soziale und emotionale Entwicklung des Kindes und für die Eltern-Kind-Beziehung zugeschrieben. RAUH (1987) weist aber zu Recht darauf hin, dass viele der propagierten Empfangsrituale kaum oder nur wenig wissenschaftlich abgesichert sind und vielfach sehr mystifiziert werden.

6.6.2 Zur Problematik des frühgeborenen Kindes

An den oben dargestellten Erfahrungen, die ein Kind im Mutterleib sammelt, und an der vorgeburtlichen Entwicklung kann man ablesen, dass ein Kind um so unreifer ist und schwerer wiegende klinische Probleme hat, je früher es geboren wird (vgl. auch Abb. 17) Nach MÜLLER-RIECKMANN (1993) befindet sich die Erlebens- und Fähigkeitsentwicklung eines frühgeborenen Kindes im Zustand der Vorgeburtlichkeit. Sie bezeichnet das als *pränatalen Zustand*.

Der Begriff „Frühgeborene" wird für Kinder mit einer Gestationszeit unter 37 Wochen verwendet. Frühgeborene stellen die größte Gruppe der Risikokinder dar. Ein wesentliches Problem stellt die aus medizinischen Gründen im Regelfall vorgenommene Trennung von Mutter und frühgeborenem Kind dar. Besondere Pflege, medizinische Versorgung, Unterbringung im Inkubator stehen im Vordergrund. Da die Mutter meist erst nach einigen Tagen Kontakt mit ihrem Kind haben kann, ist es für sie besonders schwierig, eine Bindung aufzubauen. Auch dem Kind wird es erschwert oder unmöglich gemacht, seinen aktiven Part im Dialog der Interaktion zu übernehmen (SCHIEFENHÖVEL 1997).

Ein alternatives Konzept, das in Fachkreisen heftige Kontroversen ausgelöst hat, ist der Weg einer sanften Therapie und Pflege Frühgeborener durch die Wiener Kinderärztin M. MARCOVICH. Diese Pflege vertraut auf die Fähigkeit der Selbstregulation bei Frühgeborenen. Sie betrachtet sie als sehr kleine, unreife und besonders hilfsbedürftige Mitmenschen mit den gleichen Bedürfnissen (Geborgenheit, Nähe) wie jedes andere Neugeborene. Das Ziel ist, die funktionelle Unreife der Frühgeborenen durch Zuwendung und Hilfen zu mildern, die Funktionen zu wecken und dem Kind die Adaption an die äußeren Umweltbedingungen aus eigener Kraft zu ermöglichen. So wird weitgehend auf die traditionellen medizinischen Maßnahmen für Frühgeborene verzichtet und statt dessen intensive personale Zuwendung eingesetzt. Dabei spielen die Eltern eine ganz wichtige Rolle (HAUKE 1997).

Interessant sind auch die Ergebnisse der Bayerischen Entwicklungsstudie (eine Langzeitstudie über sechs Jahre) und der Vergleich mit finnischen Ergebnissen (referiert in DE JONG 1998). Bayerische Frühgeborene werden häufiger und länger künstlich beatmet und ernährt als die finnischen. Die Invasivtherapie in Bayern hatte allerdings keinen positiven Effekt auf Überlebensrate oder Behinderungsrate; im Gegenteil: Eine frühe routinemäßige künstliche Beatmung zog längere Intensivtherapie sowie Krankenhausaufenthalte nach sich. Finnische Früheborene, die weniger invasiv behandelt wurden, zeigten später signifikant höhere IQ-Werte im verbalen Bereich.

Da Mütter frühgeborener Kinder häufig unter psychischen Belastungen und Probleme leiden, kommt der Rolle des Vaters aber in jedem Falle eine ganz besondere Bedeutung zu.

6.6.3 Die Risikogeburt

Als Risikokinder gelten solche Kinder, deren vorgeburtliche Zeit und/oder Geburt nicht normal verläuft und die bei den ersten Untersuchungen nach der Geburt zu Besorgnis Anlass geben. Bei Risikokindern ist außer der körperlichen oft auch die geistige, emotionale und soziale Entwicklung gefährdet. Nur bei wenigen Kindern ist die Gefährdung allerdings so groß, dass sie als behindert bezeichnet werden.

Folgende Gruppen von Risikokindern kann man unterscheiden:
- Neugeborene mit einem Gewicht unter 2500 Gramm bei termingerechter Geburt (untergewichtig, hypotroph, small-for-date).
- Kinder mit einer Gestationszeit unter 37 Wochen (frühgeboren)
- Kinder mit unmittelbaren Geburtskomplikationen
- Kinder mit Störungen des endokrinen Systems
- Kinder mit Chromosomenfehlern

7 Die biologischen Grundlagen geistiger Prozesse

7.1 Der Einfluss der Umwelt auf die frühe Gehirnentwicklung

Das menschliche Gehirn macht schon im vorgeburtlichen Stadium eine rasante Entwicklung durch, wie bereits im vorigen Kapitel skizziert wurde. Bereits am Ende des dritten Schwangerschaftsmonats sind Großhirn, Mittelhirn und Kleinhirn deutlich zu unterscheiden.

Im Verlauf der embryonalen Entwicklung werden die Grundlagen für alle Hirnaktivitäten gelegt. In dieser ersten Lebensphase müssen Neuronen in der richtigen Menge (40.000 Neuronen und 600 Millionen Synapsen / mm^3) und Lage erzeugt werden. Das vollständige neuronale Repertoire ist bereits um den 125. Tag ausgebildet. Die Axone müssen mit Hilfe spezialisierter Wachstumskegel die richtigen Wege zu ihren jeweiligen Zielgebieten wählen und endlich die richtige Verbindung knüpfen. Dadurch kann Information an jeweils nachgeschaltete Zellen weitergeleitet werden.

Die Verknüpfungen der Gehirnzellen sind die Grundlage aller Wahrnehmungs-, Denk- und Gedächtnisleistungen.

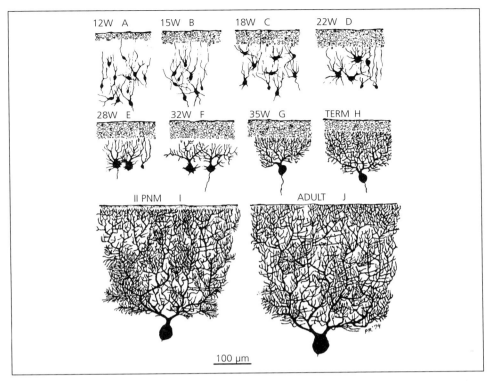

Abbildung 23: Reifestadien einer Zelle des menschlichen Kleinhirns im vorgeburtlichen Stadium (A-G), bei der Geburt (H), im Alter von elf Monaten (I) und beim Erwachsenen (aus AKERT 1979).

Die Verdrahtungen, also die Vermehrung der Dendriten, die die Nervenzellen miteinander verbinden, setzen sich bis ins Erwachsenenalter fort und werden durch *Außenweltreize beeinflusst. Das Fehlen von Reizen bedeutet eine Einschränkung der Synapsenbildung, ein reichliches Reizangebot bedeutet eine Vermehrung.* Je mehr Verbindungen zwischen den Zellen bestehen, desto differenzierter und rascher arbeitet das Gehirn.

Was von den Umweltreizen eigentlich beeinflusst wird, scheint die Entwicklung der Dornen entlang der Dendriten zu sein. Diese Dornen sind die Ansatzstellen der synaptischen Kontakte.

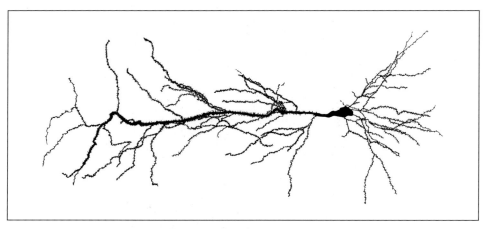
Abbildung 24: Dornen entlang der Dendriten (aus AKERT 1979)

Versuche mit Ratten, die AKERT (1979) berichtet, zeigen, dass die dendritischen Dornen eine sehr unterschiedliche Ausbildung aufweisen, je nachdem, ob die Tiere bei Dunkelheit, in normaler Umgebung oder bei Reizüberflutung gehalten werden. Im letzteren Fall waren die Dornen sehr zahlreich, im ersteren spärlich. Weitere Versuche zeigten, dass es drei verschiedene Arten von Dornen gibt, nämlich solche, die sich auch bei Reizentzug *auf jeden Fall* entwickeln, und dann solche, die bei Reizentzug ausbleiben, sich aber nach Aufhebung der Deprivation nachbilden, und schließlich solche, die sich in keinem Fall nachbildeten.

Es gibt somit Bereiche des Gehirns, die sich nur unter bestimmten Umweltbedingungen entwickeln, und unter diesen wieder solche, die sich nur in einer so genannten „kritischen Phase" entwickeln und nicht nachgebildet werden können.

Auf der Grundlage dieser Befunde hat AKERT ein hypothetisches Modell entworfen, welches das Zusammenspiel zwischen Anlage und Umwelt bei der Differenzierung einer Nervenzelle darzustellen versucht.

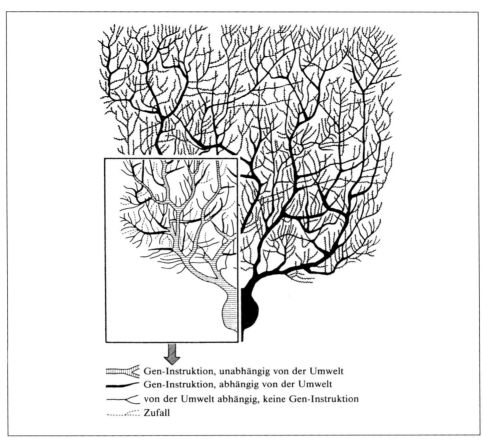

Abbildung 25: Anlage und Umwelt bei der Differenzierung der Nervenzelle – hypothetisches Schema aus AKERT *1979.*

7.2 Das Prinzip der Selbstorganisation

Es ist wichtig festzuhalten, *dass die Entwicklung eines Kindes von Prozessen gesteuert wird, die kritischen Perioden unterworfen sind.* Das bedeutet, dass es zeitlich bestimmte, genetisch gesteuerte Entwicklungsphasen gibt, in denen die Ausreifung der jeweiligen Funktionssysteme hochsensitiv an geeignete Umweltreize gebunden ist. Zahlreiche Forschungsergebnisse belegen eindeutig, dass die ersten Lebensjahre eines Kindes zur wichtigsten Phase seiner Entwicklung gehören, denn *in keiner anderen Phase sind die Plastizität, die Sensitivität und das Wachstum des Zentralnervensystems so groß und beeinflussbar* (A. PELTZER-KARPF 1994).

Das Gehirn des Kindes ist in seinen frühen Entwicklungsphasen ein hochsensibles Organ, das auf verschiedene Umweltreize reagieren, Informationen sortieren und speichern und *sein Verhalten den jeweils neuen Gegebenheiten anpassen kann*. Entfallen diese Umweltreize während der plastischen Phase, so geht die Sensitivität unwiederbringlich verloren. Das ist aber auch jene Phase, in der durch gezielte Frühförderung Störungen behoben oder kompensiert werden können.

Diese Plastizität ist getragen von den *Prinzipien der Selbstorganisation lebender Systeme*. Die grundlegenden Faktoren in der Selbstorganisation sind:

- *Selektive Mechanismen*, die zur Bildung von *Strukturen* und zu *Komplexität* führen. Der Organismus wählt selbst die Daten, die er aus der Umwelt aufnimmt, nach den ihm jeweils verfügbaren Kriterien aus. *Das jeweilige System bestimmt und erweitert die Basis für die weitere Aufnahme und Organisation* (EDELMANN 1997).
- Das *Homöostaseprinzip*, also die Tendenz von Systemen, in einen Gleichgewichtszustand zu gelangen, um Stabilität zu erreichen.

Bei dieser ständigen Reorganisation koppeln sich Teilsysteme immer dann ab, wenn das Gesamtsystem einen kritischen Wert der Komplexität erreicht hat. Die Systeme spalten sich in einzelne, auf bestimmte Aufgaben spezialisierte Module auf (PRIGOGINE 1988).

7.3 Intelligenz

7.3.1 Zur Definition

WENZL hat 1934 eine Definition der Intelligenz vorgeschlagen, die gut geeignet ist, Intelligenzleistungen der einfachsten Art, wie etwa das Heranziehen eines Spielzeuges mit Hilfe einer Schnur, ebenso wie die höchsten Intelligenzleistungen zu erfassen. Sie lautet: *Intelligenz ist die Fähigkeit zum Erfassen und Herstellen von Bedeutungen, Beziehungen und Sinnzusammenhängen*. Diese Definition lässt sich auch auf jenes Verhalten anwenden, das vielfach als Merkmal der Intelligenz bezeichnet wird, nämlich auf die *Fähigkeit des Individuums zur Anpassung an neue Situationen*, ebenso wie die auf die wichtigste Aufgabe, die MCCALL (1979) der Intelligenz zuschreibt: *Einfluss auf die Umwelt zu nehmen*. In beiden Fällen geht es darum, die *Beziehung der Elemente zueinander und zu sich selbst zu erfassen*.

Voraussetzungen von Intelligenzleistungen bilden kognitive Stützfunktionen: Wahrnehmungen, Gedächtnisleistungen und Sprachkompetenz, wenn es sich um verbale Leistungen handelt.

7.3.2 Genotyp und Phänotyp

Unter *Genotyp* versteht man die *angeborene Ausstattung* eines Individuums, unter *Phänotyp* die Summe aller beobachtbaren Merkmale einer Person, die sich als *Ergebnis der Interaktion* des Genotyps mit der Umwelt entwickelt haben.

Dem Genotyp können wir nie in reiner Form begegnen, denn schon ein sehr junges Kind ist ein Phänotyp, es ist also von seiner Umwelt schon bis zu einem gewissen Grad geformt. Wir wissen nicht, was unter anderen Lebensbedingungen aus ihm geworden wäre.

Aus Tierexperimenten ist bekannt, dass die Höhe des ererbten Potenzials wenig Einfluss hat auf die Wirkung, die von einer anregungsarmen Umwelt ausgeht. In einem Versuch mit Ratten, den GOTTESMANN 1965 durchgeführt hat, wurden durch längere Zeit einerseits Tiere gepaart, die in einem Labyrinthversuch besonders wenige Fehler gemacht hatten, anderseits Tiere, die besonders viele Fehler gemacht hatten. Auf diese Art entstanden zwei verschieden „intelligente" Stämme. Jungtiere dieser beiden unterschiedlichen Stämme wurden nun verschiedenen Umwelten ausgesetzt, einer mit Reizen angereicherten, einer normalen und einer besonders reizarmen Umwelt. Als die Tiere anschließend dann ihre Intelligenzleistung – die Orientierung in einem Labyrinth – vollbringen mussten, zeigte sich, dass Mitglieder des an sich weniger intelligenten Stammes, die in der angereicherten Umwelt aufgezogen worden waren, nur unwesentlich mehr Fehler machten als die Mitglieder des intelligenteren Stammes. Das angereicherte Umweltangebot hatte die ursprüngliche Schwäche fast völlig kompensiert.

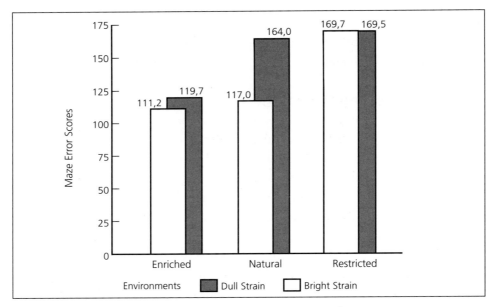

Abbildung 26: Die Ergebnisse der Rattenversuche von GOTTESMANN 1965.

In der reizarmen Umgebung waren die Gehirne beider Gruppen hingegen in gleicher Weise an der Entwicklung behindert worden.

Bei Menschen sind derartige Experimente aus ethischen Gründen nicht möglich. Dennoch lässt sich abschätzen, in welcher Weise verschiedene Genotypen durch extrem ungünstige bzw. besonders günstige Umweltbedingungen beeinflusst werden können. Dabei darf nicht übersehen werden, dass das Konzept der „natürlichen Umwelt" problematisch ist. Auch wenn schwere Deprivationsformen (wie schwerer Hospitalismus) zum Glück selten sind, gibt es doch viele *sozial und ökonomisch extrem ungünstige Rahmenbedingungen*, etwa in den Notstandsgebieten der Dritten Welt, in Flüchtlingslagern, in den Slums der nord- und südamerikanischen Großstädte, bei denen die „natürliche Umwelt" einem reizarmen Zustand gleichkommt.

Die folgende Abbildung zeigt die geschätzten Veränderungen, die durch eine angereicherte bzw. deprivierende Umwelt hervorgerufen werden.

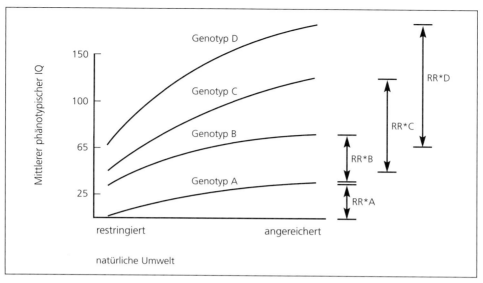

Abbildung 27: Schema des Konzepts „Reaktionsbreite" für vier hypothetische Genotypen. RR bezeichnet die angenommene Reaktionsbreite für den phänotypischen IQ (nach GOTTESMANN 1965)

Derartige Darstellungen sollen verdeutlichen,
- dass Verluste durch ungünstiges Milieu immer größer sind als Gewinne durch ein angereichertes Milieu;
- dass Beeinträchtigungen durch krasse Milieumängel um so größer sein dürften, je besser die natürliche Ausstattung eines Menschen ist.

7.3.3 Potenzielle und aktualisierte Intelligenz

Zu den individuell-genetischen Anlagen, die als Möglichkeiten (*Dispositionen*) angelegt sind, gehört die *potenzielle Intelligenz*. Als solche wird *die obere Grenze des individuellen intellektuellen Entfaltungspotenzials* bezeichnet. Wir können es nicht messen, nur schätzen. Es entspricht dem Genotyp.

Die aktualisierte Intelligenz ist das, was sich uns als Ergebnis der Herausforderung der potenziellen Intelligenz durch die Umwelt präsentiert. Sie wird durch den Phänotyp repräsentiert.

Bei Beurteilungen muss man deshalb die größte Vorsicht walten lassen. Die Intelligenz, die wir bei einem einzelnen Menschen mit Hilfe von Intelligenztests messen oder auf Grund seines Verhaltens zu erkennen glauben, gestattet keine Rückschlüsse auf seine Anlage. Wir wissen ja nicht, wie sich dieser Mensch entwickelt hätte, wenn er unter anderen Bedingungen erzogen worden wäre.

Mit Recht weist B. ROLLET (1997) auf die wichtige gesellschafts- und vor allem bildungspolitische Dimension hin, die der Frage nach dem Ursprung und dem Wesen der Intelligenz zukommt. Entscheidungen werden von den unterschiedlichen Auffassungen der Enstehung und der Förderbarkeit intellektueller Begabungen abhängig gemacht. Die 60er- und 70er-Jahre des 20. Jahrhunderts waren von einem ausgesprochenen Bildungsoptimismus gekennzeichnet und von der Vorstellung geleitet, dass gleiche Bildung und damit gleiche Chancen für (fast) alle durch die Bereitstellung der entsprechenden Rahmenbedingungen verwirklicht werden können. Die Zeit seit den späten 90er-Jahren bis heute stellt hingegen immer mehr die Auffassung von angeborenen und damit unveränderlichen Fähigkeitsunterschieden in den Vordergrund. Besonders kennzeichnend hierfür ist insbesondere die Diskussion über die Intelligenzunterschiede zwischen Euroamerikanern und Afroamerikanern in den USA, die als Hauptbeleg für die These der genetischen Determiniertheit der Begabung ins Treffen geführt werden (HERRNSTEIN und MURRAY 1994).

So kann nicht oft genug betont werden, was R. J. STERNBERG 1996 in seinem wichtigen Aufsatz über Mythen und Gegenmythen der Intelligenz mit der tatsächlichen Forschungslage zusammenfassend konfrontiert:

Mythos	Gegenmythos	Forschungsstand
Intelligenz ist im Wesentlichen vollständig angeboren, abgesehen von geringfügigen, unerklärten Varianzanteilen.	Intelligenz ist im Wesentlichen erworben, abgesehen von geringfügigen, unerklärten Varianzanteilen.	Intelligenz beinhaltet sowohl beträchtliche angeborene als auch Milieukomponenten, die miteinander interagieren.

8 Die Entwicklung im ersten Lebensjahr

8.1 Das extrauterine Frühjahr

Das erste Lebensjahr wurde von allen ForscherInnen als ein besonderer Abschnitt des menschlichen Lebens betrachtet, in dem die Entwicklung anderes verläuft als in jedem weiteren Zeitabschnitt. Das menschliche Kind kommt im Gegensatz zu allen übrigen höheren Säugern in besonderer Weise unfertig zur Welt. Der Schweizer Biologe A. PORTMAN hat für diese Tatsache 1951 die *Theorie von der physiologischen Frühgeburt des Menschen* und dem so genannten *extrauterinen Frühjahr* entwickelt. Danach erfordert die außerordentliche Komplexheit der Verhältnisse, an die sich der Mensch anpassen muss, ein höchstes Maß an Plastizität und Lernfähigkeit, die nicht durch eine zu breite Basis instinkthaft vorgebildeter Verhaltensweisen eingeengt werden darf. So muss sich der letzte Schritt der Menschwerdung, *die Entwicklung der spezifisch arteigenen Merkmale*, außerhalb des Mutterleibes in der vielgestaltigen Lernsituation des sozialen Raumes – in erster Linie der Familie – vollziehen. Das rasche Tempo der Entwicklung im ersten Lebensjahr, das nur dem Entwicklungstempo im embryonalen Zustand vergleichbar ist, dient PORTMAN als weiterer Beweis für die Richtigkeit seiner Theorie des extrauterinen Frühjahrs.
Als arteigene Merkmale führt PORTMAN den *aufrechten Gang* und die *Sprache* an. Ein drittes, wesentliches arteigenes Merkmal des Menschen muss hinzugefügt werden: die spezifisch menschliche Art der *emotionalen Bindungsfähigkeit an Artgenossen*. Es scheint – wie gezeigt werden wird – die ganz hervorragende Aufgabe des ersten Lebensjahres zu sein, gerade dieses spezifisch menschliche Merkmal im sozialen Raum auszubilden.
Viele Veränderungen im Laufes des ersten Lebensjahres sind in stärkerem Maße reifebedingt als auf jeder späteren Altersstufe; im Kontakt zwischen Mutter und Kind werden die *ersten Grundlagen allen sozialen Lernens* gelegt.

8.2 Die Verhaltensweisen im ersten Lebensjahr

8.2.1 Die nachgeburtliche Periode: Die ersten vier bis acht Wochen

Das Verhaltensinventar ist auf *lange Schlafzeiten* als eine Art Fortsetzung des Fötalzustandes, *Nahrungsaufnahme, negative Reaktionen* (Schreien) und *unkoordinierte Impulsbewegungen* (Strampeln) beschränkt. Dennoch liegen in diesen Verhaltensäußerungen die Grundlagen der Herausbildung und Ausdifferenzierung der Schlüsselkompetenzen, die in der Folge die Handlungsfähigkeit des Menschen bestimmen.

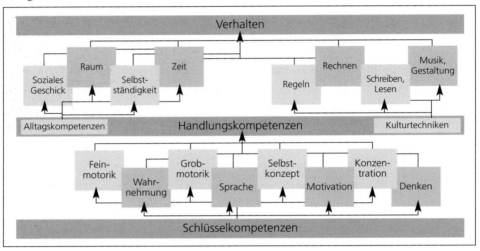

Abbildung 28: Grob- und Feinmotorik als Schlüsselkompetenzen (aus STEINEBACH 2000: 73)

8.2.1.1 Nahrungsaufnahme

Nur für die *Nahrungsaufnahme* ist das Kind voll entsprechend ausgestattet und in der Lage, *spezifisch zu reagieren*. Der ganze Organismus ist auf den Saugakt konzentriert. Wenn die Nahrungsaufnahme beginnt, hören alle anderen Verhaltensweisen auf. Reize, auf die das Kind in der Nahrungssituation reagieren soll, müssen dreimal so stark sein wie außerhalb derselben. Hat es zu saugen aufgehört, befindet es sich jedoch noch in Kontakt mit der Nahrungsquelle, so veranlasst jede Störung eine Wiederaufnahme des Saugens.

Als typisch menschliches Phänomen ist jedoch auch dieses instinktgesicherte Verhalten *nicht völlig spezialisiert*. Die Zone, in der Saug- und Suchreflexe auftreten, ist nicht auf die Mundzone beschränkt. Sie umfasst die Lippen und die Bereiche oberhalb und unterhalb des Mundes sowie die Wangen. Auch der

Saugreflex ist nicht spezifisch und allein auf die Nahrungsaufnahme gerichtet. Das Kind versucht im weiteren Verlauf auch außerhalb der Nahrungssituation durch Fingerlutschen oder durch Einführen von Gegenständen in den Mund Befriedigung aus der Mundzone zu gewinnen. Es besteht hier ein Antriebsüberschuss, der sich auch außerhalb der Nahrungssituation entlädt.

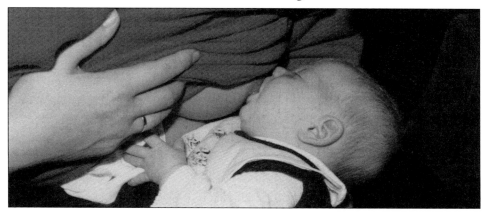

Abbildung 29: Ein Kind wird gestillt.

8.2.1.2 Lernfähigkeit, Gedächtnisleistungen und Nachahmung

In der lebenswichtigen Situation der Nahrungsaufnahme zeigt sich die *Lernfähigkeit des Kindes*. Die Saugreaktion gewinnt durch Übung an Sicherheit. Die Bewegungen werden gezielter und kräftiger. In der Nahrungssituation kann man auch eine andere Form des ersten Lernens beobachten, nämlich den *bedingten Reflex*. Schon nach wenigen Tagen beginnt das brustgenährte Kind, sobald es in Trinklage gebracht wird, zu saugen, bevor es noch mit der Nahrungsquelle selbst in Berührung kommt. Es hat gelernt, dass das Aufnehmen ein *Vorsignal* der zu erwartenden Befriedigung ist. Flaschengefütterte Kinder beginnen zu saugen, sobald ihnen ein Lätzchen umgebunden wird. Auch das fungiert als ein Reiz, der der Nahrungsaufnahme regelmäßig vorgeschaltet wird.

Dass Gedächtnisleistungen bereits im Uterus möglich sind, wurde bereits erwähnt. Nach der Geburt sind solche Leistungen nicht nur in der *lebenswichtigen Ernährungssituation* zu beobachten, sondern auch in einem Bereich, der ebenfalls schon im vorgeburtlichen Leben von Bedeutung war – beim Rhythmus in Form einer, wenn auch noch nicht bewussten, *Erwartung* (AMBROSE 1970).

Bei diesem Versuch erfolgten zehn Schaukelbewegungen innerhalb von zehn Sekunden, dann zwanzig Sekunden Pause, dann wieder zehn Sekunden Schaukeln, dann zwanzig Sekunden Pause, etc. Bei jedem Beginn des Schaukelns veränderten sich Herzfrequenz und Atemmuster. Wurde das Spiel nun beendet, setzten nach zwanzig Sekunden, wenn das Schaukeln wieder hätte beginnen sollen, die Veränderungen der Herzfrequenz und der Atmung ein. Diese „Erwartungshaltung" konnte noch durch längere Zeit hervorgerufen werden.

Noch eindrucksvoller, weil es als erster Ansatz des sozialen Lernens betrachtet werden muss, ist die frühe *Nachahmungsfähigkeit*. MACFARLANE (1975) berichtet einen Versuch von MELTZOW, aus dem mit Hilfe von genauen Videobandanalysen zu erkennen ist, dass zwei Wochen alte Babies die Zunge herausstrecken und die Faust ballen, wenn sie solche Aktionen beobachten konnten.

8.2.1.3 Entwicklung der Motorik

Die Motorik ist ein grundlegender und zentraler Entwicklungsbereich. Allerdings tritt Motorik in Form von Bewegungen als Begleiterscheinung und Bedingung für die Ausbildung und Umsetzung von anderen Leistungsbereichen (Wahrnehmung, Sprache etc.) auf, eine isolierte Darstellung ist deshalb kaum möglich.

Die ersten Lebensmonate sind jedenfalls für die motorische Entwicklung von besonderer Bedeutung und es wurde bereits darauf verwiesen, dass die Entwicklung der Motorik lange vor der Geburt einsetzt (vgl. Seite 60f.).

Neugeborene verfügen über eine Reihe von Reflexen, die in der folgenden Tabelle zusammengestellt sind.

Reflex	Beschreibung	Auslösender Reiz
Moro	Arme und Beine werden wie zur Umarmung symmetrisch von der Körpermittenachse ausgestreckt	Abrupte Lageveränderung, scheinbares Fallenlassen, lautes Geräusch
Greifen	Schließen der Hand und Festhalten des berührenden Gegenstands	Druck auf Finger und Handinnenflächen
Babkin	Mundöffnen, Kopfdrehen von der Seite nach vorn, gelegentliches Kopfheben	Druck auf Handinnenflächen beider Hände nach unten
Babinsky	Spreizen der Zehen nach außen	Taktile Stimulation der Fußsohle
Schreiten	Schreitbewegungen	Halten in der Aufrechten mit Berühren eines Untergrundes
Platzieren	Säugling setzt ganzen Fuß auf den Tisch	Berührung einer Tischkante mit oberem Fußteil
Kriechen	Arme und Beine werden unter den Körper gezogen, Kopf gehoben	Fuß gegen Oberfläche drücken
Schwimmen	Arm- und Beinbewegungen	Neugeborenes bäuchlings in Wasser legen
Flexion	Beine anziehen	Druck auf Fußsohle
Abdominal	Kontraktion des abdominalen Muskels	Taktile Stimulation auf Bauch
Kopfdrehen	Kopfdrehen nach der stimulierten Seite	Taktile Stimulation einer Kopfseite
Tonischer Nacken-Reflex	Arme und Beine auf der Seite, zu der hin der Kopf gedreht ist, sind gestreckt, auf der anderen Seite gebeugt	Baby in Rückenlage bringen und Kopf nach einer Seite drehen
Niesen	Niesen	Kitzeln der Nasalpartie
Blinzeln	Blinzeln	Helles Licht
Rooting	Kopfdrehen nach der stimulierten Seite und Mundsuchverhalten	Taktile Stimulation der Wange oder des Mundwinkels
Saugen	Saugbewegungen	Taktile Stimulation der Lippen
Schlucken	Schluckbewegungen	Nahrung im Mund

Abbildung 30: Übersicht über Neugeborenenreflexe (nach STEINEBACH 2000: 76)

Ausprägung und Andauern der unterschiedlichen Reflexe geben wichtige Hinweise auf den Reifungsgrad und den allgemeinen Entwicklungsstand im Neugeborenen- und Säuglingsalter. Es kommt ihnen also wesentliche diagnostische Bedeutung zu.

Beispielhaft sollen hier die drei bekanntesten Reflexe dargestellt werden:

- Der MORO-Reflex ist bereits ab dem sechsten Schwangerschaftsmonat nachweisbar. Wenn man bei Neugeborenen und Säuglingen die Hand, die den Kopf unterstützt, plötzlich um einige Zentimeter nach unten bewegt, dann reagiert das Kind bis zu einem Alter von vier bis sechs Monaten mit einer Streckung und Spreizung von Armen und Beinen.
- Der Greifreflex der Hand (palmar) und des Fußes (plantar): Durch Berührung der Handinnenfläche oder der Fußsohle kommt es zu einer Beugung der Finger oder der Zehen. Der Greifreflex der Hand ist ebenfalls intrauterin ab dem fünften Schwangerschaftsmonat nachweisbar.
- Der Schreitreflex führt dazu, dass das Neugeborene, wenn es in aufrechter Position gehalten wird und seine Füße eine waagerechte Unterlage berühren, Schreitbewegungen ausführt.

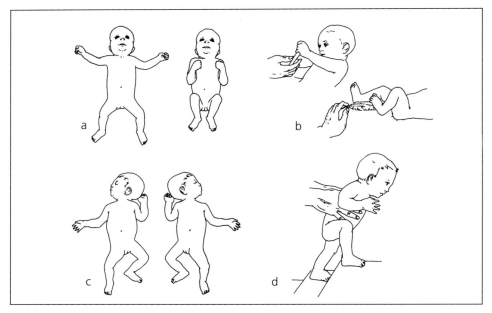

Abbildung 31: Reflexe bei Neugeborenen (nach ARBINGER 1995: 50-51).
(a) Zwei Phasen des MORO-Reflexes; (b) Greifreflexe von Hand und Fuß;
(c) Asymmetrischer tonischer Nackenreflex; (d) Schreitreflex.

Die Entwicklung der Motorik folgt bestimmten Prinzipien (ARBINGER 1995):
- Prinzip der cephalo-caudalen Entwicklungsrichtung: Die Organisation des motorischen Verhaltens beginnt am Kopf und schreitet dann über den Rumpf zu den Extremitäten fort.
- Prinzip der proximo-distalen (oder auch zentral-peripheren) Entwicklungsrichtung: Die Kontrolle der Muskeln, die dem Zentrum des Körpers näher liegen, gelingt eher als die Kontrolle der entfernteren, feineren Muskeln.
- Prinzip der reziproken Verflechtung: Paarige Bewegungsorgane und ihre Muskulatur machen es notwendig, dass im Verlauf der Entwicklung eine geordnete Beziehung zwischen den beiden Seiten hergestellt wird.
- Prinzip der funktionellen Asymmetrie: Wenn kein vollständiges Gleichgewicht bei paarigen Bewegungsorganen erreicht wird, führt das zu funktionellen Asymmetrien, beispielsweise zur Links- oder Rechtshändigkeit.

Weitere Prinzipien, die nicht näher erläutert werden müssen:
- Prinzip der festgelegten Reihenfolge der motorischen Entwicklung
- Prinzip der individuellen Unterschiede in der Geschwindigkeit der Entwicklung
- Prinzip der Nichtumkehrbarkeit der motorischen Entwicklung
- Prinzip der negativen Beschleunigung (Funktionen entwickeln sich anfänglich sehr rasch und dann zunehmend verlangsamt.)

Neben den Reflexen tritt ab der vierten Lebenswoche eine andere typische Form von Bewegungen auf, die THIELEN (1979) als *Stereotypien* bezeichnet hat: Wiederholt und nahezu identisch ausgeführte Beugungen, Streckungen oder Drehungen von Teilen des Körpers. Sie treten zuerst an den Beinen und Füßen auf (Strampeln). Etwas später folgen stereotype Bewegungen von Armen und Händen. Diese Stereotypien dürften Vorläufer von reiferen Formen motorischen Verhaltens sein.

8.2.1.4 Reaktionen auf Sinneseindrücke: Entwicklung der Sinne

Experimente haben bewiesen, dass Kinder vom ersten Tag an sehen und hören. Die Struktur der Sinnesorgane ist nach der Geburt jedoch noch nicht voll entwickelt. Es handelt sich also um vage, vorgestaltliche, konturlose Eindrücke. Reize von eher geringer Intensität bleiben in den ersten Lebenswochen noch unbeachtet. Starke Reize hingegen üben eine Schockwirkung aus. Sie werden mit genereller Erregung – Schreien und unkoordinierten Bewegungen des ganzen Körpers – eher unspezifisch beantwortet.

Nach der zweiten Lebenswoche kann man jedoch bereits vereinzelt Reaktionen der Sinnesorgane auf akustische und optische Reize von mittlerer und selbst geringer Intensität beobachten. In dieser Zeit beruhigt sich das Kind auf besänftigenden Zuspruch. Die Blickrichtung wird von gedämpftem Licht oder vom hellen Ausschnitt des Fensters festgehalten. Es gibt auch schon figurhafte Schwerpunkte, zu denen mit Sicherheit das menschliche Gesicht gehört.
Spezifische Reaktionen auf Personen und auf Objekte der Umwelt lassen sich zu individuell verschiedenen Zeiten erst ab dem zweiten Monat deutlich erkennen. Genaue Untersuchungen ergeben jedoch ein ein viel differenzierteres Bild:

8.2.1.4.1 Visuelle Wahrnehmung

Nachdem man lange Zeit glaubte, dass ein Neugeborenes noch gar nicht sieht, weiß man heute, dass es Objekte im Abstand von 25 bis 50 cm wahrnehmen kann. In diesem Abstand befindet sich beim Füttern das Gesicht der Mutter. Das Kind lernt sehr bald, dieses zu erkennen. Schon zwei Wochen alte Babies betrachten die Gesichter ihrer Mütter länger als die von fremden Frauen, sie fixieren das Gesicht der Mutter beim Stillen. Beim Anblick fremder Frauen wandten sich manche Kinder ab (CARPENTER 1974).
Ein nur wenige Tage altes Kind kann einen langsam vor seinem Gesicht sich bewegenden Kopf ruckartig mit den Augen verfolgen. Schon am vierten Tag wird die Darstellung eines stilisierten Gesichtes länger fixiert als ein Objekt, das die durcheinander gewürfelten Teile eines Gesichts oder einen schwarzen Fleck zeigt (FRANTZ 1975). Der Blick ist vorerst starr und bewegt sich nur ruckweise.

BARTEN, BIRNS und RONCH (1971) zeigten Babies im Alter von zwei Tagen ein bewegtes Gesicht und eine bewegte weiße Karte. Während die Augenbewegungen bei beiden Reizen gleich häufig waren, löste das Gesicht häufiger zusätzliche Kopfbewegungen aus.

Die Ergebnisse der Untersuchungen von DORIS und COOPER (1966) zeigen, dass die Helligkeitsempfindung in den ersten 20 Tagen stark zunimmt und sich dann bis zum 60. Tag einer Asymptote nähert.
Im ersten Lebensmonat werden Formen und Muster wahrgenommen. Vor allem vertikale Konturen erregen die Aufmerksamkeit Neugeborener, aber auch andere Konturformen (Krümmungen) werden von Kindern im Alter unter sieben Tagen unterschieden (FRANTZ und MIRANDA 1975). Es wird vermutet, dass Formen,

die eine hohe Triggerwirkung auf Cortex-Zellen besitzen, die Aufmerksamkeit des Neugeborenen besonders erregen (HUBBEL und WIESEL 1968).

Von besonderer Bedeutung ist die Entwicklung der *Augenbewegungen*. Der Nutzen der Informationen, die aus den perzeptiven Kategorien wie Helligkeit, Form, Bewegung etc. gewonnen werden, kann durch die *Eigenaktivität des Organismus* wesentlich gesteigert werden. Mit Hilfe von *Fixation und Augenbewegungen* kann man selbst den Ausschnitt der Umwelt bestimmen, von dem man Informationen wünscht (PIEPER 1995).

Die Fixation beschränkt sich in den ersten Wochen – wie oben erwähnt – auf kurze Distanzen. Bereits das Neugeborene zeigt ausgeprägte Augenbewegungen, obwohl die restliche Motorik noch sehr wenig entwickelt ist. Das Vorhandensein von Augenfolgebewegungen bereits nach der Geburt ist ein Indikator für ein intaktes Zentralnervensystem.

Neugeborene verfolgen Objekte bis zu einem Winkel von 90 Grad, vereinzelt treten bereits Kopfbewegungen auf. Bis zu einem Alter von zwei Monaten bestehen die Augenbewegungen meist aus Folgen von Sakkaden (sie sind ruckartig) (DAY 1975).

Kinder können vorgegebene Objekte also schon sehr früh evaluieren. Eine Bevorzugung von Neuheit und Komplexität im Vergleich zu früheren Erfahrungen, welche die Ausbildung entsprechender Schemata begünstigen, ist ab dem zweiten Monat nachgewiesen (STEINEBACH 2000). Die Dauer der Gewöhnung (Habituierung) an bestimmte Reizmerkmale ist ein Hinweis auf den kognitiven Entwicklungsstand des Kindes.

8.2.1.4.2 Auditive Wahrnehmung

Kinder reagieren von Geburt an auf Geräusche. Die Art und die Ausprägung der Reaktion hängen davon ab, ob sie wach sind oder schlafen, ob sie satt sind oder hungrig, und selbstverständlich auch davon, um welche Art von Geräusch es sich handelt und mit welcher Lautstärke es geboten wird.

Der Sinnesapparat des Ohres beim Neugeborenen kann zwar kräftige akustische Reize entgegennehmen, die Reaktionen darauf sind jedoch vorerst rein reflektorisch. Das Innenohr ist erst mit ungefähr zwei Monaten voll ausgereift. Bis etwa eine Woche nach der Geburt haben Neugeborene eine Schallleitungseinschränkung von ungefähr 35 dB, dieser Wert liegt nach zwei Wochen bei etwa 15 dB. Die Ursache dafür dürfte in den anatomischen Gegebenheiten liegen (KELLER und MEYER 1982).

Das menschliche Ohr und das dazugehörige Nervensystem ist besonders gut für die Verarbeitung der Frequenzen der menschlichen Stimme eingerichtet. Säuglinge zwischen vier bis 14 Wochen unterscheiden bereits einwandfrei Vokale, jedoch nicht Töne der Frequenzen 100, 200, 1000 und 2000 Hz (TREHUB 1973). Breitbandige Geräusche können auf jeden Fall besser wahrgenommen werden als reine Sinustöne.

Folgendes kann grundsätzlich festgehalten werden:
- Strukturierte Geräusche und Klänge werden mehr beachtet,
- Grundfrequenzen der menschlichen Stimme sind die wirksamsten akustischen Reize,
- auf höhere Frequenzen wird besser angesprochen als auf tiefere.

Ab wann die Stimme der Mutter von anderen Stimmen tatsächlich unterschieden werden kann, ist in der Literatur nicht eindeutig beantwortet. MILLS und MELHINSH (1974) setzen diesen Zeitpunkt zwischen den 20. und den 30. Lebenstag, andere Autoren setzen ihn erst um das neunte Lebensmonat an.

Im Laufe des ersten Lebensjahres entwickeln Kinder auch die Fähigkeit, den Ort einer Schallquelle zu orten und zu lokalisieren. In dieser frühen Entwicklungsphase drehen sie in Rückenlage den Kopf (bis etwa drei Monate).

8.2.1.4.3 Olfaktorische und gustatorische Wahrnehmung

Die Reaktion auf Gerüche ist bei Neugeborenen durch die Veränderung der Atmung und durch Kopfdrehung nachgewiesen, ebenso durch Verhaltensreaktionen die Ausbildung des Geschmackssinnes.

MACFARLANE (1975) legte ein Stück Mull, das eine Mutter zwischen zwei Stillperioden als Brustkissen getragen hatte, seitlich an die eine Wange ihres Kindes, ein unbenütztes an die andere. Die Kopfbewegungen des Kindes wurden gefilmt. Dann wurden die Seiten gewechselt, und wieder wurde gefilmt. Es zeigte sich, dass fünf Tage alte Kinder den Kopf insgesamt länger nach der Seite gewandt hielten, auf der sich jenes Brustkissen befand, das den Geruch der Mutter ausströmte, auch wenn es auf der linken Seite lag, unbeschadet der Tatsache, dass Babies dieses Alters den Kopf meist nach rechts gedreht halten. Da man wissen wollte, ob es nicht der Milchgeruch als solcher war, der das Kind anzog, wurde statt des ungebrauchten Kissens das einer fremden stillenden Mutter verwendet. Im Alter von zwei Tagen gab es noch keinen Unterschied in der Zuwendung, wohl aber ab dem sechsten Tag. Nun wurde das Kissen der eigenen Mutter bevorzugt.

8.2.1.4.4 Vestibuläre, kinästhetische und propriozeptive Wahrnehmung

Diese Wahrnehmungsbereiche bieten die Informationsgrundlage für die Körperlage. Bereits Neugeborene reagieren auf entsprechende Reize, z. B. auf Schaukeln und Wiegen. Sie sind zugleich wichtige Stimulationen der sozialen Interaktion.

8.2.1.4.5 Taktile Wahrnehmung

Reaktionen auf Berührung, Temperatur und Schmerz sind bereits bei der Geburt eindeutig nachweisbar. Die Sensibilität scheint in den ersten Lebenstagen zuzunehmen (STEINEBACH 2000).

8.2.1.4.6 Entwicklung der sensorischen Integration

Die Einzelinformationen aus den verschiedenen Wahrnehmungsbereichen werden zu einem komplexen Gesamtbild zusammengesetzt. J. AYRES definierte 1992 diesen Prozess als *sensorische Integration*. Wahrnehmungsinhalte werden sondiert, geordnet und zu einer vollständigen und umfassenden Hirnfunktion gebündelt. Sensorische Integration gilt als Grundlage und Zeichen einer gut entwickelten Wahrnehmung und damit als Basis für positives Selbstwertgefühl, für Selbstkontrolle und Selbstvertrauen.

In ihrem Modell unterscheidet AYRES *vier Stufen der sensorischen Integration*. Am Anfang steht der *Körperkontakt* als Basis für die Entwicklung emotioneller Bindungen. Das Kleinkind erfährt dadurch Geborgenheit, Sicherheit und in Verbindung mit der Wahrnehmung der Schwerkraft ein erstes Bewusstsein seiner eigenen Körperlichkeit über das vestibuläre System und die Propriozeption. *Taktil-kinästhetische Verarbeitung* ist in der Folge für die emotionale Stabilität des Kindes grundlegend. Sie werden in der weiteren Entwicklung durch *akustische und vestibuläre Prozesse* ergänzt. Diese drei Stufen sind wesentlich für die Spezialisierung der einzelnen Funktionen des Gehirns.

8.2.1.5 Schreien

Dem ersten Schrei des Kindes nach der Geburt kommt nur insoferne eine Bedeutung zu, als er in Verbindung mit der ersten Lungenatmung auftritt. Aber bald wird das Schreien zur *Kundgabe von Unbehagen*. Bei starker Frustration kann sich dieses Unbehagen bis zur Wut steigern.

Das Schreien des Kindes löst Pflegehandlungen des Erwachsenen aus. Die Kundgaben des Kindes sind Schlüsselreize. Das Kind lernt aber sehr bald durch die Erfahrung, dass sein Schreien bedürfnisbefriedigende Handlungen auslöst, und bald setzt es sein Schreien *intentional* ein, um den Erwachsenen zu aktivieren. So differenziert sich das Schreien des Säuglings in den ersten Wochen nach der Geburt als Ausdruck unterschiedlicher Bedürfnisse.

Das Schreiverhalten in den ersten drei Lebensmonaten ist durch eine Zunahme der täglichen Schreidauer bis zur sechsten und eine abschließenden Abnahme bis zur 12. Lebenswoche gekennzeichnet. Auch die Tagesverteilung des Schreiens in dieser Zeit verändert sich: Während es sich in den ersten zwei bis drei Wochen gleichmäßig über alle 24 Stunden verteilt, häuft es sich gegen den dritten Monat in den späten Nachmittags- und frühen Nachtstunden. In der industrialisierten Welt wurde dieses Muster des Schreiens in mehreren Studien als ein typisches Merkmal frühkindlichen Verhaltens beobachtet. Im Gegensatz dazu tritt es in Dritte-Welt-Ländern, wo die Kinder sehr viel mehr Zeit am Körper der Mutter oder anderer erwachsener Personen verbringen, in weit geringerem Maße auf (HUNZIKER 2001).

Dieses Phänomen wurde in einer Studie in Montreal, Kanada, experimentell unter kontrollierten Bedingungen untersucht. Die Ergebnisse der Studie zeigten, dass regelmäßiges Tragen das Schreiverhalten der Kinder wesentlich modifiziert:
- Die Schreidauer wurde kürzer.
- Die Zunahme des Schreiens bis zur sechsten Lebenswoche wurde verhindert.
- Das abendliche Schreien wurde besonders gut beeinflusst.
- Es traten längere Phasen mit zufriedenem Wachverhalten auf.
- Das Schlafverhalten blieb unbeeinflusst.

8.2.2 Die Periode der ersten spezifischen Reaktionen auf die Umwelt: Vom dritten bis zum sechsten Monat

In dieser Phase kann man eine Reihe neuer Verhaltensweisen beobachten:
1. Spezifische Reaktionen auf Sinnesreize,
2. einen positiven ruhigen Wachzustand, in dem sich das Kind rezeptiv oder experimentierend verhält,
3. Koordinationsbewegungen von Auge und Hand, die sich zum Greifen entwickeln,
4. das Lächeln als erste spezifische Reaktion auf den Menschen,
5. Vorstufen der Sprache: Lallen, Lautäußerungen, affektive Reaktionen auf die menschliche Sprache, Verständnis für Mimik und Gebärde.

Während der Säugling, wie gezeigt wurde, schon in den ersten Lebenswochen in sehr subtiler Weise auf Sinnesreize reagiert, die von der ständigen Pflegeperson ausgehen, beantwortet er akustische und optische Reize anderer Art erst etwa im dritten Monat in einer diesen Reizen entsprechenden Weise.

8.2.2.1 Reaktionen auf akustische und optische Reize

Zuerst wendet sich das Kind Geräuschen zu – es dreht etwa den Kopf zu einer Rassel –, später reagiert es auf Licht und Farbeindrücke.

Untersuchungen von BORNSTEIN (1976) und TELLER, PEEPLES und SEKEL (1978) konnten eindeutig belegen, dass Kinder etwa ab dem dritten Lebensmonat die Farben Rot, Orange, Grün und Blau eindeutig von Weiß unterscheiden können.

Mit zwei Monaten tritt auch ein auffälliger Wandel in der Formwahrnehmung ein. In diesem Alter beginnen Kinder, Merkmale innerhalb der Formkontur verstärkt zu beachten. Gesichter werden bevorzugt im Bereich der Augen fixiert. Mit vier bis fünf Monaten erregt die Änderung der Richtung und Anordnung von Musterelementen die Aufmerksamkeit besonders. Ungefähr mit sechs Monaten können Kinder zwischen verschiedenen Richtungen einer Form unterscheiden und die Identität einer Form in verschiedenen dargebotenen Lagen erkennen (MCGURK 1972, nach ARBINGER 1995).

Nach KELLMANN, GLEITMANN und SPELKE (1987) können Kinder im Alter von vier Monaten Eigenbewegung und Objektbewegung visuell voneinander unterscheiden, durch stereoskopische Experimente konnte nachgewiesen werden, dass das binokulare Tiefensehen der Kinder im fünften bis sechsten Monat ausreicht, um festzustellen, ob ein Objekt innerhalb oder außerhalb des Greifraumes liegt. Stereoskopisches Tiefensehen dürfte frühestens ab dem vierten Lebensmonat vorhanden sein.

YONAS, OBERG und NORCIA simulierten mit Hilfe einer stereoskopischen Projektionstechnik die Annäherung von Objekten in Richtung auf die Versuchsperson. Sie registrierten bei diesen Versuchen, ob und inwieweit 14 bis 20 Wochen alte Babies Abwehrverhalten gegenüber einer vermeintlichen Kollision mit dem Objekt erkennen ließen und somit binokulare Tiefeninformationen verarbeiten konnten (ARBINGER 1995).

Im Alter von vier Monaten tastet das Kind vorgehaltene Gegenstände mit den Augen ab und im fünften Monat, wenn es die Gegenstände schon halten kann, gibt es immer wieder Augenblicke, in denen es die Objekte intensiv betrachtet und durch Blickwechsel vom Hintergrund abzuheben scheint.

Ein ganz besonders wichtiger Wahrnehmungsgegenstand, auf den das Kind, wie auch schon oben gezeigt wurde, von Anfang an „eingestellt" ist, ist das *menschliche Gesicht*. Die Versuche von FRANTZ (1972) zeigen, dass das Gesicht im dritten Lebensmonat ganz spezifisch zum wichtigsten Wahrnehmungsobjekt wird.

Die schon von Geburt an vorhandene, daher offenbar angeborene, aber zuerst noch schwer beobachtbare Reaktionsbereitschaft gegenüber mitmenschlichen Signalen tritt hier schon ganz deutlich in Erscheinung.

Diese Feststellung trifft auch auf das auditive System zu. Kinder können von Geburt an die menschliche Stimme von anderen Umgebungsgeräuschen unterscheiden, nicht jedoch zwischen Sprechen und anderen menschlichen Geräuschen und zwischen verschiedenen Sprachlauten. Die Unterscheidungsfähigkeit für den Wechsel der Artikulationsstelle und die Artikulationsart und für Intonationskonturen entwickelt sich etwa ab dem zweiten Lebensmonat (PELTZER-KARPF 1994).

8.2.2.2 Der positive ruhige Wachzustand

Bis zum Ende des ersten Halbjahres werden die Perioden des Schlafens immer kürzer. Gleichzeitig erkennt man, dass sich das Kind immer länger *beobachtend und experimentierend* mit seiner Umwelt auseinander setzt. Dieser positive ruhige Wachzustand ist auch die Voraussetzung für das *Auftreten der ersten gesteuerten Bewegungen*. Etwa im vierten Monat kann man beobachten, dass das Kind seine Finger langsam in Augenhöhe bewegt und diese Bewegungen mit den Augen verfolgt. Hier liegen die ersten *Ansätze der sensomotorischen Koordination*, die Grundlage allen Handelns.

8.2.2.3 Das Greifen

Aus diesen Experimentierbewegungen entwickelt sich das Greifen. *Unter der Entwicklung des Greifens wird die Herausbildung der Fähigkeit verstanden, wahrgenommene Objekte bewusst und gezielt zu ergreifen und zu manipulieren. Es ist damit eine Fähigkeit, die sich nicht nur auf Aspekte der Hand- und Fingermotorik beschränkt, sondern auch die Koordination verschiedener Schemata (Seh-, Greif-, Saugschema) einschließt.* Die wichtigsten Etappen des Erwerbs dieser Fähigkeit sind:

- In der ersten Entwicklungsphase gelingt das Ergreifen eines Gegenstandes – wie oben beschrieben – nur über den palmaren Greifreflex (vgl. Seite 106).
- Im Zeitraum bis zum vierten Monat wird die Fähigkeit entwickelt, dass Kopf und Arme unabhängige Bewegungen durchführen können. Zunächst sind die Koordinationen nur zufällig: Das Kind findet zufällig seine Hand und saugt daran. Daraus entwickeln sich gezielte Koordinaionen: Ein in die Hand gelegter Gegenstand wird sofort zum Mund geführt, beim Erblicken eines Objekts öffnet das Kind den Mund und macht Saugbewegungen. Das Kind „spielt" mit seinen Händen und betrachtet sie dabei (siehe oben). Beim Erblicken eines Gegenstandes erhöht sich die Aktivität des gesamten Körpers, die Hände werden, leicht geöffnet, zur Mittellinie des Körpers hin bewegt.
- Zwischen dem vierten und dem siebenten Lebensmonat gelingt zum ersten Mal die *gezielte Auge-Hand-Koordination*. Beim Erblicken eines Gegenstandes werden meist beide geöffneten Hände in seine Richtung bewegt, der Gegenstand wird zumindest berührt. Diese Leistung wird verfeinert, wobei dann meist nur noch eine Hand das Objekt ergreift. Der Gegenstand wird vorerst meistens zum Mund geführt, dann betrachtet, das Kind manipuliert damit. Das Objekt wird durch die Finger und den gestreckten Daumen gegen die Handfläche gedrückt (*palmares Greifen*).

Abbildung 32: Greifen um das vierte Lebensmonat (a), und (b) das palmare Greifen, das sich zwischen dem vierten und siebenten Monat entwickelt (nach ARBINGER 1995: 60).

Gibt man dem Kind, während es einen Gegenstand hält, einen zweiten in die andere Hand, wird der erste fallen gelassen.
Alle Hantierungen des Kindes im ersten Lebensjahr sind *materialunspezifisch*. Unabhängig von der Art und Beschaffenheit des Objektes wird das Kind immer dasselbe tun, nämlich betasten, anfassen, klopfen, in den Mund stecken, schlagen,

werfen, schütteln, fallen lassen. Es sind die Bewegungen, die auf Grund der neurophysiologischen Reifung möglich sind und vom Kind spontan geübt werden. Dabei werden jedoch auch schon *Erfahrungen mit Materialqualitäten* gesammelt, die die Basis für die späteren materialspezifischen Verhaltensweisen sind.

8.2.2.4 Das erste Lächeln
Spätestens im dritten Monat tritt das *Lächeln* als erste deutlich erkennbare spezifische Reaktion auf den Menschen auf. Es entsteht zuerst, wenn das Kind beide Augen des menschlichen Partners sehen kann und dessen Gesicht sich leicht bewegt. Dreht man den Kopf zur Seite oder bleibt das Gesicht unbewegt, versiegt das Lächeln. In der Folge wird es auch durch die menschliche Stimme hervorgerufen, erst viel später lächelt oder lacht das Kind auch aus Freude über Dinge oder Situationen.

Diese Reaktionen können bis zum Alter von sechs Monaten durch jeden Menschen hervorgerufen werden, erst nach sechs Monaten werden bekannte Menschen, vor allem die Mutter, gegenüber fremden bevorzugt (SPITZ 1965).

Im ersten Stadium handelt es sich beim Lächeln um angeborenes Instinktverhalten. Durch Versuche mit Attrappen kann es ausgelöst werden. Dabei wurde auch gesichert, dass die Augenpartie der wesentliche Schlüsselreiz ist (siehe auch oben).

Später, wenn das menschliche Gesicht als individuelle Gestalt erfasst und von anderen abgehoben wird, was sicher im achten Monat der Fall ist, erschrickt das Kind, wenn man ihm eine Attrappe vorhält. In dieser Entwicklungszeit ist der menschliche Partner vom Träger eines das Lächeln auslösenden Schlüsselreizes zum *individuellen Liebesobjekt* geworden. Mit dem Lächeln, auch wenn es vorerst mechanisch ausgelöst wurde, verband sich von Anfang an ein positiver Affekt. Lächeln und freudige Zuwendung gehören zusammen, sie werden zu einem wichtigen Bestandteil des positiven affektiven Klimas zwischen Mutter und Kind, eines generellen emotionalen Wohlbefindens, das sich ergibt aus der Befriedigung der Bedürfnisse durch die Mutter und aus dem wechselseitigen Affektaustausch, der ja die Grundlage der Mutter-Kind-Beziehung bildet.

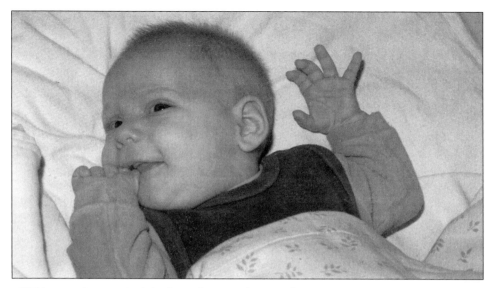
Abbildung 33: Das erste Lächeln als angeborene Reaktion im dritten Monat

Mit etwa vier oder fünf Monaten werden auch Veränderungen des Gesichtsausdrucks wahrgenommen, der Gesichtsausdruck wird nachgeahmt. Eine Deutung ist dem Kind aber vor dem achten Lebensmonat noch nicht möglich.

8.2.2.5 Der Erwerb der Lautsprache: Die Vorstufen

8.2.2.5.1 Vokalisierung

Die Produktion von Lauten beginnt mit der Vokalisierung, die zunehmend nach Emotionen differenziert wird. Frühe Vokalisierungen – zwischen der achten und der zwanzigsten Woche – treten auch dann auf, wenn auditorisches Input und Feedback fehlen, etwa bei gehörlosen Kindern. Die wichtigste Bedeutung zur Aufrechterhaltung und Entwicklung dieser ersten Lautproduktionen hat aber das Hörorgan.

Mit zwei bis drei Monaten tritt Gurren zuerst ausschließlich im Sozialkontakt auf, später auch beim Anblick von Dingen, die das Kind haben möchte. Es handelt sich dabei vorwiegend um Vokale und velare Konsonanten. Es besteht ein eindeutiger Zusammenhang zwischen dem Lächeln und dem Blickkontakt in sozialer Interaktion (MESSER 1995). Hier zeigt sich wieder die spezifisch menschliche Tendenz, mit „Sprache" auf Sprache zu antworten. Zwischen dem dritten und sechsten Lebensmonat dienen diese Lautäußerungen der

Kontaktanbahnung, können Ausdruck der Freude beim Anblick vertrauter Menschen oder Dinge sein und werden häufig von lebhafter Körperaktivität begleitet, besonders wenn das Kind erwartet, aufgenommen zu werden.

Das Auftreten von Konsonanten ist mit ungefähr fünf Monaten gesichert. Untersuchungen belegen, dass es sich dabei vorerst um universale Erscheinungen handelt, die noch nichts mit dem jeweiligen Lautsystem der Umgebungssprache zu tun haben.

8.2.2.5.2 Lallen

Um das sechste Lebensmonat herum tritt das Lallen als spezifische Vorstufe der Lautsprache auf. In spielerischen, immer neuen Lautbildungen wird das phonologische Material der Lautsprache schrittweise erworben. Lallen setzt häufig sehr spontan ein.

Zunächst werden silbische Gebilde der Form CV (Konsonant und Vokal), wie etwa „ba" erworben. Bei den Konsonanten dominieren vorerst die vorderen Varianten, vor allem labiale und dentale. Hintere Konsonanten tauchen erst etwas später auf. Bei den Vokal bildet sich zuerst das Elementarsystem mit [a] als Basis, dann folgt ein geschlossener hinterer oder vorderer Vokal, [u] oder [i], dann erst folgt der mittlere Öffnungsgrad, [e] und [o]. Früh treten auch die Diphthonge [ao], [ae] und [ɔy] auf (WODE 1993).

Sehr bald erfolgt die Reduplikation der Lallsilbe als Erweiterung zur Struktur CVCV.

Lallen ist ein Funktionsspiel. Es wird meist in Perioden ruhigen Wachzustandes betrieben (siehe oben). Im Wechselspiel der Interaktion werden die vorerst universell emergierenden Lautkonfigurationen dem Lautsystem der jeweiligen Umgebungssprache angenähert. Die Konzentration auf die muttersprachliche Phonologie fällt in den Zeitraum zwischen dem sechsten und dem neunten Lebensmonat (LANGENMAYR 1997).

Zahlreiche Studien versuchen zu klären, welche Bedeutung das Lallen für die spätere Sprachentwicklung des Kindes hat. Hier zeigt sich, dass das Fehlen einer Lallphase beispielsweise bei Kindern mit Tracheotomie keinen Hindernisgrund für den späteren Spracherwerb darstellt (MESSER 1995).

8.2.2.5.3 Die affektive Reaktion des Kindes auf Sprache

Lange bevor ein Wortverständnis vorhanden ist, reagiert das Kind auf die *Intonation der Rede*, genauer gesagt auf alle *suprasegmentalen Charakteristika* der

Sprache. Hohe Töne sind dem Säugling angenehm, tiefe verstimmen ihn eher. Freundliche, sanfte, leicht singende Anrede löst offensichtlich Wohlbehagen aus. Der Tonfall der mütterlichen Rede ist ein wichtiges Medium, über das implizit schon dem ganz jungen Säugling mitgeteilt wird, ob er akzeptiert oder abgelehnt wird.

Soziale Erfahrungen spielen in der Entwicklung der Sprache eine zentrale Rolle. Das Kind ist von Geburt an aktiver Kommunikationspartner. Zwei Elemente sind wesentlich: *Turn-taking* und *Motherese*.

Turn-taking sind nach ZOLLINGER (1997) *Wechselspiele in Interaktionen*, nach dem Muster: „Ich bin dran – du bist dran". Blickkontakt, Berührung und Vokalisation spielen hier die Hauptrolle. Beim Austausch von Vokalisationen werden Laute des Kindes imitiert und so dem Kind gespiegelt. Das ist für das Kind ein Anlass, den Dialog fortzusetzen.

Mit *Motherese* wird die Strategie bezeichnet, sich dem Sprachverständnis des Kindes anzupassen. In dieser frühen Entwicklungsstufe betrifft das vor allem die suprasegmentalen Eigenschaften. PAPOUSEK und ihre Mitarbeiter (1991) haben die tonalen Konturen des Sprechens Erwachsener in mehreren Sprachen untersucht und festgestellt, dass es dabei nur einige wenige typische Muster gibt, die universelle vorsprachliche Kommunikationsmuster zu sein scheinen. Eine Reihe von Untersuchungen belegt den positiv aktivierenden Effekt von Motherese bei Säuglingen (detailliert bei MESSER 1995).

8.2.2.5.4 Gebärde, Mimik, Gestik

Der Schrei, der Ruf und die Gebärde sind die wichtigsten instinktgesicherten Kommunikationsmittel bei Tieren. Man unterscheidet beim Tier Demutsgebärden, Beschwichtigungsgebärden und Grußzeremonien. Sie wirken als Schlüsselreize und lösen unmittelbar entsprechende Verhaltensweisen der Artgenossen aus. Viele unserer Gebärden sind aus diesen Formen hervorgegangen (EIBL-EIBESFELDT 1967). Die Tatsache, dass es eine ganze Reihe universeller menschlicher Ausdrucksbewegungen gibt, deutet auf einen angeborenen Ursprung. Als weiter Beweis muss gelten, dass derartige Ausdrucksbewegungen auch bei taubblind Geborenen auftreten. Man darf aber nicht übersehen, dass ein großer Teil unserer Gebärden erlernt sind.

Mimik finden wir außer beim Menschen nur bei Menschenaffen. Beim Säugling umfasst sie ab dem dritten Monat schon ein recht differenziertes Repertoire. Er kann freundliche Zuwendung bis hin zu lebhafter Freude,

Aufmerksamkeit, Neugierde, Erstaunen und Erwartung, Angst und Schmerz deutlich zum Ausdruck bringen. In der *reaktiven Periode erliegt das Kind der Suggestion des Gesichtsausdrucks*. Es ahmt ein böses Gesicht nach, indem es die Stirn runzelt, ein freundliches, indem es lächelt (siehe auch oben).

8.2.2.6 Neue Gedächtnisleistungen

Nicht nur aus den Beobachtungen der Kinder, sondern auch experimentell lassen sich neue Gedächtnisleistungen in diesem Entwicklungsabschnitt nachweisen. Von den frühen Manifestationen der Lernfähigkeit, dem Auftreten bedingter Reflexe in der Nahrungssituation, wurde oben schon gesprochen. Diese frühesten Reaktionen auf Vorreize verschwinden allerdings, sobald die Nahrungssituation als Ganzes für das Kind überschaubar wird.

Andere Verhaltensweisen, die man als Gedächtnisleistungen werten kann, sind:
- Nachblicken nach einem verschwundenen Gegenstand
- Erwartung, besonders in Nahrungs- und Pflegesituationen, später auch in anderen sich wiederholenden Situationen
- Wiedererkennen von Menschen, Dingen, Tieren, Orten
- Erstaunen bei Fremdheitseindrücken – vorausgesetzt, dass sie das Kind nicht überwältigen. Erstaunen setzt Erwartung voraus und tritt immer dann auf, wenn eine Diskrepanz zwischen der erwarteten und der tatsächlichen Situation erlebt wird.
- Suche nach Verlorenem, Auffinden von Verstecktem

8.2.3 Die Periode der aktiven Zuwendung zur Umwelt: Die zweite Hälfte des ersten Lebensjahres

Diese Phase ist durch die zunehmende Aktivität des Kindes sowohl im Bereich der *Motorik* als auch im Bereich der *kognitiven und affektiven Zuwendung zur dinglichen und menschlichen Umwelt* gekennzeichnet.

8.2.3.1 Die Entwicklung der Motorik

Die Entwicklung der neuromuskulären Koordination verläuft, wie oben beschrieben, vom Kopf zu den Beinen. Schon bald nach der Geburt kann das Kind seinen Kopf aufrecht halten, später in Bauchlage Kopf und Schultern von der Liegefläche abheben. Im vierten und fünften Monat dreht sich ein normal entwickelter Säugling zur Seite, im sechsten Monat kann er sich in die typische Sphinxstellung begeben (Bauchlage mit aufgestützten Armen). In dieser

Stellung ist eine bedeutende Veränderung des Blickfeldes gegeben. Mit etwa sechs Monaten kann das Kind mit Unterstützung sitzen, im achten oder neunten Monat setzt es sich selbst auf. Bald gelingt es ihm auch, sich auf die Beine zu stellen. Mit neun oder zehn Monaten können die meisten Kinder stehen, mit Unterstützung etwa ab acht Monaten. Der Aktionsradius wird zuerst kriechend oder robbend erweitert, dann krabbelnd auf allen Vieren. Die charakteristische Abfolge dabei ist: rechter Arm, linkes Bein, linker Arm, rechtes Bein. Zwischen dem 11. und dem 14. Lebensmonat werden die ersten Schritte gemacht.

Die größere Beweglichkeit gestattet ein aktives Neugierdeverhalten, eine spontane Zuwendung zu neuen Reizen, aber auch eine aktive Gestaltung der Kontaktaufnahme.

Allgemein kann man sagen, dass sich die motorische Entwicklung als Zunahme der Fähigkeit, willkürliche, kontrollierte Bewegungen auszuführen, auf drei Bereiche erstreckt:
- Körperhaltung
- Fortbewegung
- Greifen

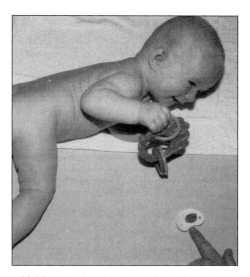 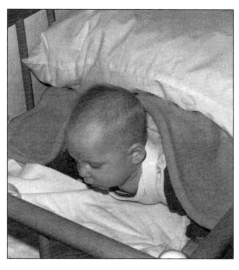

Abbildungen 34 und 35: Seitliche Drehung (vier Monate) und Sphinxstellung (sechs Monate), vgl. S.104.

Abbildungen 36 und 37: Sitzen mit Unterstützung (sieben Monate) und Krabbeln (acht Monate)

Einige Bemerkungen zum letzten Punkt: Wie bereits oben beschrieben, gelingt zwischen dem vierten und dem siebenten Monat erstmals die gezielte Auge-Hand-Koordination und das palmare Greifen (vergleiche Seite 99). Die weitere Entwicklung ist durch den so genannten *Pinzettengriff* (gestreckter Zeigefinger und Daumen) und in der Folge durch den *Zangengriff* (gebeugter Zeigefinger und Daumen) gekennzeichnet.

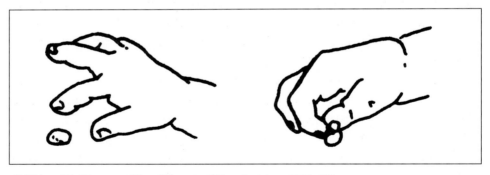

Abbildung 38: Pinzettengriff und Zangengriff (aus ARBINGER 1995: 61)

6 Wochen	Das Kind kann den Kopf in der Bauchlage für kurze Zeit anheben.
3 Monate	Das Kind hebt den Kopf in Bauchlage über einen längeren Zeitraum an.
5 Monate	Das Kind kann mit Unterstützung sitzen.
9 Monate	Das Kind kann mit Unterstützung stehen.
10 Monate	Das Kind sitzt ohne Unterstützung und kann krabbeln.
12 Monate	Das Kind kann mit Festhalten an einer Hand laufen.

Kurzüberblick über markante motorische Entwicklungsschritte im ersten Lebensjahr. Es gibt Kinder, die diese Fähigkeiten schon früher entwickeln. Sollten sie sich aber später entwickeln, ist eine ärztliche Abklärung angezeigt.

8.2.3.2 Nachahmungsleistungen im motorischen Bereich

Diese sind sehr stark an die neurophysiologische Reifung gebunden. So ahmt das Kind nur solche Bewegungen oder Laute nach, die es bereits spontan hervorgebracht hat. Auf Grund des vorhandenen Bewegungsrepertoires werden aber zahlreiche Konditionierungen möglich, die teilweise der Sozialisierung des Kindes dienen, etwa „bitte, bitte" oder „winke, winke" machen. Die Verstärkung kommt aus der Befriedigung von Wünschen, die dadurch erfüllt werden, oder aus der freudigen Reaktion, mit der Erwachsene seine Leistung quittieren.

8.2.3.3 Die Beziehung zur ständigen Pflegeperson

Das wesentliche Neue dieser Entwicklungsperiode ist die *zunehmende Differenziertheit in der Beziehung zu den Menschen der Umwelt*. An verschiedenen Verhaltensweisen, wie Zu- und Abwendung, Unruhe bei Abwesenheit der ständigen Pflegeperson, Ablehnung fremder Eingriffe, Reaktionen der Eifersucht, lässt sich erkennen, dass das Kind seine Mutter oder eine andere ständige Pflegeperson nun von anderen Personen *unterscheiden* kann, dass es sich ihr zugehörig fühlt und an sie mit besonderen Ansprüchen herantritt. Gegenüber Fremden ist die so genannte *Acht-Monate-Angst* (das *Fremdeln*) zu beobachten, die vor allem zu belegen scheint, dass die Mutter nun als kognitives, aber auch als emotional besetztes Wahrnehmungsobjekt von anderen Menschen der Umwelt deutlich unterschieden wird.

Es gibt sehr unterschiedliche Theorien zur Erkärung des Fremdelns (RAUH 1987):
- *Fremdeln als konditionierte Angst vor dem Verlassenwerden* ist der älteste Erklärungsansatz, der von der klassischen Psychoanalyse, heute aber kaum mehr vertreten wird.

- *Fremdeln als kognitives Diskrepanzerlebnis* (KAGAN 1980). Das Kind kann bereits Mittel und Wirkungen und unterscheiden, ohne jedoch volle Kontrolle über Handlungsplanungen zu haben. In fremden oder besonders drohlich erlebten Situationen wird es daher unsicher, wie es reagieren soll.
- *Fremdeln als Versagen vorsprachlicher Kommunikation.* Das vorsprachliche Kommunikationsnetz wird sehr personenspezifisch aufgebaut, das Kind hat nur eine oder sehr wenige Personen, mit denen es sich gut verständigen kann. Fremdeln ist in dieser Sicht (BOWER 1979) Kommunikationszusammenbruch.

Fremdeln ist nach RAUH (1987) also weder ein zeitlich bestimmter Meilenstein der Entwicklung noch ein Hinweis auf einen überdauernden Verhaltenszug der Ängstlichkeit. Es hängt wahrscheinlich sowohl mit dem kognitiven Entwicklungsstand und den konkreten Handlungsmöglichkeiten des Kindes zusammen.

So unvollkommen die Fähigkeiten des Kindes auf anderen Gebieten noch sein mögen, eine Funktion wird sich in dieser Zeit voll entwickeln, nämlich die *emotionale Bindungsfähigkeit*. Die Beziehung des Kindes zu seiner ständigen Pflegeperson zeigt gegen Ende des ersten Lebensjahres schon alle Merkmale einer Liebesbeziehung: den Wunsch nach Alleinbesitz, daraus resultierend Eifersucht, den Wunsch nach körperlicher Nähe und Zärtlichkeit, nach Beachtung und Anerkennung, die Angst bei Gefahr des Kontaktabbruchs und lang anhaltende negative Reaktionen bei tatsächlichem Kontaktverlust.

Diese frühe Vollendung der Bindungsfähigkeit ist wahrscheinlich die wichtigste Aufgabe des extrauterinen Frühjahres. Der Kontakt mit der primären Bezugsperson ist ein wesentlicher Entwicklungsimpuls, nicht nur für die soziale Entwicklung des Kindes, sondern auch für die Ausreifung aller seiner Funktionen.

8.2.4 Die Ausbildung der spezifisch menschlichen Merkmale

Während die Bindungsfähigkeit und das Zugehörigkeitsgefühl unter normalen Pflegeverhältnissen bereits voll ausgebildet sind, treten die spezifischen menschlichen Arteigenschaften erst in den letzten zwei oder drei Monaten des ersten Lebensjahr in Erscheinung, nämlich
- der aufrechte Gang,
- die Sprache,
- die Fähigkeit, Beziehungen zwischen Elementen einer Situation einsichtig zu erfassen.

8.2.4.1 Das Gehen

Zwischen elf und 13 Monaten beginnt die überwiegende Zahl der Kinder zu laufen. Das Gehen wurde als Beispiel eines primär reifegesteuerten Verhaltens beschrieben, es tritt dann in Erscheinung, wenn die neuromuskuläre Reifung einen bestimmten Grad der Ausformung erreicht hat. Aber selbst beim Erwerb des aufrechten Gangs muss ein Lernfaktor wirksam sein, und sollte dieser Impuls nur darin bestehen, dass alle Menschen, die das Kind sieht, aufrecht gehen. Es muss allerdings betont werden, dass zusätzliche Übung bestimmter motorischer Funktionen zu keiner wesentlichen Beschleunigung in der Entwicklung führen.

Wann hat Ihr Baby seine ersten Schritte gemacht?	
Mit weniger als 8 Monaten	3 %
Mit 8 bis 10 Monaten	24 %
Mit 11 bis 12 Monaten	39 %
Mit 13 bis 15 Monaten	27 %
Mit mehr als 16 Monaten	5 %

Ergebnisse einer Blitzumfrage des Pampers Instituts 2001
Gesamtzahl der abgegeben Stimmen: 1705.

8.2.4.2 Das erste Wort

Sprache im weitesten Sinn hat nach K. BÜHLER (1922, 1967) drei Funktionen:
- Kundgabe
- Auslösung
- Darstellung

Unter Kundgabe verstehen wir die Darstellung von Stimmungen, Gefühlen, innerer Befindlichkeit, Gefahr, Bedrohung. Die Kundgabe ist auf Auslösung von Verhaltensweisen der Umwelt gerichtet, die dazu geeignet ist, Gefahren zu vermeiden und in Notlagen Hilfe zu bieten. Kundgabe und Auslösung sind die wichtigsten Kommunikationsmittel im Tierreich, die Darstellung von Sachverhalten, die Information über Gegebenheiten der Außenwelt mit Hilfe der Lautsprache ist ein spezifisch menschliches Merkmal.

BÜHLERs Theorie der menschlichen Sprache ist zu vielschichtig, als dass man ihr in einer knappen Darstellung gerecht werden könnte. In seiner Sicht ist Sprache Werkzeug zur Regulierung des sozialen Verkehrs (*Organonmodell*). Die wesentlichen Merkmale spezifisch menschlicher Kommunikation sieht BÜHLER.
- im Auftreten der Darstellungsfunktion, die kontinuierlich in den Vordergrund tritt, und von der
- die zunehmende Situationsentbindbarkeit der kindlichen Äußerung abhängt, sowie
- in der Folge im Erwerb des zweiklassigen Symbolfeldsystems der Sprache, nachdem
- das kombinatorische Grundprinzip der Sprache in Analogiebildungen verwirklicht worden ist.

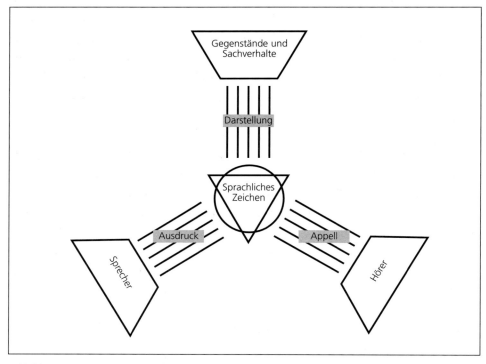

Abbildung 39: Das Organonmodell nach K. BÜHLER (aus KEGEL 1974: 87)

Etwa gegen Ende des ersten Lebensjahres erhalten *einige Lautgebilde den Status von Symbolen*, das bedeutet, dass sie zur Darstellung von Gegenständen und Sachverhalten eingesetzt werden. Damit, und nicht mit dem ersten Wort, beginnt

nach BÜHLERs Modell die Entwicklung der sich von den Kontakt- und Verständigungsmitteln der Tiere prinzipiell unterscheidenden, spezifisch menschlichen Sprache (KEGEL 1974). *Grundlage dafür ist neben einem bestimmten Reifegrad der Sprechmuskulatur die Fähigkeit, Beziehungen zu erfassen.*
Die vorsprachlichen Vokalisationen des Lallens (siehe oben) haben phonetisch viel mit den ersten fixen Lautgefügen mit Symbolcharakter und den ersten „Wörtern" – PIAGET verwendet für diese Konfigurationen den Begriff „halbverbale Zeichen" – gemeinsam. Es scheint hier eine kontinuierliche Entwicklung zu geben (MESSER 1995). Untersuchungen belegen, dass Kinder ungefähr ab dem neunten Lebensmonat Vokalisationen mit bestimmten Kontexten fix verbinden (D'ORDRICO und FRANCO 1991, BLAKE und DE BOYSSON-BARDIES 1992). Nach BATES, BRETHERTON und SNYDER (1988) beginnt der Wortgebrauch bei Kindern folgendermaßen. Sie benützen ihr Repertoire an Vokalisationen, um Erwachsenen ihre Wünsche, Bedürfnisse und Intentionen mitzuteilen, in der Folge werden arbiträre Lautgebilde zur Darstellung bestimmter Mitteilungen verwendet, zum Beispiel „nana", um einen Gegenstand zu verlangen. Es handelt sich dabei um *phonologisch konsistente Formen*. Die weitere Entwicklung führt zu einer Dekontextualisierung dieser konsistenten Formen.

BATES, BRETHERTON und SNYDER (1988) berichten folgendes überzeugende Beispiel. Das Kind – Carlotta – verwendet die Lautkonfiguration „bam" ursprünglich in Spielsituationen beim Umstoßen eines Turmes aus Bausteinen. Nach einigen Wochen kommt es zu folgender Situation: Carlotta sitzt zwischen ihren Spielsachen, sie ist still und hat nichts in den Händen. Sie schaut auf, sagt „bam" und beginnt, nach kurzem Zögern, mit der Hand auf ihr Spielzeugklavier zu schlagen. Damit wird die Lautkonfiguration vom ursprünglichen Verwendungszusammenhang gleichsam dekontextualisiert und sie fungiert ab nun als eine Art primitives Verb.

Derartige Erscheinungen sind ein eindeutiger Hinweis auf den Zusammenhang mit der allgemeinen kognitiven Entwicklung. Ein weiterer Beleg ist die bemerkenswerte Fähigkeit, bereits in diesem frühen Alter *Merkmale zu abstrahieren.*

Ein kleines Mädchen verwendete die Lautkonfiguration „wauwau" für Hund und wendete sie auch sinnvoll und konsistent an. Es sagte aber auch jedes Mal „wauwau", wenn es in das Badezimmer getragen wurde. Bald erkannte man, dass damit der Rasierpinsel gemeint war. Auch als es eines Tages bei Raureif spazieren gefahren wurde, rief es immer wieder „wauwau". Dieser Lautkomplex stand offenkundig für das Merkmal des „Haarig-Stacheligen", und dieses war von einer Reihe konkreter Gegenstände abstrahiert worden.

Aber nicht nur die physische Ähnlichkeit von abstrahierten Merkmalen ist bemerkenswert, sondern auch die Extensionen, die vorgenommen werden.

Ein Kind französischsprachiger Eltern verwendet die Lautkonfiguration „nenin" vorerst konsistent für die mütterliche Brust und als Aufforderung, wenn es trinken wollte. In der Folge verwendete das Kind „nenin" aber auch für einen Hemdknopf, für ein Auge auf einem Bild in einer Zeitschrift, für einen gebeugten Ellbogen, und um ein rechteckiges Keks zu verlangen (PECCEI 1994).

Die ersten Wörter treten in der Regel zwischen elf und 14 Monaten auf, bei Mädchen meist früher als bei Buben. Aus grammatiktheoretischer Sicht haben sie den Status von Ein-Wort-Sätzen (Äußerungen). (Zu einer ausführlichen Darstellung der Sprachentwicklung aus der Sicht der Generativen Grammatik siehe RIEDER 2000).
Diese Äußerungen können viele unterschiedliche Funktionen erfüllen. Je nach Tonfall und Gesten, die sie begleiten, sind sie als Frage, Hinweis, Wunsch, Aufforderung, Ausdruck von Gefühlen und Bedürfnissen deutlich kenntlich. Der Beziehung des Kindes zu Menschen oder zu Objekten wird dadurch affektbetont Ausdruck verliehen.

Wann hat Ihr Baby zum ersten Mal „Mama" oder „Papa" gesagt?	
Mit weniger als 5 Monaten	7 %
Mit 5 Monaten	7 %
Mit 6 Monaten	14 %
Mit 7 Monaten	16 %
Mit 8 oder mehr Monaten	54 %

Ergebnisse einer Blitzumfrage des Pampers Instituts 2001
Gesamtzahl der abgegeben Stimmen: 1262. Die frühen Angaben zeigen die geringe Zuverlässigkeit derartiger Datenerhebungen.

8.2.4.3 Das erste Werkzeugdenken

Schon bei neun bis zehn Monate alten Kindern kann man beobachten, dass sie sich eines Spielzeugs, das außerhalb ihrer Reichweite auf der Bettdecke liegt, dadurch bemächtigen, dass sie die Decke zu sich heranziehen. Das Kind erfasst die Beziehung zwischen sich, dem Spielzeug und der Decke, die ihm als Werkzeug dient, um das Ziel zu erreichen.

Werkzeugdenken ähnlicher Art finden wir auch bei Tieren, vor allem bei höher entwickelten Säugern. Bekannt sind hier die Versuche, die KÖHLER mit Schimpansen durchgeführt hat. *Was bei Tieren allerdings Höchstleistungen sind, ist beim Menschen der Anfang seiner intellektuellen Entwicklung.*

Ein wesentlicher Schritt in der Entwicklung der *Sensomotorischen Intelligenz* (nach JEAN PIAGET) ist damit getan. Die Wechselbeziehung und Koordinierung von Wahrnehmung und Motorik ist zum Mittel-Zweck-Verhalten verfeinert und kann nun variiert werden. Nachdem das Kind bis zu seinem achten Lebensmonat den Zusammenhang zwischen seinen eigenen Aktivitäten und ihren Auswirkungen in der Umwelt entdeckt hat und das Mittel-Zweck-Schema aufgebaut hat, kann im Alter von acht bis zwölf Monaten eine Zielhandlung erfolgen, bevor eine Mittelhandlung realisiert wird: Ein Ball wird weggerollt, um zu einem anderen Objekt zu gelangen.

9 Interaktion im ersten Lebensjahr: Bindung

Eine der wichtigsten Erkenntnisse der Säuglingsforschung der letzten Jahrzehnte betrifft die Tatsache, dass der Säugling nicht, wie man lange annahm, ein passives, manipulierbares Objekt ist, sondern dass von *Beginn an eine Interaktion von Mutter und Kind besteht*, bei der das Verhalten ebenso gesteuert wird wie das Verhalten des Kindes durch seine Mutter.

9.1 Bonding

In den 80er-Jahren setzte sich immer mehr die Überzeugung durch, dass *Kontakt* zwischen Mutter und Kind unmittelbar nach der Geburt diese Interaktion fördert und tragfähiger macht. Viele Entbindungsanstalten begannen mit dem so genannten Rooming-in. Es gab eine Reihe von Studien, die die Auswirkungen näher analysierten. KLAUS und KENNELL (1983) berichten von einer Untersuchung in Guatemala und einer amerikanischen Studie.

9 Kinder erhielten ihre Babies gleich nach der Geburt nackt überreicht, während die Kinder einer gleich großen Kontrollgruppe in der üblichen Art von der Mutter getrennt versorgt wurden. Bei den späteren Stillperioden konnte man beobachten, dass die Frühkontaktmütter vertrauter und zärtlicher mit ihren Babies umgingen.

14 Müttern wurden ihre nackten Babies sofort nach der Entbindung eine Stunde überlassen und außerdem an den ersten drei Tagen je fünf Stunden lang am Nachmittag. Die Mütter der Kontrollgruppe durften nur einen kurzen Blick auf die Kinder werfen. Sie sahen sie erst nach sechs bis zwölf Stunden wieder, dann jeweils zu den Mahlzeiten. In der Folge zeigte sich, dass sich die Früh- und Mehrkontaktmütter mehr Zeit für ihre Kinder namen, zärtlicher, besorgter, insgesamt kindzugewandter waren, und noch nach zwei Jahren ließ sich ein deutlicher Unterschied feststellen: Die Frühkontaktmütter waren in ihrem Umgangston weniger autoritär und gingen bereitwilliger auf deren Bedürfnisse ein.

Der letztere Befund ist insofern besonders bemerkenswert, als es sich durchwegs um Unterschichtmütter handelte, deren traditionellen Erziehungsstil man anscheinend durch frühes Bonding positiv beeinflussen kann. Bei Müttern der Mittelschicht zeigten sich keine Unterschiede im Erziehungsstil.
Ähnliche Ergebnisse ergaben die Studien von GROSSMANN und GROSSMANN (1981).

Einen interessanten Zusammenhang fanden diese Autoren zwischen der Orientierungsleistung des Neugeborenen und dem Frühkontakt. Dabei wird überprüft, wie weit das Kind in der Lage ist, dem sich bewegenden Gesicht des Prüfers mit den Augen zu folgen, wenn es von ihm angesprochen wird (Brazelton Neonatal Assessment Scale). Frühkontaktkinder waren signifikant häufiger unter jenen zu finden, die sehr gute Orientierungsleistungen boten. Nun waren diese guten Orientierer auch mehrheitlich unter jenen vertreten, die im Alter von zwölf Monaten eine sichere Bindung an die Mutter und mit 18 Monaten eine sichere Bindung an den Vater hatten. Und diese sicher gebundenen Kinder, die mit zwei Jahren im Spiel mit den Eltern Initiative und Aktivität erkennen ließen, hatten wiederum Mütter, die als unterstützend, akzeptierend, kindzugewandt eingestuft wurden, und nachgiebig-gewährende, fröhlich-kooperative Väter.

KLAUS und KENNELL sehen die Vorteile des Frühkontaktes in den wechselseitigen Interaktionen, wie sie im folgenden Schema dargestellt sind:

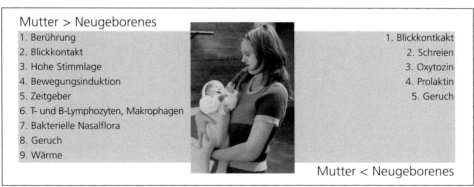

Abbildung 40: Mutter-Kind- und Kind-Mutter-Interaktionen, die in den ersten Lebenstagen simultan auftreten können (nach KLAUS und KENNELL 1983)

Die ersten Stunden nach der Geburt scheinen also eine besonders *sensible Periode für die Beziehung der Mutter zum Kind* darzustellen. Es muss aber auch darauf hingewiesen werden, dass sich durch die traditionelle Trennung des Neugeborenen von der Mutter in Geburtskliniken keine Schädigung nachweisen lässt. Bei einer bereits bestehenden positiven Einstellung der Mutter kann eine gute Bindung zum Kind sicher auch ohne Frühkontakt aufgebaut werden. Bei ambivalenter oder ablehnender Haltung der Mutter könnte er hingegen eine entscheidende Hilfe sein.

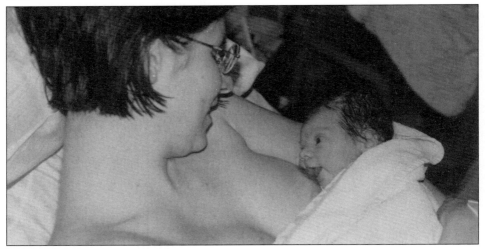

Abbildung 41: Früher Körperkontakt

Als weiterer Beleg können die besonderen Probleme genommen werden, die sich aus einer länger dauernden Trennung des Kindes von der Mutter nach der Geburt, etwa nach Frühgeburten oder anderen Formen von Risikogeburten (vgl. auch S. 75) ergeben. LYNCH (1975) zeigte in einer Studie über Misshandlungen, dass Kinder, die nach der Geburt in der Klinik verbleiben mussten, und solche nach komplizierten Schwangerschaften häufiger misshandelt wurden als deren normal geborene Geschwister. Eine solche Situation ist vielschichtig, sehr häufig spielen dabei frühkindliche Hirnschädigungen als zusätzlicher Stressfaktor, dem die Eltern nicht gewachsen sind, mit eine Rolle. Der Entfremdungseffekt ist zweifelsohne aber auch von Bedeutung, denn Verhaltensauffälligkeiten eines Kindes verstärken jene ablehnende Haltung der Bezugspersonen, die ein normaler Kontakt vielleicht verhindert hätte. Nicht selten besteht ein Teufelskreis: Konflikte, unter denen die Mutter leidet, verursachen die Risikogeburt. Das geschädigte Kind verstärkt die familiären Konflikte und ist nun seinerseits erhöhten Aggressionen ausgesetzt. In den letzten Jahren hat man daher vermehrtes Augenmerk neuen Formen der nachgeburtlichen Betreuung von Frühgeborenen und Risikokindern geschenkt.

Von besonderer Bedeutung ist dabei der *Hautkontakt*. Schon die Studie von SOLKOFF (1969) zeigte, dass Streicheln entwicklungsfördernd wirkt.

Die Kinder wurden zehn Tage lang jede Stunde fünf Minuten lang von einer Schwester gestreichelt, während einer Kontrollgruppe diese Zuwendung versagt blieb. Die gestreichelten Babies nahmen schneller zu, wuchsen schneller, waren körperlich robuster als die nicht gestreichelten.

9.2 Die Entwicklung des Bindungsmotivs

Bindung ist ein biologisch verankertes Motivsystem. Es dient dazu, ein Gefühl der Sicherheit aufzubauen oder zu erhalten. Es wird besonders bei Angst, Krankheit, Müdigkeit oder Stress aktiviert.

Für die Erklärung des Zustandekommens einer engen, emotionalen und individuellen Beziehung des Kindes zu Erwachsenen postulierte J. BOWLBY (1969) einen Prozess der Bindung.

Die Suche nach räumlicher Nähe zur primären Bezugsperson ist das wichtigste Kriterium zur Bestimmung von Bindungsverhalten. Neben der Bindung an die Hauptbetreuungsperson, auf die das Kind im ersten Lebensjahr, im Sinne der Mutter-Kind-Bindung gleichsam „geprägt" ist, entwickelte das Kind nachrangige Bindungen auch an weitere Bezugspersonen der Umgebung, sowie an die räumliche Umgebung und an den Rhythmus des Tagesablaufes. *Bindung ist für die gesunde Entwicklung des Kindes eine biologische Notwendigkeit.*

Entgegen der ursprünglichen Annahme BOWLBYs zeigte sich, dass Kinder gleichzeitig mehrere Bindungen aufbauen können. Die primär bevorzugte Bezugsperson ist meist, aber nicht notwendigerweise, die Mutter.

Wichtige Erkenntnisse stammen aus den Forschungen seiner Schülerin M. AINSWORTH (1978). Bindung entsteht dadurch, dass die Signale des Säuglings, mit denen er seine Bedürfnisse kundgibt, von der Pflegeperson aufgenommen und adäquat beantwortet werden. Dabei handelt es sich nicht nur um Signale, die seine körperlichen Bedürfnisse betreffen, sondern auch um solche, mit

denen das Kind seine Wünsche nach Zuwendung, Spiel, Zärtlichkeit, Ansprache, nach Schutz, Trost und Sicherheit zum Ausdruck bringt. Pflegepersonen reagieren nun sehr unterschiedlich auf die Signale ihrer Säuglinge, und dementsprechend müssen auch Unterschiede im Charakter der Bindungen entstehen. Die grundsätzlichen Fragen der Bindungsforschung waren deshalb:
- Unter welchen Bedingungen entstehen sichere, unter welchen weniger sichere Bindungen?
- Welches sind die Auswirkungen der verschiedenen Bindungsqualitäten auf die Persönlichkeitsentwicklung der Kinder?

Abbildung 42: *Verhalten von Kindern, deren Beziehung zu ihren Müttern oder Vätern psychisch sicher ist* (AINSWORTH 1977).

Die Methode, die AINSWORTH *in ihren Untersuchungen verwendete, war folgende: Säuglinge wurden im Laufe des ersten Lebensjahres mehrmals in ihren Familien besucht. Dabei wurden die Verhaltensweisen und die Reaktionen von Mutter und Kind, vor allem deren Zusammenspiel, genau registriert. Im zweiten Lebensjahr wurden die Kinder dann von ihren Müttern in die Fremde Situation gebracht. Dabei ging* AINSWORTH *von der entwicklungspsychologisch gesicherten Tatsache aus, dass Kinder im zweiten Lebensjahr normalerweise besonders empfindlich auf den „Verlust" der ständigen Pflegeperson reagieren.*

In einer künstlich arrangierten Trennungssituation wurde die Art der Bindung, die ein Kind entwickelt hatte, beobachtet. Die Fremde Situation besteht aus einer Reihe standardisierter Episoden, die an Hand der folgenden Abbildung abgelesen werden können.

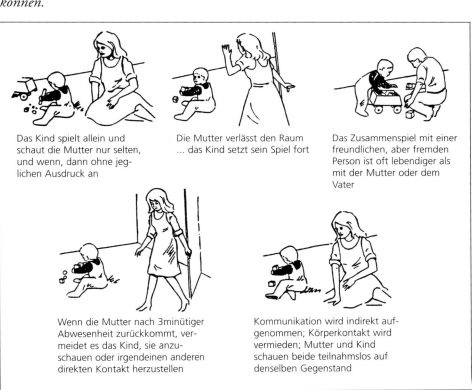

Das Kind spielt allein und schaut die Mutter nur selten, und wenn, dann ohne jeglichen Ausdruck an

Die Mutter verlässt den Raum ... das Kind setzt sein Spiel fort

Das Zusammenspiel mit einer freundlichen, aber fremden Person ist oft lebendiger als mit der Mutter oder dem Vater

Wenn die Mutter nach 3minütiger Abwesenheit zurückkommt, vermeidet es das Kind, sie anzuschauen oder irgendeinen anderen direkten Kontakt herzustellen

Kommunikation wird indirekt aufgenommen; Körperkontakt wird vermieden; Mutter und Kind schauen beide teilnahmslos auf denselben Gegenstand

*Abbildung 43: Verhalten von Kindern, deren Beziehung zu ihren Müttern oder Vätern psychisch unsicher ist (*AINSWORTH *1977).*

AINSWORTH unterscheidet drei Typen von Bindung, die nach der Art des Verhaltens eines Kindes nach der Wiederkehr der Bezugsperson bestimmt werden.

Typ B	freundlich zugewandt	Hinweis auf sichere Bindung
Typ A	zurückweisend	unsichere-meidende Bindung
Typ C	ärgerlich widerspenstig	unsicher-ambivalente Bindung

AINSWORTH unterscheidet als Ergebnis ihrer Untersuchungen vier Phasen der Entwicklung des Bindungsverhaltens. Ausgangspunkt sind dabei folgende Grundannahmen:
- Bindung ist ein angeborenes Motivsystem, das Sicherheit schafft und Exploration ermöglicht.
- Je nach Zuwendungsverhalten gibt es unterschiedliche Arten von Bindungen.
- Bindung zeigt Dauerwirkung bis ins Erwachsenenalter (nach STEINEBACH 2000).

1. Phase Preattachment	1. Lebenswoche	Orientierung und Signale sind unabhängig von den umgebenden Personen.
2. Phase Attachment in the making	2. Lebenswoche bis 7. Lebensmonat	Das Kind unterscheidet zwischen vertrauten und weniger vertrauten Menschen.
3. Phase Clear-cut attachment	ab dem 7. Lebensmonat	Das Kind sucht aktiv die Nähe zu Pflegepersonen.
4. Phase Goaldirected partnership	um das 3. Lebensjahr	Entwicklung von Objekt- und Personpermanenz, Rollenübernahme, Verstehen und Einplanen der Handlungsanweisungen der Betreuungspersonen.

9.3 Die Initiativen von Mutter und Kind

Mit seinen Lautäußerungen, zu Beginn Unlustschreien, aktiviert das Kind die Mutter. Für sie sind diese Kundgaben Schlüsselreize, auf die zu antworten sie von der Instinktbasis her gerichtet ist, aber einen großen Freiheitsgrad in der Art und Qualität ihrer Reaktion hat.

Sind die Kundgaben des Kindes vorerst unbewusst, so lernt es bald – etwa um die Wende vom zweiten zum dritten Monat – aus den regelmäßig erfolgenden Reaktionen der Mutter, dass sein Schreien diese herbeiruft und mit ihr eine Stillung der Bedürfnisse. Im Sinne einer instrumentalen Konditionierung setzt das Kind seine Kundgaben nun gezielt ein, um die Mutter herbeizurufen. Es sieht ihr Verhalten voraus, es setzt also seine Aktivität mit der Mutter in Beziehung. Etwa um dieselbe Zeit reagiert das Kind auf soziale Zuwendungen adäquat.

Ab dem sechsten Monat wird das Kind bei der Anbahnung der Kontakte aktiv. Im günstigen Fall besteht eine *Interaktion mit echtem Dialogcharakter*. Von beiden Seiten bestehen von Anfang an Verhaltenserwartungen und sehr bald versteht das Kind auch die Intentionen des Partners. NEUMANN (1983) führt dazu aus:

Eine in ihrem Charakter wechselseitig regulierte Interaktion im Rahmen alltäglicher Verrichtungen und Spielsituationen führt zu einer Befriedigung der kindlichen Bedürfnisse, die von Seiten der Bezugsperson prinzipiell nicht an irgendwelche Bedingungen gebunden ist. Die Wechselseitigkeit und Bedingungslosigkeit mütterlicher Fürsorge – tritt sie konsistent auf – gibt dem Kind ein Gefühl der Sicherheit in der Beziehung zur primären Bezugsperson, die Gewissheit nämlich, seine Bedürfnisse in den Dialog einbringen zu können und in der Bezugsperson ein Gegenüber zu haben, das auf diese positiv, anerkennend reagiert.

Das Gefühl der Sicherheit und Geborgenheit, das Vertrauen in die Welt, beruht nicht nur in dem „Eingespieltsein" von Aktion und Reaktion, sondern auch in der regelmäßigen Wiederkehr der Ereignisse, der erfüllten Erwartungen. Das Kind baut sein Verständnis der Realität auf, indem in der Interaktion mit der Bezugsperson Wirklichkeit interpretierbar wird als Regelmäßigkeit und Regelhaftigkeit der Effekte bzw. der Antworten auf seine Aktionen. Tritt ein Antwortverhalten der Bezugsperson mit einer bestimmten Regelmäßigkeit auf, lernt das Kind, die Reaktion der Bezugsperson mit der eigenen Aktion zu koordinieren: Auf wiederholte Verhaltensakte lässt sich die regelmäßige Reaktion der Bezugsperson antizipieren und zur Orientierung des eigenen intentionalen Handelns machen.

Der Charakter der jeweiligen konkreten Interaktion ist von vielen Faktoren abhängig. Während es offensichtlich ist, dass das Zusammenspiel durch Mangelsituationen behindert werden kann, haben auch Faktoren der Normalsituation, wie beispielsweise das Geschlecht des Kindes oder dessen Aktivitätsniveau Einfluss auf die Art und Qualität der Interaktion.

In einer Studie von MOSS (1970) wurde das Verhalten von 30 Müttern und ihren Erstgeborenen im Alter von drei Wochen und drei Monaten in der natürlichen häuslichen Situation beobachtet. Dabei zeigte sich, dass Buben im Alter von drei Wochen signifikant mehr Zuwendungen der Mutter erhielten als Mädchen, dies aus zwei Gründen: Sie hatten wesentlich längere Wachzeiten und sie waren viel unruhiger. Dies änderte sich, als die Kinder drei Monate alt waren. Auf das noch immer häufigere Schreien der Buben reagierten ihre Mütter weniger bereitwillig als auf das weniger häufige Schreien der Mädchen. Mit zunehmendem Alter und in dem Maße, in dem das Kind seine Kundgaben intentional einsetzt, lässt deren Wirkung auf die Mutter nach. Ihr Verhalten wird differenzierter, was dem Kind neue, zum Teil frustrierende Erfahrungen vermittelt. MOSS interpretiert, dass die soziale Anpassung der Mädchen dadurch erleichtert wird, dass die Mütter auf ihre Signale konsequenter reagieren als auf die der Buben.
Die Mütter widmeten den drei Monate alten Kindern viel mehr Zeit als den drei Wochen alten, was die sozialen Kontakte betrifft. MOSS führt dies einerseits auf die zunehmende soziale Ansprechbarkeit der Kinder, anderseits auf die wachsende gegenseitige Vertrautheit und Zuneigung zurück. Dabei zeigte sich wieder ein Geschlechtsunterschied. An die Mädchen, die früher als die Buben Lautäußerungen produziert hatten, wandten sich die Mütter häufiger mit Sprachimpulsen und sprachlichen Reaktionen. Die Buben dagegen wurden häufiger zu Muskelaktivitäten (Aufsetzen, Hochziehen, etc.) und zum Greifen und Betrachten von Objekten angeregt.

9.4   Die Entwicklung der Vater-Kind-Beziehung

Die Väterforschung (FTHENAKIS 1985) hat für das Verständnis der frühen Erfahrungen des Kindes in der Familie neue Einsichten gebracht. So konnte gezeigt werden, dass kurz nach der Geburt differenzierte Interaktionen nicht nur zwischen Kind und Mutter, sondern auch zwischen Kind und Vater stattfinden. Die Interaktionen spielen sich also in einer Triade ab. Damit stellt sich die Frage, ob das Konzept der Bindung demzufolge nicht in eines der *„Qualität der Kind-*

Eltern-Beziehung" übergeführt werden sollte. Diesem Gedanken wird besonders in neueren Forschungsansätzen Rechnung getragen.

Bereits früh interessierte Forscher auf dem Gebiet der Bindungstheorie auch, ob und wann Kleinkinder Bindungen an ihre Väter entwickeln.

Eine Untersuchung von SCHAFFER *und* EMERSON *(1964) hatte bereits gezeigt, dass Kinder im Alter von neun Monaten bei der Trennung von der Mutter mit stärkerem Protest reagierten als auf die Trennung vom Vater. 71 % aller Kinder protestierten gegen die Trennung von Mutter und Vater, diese Tatsache interpretierten die Autoren als Beleg für die Bindung an beide Elternteile.*

Bei dieser Untersuchung zeigte sich, dass die unabhängigen Variablen wie „Verfügbarkeit des Vaters" und „Ausmaß der Beteiligung an der Kinderpflege" nicht für die Vorhersage des Trennungsprotestes bestimmend war. Positiv mit Bindung korrelierten hingegen Variablen wie soziale Situation (z. B. Sprechen, Berühren, Spielen), Antwortbereitschaft und Sensitivität des Erwachsenen hinsichtlich kindlicher Bedürfnisse und Signale.

In der zweiten Hälfte der 70er-Jahre wurde in Anschluss an die These BOWLBYS vor allem diskutiert, ob Bindungsverhalten erst nach Erreichen der so genannten Phase der „Objekt-Permanenz" entwickelt wird und ob die Kind-Vater-Bindung qualitativ verschieden von der Kind-Mutter-Bindung ist, bzw. ob beide Bindungen für das Kind verschiedene Erfahrungen beinhalten.

LAMB *(1976, 1977, 1980) untersuchte in einer Längsschnittstudie Kinder im Alter von sechs bis acht und von zwölf bis 13 Monaten. Bei Kindern im Alter von sechs bis acht Monaten konnte* LAMB *keinerlei Präferenz für den einen oder anderen Elternteil feststellen. Kleinkinder dieser Entwicklungsstufe hatten Bindungen an ihre Mütter und Väter entwickelt.*

Unterschiede im elterlichen Interaktionsverhalten fanden sich nur bei zwei Variablen: Mütter zeigten eine höhere Rate an Verbalisierung, die an das Kind gerichtet war. Mütter spielten signifikant häufiger konventionell und über Spielzeug vermittelt, während Väter eher körperliche Spielaktivitäten wählten, worauf die Kinder besonders stark reagierten.

Diese Befunde wurden durch CLARKE-STEWART *(1978, 1980) bestätigt. Er untersuchte Kinder im Alter von 15 bis 30 Monaten in der natürlichen häuslichen Umgebung und in halbstrukturierten Situationen. Das Spiel mit dem Vater war etwas kürzer, weniger durch Spielzeug vermittelt und bestand eher in einer körperlichen Aktivität. Mütter bevorzugten Aktivitäten, die eher intellektuell waren und Spielmaterialien einbezogen, während Väter soziale und physische Aktivitäten wählten.*

Interessant ist, dass die Anwesenheit des Vaters starke Auswirkungen auf das Verhalten der Mutter zeigte. Sowohl die verbalen Reaktionen der Mutter auf das Kind als auch das Spielen mit ihm nahmen während der Anwesenheit des Vaters ab. Diese Unterschiede scheinen aber eher eine Funktion des elterlichen Verhaltens und weniger eine Funktion einer Präferenz des Kindes für einen Elternteil zu sein. Demnach bevorzugen Kinder nicht grundsätzlich die Väter oder die Interaktion mit ihnen, sondern die Art und Weise des Spielens. Der Spielstil des Vaters ist durch physische Nähe und Stimulation charaktersiert. Es ist eher sozial und motorisch als intellektuell und es vollzieht sich in kurzen Episoden.
Eine weitere wesentliche Frage war die Untersuchung des Einfühlungsvermögens und der Reaktionsbereitschaft der Eltern auf kindliche Signale. LAMB & EASTERBROOKS (1981) definieren *elterliche Sensitivität als die Fähigkeit, auf kindliche Signale kontingent, konsistent und angemessen zu reagieren.* Die kindlichen Signale müssen wahrgenommen und zutreffend interpretiert werden. Sensitivität ist eine entscheidende Variable für die kindliche Entwicklung.

FRODI, LAMB, LEAVITT (1987) registrierten die physiologischen Reaktionen von Vätern und Müttern, während ihnen auf einem Bildschirm ruhende, lächelnde und weinende Babies gezeigt wurden. Sie fanden bei der Darbietung weinender und lächelnder Kinder keinerlei Unterschiede in den Reaktionsmustern der Eltern. Auch bei der Sprache der Eltern ist die Interaktion zwischen ihnen und den Säugling linguistisch einfach, findet in einer höheren Tonlage statt und weist spezifische Muster mit häufigen Wiederholungen, Abwandlungen und wechselseitiger Nachahmung auf.

Väter zeigen also sensitive Verhaltensanpassungen im selben Ausmaß wie Mütter. Somit kann die Behauptung einer stärkeren biologische Prädisposition von Müttern nicht aufrecht erhalten werden.
Erst gegen Ende der 70er- und zu Beginn der 80er-Jahre wurden Studien veröffentlicht, welche die Kind-Vater- und Kind-Mutter-Beziehungen im *Gesamtkontext des Systems Familie* untersuchten und damit auch die soziologische und ökologische Dimension mit einbezogen.

PEDERSEN, ANDERSON und CAIN (1980) konnten so zeigen, dass die Kommunikation der Ehepartner signifikant mit den Verhaltensweisen gegenüber dem Kind verknüpft ist. In Intervallen, in denen eine intensive Kommunikation zwischen den Ehepartnern stattfand, ging die Interaktionsrate mit dem Kind zurück und umgekehrt.

Ein fünf Monate altes Kind passt sein Verhalten nicht nur der Größe der sozialen Gruppierung, in der es sich gerade befindet, an, sondern es stimmt sein Verhalten in komplexer Weise auf die beiden Elternteile ab, wobei es das Verhalten der Eltern untereinander berücksichtigt.

Untersuchungen von BRUNS (1981) brachten ähnliche Ergebnisse.

9.5 Die Folgen gestörter Interaktion oder das Fehlen adäquater Interaktionsmöglichkeiten im ersten Lebensjahr

9.5.1 Ältere Untersuchungen

Die Untersuchungen von René SPITZ (1945) sind weltbekannt geworden. Er verglich die Entwicklung von Kindern, die in einem Waisenhaus unter hygienisch einwandfreien Bedingungen, aber ohne die Möglichkeit einer emotionellen Bindung an Pflegepersonen in einer wenig anregenden, sterilen Umgebung aufwuchsen, mit der Entwicklung einer Kontrollgruppe, die in einem Frauengefängnis geboren und täglich stundenweise von ihren inhaftierten Müttern gepflegt wurde. Die Kinder im Waisenhaus waren in den ersten drei Monaten denen im Gefängnis überlegen, was ihre normale genetische Ausstattung beweist. Sie blieben jedoch von Monat zu Monat stärker in ihrer Entwicklung zurück und hatten am Ende des ersten Lebensjahres nur einen Entwicklungsquotienten von 70 erreicht, während die Kontrollgruppe im selben Alter eine völlig normale Entwicklung zeigte.

Diese und zahlreiche andere Untersuchungen bestätigten massive Entwicklungsrückstände von Heimkindern, insbesondere im Bereich der Sprache. Diese Erscheinungen führte man früher ausschließlich auf das Fehlen einer emotionalen Bindungsmöglichkeit an eine ständige Pflegeperson zurück.

Kritiker dieser Auffassung hingegen versuchen eine differenzierte Auffassung zu vertreten. Sie weisen darauf hin, dass die Ausgangssituation der Heimkinder meist ungünstiger war als die der Familienkinder, mit denen sie verglichen wurden

(Risikogeburten, persönlich belastende Faktoren etc.), dass weiters ansprechende Kinder bald in Pflegestellen vermittelt würden und nur die Problemfälle verblieben, und dass vor allem das Fehlen der geeigneten sensorischen Stimulation die Entwicklungsrückstände bewirkten.

Wenn eine Heimunterbringung nicht zu vermeiden ist, bemüht man sich heute, dass zumindest der letztgenannte Punkt nicht mehr zum Tragen kommt. Trotzdem zeigt sich, dass Kinder in ihrer Entwicklung zurück bleiben, wenn sie in den kritischen ersten drei Lebensjahren ohne die Möglichkeit zur Bildung einer tragfähigen Beziehung zu einem Menschen bleiben. Kleinkinder können sich offenbar nur aus einer gesicherten emotionalen Beziehung zu einer ständigen Pflegeperson, in deren Schutz sie jederzeit schnell zurückkehren können, in die Welt der neuen Erfahrungen wagen, auf diese Art lernen und sich entwickeln (WEIDACHER 1972).

Um die Problematik einer Deprivation oder eines Hospitalismus nicht entstehen zu lassen, werden gefährdete oder verlassene Kinder nach Möglichkeit unmittelbar in Pflegefamilien, Pflegenestern oder Kinderdörfern untergebracht oder möglichst früh in eine Adoptionsfamilie gegeben.

9.5.2 Aktuelle Problembereiche

Drei Bereiche bieten heute die wesentlichsten Probleme und Gefährdungen für die Entwicklung von Kindern:
- Risikogeburten in Verbindung mit Mangelmilieu
- häufiger Wechsel von Bezugspersonen
- zu junge Mütter

Bei Risikogeburten (vgl. auch Seite 75) ist die liebevolle Betreuung der Kinder von besonderer Bedeutung. Eine Langzeitstudie von GÖLLNITZ (1979) beweist ihre besondere Gefährdung durch das Zusammenwirken von biologischen und psychosozialen Minusfaktoren. *Psychosoziale Risiken in Kombination mit biologischen haben einen dekompensierenden Effekt und beeinträchtigen die Entwicklung stärker und langfristig.*

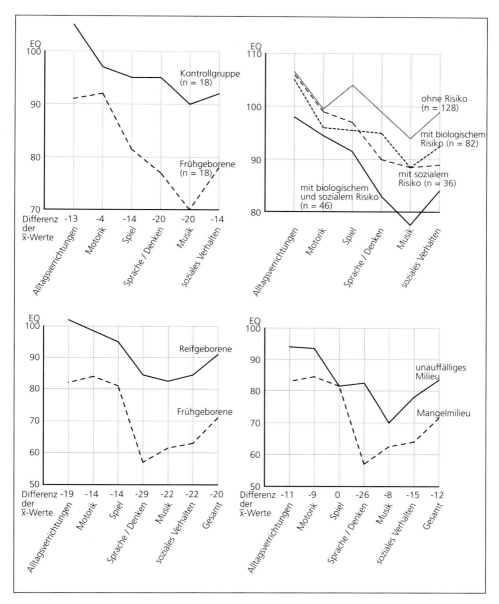

Abbildung 44: (a) EQ von Frühgeborenen und Kontrollkindern; (b) EQ bei Kombination von biologischen und sozialen Risiken; (c) EQ reif- und frühgeborener Kinder aus familiärem Mangelmilieu; (d) EQ von Frühgeborenen aus unauffälligem und aus Mangelmilieu. (EQ: Entwicklungsquotient)

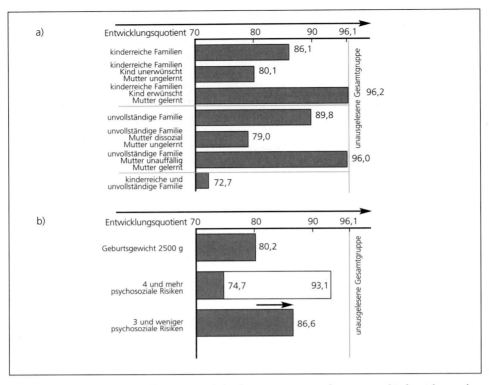

Abbildung 45: (a) Die Entwicklung von Risikokindern in gestörten und ungestörten kinderreichen und unvollständigen Familien; (b) Die Entwicklung von Frühgeburten mit vier und mehr psychosozialen Risiken, verglichen mit gleich belasteten Nichtfrühgeborenen (weiße Kolonne) und mit Frühgeborenen mit drei und weniger psychosozialen Risiken.

Für Risikokinder sind psychosoziale Beeinträchtigungen schwerer wiegend als die biologischen. Beim Vergleich der Entwicklung der Kinder im Alter von zwei Jahren mit deren Entwicklung als Sechsjährige (MEIER-PROBST 1984) zeigte sich, dass die besten Fortschritte von jenen Kindern gemacht wurden, die von nur wenigen biologischen und auch nur wenigen psychosozialen Risiken belastet waren. Jene aber, die viele biologische, aber wenige psychosoziale Handikaps hatten, die also in einem positiven Milieu aufwuchsen, unterschieden sich von der ersten Gruppe kaum. Sie entwickelten sich viel besser als jene mit wenigen biologischen, aber vielen psychosozialen Risiken belasteten Kinder. *Eine anfängliche Entwicklungsverzögerung nach einer Risikogeburt kann in einem positiven, emotional stabilen, kindzugewandten Milieu (weitgehend) kompensiert werden.*

Entwurzelung und häufiger Pflegewechsel, besonders plötzliche unvorbereitete Wechsel in total fremdes Milieu können zu dauernden schweren Schädigungen führen. Kinder, die immer wieder die Bezugsperson wechseln müssen und schließlich keine haben, entwickeln *Trennungsängste*. Dabei können vor allem verschiedene Arten von Verhaltensauffälligkeiten auftreten, wie anhaltendes Weinen, Essschwierigkeiten, Bettnässen, Einkoten, Schlafstörungen etc. Ein besonderer Teufelskreis entsteht, wenn als Folge früher Bindungslosigkeit Gründe für häufige Milieuwechsel gegeben sind.

Sehr aufschlussreich ist eine Nachfolgeuntersuchung, die MEIERHOFER *(1980) an 122 14- bis 15-Jährigen durchführte, die sie als Heimkinder im Säuglingsalter getestet hatte. Der wichtigste Faktor für die Charakterentwicklung der Kinder war die Stabilität. Je instabiler das Leben der Kinder gewesen war, je öfter sie die Umwelt gewechselt, je weniger Möglichkeiten sie gehabt hatten, feste Bindungen aufzubauen, desto schwieriger waren sie im Alter von 14 Jahren. Die häufigsten Probleme waren Überempfindlichkeit, Aggressivität, depressive Verstimmung, Schlafstörungen und Nägelbeißen. Manche Verhaltensauffälligkeiten zogen sich durch die gesamte Entwicklung, wobei manche Probleme mit dem Alter zunahmen oder deutlicher hervortraten, vor allem Depressionen, Schlafstörungen, Ängste, Lügen, Stehlen. Der zweitwichtigste Faktor war nach dieser Studie die Qualität des ersten Heims.*

9.6 Die Auswirkungen der sicheren Bindung

Einen wichtigen Zusammenhang sehen die Bindungsforscher zwischen sicherer Bindung und Zuwendung zur Umwelt, die Lernen ermöglicht. Das folgende Diagramm zeigt, dass die Ausgangslage beim Vordringen in die Welt durch Angst oder durch Sicherheit gekennzeichnet sein kann. Bei unsicherer Bindung besteht ein stark angstmotiviertes Bedürfnis, sich anzuklammern. Das Gefühl, sich bei „Gefahr" oder Bedrängnis nicht in den sicheren Schutz der Bezugsperson zurückziehen zu können, führt zu Vermeidungsverhalten, zu Angst vor Neuem, zu Passivität, wodurch Lernprozesse stark eingeschränkt werden.
Bei sicherer Bindung strebt das Kind neugierig in die Welt. Es weiß, dass es dabei ermutigt wird und sich jederzeit in den Schutz der Bezugsperson zurückziehen kann. Daraus ergibt sich aktives Lernverhalten, Liebe zum Neuen, aktives Erkunden der Umwelt.

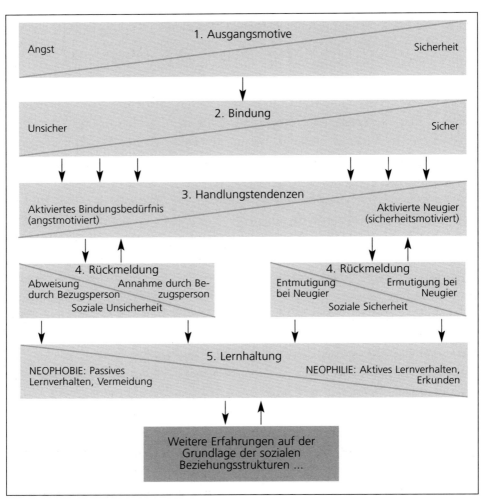

Abbildung 46: Zusammenfassung der fünf Ebenen der Entwicklung der Lernfähigkeit auf der Grundlage sozialer Beziehungsstrukturen zwischen Kind und Bezugsperson(en): Die Beziehungsstrukturen sind das Ergebnis des Zusammenspiels der individuellen Verhaltenstendenzen von Kind und Bezugsperson(en). Die Ebenen stellen keine starre Abfolge dar, sondern gehen fließend ineinander über.

10 Das Kleinkindalter: Vom zweiten Lebensjahr bis zum Schuleintritt

10.1 Die Körperbeherrschung

Die zunehmende Körperbeherrschung beruht auf den neuromuskulären Reifungsprozessen sowie auf der zunehmenden Verknöcherung des im ersten Lebensjahres noch überwiegend knorpeligen Stützgerüstes des Körpers.
Wenn die grundlegenden Fertigkeiten des Laufens und des gezielten Greifens im Ansatz ausgebildet sind, findet in der Folgezeit einerseits eine weitere Vervollkommnung dieser Fertigkeiten, zum anderen aber auch eine Modifikation und damit der Erwerb neuer Fertigkeiten statt.
Im zweiten Lebensjahr muss das Kind eine Reihe von fundamentalen Bewegungsformen lernen, wobei die Erhaltung des Gleichgewichts eine besondere Rolle spielt.
Zwischen 16 und 19 Monaten (manchmal schon früher) lernt es Treppen zu steigen, muss sich dabei aber am Geländer anhalten. Es lernt sich hinzusetzen, mit beiden Füßen zu hüpfen, sich bücken ohne umzufallen, auf den Stuhl klettern, rückwärts gehen, gehen und gleichzeitig etwas an einer Schnur ziehen oder etwas schieben, einen Ball zuwerfen ohne umzufallen. Was noch nicht gelingt: um eine Ecke gehen und eine Bewegung abrupt unterbrechen ohne hinzufallen.
In der zweiten Hälfte des zweiten Lebensjahres lernt es das Treppensteigen auch ohne Anhalten, allerdings, indem es auf jeder Stufe mit beiden Füßen stehen bleibt. Es kann etwas aufheben oder einen Ball mit dem Fuß stoßen ohne umzufallen. Viele Kinder tragen gerne etwas unter dem Arm mit sich herum.

Das Treppensteigen ist ein besonders augenfälliges diagnostisches Entwicklungsmerkmal. Die klassischen Untersuchungen stammen von BAYLEY (1935), im Folgenden zusammengestellt nach ARBINGER (1995):

20 Monate	Das Kind kann eine Treppe hinaufsteigen, indem es sich am Geländer oder an der Wand festhält. Typisch ist der *Nachstellschritt*. Eine Treppenstufe wird immer erst mit beiden Füßen betreten, bevor ein Fuß auf die nächste Stufe gesetzt wird. Das Hinabsteigen auf die gleiche Weise gelingt erst kurze Zeit später.
2 Jahre	Das Kind kann eine Treppe ohne Festhalten im Nachstellschritt hinauf-, wenig später auch hinabsteigen.
Mitte des 3. Lebensjahres	Das Kind beginnt, beim Hinaufsteigen einer Treppe aufeinander folgende Stufen *im Wechsel der beiden Füße* zu nehmen, vorerst mit Festhalten. Das Hinabsteigen auf die gleiche Weise wird kurze Zeit später bewältigt.
4. Lebensjahr	Hinaufsteigen im *Wechselschritt ohne Festhalten*
4 Jahre	Hinabsteigen im Wechselschritt ohne Festhalten

Zwischen zwei und zweieinhalb Jahren sind alle Grundbewegungen möglich. Das Kind kann nun rasch laufen, hüpfen und sich drehen. *Die Feinmotorik entwickelt sich.* So kann ein zweijähriges Kind einen Knopf durch ein großes Knopfloch ziehen und auch schon den Löffel gezielt zum Mund führen, wenn auch noch nicht mit der Spitze voran.

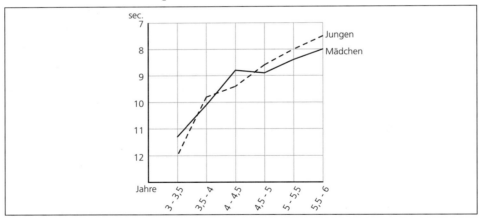

Abbildung 47: Leistungen im 30-m-Lauf (aus ARBINGER 1995: 64)

Zwischen drei und vier Jahren lernen die meisten Kinder das Treppensteigen ohne Anhalten, indem sie jede Stufe mit einem Fuß nehmen. Sie können auf Zehenspitzen gehen. Jetzt erst gelingt es ihnen, Bewegungen abrupt zu unterbrechen ohne hinzufallen, und sie können, ohne anzuhalten, um die Ecke biegen.

Bewegungen werden recht gut koordiniert, beispielsweise sollten Vierjährige beim Tragen eines mit Flüssigkeit gefüllten Gefäßes so vorsichtig gehen können, dass nichts verschüttet wird. Viele Dreijährige und die meisten Vierjährigen können Dreirad und Tretroller fahren, sie erlernen das Eislaufen, das Rollschuhlaufen und Schifahren.

Gegen Ende des Vorschulalters nimmt die Muskulatur stark zu. 75% der Gewichtszunahme im fünften Lebensjahr entfallen auf Muskeln. Geschicklichkeitsübungen, bei denen Kraft nötig ist (wie Purzelbäume, Spagat, Kopfstand, Vorübungen für Judo) gelingen nun. Der Körper ist in diesem Alter besonders elastisch. Fünfjährige können auf einem Bein hüpfen.

Gut untersucht ist das Ballwerfen. Die klassische Untersuchung stammt von WILD *(1938). Ihre Ergebnisse wurden in Folgeuntersuchungen, besonders in den 70er-Jahren, bestätigt. Die Entwicklung ist durch zwei Richtungen gekennzeichnet:*
- *Mit etwa zwei bis drei Jahren bewegen sich Arm und Körper beim Werfen in der Ebene „Vorne-Hinten". Mit drei bis dreieinhalb Jahren erfolgt das Werfen vor allem aus der horizontalen Ebene. Wenn mit der rechten Hand geworfen wird, dreht sich der Körper erst nach rechts und dann, beim eigentlichen Werfen, nach links.*
- *Die Fußstellung verändert sich ebenfalls in charakteristischer Weise. Zunächst bleiben die Füße während des gesamten Wurfes geschlossen an ihrem Platz, dann folgt dem Wurfarm der Fuß auf der gleichen Seite einen Schritt nach vorne; schließlich wird in der Erwachsenenform des Werfens, die von Buben ab etwa sechseinhalb Jahren angewendet wird, das Körpergewicht beim Abwerfen auf den Fuß der anderen Seite verlagert. In den Untersuchungen von* WILD *erreichte keines der Mädchen in diesem Alter dieses Stadium. Darin ist ein deutlicher Geschlechtsunterschied zu sehen, der auf Umwelteinflüsse zurückzuführen ist.*

Die Feinmotorik der Hände bleibt hinter der Grobmotorik zurück. Striche werden vorerst nicht mit der Fingermuskulatur, sondern mit Schultern und Ellbogen ausgeführt, und die Strichführung kann noch bis zum Schulalter recht ungelenk sein. Schreib- und Zeichenbewegungen verlagern sich allmählich auf die Muskulatur des Handgelenks, und wenn diese Bewegungsform im siebenten Lebensjahr nicht von einer guten Koordination der Fingermuskulatur abgelöst wird, ist der Schreibdruck stark, die Schrift groß und ausfahrend, die Zeilenführung meist nach oben verlaufend. Viele Kinder, die mit sechs Jahren eingeschult werden, sind von dieser im Hinblick auf das Erlernen des Schreibens verzögerten manuellen Feinkoordination betroffen, auch wenn sich ihre Grobmotorik ganz normal entwickelt hat. Knaben sind eher betroffen als Mädchen. Besonders mühsam kann für viele Sechsjährige noch die diagonale Strichführung sein. Während schon Dreijährige das gerade Kreuz (+) zeichnen können, gelingen die Dachform (Δ) und das schiefe Kreuz (X) noch nicht allen Schulneulingen.

Hirngeschädigte Kinder, auch wenn ihre Schädigung so leicht ist, dass die Intelligenzentwicklung in keiner Weise betroffen ist, haben insgesamt eine verlangsamte motorische Entwicklung, die bei der manuellen Feinkoordination besonders ins Gewicht fällt. Bei diesen Kindern sollte schon früh ein heilpädagogisches Training einsetzen.

10.2 Wahrnehmungsleistungen

10.2.1 Entfernungssehen, Tiefensehen und Raumwahrnehmung

Das Tiefensehen ist angeboren (siehe auch Seite 97), muss sich jedoch durch Erfahrung, das heißt durch Eigenbewegung im Raum, erst festigen. Für das Tiefensehen scheint es eine auf die Jugendzeit beschränkte kritische Periode zu geben. Blind Geborene, die später durch eine Operation sehend werden, können das Tiefensehen nicht mehr richtig erlernen. Sie orientieren sich auch dann sicherer im Tastraum.

Entfernungs- und Tiefensehen werden auch als absolute und relative Tiefenlokalisation bezeichnet. Es handelt sich dabei um die Wahrnehmung der Distanz von Objekten zum Beobachter und der Distanz der Objekte untereinander. Raumwahrnehmung ist ein umfassender Begriff, der ein Modell der Umwelt beinhaltet (ARBINGER 1995).

Spätestens mit der Möglichkeit, selbstständig herumzukrabbeln, entwickelt das Kind eine Vorstellung vom Raum. Es lernt, seinen Standpunkt auf diesen Bezugsrahmen hin zu beurteilen. Die Lokalisation von Objekten erfolgt vom eigenen Körper ausgehend, diese egozentrische Einstellung dominiert lange Zeit, ist aber auch abhängig von der Komplexität des Reizmaterials und von der relativen Lage des eigenen Blickwinkels zum geforderten Blickwinkel.

10.2.2 Die Wahrnehmungskonstanz

Die Reizverteilung auf der Netzhaut ist praktisch nie statisch, sondern in ständigem Fluss: Änderungen der Leuchtdichte und der spektralen Zusammensetzung des

Lichtes, Veränderung der Lage und Entfernung der Objekte, Rotation des Netzhautbildes durch Kopf- und Augenbewegungen. Dennoch bleiben unsere Wahrnehmungen stabil. Das wird durch eine Reihe von Korrekturprozessen garantiert, den so genannten Konstanzleistungen. Ob sie angeboren sind, kann noch nicht mit Sicherheit beantwortet werden. Untersuchungen liegen zur Größen- und Formkonstanz vor (ausführlicher bei ARBINGER 1995).

Die Konstanz der Objekte bei wechselnder Entfernung scheint von dem Augenblick an da zu sein, in dem Personen und Gegenstände als Gestalten erfasst werden. Am Ende des ersten Lebensjahres erkennt das Kind bekannte Menschen, auch wenn sie sich in beträchtlicher Entfernung und in unterschiedlichen Stellungen befinden. Das Erkennen beruht dabei offensichtlich vor allem auf der Bekanntheitsqualität der Konturen, unabhängig von der Größe des Bildes auf der Netzhaut. Entfernungen, die mit der Verkleinerung korrespondieren, richtig einzuschätzen lernt das Kind allmählich mit Hilfe der Eigenbewegung im Raum. Auf der angeborenen Fähigkeit zum Transponieren der Größe beruht auch das Bilderfassen, das zu Beginn des zweiten Lebensjahres festzustellen ist. Bekannte Personen werden auf Fotografien erkannt, unsicher ist das Kind auf dieser Stufe nur hinsichtlich der Realität des Abgebildeten.

10.2.3 Dominanz der visuellen Wahrnehmung

Untersuchungen haben gezeigt, dass die visuelle Wahrnehmung in allen Altersstufen dominiert, sobald gleichzeitig visuelle und taktile Informationen angeboten werden. Die Dominanz des visuellen Systems zeigt sich besonders deutlich in Konfliktsituationen. Widersprechen sich die Informationen verschiedener Sinneskanäle, wird immer der visuellen Wahrnehmung gefolgt.

10.3 Verschiedene kognitive Leistungen

10.3.1 Das Erfassen von Beziehungen

Die sensomotorische (nichtsprachliche) Intelligenz – das Werkzeugdenken (siehe auch Seite 113) –, die im ersten Lebensjahr beobachtet werden kann, entwickelt sich weiter. Das Kind benützt nun alles Mögliche als Werkzeug, um einer Sache habhaft zu werden. Es verfeinert den Prozess der Entdeckung von Beziehungen zwischen sich, einem angestrebten Ziel und einem Mittel zum Zweck der Bemächtigung.

Im zweiten Lebensjahr gibt es aber noch einen anderen Schwerpunkt des Erfassens von Beziehungen: Die bevorzugte Beachtung der Beziehung von Elementen, von denen eines auf oder in das andere passt, wie Schachtel und Deckel. Das führt – oft bis zur Verzweiflung der Umgebung – zur spontanen und intensiven Exploration. Diese spontane Zuwendung zu dieser Form von Beziehungen ist so charakteristisch für das zweite Lebensjahr, dass sie auch als Hinweis für das erreichte Entwicklungsniveau genommen werden kann.

Will man ein Kind dieses Alters testen, so wird Spielmaterial angeboten, welches das beschriebene Verhalten provoziert: Ein etwa einjähriges Kind hält Hohlwürfel aneinander – es erprobt das Nebeneinander der Dinge, ein etwa zweijähriges Kind steckt Hohlwürfel ineinander. Nebeneinander, Ineinander und Aufeinander (beim Turmbauen) sind elementare Raumbeziehungen, die das Kind durch exploratives Verhalten erwirbt.

10.3.2 Die Eroberung des Raumes

Schon durch das Betasten von Gegenständen und durch das Greifen macht das Kind die ersten Erfahrungen mit der Dreidimensionalität, aber erst nachdem es sich fortbewegen kann, macht es die Bekanntschaft mit den Dimensionen der Tiefe, der Breite und der Höhe. Nach PIAGET und INHELDER (1963) hat das Kind allerdings noch keine Vorstellung vom Raum und von den Beziehungen der drei Dimensionen zu einander. Sie nennen das den *topologischen Raum*.

Die *Raumkategorien*, in denen das Kind im Vorschulalter denkt, sind
- Nachbarschaft
- Geschlossenheit
- Eingeschlossenheit

Einige dieser Kategorien erobert sich das Kind – wie gezeigt – im funktionalen Spiel im zweiten Lebensjahr. PIAGET vertritt die Meinung, dass das *egozentrische prälogische Denken* (siehe auch Seite 161) dem Aufbau des euklidischen Raumes im Weg steht. Das Kind ist nicht in der Lage, sich vorzustellen, dass Objekte auch einen anderen Aspekt haben könnten als den, der ihm als Beschauer zugekehrt ist. Es bezieht alle Wahrnehmungsgegenstände auf sich selbst.

Über den Weg zur Bewältigung des euklidischen Raumes hat PIAGET interessante Versuche mit Kindern angestellt. Sie mussten drei verschiedene Modellberge, die auf einer Platte aufgebaut waren und durch verschiedene Markierungspunkte (Haus, Kreuz) gekennzeichnet waren, aus Position A betrachten (vgl. Abb. 48). Die Aufgabe bestand darin, an Hand von entsprechenden Abbildungen anzugeben, wie man diese Berge sehen würde, wenn man sich in den Positionen B, C und D befände. Es zeigte sich, dass Kinder unter sieben Jahren in der Regel diese Aufgaben nicht lösen konnten.

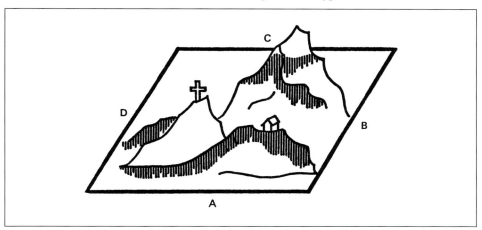

Abbildung 48: Modell mit drei Bergen zur Ermittlung von Leistungen in Raumvorstellung und -konstruktion.

Während das Kind also ohne Schwierigkeiten Gegenstände in verschiedensten Positionen identifiziert, ist es nicht in der Lage, sich *vorzustellen*, wie man einen Gegenstand aus einer anderen Stellung als der, die man eben einnimmt, sehen könnte. Die prälogische Struktur des Denkens macht es dem Kind vorerst unmöglich, mehr als eine Dimension der Wirklichkeit zu beachten.

Diese Befunde blieben aber nicht unwidersprochen. Der typische egozentrische Fehler kann bereits bei Vierjährigen durch Verdecken des eigenen Blickwinkels stark reduziert werden. Sie zeigen dann die Leistungen älterer Kinder (WALKER und GOLLIN 1977).

10.3.3 Zeit und Zeitperspektive

Auch hier sind es Untersuchungen, die PIAGET (1955) durchgeführt hat, die wesentliche Erkenntnisse gebracht haben. *Für Kinder im Vorschulalter ist danach der Zeitablauf durch räumliche Gegebenheiten repräsentiert.*

Vor den Augen des Kindes werden zwei Spielzeugautos gleichzeitig von einer Linie aus in Gang gesetzt und gleichzeitig zum Stehen gebracht. Eines wird jedoch rascher bewegt als das andere und hat daher in der gleichen Zeit einen längeren Weg zurückgelegt. Unbeschadet der Tatsache, dass die Bewegung vor dem Kind durchgeführt wurde und es beobachten konnte, wie beide Autos gleichzeitig stehen blieben, behauptet es, das Auto, das den längeren Weg zurückgelegt hat, sei länger gefahren.

Die *Länge der Zeit* wird nach dem *sichtbaren Effekt* beurteilt, in diesem Fall nach dem zurückgelegten Weg.

In einem anderen Versuch ließ man die Kinder 15 Sekunden lang Striche auf ein Papier zeichnen. Danach wurden sie aufgefordert, nochmals Striche zu zeichnen, aber diesmal viel, viel schneller. Wieder nach 15 Sekunden wurde der Versuch abgebrochen und die Kinder wurden gefragt, ob sie beim ersten oder beim zweiten Mal länger gearbeitet hätten. Immer wurde die Zeit des schnelleren Arbeitens als die längere angegeben, weil ja mehr Striche gezeichnet worden waren.

AEBLI (1963) hat die Versuche von PIAGET ergänzt. Sie zeigten, dass *nicht nur räumliche Gegebenheiten die abstrakte Zeit für Kinder repräsentieren können, sondern auch andere wahrnehmbare Veränderungen.*

Er hielt zwei Reagenzgläser mit sich rasch verfärbenden Flüssigkeiten gleich lang über zwei Kerzen. Dabei wurde die Flüssigkeit in einem der Gläser dunkler. Die Kinder waren der Meinung, dass dieses Reagenzglas länger über die Kerze gehalten worden war. Bei einem anderen Versuch wurden ein Kupfer- und ein Aluminiumstab gleich lang erwärmt. Die Kinder mussten sie berühren und spürten die stärkere Erwärmung des Kupferstabes. Sie sagten, dieser sei länger erwärmt worden.

Alter wird mit *Körpergröße* gleichgesetzt. Wer größer ist, ist älter. Man wird älter, bis man groß genug ist, dann bleibt man gleich alt. Die Reihenfolge der Geburt wird noch nicht zu den Alterunterschieden der Geschwister in Beziehung gebracht.

Ein Gespräch, das PIAGET mit einem Knaben geführt hat. „Wie alt bist du?" – „Viereinhalb." – „Hast du Geschwister?" – „Einen großen Bruder, er geht in die Schule." – „Ist er vor dir oder nach dir geboren?" – „Vorher." – „Wer ist älter?" –

„Mein Bruder, weil er größer geboren wurde." – „Wie viel war dein Bruder älter, als er kleiner war?" – „Zwei Jahre." – „Und jetzt?" – „Vier Jahre." – „Kann sich der Unterschied ändern?" – „Nein …. doch, wenn ich viel Suppe esse, überhole ich ihn." – „Woher weiß man, ob jemand älter ist?" – „Weil man größer ist." – „Wer ist älter, dein Vater oder Großvater?" – „Beide gleich." – „Warum?" – „Weil sie gleich groß sind."

Erst die Siebenjährigen können die Zeitspanne des Lebens mit der Geburtenfolge derart koordinieren, dass *Altersunterschiede als Konstanz und von der Geburtsfolge abhängig* erkannt werden.

Die typisch menschliche Fähigkeit der Zeitperspektive, also in Vergangenheit, Gegenwart und Zukunft zu leben, entwickelt sich relativ spät. Das Kleinkind lebt im Hier und Jetzt. Die ersten Ansätze zu einer Zeitperspektive ergeben sich aus der Erfahrung des Tagesrhythmus. Tag und Nacht, Vormittag und Nachmittag sind die ersten Bezugspunkte.

Zukunftsrelationen werden früher erfasst als die der Vergangenheit, denn für das Kind liegen die Motivationen in der Erwartung des Kommenden. „Morgen" ist die Zeit, die kommt, wenn man noch einmal geschlafen hat.

Große Zeiträume sind für das Kind schwer zu fassen. Markierungspunkte emotionaler Art – Weihnachten, Geburtstag – helfen dabei. Aber auch diese Ereignisse werden vom Kind sehr viel früher erwartet, als sie tatsächlich eintreten können.

10.3.4 Die Gestaltwahrnehmung

Akustische Gestalten werden bis ins Schulalter global, das heißt ganzheitlich erfasst. Nur wenige sehr begabte Kinder zerlegen sie spontan in ihre Elemente. Bei diesen Kindern kann man spielerisches Lautieren oder ein spielerisches Absetzen der einzelnen Töne eines Liedes beobachten.

Optische Gestalten werden vorerst ebenfalls global erfasst. Wie NEUHAUS (1962) zeigen konnte, können bei abstrakten Figuren, die von den Kindern übrigens immer konkretisiert werden, schon ab viereinhalb Jahren einzelne Strukturelemente herausgehoben werden.

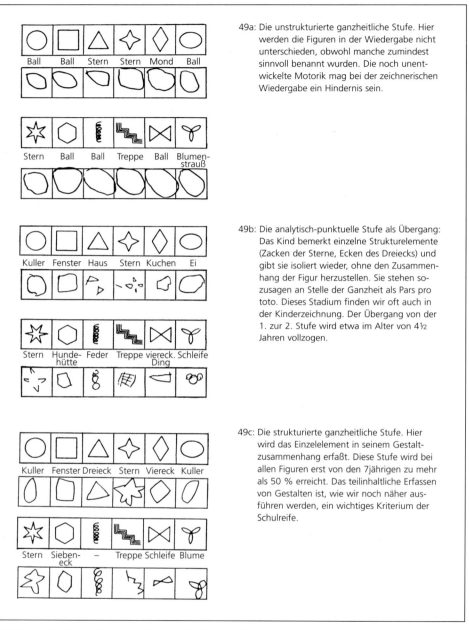

Abbildung 49: Entwicklung der Gestaltwahrnehmung (SCHENK-DANZINGER 1988)

Ihre Wiedergabe erfolgt vorerst isoliert, ohne Zusammenhang mit der Figur. Erst Siebenjährige sind in der Lage, geometrische Figuren in einer Weise wiederzugeben, die erkennen lässt, dass sie den Gestaltzusammenhang der einzelnen Elemente erfasst haben. Bei der grafischen Wiedergabe muss man allerdings auch berücksichtigen, dass manuelle Koordinationsschwierigkeiten eine Rolle spielen.

Leichter scheint das Isolieren von Details dann zu sein, wenn es sich um Gegenstände handelt, die dem Kind bekannt sind, und wenn man auf die grafische Wiedergabe verzichtet, wie dies NICKEL (1967) bei seinen Versuchen machte.

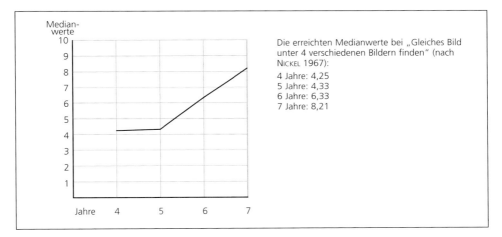

Abbildung 50: Erkennen und Isolieren von Details

10.3.5 Die Raumlage der Gestalten und die Unterscheidung von rechts und links

Bereits Versuche von HUNTON (1955) konnten nachweisen, dass Kleinkinder die falsche Raumlage einer Figur bemerken, wenn es sich um Gestalten handelt, mit denen das Kind bereits Erfahrungen bezüglich ihrer üblichen Raumlage sammeln konnte. Dreijährige können allerdings bei invertierten Bildern nur aufzählen, welche Gegenstände oder Personen sie sehen, während sie bei demselben Bild in der richtigen Raumlage auch angeben können, was die Personen machen und in welcher Beziehung sie zueinander stehen.

EDTFELD (1955) konnte zeigen, dass die Fähigkeit, abstrakte Figuren mit dem räumlichen Koordinatensystem in Beziehung zu setzen, also ihre Gerichtetheit nach rechts, links, oben oder unten zu beachten, bei Vierjährigen in der Regel noch sehr mangelhaft ausgebildet ist. Rasche Fortschritte werden zwischen fünf

und sieben Jahren gemacht. Die Fähigkeit zum richtungsgerechten Erfassen abstrakter Gestalten spielt eine große Rolle für das Erlernen des Lesens.
Die *Unterscheidung von rechts und links* wird in der Regel am Körperschema des Kindes geprüft. SEYFRIED (1966) zeigte, dass die Assoziation der Richtungsbezeichnungen mit den entsprechend gelagerten Körperteilen noch den Sechsjährigen außerordentliche Schwierigkeiten bereitet.

10.3.6 Der Mengenbegriff

Viel und *wenig* sind die Kategorien, nach denen das Vorschulkind Mengen beurteilt. Aber aus der Erfahrung mit dem Paar (Handschuhe etc.) erfassen schon Dreijährige die *Zweiermenge*. Die *Dreiermenge* wird von den meisten Vierjährigen simultan erfasst und benannt, vor dem Schuleintritt gelingt dies mit vier oder fünf Einheiten in bestimmten Anordnungen. Die Vierergruppe muss im Quadrat angeordnet sein, die Fünfergruppe in der beim Dominospiel üblichen Form. Ungeordnete Vierergruppen werden in der Regel als „2+2" bezeichnet, ungeordnete Fünfergruppen werden abgezählt.
Der *Begriff der Konstanz der Menge* ist dem Kind im Stadium des prälogischen Denkens noch nicht zugänglich. Wieder verdanken wir PIAGET eine Reihe interessanter Versuche.

Füllt man in zwei gleiche Gläser eine Flüssigkeit bis zur gleichen Höhe, so bezeichnen Vierjährige die Flüssigkeitsmengen als „gleich viel". Leert man jedoch vor den Augen des Kindes den Inhalt des einen Glases in ein breiteres Glas, sodass der Spiegel tiefer zu stehen kommt, so behauptet es, das Wasser sei „weniger" geworden. Füllt man dieselbe Menge in ein hohes, schmales Glas, wo es einen höheren Spiegel bildet, so erscheint ihm die Menge mehr. Das Kind kann die Mengen noch nicht in Beziehung zu den Dimensionen des Behälters setzen. Es orientiert sich ausschließlich an der sichtbaren Veränderung.

Um die Entwicklung der Ordnungszahlen zu untersuchen, wurden Experimente mit Größenanordnungen gemacht.

Acht Papierpuppen, eine immer ein wenig kleiner als die vorhergehende, sollten acht Spazierstöcke in korrespondierender Größe zugeordnet werden. Schon zur Reihung der Puppen nach der Größe brauchten Fünfjährige Hilfe. Die Zuordnung der Stöcke gelang nur wenigen Kindern dieses Alters. War eine solche Zuordnung gelungen, so durfte sie nicht gestört werden. Wenn die Stöcke in größere Abstände gelegt wurden und eine längere Reihe bildeten als die Puppen, dann war keine Korrespondenz mehr möglich.

Paarweise Zuordnungen sind möglich, stellen aber noch keine dauerhafte Beziehung dar.
Versuche, die Entwicklung des Mengenkonstanzbegriffes bei Klinkindern durch Training zu beschleunigen, zeigten, dass das möglich ist, allerdings immer nur für eine betreffende geübte Aufgabe. Eine Übertragung auf andere Aufgaben, die nach demselben Prinzip gelöst werden müssen, gelang nicht. Es kann offenbar nur ein aufgabenspezifisches Lösungskonzept erlernt werden, aber keine logische Operation, die sich auf andere Probleme der Mengenkonstanz anwenden ließe.
Das Kind kann auf dieser Altersstufe die Diskrepanz zwischen Erfahrungswissen und Denkprinzip noch nicht überbrücken. Es kann sein Erfahrungswissen erweitern, die Erfahrung jedoch noch nicht generalisieren.

10.3.7 Das Erfassen von Gegenstandsmerkmalen und das Gruppieren nach Merkmalen

Besondere Lernexperimente können Säuglinge schon gegen Ende des ersten Lebensjahres dazu veranlassen, in deutlich erkennbaren Reaktionen zwischen Kreis, Viereck und Dreieck zu unterscheiden. Dies wäre allerdings nicht möglich, wenn nicht auch in der normalen Situation bereits in diesem Alter verschiedene Formen als Unterschiedliches erlebt würden. Bei Zweijährigen wird das Einsetzen verschiedener geometrischer Figuren in ein Formbrett als Intelligenztest verwendet.
Ein besonderes Erlebnis scheinen jedoch Größenunterschiede zu sein, und die Beachtung dieses wichtigen Unterscheidungsmerkmales zwischen Objekten und Personen könnte eine emotionale Grundlage haben – der Größenunterschied zwischen dem Kind selbst und den Erwachsenen, besonders der Mutter, einerseits und ihm selbst im Vergleich zu jüngeren Geschwistern anderseits. Bei vielen Kindern kann man am Ende des zweiten und dritten Lebensjahres beobachten, dass sie ständig Größen miteinander vergleichen und diese mit dem Größenunterschied von Mutter und Kind in Verbindung bringen. Zwei verschieden große Dinge werden als Mutter und Kind bezeichnet, drei verschieden große oft als Vater, Mutter und Kind.
Bei der Unterscheidung von Längen und Flächen können schon zweieinhalb- bis dreijährige Kinder beachtliche Leistungen erbringen. Die Leistungen von

Vorschulkindern beim Erkennen von Größen-, Längen-, Höhen- und Flächenunterschieden sind, wenn es sich um nur zwei verschiedene Maße handelt, kaum von denen Erwachsener zu unterscheiden.

Der Vergleich zwischen zwei Elementen gelingt im Vorschulalter fast immer, die Unterscheidung bei Reihen von unterschiedlichen Elementen bereitet jedoch vielen Kindern Schwierigkeiten, und zwar hauptsächlich, weil es an Konzentration und Systematik beim Größenvergleich mehrerer Elemente fehlt.

Leistungssteigerung durch Übung, wie sie mit Hilfe von Vorschulprogrammen erzielt werden können, beziehen sich weniger auf die Fähigkeit zum Größenvergleich als auf die Anleitung zur systematischen Durchführung komplexer Aufgaben.

In der Regel gelingt es erst Fünf- bis Sechsjährigen, mehrere Objekte nach ihrer Länge, Größe oder Farbschattierung zu ordnen. Diese Aufgaben erfordern Vergleiche nach zwei Richtungen, nach „oben" und nach „unten". Solche Leistungen gelingen erst, wenn das Kind in der Lage ist, gleichzeitig mehr als eine Dimension der Wirklichkeit zu beachten. Die meisten Vierjährigen finden von drei verschieden großen Plättchen leicht das größte und das kleinste, aber noch nicht das mittlere.

Grundfarben können von Dreijährigen ohne Schwierigkeiten zugeordnet werden, was jedoch nicht idetisch ist mit deren Benennung. Diese muss erst gelernt werden. Das Benennen von Farben bildet insoferne eine beachtliche Abstraktionsleistung, weil das Merkmal ja als gemeinsame Eigenschaft von ganz verschiedenen Gegenständen abstrahiert werden muss.

Einfache Unterscheidungen von Formen, Größen, Längen und Grundfarben sind offenbar für den Aufbau einer konstanten Objektwelt am wichtigsten. Daher ist die Unterscheidungsfähigkeit auch relativ früh und in großer Vollkommenheit vorhanden. Mängel treten bei Kindern mit durchschnittlicher Lebenserfahrung nicht im Bereich der sensomotorischen Unterscheidungen auf, sondern bei den entsprechenden *Verbalisierungen*. Viele Kinder hatten noch keine Gelegenheit, die Namen der Farben zu erwerben, und können nicht sagen, ob etwas rund oder eckig, weit oder eng, hoch oder niedrig, breit oder schmal ist – nicht, weil sie solche Unterschiede nicht bemerken, sondern weil ihnen die Begriffe fehlen, mit denen Unterschiede beschrieben werden können. Damit können die erlebten Unterschiede aber nicht in die Begrifssbildung aufgenommen werden, was zu Rückständen im kognitiven Bereich führen kann. Hier liegt eine der wichtigsten Aufgaben der Kindergarten- und Vorschulerziehung.

10.3.8 Wahrnehmungsdifferenzierung und Intelligenz

Die Tatsache, das einzelne Vierjährige schon beachtliche Differenzierungsleistungen erbringen können, führt zu dem wichtigen Ergebnis einer anderen Untersuchung von NICKEL (1969) über die Zusammenhänge zwischen Gliederungsfähigkeit und Intelligenz. Die in einem Intelligenztest erzielten Punkte wurden mit den Punkten verglichen, die bei der Differenzierungsaufgabe „Auswahl des Gleichen" erzielt worden waren. Es zeigte sich dabei ein sehr hoher Zusammenhang zwischen Wahrnehmungsleistung und Intelligenz. Die Korrelation betrug bei Buben 0,67, bei Mädchen 0,68.

Punkte im Intelligenztest	13	16	19	22	25	28	31	34	37	40	43	46	49
Punkte im Wahrnehmungsversuch	2,00	2,75	3,83	3,00	4,88	4,00	3,33	4,42	5,88	6,00	6,67	5,25	6,67

Abbildung 51: Durchschnittliche Differenzierungsleistungen (Mediane) im Wahrnehmungsversuch bei ansteigenden Werten im Intelligenztest für vier- und fünfjährige Kinder (N=139) (nach NICKEL 1969)

Bei einem Vergleich der überdurchschnittlich begabten Kinder mit den unterdurchschnittlich begabten fand man, dass sich die beiden Gruppen zwischen 4;0 und 4;6 in ihren Differenzierungsleistungen noch nicht unterschieden. Die Unterschiede traten erst ab 4;6, dann allerdings hochsignifikant, in Erscheinung, was bedeutet, dass *Differenzierungsleistungen im Bereich der Wahrnehmung mit zunehmendem Alter repräsentativ für das Intelligenzniveau eines Kindes werden*. Die Fähigkeit, Wahrnehmungsobjekte teilinhaltlich zu erfassen, kann wahrscheinlich als ein wesentliches Charakteristikum der Intelligenz dieser Altersstufe gelten, da sie aus der *realistischen Hinwendung* zur Umwelt resultiert. Das Erfassen der Beziehung zwischen dem Ganzen und seinen Teilen kann als wesentlicher Faktor der Intelligenz Vier- bis Siebenjähriger aufgefasst werden.

10.3.9 Gedächtnis

Sobald die Fähigkeit zur sprachlichen Formulierung von Vorstellungen einsetzt, zeigt sich das *Erinnerungsvermögen* des Kindes sehr deutlich beim Ausbleiben erwarteter Ereignisse und Begegnungen, bei Verlusten und anderen emotional stark besetzten einmaligen Ereignissen, beim Wiedererkennen von Orten.
Die bedeutendsten Gedächtnisleistungen vollbringt das Kind zweifellos im Zusammenhang mit seiner Sprachentwicklung. Dabei zeigt sich auch ein starkes,

geradezu pedantisches Übungsbedürfnis. Märchen, Gedichte, Verse müssen bei jeder Wiederholung durch den Erwachsenen den gleichen Wortlaut haben. Variiert der Wortlaut, wird dies energisch beanstandet. Dieses Verhalten dient offenbar aber nicht nur der Sprachentwicklung, sondern, wie viele ritualisierte Handlungsabläufe dieses Alters, der Stabilität des emotionalen Gleichgewichts.

Die faktischen Erlebnisse der ersten drei Lebensjahre verfallen der Amnesie. Was man später aus dieser Zeit weiß, stammt zum Großteil aus den Erzählungen der Eltern. Dass die Ereignisse der ersten drei Lebensjahre so rasch in Vergessenheit geraten, hat wahrscheinlich seinen Grund darin, dass das Kind nicht in der Lage ist, sie in Beziehung zu anderen Begebenheiten, zu Ort und Zeit zu bringen.

Das Erinnerungsvermögen von Vorschulkindern ist noch sehr labil. Es unterliegt Täuschungen in der Wahrnehmung, es kann durch Suggestivfragen und andere Formen der suggestiven Beeinflussung völlig unzuverlässig werden, und es wird oft auch durch kognitive und emotionale Bedürfnisse mit beeinflusst, wobei Geltungsstreben eine große Rolle spielen kann. Dadurch kommt es zu *Phantasielügen*, die jedoch nicht als bewusste Irreführung bewertet werden dürfen. Ist das Tatsachengedächtnis des Kleinkindes kurz, so gilt das keineswegs für das *emotionale Gedächtnis. Unlustgefühle, insbesondere Angst, die im Zusammenhang mit bestimmten Erlebnissen entstanden sind, können lebenslang wieder auftreten, wenn ein bestimmtes Situationselement zusammen mit dem sonst völlig vergessenen Erlebnis auftritt.* Da das Kind die Unlust erregende Situation nicht in ihren Zusammenhängen erfassen kann, heftet sich die emotionale Erinnerung an zufällige Einzelheiten, die dadurch angstbesetzt werden. Es handelt sich um eine sehr dauerhafte Konditionierung nach dem Schema des bedingten Reflexes.

Ein kleines Mädchen musste mit zweieinhalb Jahren eine Operation durchmachen. Wie oft nach solchen Ereignissen traten in der Folge Misstrauen, Unsicherheit und eine große Abneigung gegen ärztliche Untersuchungen auf. Besonders unangenehm war jedoch, dass das Kind, sobald es einen weißen Bart erblickte, in heftigste Erregung geriet, sich verzweifelt an die Mutter klammerte und aus vollem Hals schrie. In Geschäften, in einer Gaststätte, in der Straßenbahn kam es zu solchen Auftritten, die sich noch steigerten, wenn der Bartträger das Kind trösten wollte. Der Chirurg hatte einen weißen Bart gehabt. Schon nach wenigen Monaten war die Operation vollkommen vergessen, aber die emotionale Assoziation mit dem Bart blieb bestehen und wirkte weiter. Noch mit fünf Jahren weigerte sich das Kind, ein Geschäft zu betreten, in dem ein weißbärtiger Mann arbeitete.

Da der Zusammenhang bekannt war, konnte man ihn der Sechsjährigen zu Bewusstsein bringen, worauf die Angst verschwand.

Ein Problem der Gedächtnisforschung besteht darin, dass man systematische Untersuchungen immer nur in Laborversuchen durchführen kann. Das schränkt ihre Aussagekraft ein.

ARBINGER und KUBSDA führten 1987 folgende Untersuchung durch: 37 Knaben und Mädchen zwischen 3;1 und 6;2 Jahren wurden folgende Aufgaben gestellt:
- *Auf Kärtchen abgebildete Gegenstände sollten nach der Darbietung aufgezählt werden.*
- *Abgebildete Gegenstände sollten unter anderen abgebildeten Gegenständen wiedererkannt werden.*
- *Abgebildete Gegenstände, die jeweils aus einem Paar selbst gewählt worden waren („Ich mag das Auto lieber als die Eisenbahn"), sollten aus dem Gedächtnis aufgezählt werden.*
- *Dasselbe mit Wiedererkennen der Gegenstände unter anderen.*
- *Abgebildete Gegenstände sollten nach ihrer Darbietung in einem Kaufmannsladen, wo sie tatsächlich vorhanden waren, eingekauft werden.*
- *Abgebildete Gegenstände sollten im Kaufmannsladen unter anderen realen Objekten wieder erkannt werden.*

Es zeigte sich, dass Wiedererkennen auf allen Altersstufen und in allen drei Versuchsanordnungen leichter war als Reproduzieren und dass auch die Leistungen beim Wiedererkennen mit dem Alter stärker anstiegen als beim Reproduzieren. Die Erwartung, dass die Kinder sich in der Spielsituation mit dem Kaufmannsladen mehr Gegenstände merken würden als in den beiden anderen Versuchsanordnungen, erfüllte sich nicht. Die Aufgabe, sich ein bevorzugtes Objekt zu merken, verwirrte die jüngeren Kinder und brachte bei den älteren nicht die erwartete Verbesserung durch Ich-Beteiligung.

Alle Leistungen stiegen mit dem Alter an, und interessanterweise konnte bei den Reproduktionsaufgaben beobachtet werden, dass einzelne Kinder schon ab vier Jahren Behaltensstrategien einsetzten, indem sie die Namen der Gegenstände während der Betrachtung laut oder leise wiederholten. Kinder, die diese Strategien anwendeten, hatten bessere Behaltensleistungen als die anderen.

10.4 Die Sprache

Die Sprache bildet im Vorschulalter einen wesentlichen Schwerpunkt der kindlichen Entwicklung. Dafür gibt es eine Reihe aussagekräftiger Hinweise:
- Die Leichtigkeit, mit der Kinder im zweiten bis zum vierten Lebensjahr die Muttersprache mit all ihren Schwierigkeiten erwerben;
- die Tatsache, dass zwei Sprachen gleichzeitig erworben werden können;
- die Spontanität, mit der Zwei- bis Dreijährige im Fragealter ihren Wortschatz erweitern;
- die gute Speicherfähigkeit für früh erworbene sprachliche Informationen – jeder Erwachsene beherrscht sein Leben lang einige Texte von Kinderliedern, Märchen, Gedichten oder Gebeten;
- die Milieuabhängigkeit der Sprachentwicklung;
- die Überschussenergie im Bereich der sprachlichen Lernfähigkeit.

10.4.1 Grundzüge der Sprachentwicklung im Vorschulalter

Etwa drei Monate, bevor das Kind selbst zu sprechen beginnt, versteht es wichtige Elemente der Sprache. Die ersten bedeutungshaltigen Worte treten beim Kind – wie oben beschrieben – ungefähr in der ersten Hälfte des zweiten Lebensjahres auf. Die Fähigkeit zum Erfassen von Beziehungen bildet zusammen mit einem bestimmten Reifegrad der Sprechmuskulatur – beides ist mit individuellen Variationen um die Wende des ersten Lebensjahres zu erwarten – die Voraussetzung für das Sprechen der ersten Wörter. Das bedeutet, dass nun bestimmten Gegenständen, Tieren, Menschen, Situationen oder Merkmalen bestimmte Lautkomplexe fix zugeordnet werden.

Zwischen zwölf und 18 Monaten erwerben Kinder eine beschränkte Anzahl von Wörtern, diese werden holophrastisch gebraucht. STERN hat dafür 1907 den Begriff *Ein-Wort-Satz* geprägt. *Diese Wörter haben eine umfassendere Bedeutung als den einfachen Referenzbezug, denn das Kind drückt damit relationale semantische Konzepte aus.* BROWN (1973) unterscheidet sieben derartige Relationen (siehe Seite 149 oben).

Die einzelnen Wörter sind mit Handlungen und Gesten verbunden. *Handlungsspiele werden so schrittweise zu Sprachspielen.* Im Laufe der weiteren Entwicklung wird das Handeln zunehmend durch Sprache ersetzt.

Vokativ	„Mama"	Kind will etwas haben
Objekt des Wollens	„Milch"	Kind greift danach
Handlung einer anderen Person	„fort"	Mutter geht weg
unbelebtes Handlungsobjekt	„Löffel"	Mutter nimmt den Löffel aus der Lade
Handlung eines unbelebten Objekts	„fort"	Mutter sagt zuvor: „Die Puppe liegt dort"
Handlungsempfänger	„Mama"	Kind gibt ihr etwas
Handlungsagent	„Mama"	Kind reicht nach erfolglosem Versuch, mit einem Messer zu schneiden, dieses der Mutter

Im zweiten Lebensjahr wird der Wortschatz umfangreicher, erste so genannte *Zweiwortsätze* werden gebildet. Das Kind entdeckt zunehmend die repräsentative und kommunikative Funktion der Sprache. Es setzt Sprache aktiv in der Interaktion ein. Mit 18 Monaten erreicht das Kind die *50-Wort-Grenze*, eine Phase, der besondere Bedeutung zugemessen wird. GRIMM (1998) spricht von einer *qualitativen Reorganisation des Lexikons* mit einer Kategorisierung der erfahrbaren Objekte und Ereignisse. *Der Sprachgebrauch gewinnt nun abstrakt-kognitive Qualität.*

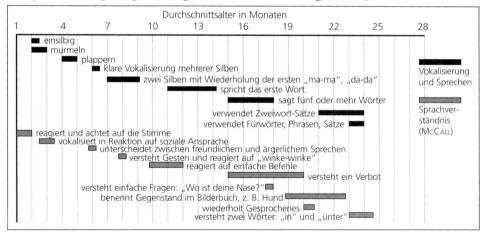

Abbildung 52: Aktive und reaktive Sprachleistungen

Der Übergang zwischen Ein-Wort- und Mehr-Wort-Stadium ist fließend. Zunächst reiht das Kind Ein-Wort-Äußerungen aneinander. Sie sind vorerst durch längere Pausen getrennt und sie weisen noch keine typische Satzmelodie auf. Bei den ersten richtigen Wortkombinationen lassen Kinder systematisch bestimmte Elemente aus. Das ist unabhängig von der Sprache, die erworben wird, ein universelles Merkmal. Betroffen sind Artikel, Auxiliarverben, Morpheme sowie Funktionswörter. BROWN (1973) hat diese Äußerungen als *telegrafisch* bezeichnet. Erwachsene reagieren darauf mit *Expansionen* (BROWN und BELLUGI 1964). Sie haben eine wesentliche Funktion für den weiteren Verlauf des Spracherwerbs. NELSON (1983) konnte in seinen Untersuchungen nachweisen, dass Kinder durch Expansionen und Reformulierungen (Transformierungen kindlicher Äußerungen in andere Satzmuster) der Erwerb syntaktischer Muster erleichtert wird.

Das erste grammatische Mittel, das erworben wird, ist die *Wortordnung*. Wenn das Kind die semantischen Relationen mit Hilfe der Wortordnung ausdrücken kann, beginnt es – bereits auf der Stufe der Drei-Wort-Äußerungen – die ersten grammatischen Morpheme zu verwenden. Dadurch nehmen in der ersten Hälfte des vierten Lebensjahres Quantität und Qualität der Sprache deutlich zu. Die verschiedenen Wortklassen treten nun deutlich hervor und die Grammatik kann durch die Morphologie ausdifferenziert werden.

Vor dem Schuleintritt beherrscht das Kind die wichtigsten morphologischen und syntaktischen Systemelemente.

10.4.2 Theoretische Grundfragen

Wie auch in anderen Bereichen ist die zu Grunde liegende Frage, ob Sprache vollständig *erlernt* oder in wichtigen Zügen *angelegt* ist. Nach einer Phase der Übereinstimmung zwischen Linguistik und Psychologie, in der vom amerikanischen Strukturalismus die methodischen Grundsätze des Behaviorismus weitgehend akzeptiert wurden, kam es seit den 60er-Jahren zu einer Kontroverse zwischen der modernen Linguistik und der Lern- und der Verhaltenspsychologie. Sie wurde in erster Linie durch die scharfe und detaillierte Kritik ausgelöst, die N. CHOMSKY (1959) an SKINNERs behavioristischem Ansatz zur Beschreibung des Sprachverhaltens übte.

Der Sprachwissenschafter CHOMSKY vertritt eine *nativistische Position*. Die von ihm entwickelte *Generative Grammatik* ist einer der prominentesten und wichtigsten modernen grammatiktheoretischen Ansätze. Sie ist mehr als nur eine Grammatiktheorie, da auch das Verhältnis von Grammatik zu Semantik und Pragmatik untersucht wird und damit die Stellung der Grammatik in einer umfassenden Sprachwissenschaft: *Die Generative Grammatik ist somit auch eine umfassende Sprachtheorie.* Sie versteht sich als Teil der kognitiven Linguistik und damit als ein Teilbereich der kognitiven Psychologie, der Wissenschaft von der menschlichen Kognition.

Es gibt drei zentrale Fragestellungen, durch die sich die Generative Grammatik gegen den amerikanischen Deskriptivismus und die herkömmliche Grammatiktradition abgrenzt:
- Was ist eigentlich „die Sprache", die es zu beschreiben gilt?
- Wie soll man die Aufgaben der Sprachbeschreibung grundsätzlich angehen?
- Wie wird Sprache eigentlich tatsächlich gelernt?

Das Objekt der traditionellen Grammatikforschung ist rein äußerlich. Sie bezieht sich jeweils auf reale Äußerungen von Menschen in einer bestimmten natürlichen Sprache. Hier gibt es Regelmäßigkeiten, die es zu finden gilt und es werden operationale Prozeduren dafür entwickelt. Die Generative Grammatik befasst sich hingegen mit Sprache als kognitiver Fähigkeit schlechthin. Die Grundfrage lautet daher: *Was weiß jemand (was hat jemand „im Kopf"), der eine Sprache beherrscht?* Damit wird Sprache als mentale, kognitive Fähigkeit, als Teil des geistigen Besitzes des Menschen bestimmt. Ort der Sprache ist das Gehirn. Die Grundannahme der kognitiven Psychologie lautet: Den unterschiedlichsten menschlichen Lebensäußerungen liegen jeweils spezifische Fähigkeiten oder Kompetenzen im weitesten Sinne zu Grunde, die im Gehirn verankert und repräsentiert sind. Die Kernfrage lautet somit: *Wie sind Aufbau und Struktur der Repräsentationen solcher Kompetenzen beschaffen?*

Wichtig wird in diesem Zusammenhang die Unterscheidung von Kompetenz und Performanz. Die herkömmliche Grammatikforschung befasste sich ausschließlich mit der Performanz. *Generative Grammatik hingegen ist Kompetenzforschung.* Man befasst sich mit dem, was ein Mensch prinzipiell kann, worüber er prinzipiell verfügt, und nicht mit den Erscheinungen des aktuellen Gebrauches der Kompetenz, denn hier erscheinen die Kompetenzen fast immer durch störende Faktoren mehr oder minder beeinflusst.

Ein wesentlicher Untersuchungsbereich der Generativen Grammatik ist der Spracherwerb. In der Vorstellung des Deskriptivismus haben Linguisten und Kinder vieles gemeinsam.
- Die traditionelle Spracherwerbstheorie des Behaviorismus ist im Grunde genommen ein Konditionierungsvorgang.
- Dazu kommt induktives Ableiten von Regelmäßigkeiten. Das Kind bringt eine allgemeine geistige Veranlagung zum Erwerb und Besitz verschiedener sozialer Verhaltensmuster mit, dazu gehört auch die Sprache, sonst ist aber der Geist des Kindes bei Geburt eine „tabula rasa".

CHOMSKY und seine Schüler nehmen aber eine dezidiert andere Position ein. Sie argumentieren vor allem, dass es lerntheoretisch möglich wäre, aus einem gegebenen Input von der Art der Äußerungen, mit denen ein Kind konfrontiert wird, mehrere verschiedene Regelsysteme oder Grammatiken abzuleiten. Wäre es also wirklich nur induktive Regelableitung, müsste eigentlich das Ergebnis so aussehen: $k_1 \rightarrow g_1$; $k_2 \rightarrow g_2$; $k_3 \rightarrow g_3$; $k_4 \rightarrow g_4$; etc.

Tatsächlich ist aber zu beobachten: k_1, k_2, k_3, k_4, etc. $\rightarrow$ G und nur G !*

CHOMSKY nennt das *„das logische Problem des Spracherwerbs"* in Analogie zu PLATO, der das Problem menschlichen Wissens ohne Erfahrung diskutiert hat. Die Spracherwerbstheorie der Generativen Grammatik bietet mit der Annahme einer *Universalgrammatik* folgende Lösung an: Wenn etwas nicht erworben sein kann, dann muss es von Anfang an da gewesen sein. Es handelt sich um die *These einer allen Menschen gleichermaßen angeborenen, mit den Erbmaterialien mitgegebenen Universalgrammatik*. Dabei handelt es sich um hochabstrakte, allgemeine Prinzipien, die für alle Sprachen gelten, innerhalb derer Parameter als potenzielle Wahlmöglichkeiten bestehen.

Das Schema der Universalgrammatik müsste man sich so vorstellen:

	Prinzip P_1	Prinzip P_2	Prinzip $P_{...}$	Prinzip P_n
P	a	a		a
a				
r				
a	b		a	b
m				
e	c	b		c
t				d
e	d		b	e
r	e	c		f

Der Spracherwerb besteht nach dieser Vorstellung dann darin, dass das Kind über den Input, den es aus seiner Umgebung erhält, herausfindet, welche besonderen Parameter innerhalb eines bestimmten Prinzips jeweils zu belegen sind:

	Prinzip P₁	Prinzip P₂	Prinzip P…	Prinzip Pₙ
P a r a m e t e r	a ✔ b c d e	a b c ✔	 a ✔ b 	a b c d ✔ e f

Die Prinzipien und Parameter der angeborenen Universalgrammatik definieren die Menge der möglichen natürlichen Einzelsprachen. Jede natürliche Einzelsprache muss in ihnen ihren Platz finden. Sie verhindern zugleich, dass ein Kind eine Sprache entwickelt, die es gar nicht gibt.

Die Prinzipien und Parameter der Universalgrammatik sind zur Zeit nicht mehr als theoriegeleitete Postulate und Gegenstand intensiver Forschungsbemühungen. *Prinzipien und Parameter werden nicht erworben, sie sind angeboren.* Das neugeborene Kind ist linguistisch gesehen also keine „tabula rasa", sondern es verfügt über die angeborene Universalgrammatik. *Spracherwerb ist deduktive Regelableitung.*

Damit ändert sich auch der Stellenwert des Inputs: Er löst die Parametrisierung der Universalgrammatik aus und lenkt sie in die entsprechende Richtung einer Einzelsprache. *In jedem Moment des Spracherwerbs ist die ganze Kompetenz vorhanden, sie ist nur noch nicht vollständig ausgestaltet.*

Die Annahme einer Universalgrammatik löst das theoretische Problem des Spracherwerbs und macht einige erstaunliche Tatsachen weniger verwunderlich, und zwar

- die Schnelligkeit des Erstspracherwerbs trotz hoher Komplexität,
- dass Kinder bestimmte Fehler, die theoretisch auftreten könnten, nie machen
- und dass typische Fehler in ähnlicher Ausprägung in praktisch allen untersuchten Sprachen auftreten. Derartige „Fehler" verschwinden nicht aufgrund von Belehrung, sondern scheinbar immer erst dann, wenn es an der Zeit ist.

St. PINKER (1996) beschreibt folgendes Beispiel für die „Resistenz" eines Kindes:
Want other one spoon, Daddy. – You mean you want the other spoon. – Yes, I want other one spoon, please, Daddy. – Can't you say 'the other spoon'? – Other …. one ….. spoon. – Say 'other'! – Other. – Spoon. – Other … spoon. – Other … spoon. – Now give me other one spoon!

Die stärksten Argumente für eine angeborene Universalgrammatik stammen aber aus der Kreolistik. In bestimmten Gegenden wechseln unter bestimmten sozialen Bedingungen sozial benachteiligte Schichten von ihrer Muttersprache zu Pidgin, das eine Sprachmischung aus dominanter Kolonisationssprache und Elementen aus verschiedenen weiteren beteiligten lokalen Sprachen ist. Pidginsprachen eignen sich für alltägliche Kommunikation, weisen aber fundamentale Eigenschaften natürlicher Sprachen vor allem strukturell-grammatischer Art nicht auf. Wenn Kinder in Pidgin-Umgebung aufwachsen und Pidgin für sie Muttersprache ist, wird diese Sprache häufig innerhalb einer Generation zu Kreol gewandelt. Kreol hat im Gegensatz zu Pidgin alle Merkmale einer natürlichen Sprache mit voll ausgebildeter Grammatik.

10.4.3 Das Fragealter

Im dritten und vierten Lebensjahr verlagert sich das Neugierdeverhalten von der sensomotorischen Bewältigung – begreifen durch Begreifen, vgl. Seite 98f. – auf die *geistige Bewältigung mit Hilfe der Sprache*. Das hantierende Betrachten der Dinge wird durch die Sprache ersetzt, die handgreifliche durch die sprachliche Erkundung der Welt.

Man kann zwei Perioden unterscheiden,
- eine erste, in der das Kind nach Namen (Bezeichnungen) fragt: „Was ist das?"
- und eine zweite, etwa ein Jahr später, in der das Kind den Zweck der Dinge ergründen möchte: „Warum?"

Die gesteigerte sprachliche Aktivität im Fragealter hat drei Funktionen:
- Kontakt herstellen,
- Wortschatzerweiterung, Begriffsbildung,
- Informationsgewinn über den Zweck von Dingen und Handlungen.

PIAGET (1972) weist darauf hin, dass die meisten Warum-Fragen ein Zwischending zwischen einer Frage nach dem Zweck und einer Frage nach dem Grund sind. Im Hintergrund dieser Fragen steht der *Finalismus*, die Annahme, dass alle Dinge einen Zweck haben müssen.

Er gibt dafür folgendes typisches Beispiel: Auf die Frage eines Kindes, warum der Genfer See nicht bis nach Bern reicht, wussten Erwachsene keine Antwort. Kinder schon. Eines sagte: „Weil jede Stadt ihren eigenen See haben muss."

Fragen haben aber nicht nur Informationsgewinn zum Ziel, sondern dienen, wie erwähnt, der Kontaktsicherung. Kinder, die sehr unsicher in ihren Beziehungen zu Eltern sind, sich abgelehnt, abgeschoben, im Wege stehend fühlen, fragen besonders viel und wiederholen, weil ihnen neue Fragen nicht so schnell einfallen, bereits gestellte Fragen immer wieder neu. Ihr Fragen wirkt zwanghaft. Sie müssen immer wieder Fragen stellen, weil sie glauben, den verwehrten Kontakt erzwingen zu können. Damit können sie aber in einen Teufelskreis geraten: Der sie ablehnende Erwachsene fühlt sich belästigt und kann sie dadurch noch intensiver ablehnen. Häufige Wiederholung derselben Frage wird oft auch als „Dummheit" interpretiert.

BRUNER (1971) weist darauf hin, dass Warum-Fragen in einer technisierten und sich rasch entwickelnden Gesellschaft immer wichtiger werden, weil Kinder immer weniger in der Lage sind, Handlungszusammenhänge beobachten zu können und zu erfassen, indem sie selbst an ihnen teilnehmen. Man darf aber auch nicht vergessen, dass das Kleinkind Erklärungen, besonders solche, die sich auf Effekte beziehen, die man auf Knopfdruck hervorrufen kann, auf seine ihm besondere Art assimiliert. Kräfte, die das Auto oder die Waschmaschine in Bewegung setzen, sind magische Kräfte, die arbeiten, weil sie arbeiten wollen. Und der Mensch, der sie abstellt, ist mächtiger als sie: Er kann ihnen befehlen. Erst mit dem Abklingen des magisch-anthropomorphistischen Weltbildes können unsere Erklärungen unschwer in das realistische Weltbld eingeordnet werden. Das bedeutet aber nicht, dass man dem Kleinkind richtige Erklärungen in entsprechend angepasster Form vorenthalten soll.

Eine Fünfjährige fragte: „Warum ist der Himmel blau?" Eine Tante: „Weil die Luft immer dünner wird. Wenn man von unten hinaufschaut, ist diese dünne Luft blau. Ganz oben ist die Luft so dünn, dass man nicht mehr atmen kann. Flugzeuge, die ganz hoch fliegen, müssen sich Luft von der Erde mitnehmen, damit die Leute atmen können." Das Kind, zögernd und mit dem Ausdruck höchster Besorgnis: „Aber wie fliegt denn dann das Christkind?" Die Tante geriet in große Verlegenheit. Die anwesende Mutter, vor die Wahl gestellt, dem Christkind weitere magische Fähigkeiten zuzuschreiben oder das Kind über dessen Symbolcharakter aufzuklären, entschied sich für Letzteres.

10.4.4 Begriffsbildung

Die ersten Worte, die ein Kind verwendet, sind *Individualbegriffe*. Sie bezeichnen nur einen einzelnen, dem Kind bekannten Gegenstand.

Namen sind für das Kind vorerst *Bestandteile des Gegenstandes*, sie müssen sich erst zu *Gattungsbegriffen* entwickeln. Das Kind lernt viele Gegenstände kennen, die mit demselben Namen bezeichnet werden, sodass es allmählich dazu gelangt, die diesen Gegenständen *gemeinsamen Merkmale* (primäre Merkmale) zu abstrahieren und von den *akzidentiellen Merkmalen* (sekundäre Merkmale) zu unterscheiden. Dass solche Gattungsbegriffe verwendet werden und das Kind auch bei neu auftauchenden Objekten diese einer Klasse zuordnen kann, bedeutet noch nicht, dass es angeben könnte, welches die primären Merkmale sind, die eine solche Zuordnung erfordern.

Manchmal kann man das Erlebnis der Begriffsbildung direkt beobachten. So etwa bei einem Fünfjährigen, der aufgeregt auf seinem Dreirad angefahren kam und ausrief: „Nicht wahr, Mutti, jedes Dreirad hat drei Räder."
Das war der Augenblick, in dem sich der Individualbegriff – sein Dreirad – zum Gattungsbegriff gewandelt hatte dadurch, dass er das primäre Merkmal abstrahieren konnte.

Man nimmt an, dass der Übergang von Individualbegriffen zu Gattungsbegriffen zwischen dem fünften und dem sechsten Lebensjahr stattfindet. Je vielfältiger die Erfahrung des Kindes, je mehr Objekte einer Klasse es beobachten kann, desto früher werden Individualbegriffe von Klassen oder Gattungsbegriffen abgelöst und desto größer ist deren Anzahl. Jedenfalls können Sechsjährige unter fünf vorgegebenen Merkmalen eines Baumes – Stamm, Blätter, Wurzel, Äste, Früchte – jene nennen, die jeder Baum hat (primäre Merkale der Gattung Baum) und sie von jenen unterscheiden, die manche Bäume haben (sekundäre Merkmale).
BRUNER (1972) meint, dass die Unfähigkeit des Kleinkindes, Gattungsbegriffe zu bilden, nicht als Unfähigkeit zur Abstraktion interpretiert werden darf. Abstraktionsfähigkeit besteht ja, wie bereits gezeigt wurde, schon sehr früh. Es handelt sich vielmehr um ein Verhaftetsein in den Anschauungsbildern der Einzelobjekte, in der unmittelbaren Wahrnehmung, das ja auch das Erfassen der Mengenkonstanz (siehe Seite 142) verhindert. Erst wenn die totale Fixierung an die Wahrnehmung überwunden wird, gelingt die Abstraktion der Vorstellungsbilder zu Gattungsbegriffen.
Kleine Kinder gebrauchen Wörter häufig anders als Erwachsene. Einerseits wenden sie ein Wort auf Gegenstände und Ereignisse an, für die der Erwachsene

jeweils eigene Bezeichnungen hat, und anderseits definieren sie den Geltungsbereich eines Wortes oft sehr viel enger. Im ersten Fall spricht man von *Übergeneralisierung*, im zweiten von *Überdiskrimination*.

Beispiele dafür sind allgemein bekannt. So neigen Kinder unter anderem dazu, andere Männer mit „Papa", „Onkel", „Opa" zu bezeichnen, das Wort „Hund" auch auf andere Tiere anzuwenden. Anderseits wird „Erdbeere" nur als etwas zum Essen, aber nicht als Pflanze erkannt.

In der *semantischen Merkmalstheorie* sind Wortbedeutungen Konfigurationen isolierbarer und beschreibbarer Merkmale. Ein Merkmal ist eine Bedeutungskomponente oder Bedeutungsdimension, mit deren Hilfe man Wörter oder Gruppen von Wörtern unterscheiden kann. Die Merkmale kann man ihrerseits im Hinblick auf ihre Allgemeinheit oder ihre Spezifität unterscheiden. Je genereller ein Merkmal ist, desto umfassender ist die Klasse, die es beschreibt, je spezieller ein Merkmal, desto kleiner die dadurch beschriebene Klasse.
Semantische Merkmale sind begriffliche Kategorien, die auf den kognitiven Fähigkeiten des Menschen beruhen. Nach BIERWISCH (1970) sind semantische Merkmale somit nicht direkte Repräsentationen physikalischer Bedingungen, sondern Repräsentationen kategorialer Prinzipien.
Es gibt zahlreiche Untersuchungen zur Frage, welche semantischen Merkmale zuerst und welche später erworben werden (vgl. GRIMM 1987). Kleine Kinder erwerben zunächst nur sehr generelle Merkmale, die dann im Laufe der Entwicklung durch immer spezifischere ergänzt werden. Die Merkmale, die als erste erworben werden, leiten sich direkt aus der unmittelbaren Wahrnehmung ab und aus der nicht-sprachlichen Erkenntnis der Funktion der Objekte. Dadurch neigen Kleinkinder sehr viel stärker zu Übergeneralisierungen als zu Überdiskrimationen.
Es handelt sich also *um drei Stufen der Begriffsbildung*, die sowohl mit der *Erfahrung* als auch mit dem *Denkprinzip* im Zusammenhang stehen:
- Zu Beginn der Sprachentwicklung finden wir bei sehr geringer Objekterfahrung eine übergreifende Generalisierung von Merkmalen.
- Mit zunehmender Objekterfahrung kommt es zur Differenzierung der Merkmals- und Individualbegriffe, bei prälogischer Fixierung an die konkrete Wahrnehmung, was die Wortschatzentwicklung begünstigt.

- Auf gleicher oder sich langsam erweiternder Erfahrungsbasis, aber mit Überwindung der prälogischen Denkstufe, kommt es neuerlich zur Generalisierung, und zwar der Einzelbegriffe zu Gattungsbegriffen, und damit zu einer ersten Ablösung des Denkens von konkreten Sachvorstellungen.

Der Weg der Begriffsbildung geht somit von der Generalisierung zur Differenzierung und wieder zur Generalisierung.

Was das *Ordnen von Begriffen* betrifft, finden wir im Vorschulalter vorwiegend das so genannte *relationale Zusammenordnen von Objekten nach jenen Lebensbereichen*, in denen das Kind mit ihnen in Berührung gekommen ist. Das sichere Ordnen nach Oberbegriffen gelingt erst Achtjährigen, aber häufig gebrauchte Oberbegriffe versteht auch das Kleinkind. Viele Oberbegriffe gehören schon lange zum passiven Wortschatz, bevor sie benützt werden können, und manche werden auch früher benützt, als das Kind angeben könnte, welche Gegenstände ihnen subsummiert werden.

10.5 Die geistige Welt des Kleinkindes

10.5.1 Die kognitive Entwicklung nach Jean PIAGET

Die Sicht Jean PIAGETs hat im Bereich der Forschungen zur Denkentwicklung zentrale Bedeutung. Seine Ausgangspunkte waren die systematische Beobachtung und experimentelle Untersuchung der Entwicklung des kindlichen Denkens, wobei er den Menschen als Wesen betrachtet, das sich aktiv mit seiner Umwelt auseinander setzt. In dieser Auseinandersetzung werden die kognitiven Fähigkeiten erworben, zugleich verändert der Mensch aber auch seine Welt. Damit wächst die Bedeutung, die dem Individuum in der Gestaltung seiner eigenen Entwicklung zukommt.

In PIAGETs Entwicklungstheorie gibt es eine Reihe zentraler Begriffe:
- Die *Struktur* eines Verhaltens ist die allgemeine Form einer spezifischen Erkenntnistätigkeit. Über den Strukturbegriff werden vergleichbare Handlungen zusammengefasst.
- Entsprechend wird von *Schemen* als Gruppen von Handlungen und den den Handlungen zu Grunde liegenden kognitiven Mustern gesprochen. Im Laufe der Entwicklung werden sensomotorische oder kognitive Schemen zu Schemen höherer Ordnung strukturiert.

- *Adaption* meint, dass das Verhalten und die grundlegenden kognitiven Prozesse ständig veränderbar sind. PIAGET unterscheidet dabei die Prozesse der Assimilation und der Akkomodation.
- *Assimilation* ist die Anpassung eines Gegenstandes an die jeweils eigene Struktur.
- *Akkomodation* ist die Veränderung der eigenen Struktur im Sinne einer Angleichung an die Erfordernisse und Gegebenheiten der Umwelt.

Das Vorschulkind im Alter vom zweiten bis zum siebenten Lebensjahr befindet sich nach PIAGET auf der Stufe der *Vorbegrifflichen Intelligenz*. Sie umfasst zwei Stadien:
- Das *Stadium des symbolischen Denkens* (zwei bis vier Jahre). In diesem Stadium wird die zuvor erworbene Kompetenz der Unterscheidung zwischen Bezeichnetem und Bezeichnendem durch den Spracherwerb verstärkt. Die Symbolfunktion wird erlangt. Wörter haben jedoch – wie oben gezeigt – noch nicht den Charakter von Begriffen, sodass die Zuordnung von Teilmengen zu übergeordneten Mengen noch nicht möglich ist. Als wesentliche Merkmale des symbolisch vorbegrifflichen Denkens werden *Animismus, Egozentrismus* und *Irreversibilität* – beobachtbare Abläufe sind nicht umkehrbar – genannt.
- Das *Stadium des anschaulichen Denkens* (vier bis sieben Jahre). Die Begriffe sind weiterhin an die Anschauung gebunden, Denken erfolgt in Bildern. Beobachtete Ereignisse können in ihrem Ablauf gedanklich nicht umgekehrt werden. Es können immer nur einzelne Handlungen ausgeführt werden, verschiedene Aspekte eines Gegenstandes können nur nacheinander beachtet werden (zusammengestellt nach STEINEBACH 2000).

10.5.2 Egozentrismus und Anthropomorphismus

Der Egozentrismus als *Ich-Bezogenheit* ist ein besonderes Merkmal des Vorschulalters. Er hat nichts mit Egoismus zu tun.

Das Kind hat in seiner Beziehung zur Umwelt nur eine einzige Vergleichsbasis und einen einzigen Bezugspunkt, nämlich sich selbst, seine eigenen Wünsche und Gefühle, das Erleben des eigenen Wollens und Bewirkens. Der Zweijährige hebt sich zwar als Person von der Umwelt ab, er kann aber noch einige Jahre lang nicht den nächsten Schritt tun: aus sich „heraustreten", die Dinge von einer unabhängigen Warte aus „objektiv" sehen. Vorerst bezieht das Kind alles auf sich und schließt von sich auf die Umwelt, indem es ihr seine Fähigkeiten zuschreibt, was um so verständlicher ist, als es auch noch kein Kriterium für die Unterscheidung zwischen Lebendigem und Leblosem kennt.

Aus all dem ergibt sich auch, dass das Kind glaubt, dass alle Dinge seiner Umgebung mit den gleichen Fähigkeiten ausgestattet sind wie es selbst, also auch belebt sind.

Der Tisch, an dem man sich gestoßen hat, ist ein „böser" Tisch, der einem absichtlich weh getan hat. Das Auto läuft, weil es schneller sein will als die Straßenbahn, und der Tautropfen auf der Blume ist ihre Träne.

10.5.3 Das magische Denken und der physiognomische Charakter der Umwelt

Unter magischem Denken versteht man die Tendenz, Naturerscheinungen dem Wirken höherer Mächte zuzuschreiben. Es gibt für Menschen tatsächlich nur zwei Möglichkeiten, Naturphänomene zu erklären, nämlich die magische und die naturwissenschaftliche. Ohne die Kenntnis naturwissenschaftlicher Zusammenhänge bleibt nur die magische Erklärung, die darin besteht, dass man die Ereignisse und Erscheinungen in der Umwelt dem Wirken höherer Kräfte zuschreibt oder irgendwelchen Kräften, die den Dingen selbst innewohnen und die diese willkürlich einsetzen.

Als Folge des egozentrischen Erlebens und der magisch-anthropomorphistischen Deutung der Umwelt ist diese stark emotional besetzt. Es gibt praktisch kaum einen Bereich der kindlichen Umwelt, der frei wäre von emotionaler Besetzung. Die meisten Dinge der kindlichen Umwelt sind brav oder schlimm, freundlich oder unfreundlich, sie haben eine angenehme oder unangenehme Physiognomie, sie schauen für das Kind vertrauenerweckend oder beängstigend aus. Hier handelt es sich meist um Konditionierungen auf Grund tatsächlicher Erlebnisse, mit denen die positiv oder negativ gefühlsbesetzten Gegenstände oft nur einen peripheren, zufälligen Zusammenhang haben. Oft vollzieht das Kind jedoch auch willkürliche Symbolsetzungen und magische Deutungen auf Grund von Merkmalen, die sich dem Verständnis des Erwachsenen entziehen.

Für das seelische Gleichgewicht des Kindes spielt der physiognomische Charakter der Umwelt eine große, vom Erwachsenen oft kaum beachtete Rolle. Eine überwiegend freundliche Welt entsteht für das Kind, wenn es sich geliebt und geborgen fühlen kann, wenn es in einer spannungsfreien, heiteren Atmosphäre lebt, wenn seine Bedürfnisse entsprechend befriedigt werden und es keinen Situationen ausgesetzt wird, in denen es sich verlassen, hilflos oder überfordert fühlen muss. All das kann sich im späteren Leben zu Lebensfreude und vertrauensvoller Zuwendung generalisieren. Eine unfreundliche Welt entsteht, wenn sich das Kind abgelehnt und unbehütet fühlen muss, wenn es in einer kalten, gespannten und unfrohen Atmosphäre lebt und sich häufig einsam, verlassen oder überfordert fühlt. Im späteren Leben kann sich das in Misstrauen, Ängstlichkeit und generalisiertem Rückzugsverhalten manifestieren.

10.5.4 Der Finalismus und das prälogische wahrnehmungsgebundene Denken

Die ersten Sinnzusammenhänge, die das Kind erlebt, sind die Zweckhandlungen des Erwachsenen in Bezug auf seine eigene Person. Daher ist alles in der Welt zweckbestimmt. Wieder gibt es keine andere Informationsquelle als das, was das Kind am eigenen Leib erfahren hat.

Die Wahrnehmung bestimmt sein Denken. Dabei orientiert sich das Kind an einem einzigen Faktor, an der sichtbaren Veränderung. Die Möglichkeit, mehrere Dimensionen oder Faktoren einer Situation zu berücksichtigen oder aufeinander zu beziehen, bleibt ihm bis in das Schulalter hinein verwehrt.

In einem Versuch (nach PIAGET und SZEMINSKA 1975) stellt man sechs kleine Vasen auf und veranlasst ein dreijähriges Kind, zu jeder Vase eine Blume zu legen. Rückt man nun die Vasen ohne Blumen auseinander, sodass sie sich auf eine längere Strecke verteilen als die Blumen, so sind es für das Kind nun mehr Vasen als Blumen. Legt man vor das Kind zwei gleich große Plastilinkugeln, so erkennt es diese als gleich. Zerteilt man eine der beiden Kugeln vor seinen Augen in einige kleine Stücke, so sind diese zusammen nun mehr als die intakt gebliebene Kugel.

Das Kind urteilt statisch, nicht auf Grund der Einsicht in Prozesse, die die Veränderungen hervorgerufen haben können. Es ist noch nicht in der Lage, zur Kontrolle seines Urteils logische Denkprozesse durchzuführen. *Das Fehlen sicherer Korrespondenzen zwischen zugeordneten Elementen, das Fehlen des Invarianzbegriffes der Menge und die fehlende Möglichkeit, einen Vorgang in der Vorstellung reversibel zu machen, sowie die Unfähigkeit, Faktoren einer Situation zueinander in Beziehung zu setzen, sind die Merkmale des prälogischen Denkens.*

10.5.5 Die Überwindung des kleinkindhaften Weltbildes

Nach einem Höhepunkt im vierten Lebensjahr kommt das magisch-anthropomorphistische Weltbild des Kindes allmählich ins Wanken. Interessant ist, dass

dabei schon früher ein Widerspruch zwischen dem Erfahrungswissen und dem anthropomorphistischen Denkprinzip besteht. Das Kleinkind weiß im Grunde genau, dass ein Buch liegen bleibt, wenn man es irgendwo hinlegt. Ist es nicht mehr da, glaubt es vielleicht, es sei weggelaufen. Würde es sich aber vor seinen Augen entfernen, wäre das Kind zu Tode erschrocken.
Der erste Schritt in der Überwindung des Anthropomorphismus ist die Entdeckung des Kriteriums der Bewegung als unterscheidendes Merkmal zwischen belebter und unbelebter Welt, die meist im fünften Lebensjahr spontan gemacht wird.
Nach der Entdeckung des Kriteriums der Bewegung wird der Als-ob-Charakter des Rollenspiels immer deutlicher. Die Märchenfiguren verlieren für das Kind ihren Wirklichkeitscharakter. Zweifel treten an den magischen Figuren wie Osterhase, Nikolaus, Christkind auf. Kausallogische Erklärungen für die Erscheinungen des Alltages fallen nun auf fruchtbaren Boden.
Was Eigenbewegung vortäuscht – der Wind, die Wolken, die Sonne, der Mond –, bleibt allerdings bis ins Schulalter mit Eigenleben ausgestattet.

So gibt es eine Reihe von Vorstellungen, welche Kinder in den ersten beiden Jahren der Grundschule über Schatten haben. Darunter finden sich auch Folgende:
- *Schatten haben materielle Beschaffenheit.*
- *Schatten „gehören" den Objekten.*
- *Schatten sind lebendig und haben Bewusstsein.*
- *Schatten bestehen auch im Dunklen weiter.*

*Die Zeichnungen von Schatten mit Augen zeigt, dass die Kinder noch die Vorstellung haben, dass Schatten belebt sind. Diese Idee kann auch das Ergebnis der Erfahrungen aus der Geschichte von Peter Pan sein, dem ja sein Schatten immer nachfolgte, oder aus Comics, wo Schatten manchmal als selbstständige „Lebewesen" dargestellt werden (*OLLERENSHAW, RITCHIE *und* RIEDER *2000).*

Im Übrigen nähert sich das Weltbild des Kindes immer stärker dem der Erwachsenen an und entwickelt sich in Richtung eines zunehmenden Realismus. Aber nur wenige Menschen können das magische Denken, das tief in der emotionalen Geschichte der Menschheit verwurzelt ist, völlig überwinden. In der emotionalen Tiefenschicht lebt es weiter und individuell unterschiedlich kann es in Angstsituationen, im Aberglauben, in Vorurteilen, in Tabus wieder an die Oberfläche kommen.

10.6 Das Spiel und seine Bedeutung

Spielen ist eine jungen Lebewesen gemäße Form der Aktivität. So vollzieht sich auch die Entwicklung von Kindern zu einem großen Teil im Spiel. Die spielerische Auseinandersetzung mit der soziokulturellen Umwelt trägt entscheidend zur Sozialisation bei.

Aus der Sicht der Theorie von PIAGET handelt es sich dabei um eine *ständige Wechselwirkung von Assimilation und Akkommodation*, also einerseits um die subjektive Verwertung und Interpretation der Umwelt je nach der erreichten Strukturstufe, anderseits um die Anpassung des Kindes an die objektiven Gegebenheiten der Umwelt und das Lernen an ihnen.

10.6.1 Definition, theoretische Grundlegung und Merkmale

Beim Spiel handelt es sich um ein sehr komplexes Phänomen. Es gibt die unterschiedlichsten Erscheinungsformen, es hat unterschiedliche Bedeutung und Funktion, sein Auftreten ist an vielfältige Bedingungen geknüpft. Es gibt deshalb keine einheitliche Theorie und auch keine befriedigende Definition.

Als der Schweizer Psychologe PIAGET, der übrigens das Spiel als einen fundamentalen Bestandteil seiner Theorie von der Intelligenzentwicklung aufnahm, eines Tages Albert EINSTEIN von seinen Untersuchungen der kindlichen Psyche erzählte, war der große Physiker verblüfft, wie viel komplizierter die Psyche des Kindes als die Physik ist. Später berichtete PIAGET über dieses Gespräch, und bei diesem Anlass wurde folgender Aphorismus geboren: „Das Verständnis des Atoms ist ein Kinderspiel im Vergleich zum Verständnis eines Kinderspiels." (KAUKE 1992).

Es gibt einige Merkmale des Spielens, über die weitgehend Übereinstimmung herrscht. Dazu zählen:
- *Spielen ist frei von jeder Fremdbestimmung.*
  Spielen ist eine spontane, intrinsisch motivierte Tätigkeit. Das Individuum befindet sich selbsttätig, also ohne Fremdbestimmung in ständiger Auseinandersetzung mit der Umwelt und trifft eine Auswahl unter den angebotenen Reizen (HETZER 1995).
- *Spielen ist eine zweckfreie Tätigkeit.*
  Spielende verfolgen keinen außerhalb des Spieles liegenden Zweck. Das heißt nicht, dass Spielen objektiv betrachtet nicht die unterschiedlichsten Zwecke

erfüllen kann. Spielaufgaben erhalten durch die Zweckfreiheit einen objektiv unverbindlichen Charakter, sie haben nur subjektive Verbindlichkeit. Man kann das Spiel jederzeit abbrechen, wenn man, aus welchen Gründen auch immer, nicht mehr spielen will.

- *Spielen ist eine freudvolle Tätigkeit.*
HECKHAUSEN (1965) hat dazu das Modell des Aktivierungszirkels, das heißt das Aufsuchen eines Wechsels von Spannung und Lösung, entworfen. Dieser Zirkel läuft in vielen Wiederholungen ab. Die Handlungstendenzen des Menschen sind von Anfang an nicht nur auf Befriedigung der Bedürfnisse und auf Anpassung gerichtet, sondern auch auf schöpferische Expansion und Selbstverwirklichung. Eine spannungsfreie Situation wird als Langeweile erlebt. Neugierde und Funktionslust sind die motivierenden Kräfte für das Kind. Mit lustbetonter Spannung dringt es in seine Welt vor, untersucht das Neue, wagt sich an Unbekanntes heran, lernt Unbewältigtes durch Übung zu beherrschen.

- *Spielen fordert Realitätsanpassung.*
Es ist zugleich handelnde Auseinandersetzung mit einem Stück real begegnender Welt, aber auch Quasi-Realität (HECKHAUSEN 1964). Der erreichte Entwicklungsstand setzt der Anpassung an die Realität auch im Spiel Grenzen. Das gilt sowohl für Spiele, bei denen sich Kinder tätig mit ihrer Umwelt auseinander setzen, sich ihr anpassen oder sie durch ihr Eingreifen verändern, als auch für Rezeptionsspiele, bei denen die Aktivität auf die Aufnahme von Informationen und den Erwerb von Schemata gerichtet ist.

10.6.2 Die Spiele im Kleinkindalter

Im Vorschulalter stehen drei Arten des Spiels im Vordergrund:
- das Rollenspiel,
- das Funktionsspiel,
- das werkschaffende Spiel.

Für die später bedeutsamen Regelspiele erwirbt das Kind einige Voraussetzungen.

10.6.2.1 Das Rollenspiel (Fiktions- oder Illusionsspiel)

Das Auftreten des *Rollenspiels* fällt mit den Anfängen der Sprache zusammen. Sowohl für Sprache als auch für das Rollenspiel ist das Vorhandensein von Vorstellungen und das Verständnis für Symbole oder Repräsentanz eine Bedingung.

Die wichtigsten Charakteristika des Rollenspiels sind:
- die Als-ob-Einstellung,
- die willkürliche Symbolsetzung oder Umdeutung (Metamorphose von Gegenständen),
- Anthropomorphismus,
- die fiktive Verwandlung von Personen (Rollen),
- die Nachahmung von Handlungen oder Handlungsabläufen.

Die einfachste Form des Rollenspieles, die im zweiten Lebensjahr auftritt, besteht darin, dass das Kind bereits *erworbene eigene Verhaltensschemata* (Schlafen, Essen) wiederholt, jedoch *ohne Zusammenhang mit der sonst üblichen Situation*, in einer Quasi-Realität.

Es reproduziert auch bei Erwachsenen beobachtete Verhaltensschemata, etwa Zeitunglesen, Rauchen etc. Bald werden in diese Schemata *Symbole* eingeführt, die, willkürlich gesetzt, an die Stelle der zur Situation gehörigen Gegenstände treten (ein Blatt Papier steht für einen Teller, eine Schachtel dient als Auto).

Eine weitere noch im zweiten Lebensjahr zu beobachtende Form des einfachen Rollenspiels ist die *Übertragung der eigenen Verhaltensschemata* auf Spielsachen (Puppen werden schlafen gelegt, gefüttert etc.).

Allmählich kommt es immer häufiger zu *Umdeutungen der Dinge*. In rascher Folge kann alles zu allem werden, und jede Sache wechselt im Verlauf einer Spielperiode mehrfach ihre Bedeutung.

Und schließlich *übernimmt das Kind selbst die verschiedensten Rollen*. Der Höhepunkt des Rollenspiels liegt zwischen drei und vier Jahren, und in den Spielen dieser Stufe verquicken sich nun alle vorerst in kurzen Einzelhandlungen aufgetretenen Elemente des Rollenspiels zu komplizierten, stark fluktuierenden Handlungsabläufen, in denen Erlebtes *nachahmend reproduziert* wird, und zwar mit Hilfe von *willkürlichen Umdeutungen* und von *Verwandlungen von Personen und Dingen*. Inhaltlich ist das Rollenspiel des Kindes immer in irgendeiner Weise Nachahmung: die äußere Gestaltung erfolgt durch Symbolsetzung. *Das Rollenspiel reproduziert somit Erlebtes durch symbolische Darstellungen.* Im Sinne von PIAGET handelt es sich um *Assimilation*.

Bei allem scheint das Kind in der Regel das Bewusstsein der Fiktion zu behalten, so wenig es auch bereit sein mag, während der Dauer der Spielstimmung aus der Quasi-Realität in den Alltag überzuwechseln. Manchmal erleben Kinder sogar Angst vor der Verquickung der beiden Realitätsebenen.

In SCHENK-DANZINGER (1999) wird berichtet: „Meine damals 7-jährige Tochter schlug an einem verregneten Sommertag vor, das Märchen von Hänsel und Gretel zu spielen. Sie und ihr zweieinhalbjähriger Bruder sollten die Kinder sein, ich erst die Mutter, dann die Hexe. Aus den Seitenwänden des Kinderbettes wurde in einer Zimmerecke der Käfig gebaut. Das Spiel verlief vorerst planmäßig, doch fiel mir von Anfang an die zögernde, etwas ängstliche Stimmung meines Sohnes auf. Als ich jedoch, mit Kopftuch und Stock als Hexe verkleidet, ihn in den Käfig tragen wollte, wehrte er sich mit Händen und Füßen und schrie: „Sei wieder meine liebe Mutti!"

Die Bedeutung des Rollenspiels, das ja von allen Kindern der Welt gespielt wird, scheint darin zu liegen, dass es für das Kind eine *Brücke zur Wirklichkeit* bildet. Es hilft ihm, seine Erlebnisse durch das Mittel der Reproduktion zu verarbeiten und auf diese Art zu assimilieren. Dabei handelt es sich nicht nur um nachahmende Verarbeitung emotional neutraler Erlebnisse, sondern ein beträchtlicher Teil des Rollenspiels – bei manchen Kindern zeitweise der überwiegende – reproduziert *affektgeladene Situationen* und dient damit unmittelbar der emotionalen Anpassung und der Verminderung seelischer Spannungen, indem es Kompensationen für unlustbetonte Erlebnisse schafft, Aggressionen zur Entladung kommen lässt, unerfüllte Wünsche in spielerischer Form realisiert und durch Wiederholung von angstbesetzten Situationen als Katharsis wirkt. Eine weitere Bedeutung des Rollenspiels liegt darin, dass es dem Kind ein Gegengewicht bietet für das Erlebnis von Machtlosigkeit und Kleinheit.

Das Rollenspiel ist die eigentliche Sphäre *kindlicher Kreativität*, die folgende Merkmale hat:
- Flexibilität, Beziehungen zu stiften,
- Flüssigkeit der Assoziationen,
- Originalität der Assoziationen und der Beziehungen,
- Aktivität beim Überbrücken von Schwierigkeiten,
- Aktivität bei der Bereinigung von Konflikten.

Das Rollenspiel ist aufs Engste verknüpft mit dem anthropomorphischen Denken im Kleinkindalter. In dem Maße, in dem es abklingt und Realitätszugewandtheit und Orientierung an Partnern auftreten, nimmt das Rollenspiel an Bedeutung ab und versiegt schließlich.

Bevor es aber ganz verschwindet, durchläuft es eine *Phase der Sozialisierung*. Kollektive Spiele mit traditionellen Rollen (etwa Vater, Mutter, Kind), die von den einzelnen Partnern im Spiel übernommen werden, finden wir häufig bei Fünf- bis Siebenjährigen. Die kollektiven Rollenspiele werden oft mit komplizierten, ebenfalls kollektiv durchgeführten Konstruktionsspielen (Haus- und Wohnungsbauten) verbunden, denen ebenso viel Beachtung gezollt wird wie dem Rollenspiel selbst, das sich dann in dem so konstruierten Rahmen abspielt.

10.6.2.2 Das Funktionsspiel

Als Funktionsspiele bezeichnet man jene Spiele, die das Kind aus Freude an der Bewegung und an den zufällig bewirkten Veränderungen vollführt. Die Lernpsychologie nennt diese primär nicht durch äußere Reize, sondern durch innere Impulse hervorgerufenen Bewegungen *operant behavior*. Diesem objektiven verhaltenspsychologischen Aspekt entspricht im subjektiven Bereich die von K. BÜHLER (1967) so bezeichnete Funktionslust als der eigentliche Motor.

Die Funktionsspiele lösen, wie bereits beschrieben wurde, die ungesteuerten, ruckartigen Zappelbewegungen des frühen Säuglingsalters ab. Beim funktionalen Spiel handelt es sich um eine *Erbkoordination*, um angeborenes Lernverhalten. Es geht um ein Experimentieren mit Umweltdingen, um deren Eigenschaften kennen zu lernen. Im Spiel werden so Erfahrungen gesammelt, und auch die eigenen Möglichkeiten werden dabei ausgelotet. Im Sinne von PIAGET handelt es sich um Akkomodation.

Während im ersten Lebensjahr die zur Übung drängenden Bewegungsformen unabhängig vom Material vollzogen werden, lernt das Kind schon im zweiten Lebensjahr manche Materialien spezifisch zu verwenden. Mit den Bausteinen wird gebaut, Sand wird eingefüllt und ausgeleert, mit dem Bleistift werden Striche gezogen, alles jedoch noch ohne Gestaltungsabsicht. *Diese materialspezifischen Funktionsspiele schaffen ein Grundmaterial an einfachen sensomotorischen Fähigkeiten und Erfahrungen, auf denen sich die komplexeren, zielgerichteten Verhaltensweisen aufbauen können.* Im Umgang mit Material macht das Kind Erfahrungen in Bezug auf dessen Glätte und Rauheit, Größe und Gewicht, Farbe, Dichte und Plastizität.

Am längsten bleibt der funktionale Charakter in den *Bewegungsspielen* des Kindes erhalten, die noch im siebenten und achten Lebensjahr vorwiegend zweckfrei sind; in Spielen, die kein anderes Ziel haben als die Freude an der Bewegung selbst.

10.6.2.3 Das werkschaffende (schöpferische) Spiel

Eines Tages entdeckt das Kind, dass ein zufälliges Produkt seiner funktionalen Betätigung *Ähnlichkeit* mit einem wirklichen Gegenstand hat. Ein einziges Merkmal, das als Teil für das Ganze steht, genügt für die erste Benennung. Es kann auch sein, dass ein Erwachsener auf eine Ähnlichkeit hingewiesen hat, etwa indem er horizontale Reihen von Bausteinen als Eisenbahn, vertikale Reihen als Turm bezeichnet hat. Auch kommt es vor, dass Kinder das Rollenspiel mit dem funktionalen Spiel kombinieren und dem Zufallsprodukt eine willkürliche Bedeutung verleihen. Jedenfalls löst sich das Produkt von seinem Schöpfer, es wird zum „Werk", und die Rückmeldung einer erfolgreichen Schöpfung veranlasst das Kind, besonders wenn es lobend bestätigt wird, zu immer neuen Produkten, die nun bald im Vorhinein *geplant* und in zunehmendem Maße *dem, was sie darstellen sollen, ähnlicher werden*.

Beim Übergang vom funktionalen zum werkschaffenden Spiel vollzieht sich eine wichtige Akzentverschiebung: von der Freude an der Betätigung zur Freude am Produkt.

Die ersten geplanten Produkte entstehen charakteristischerweise zu jener Zeit, in der das Kind sein „Ich" entdeckt, seine *eigene Person von der Umwelt abgehoben hat*, und zwar mit Hilfe *erster volitionaler Akte, erster Pläne, erster bewusster Zielsetzungen*.

Das werkschaffende Spiel ist gekennzeichnet durch
- einen *vorgefassten Plan*,
- eine *vorherige Benennung* des Produkts,
- die *Durchführung des Plans* und
- die *Erkennbarkeit des Produkts* an einigen charakteristischen Merkmalen.

Bevor das Kind zum werkschaffenden Spiel gelangt, werden mit jedem Material die folgenden funktionalen Vorstufen durchlaufen:
- Die *unspezifisch funktionale Stufe*, in der das Material noch nicht seinem Charakter gemäß verwendet wird. Diese Stufe finden wir überwiegend im ersten und zweiten Lebensjahr. Zu dieser Zeit wird das Material geworfen, in den Mund gesteckt, aneinander geschlagen etc.
- Die *spezifisch funktionale Stufe*. Bei Sand besteht sie im Einfüllen und Leeren, bei Bausteinen in ein- und zweidimensionalen Reihungen, bei Ton im Klopfen, Rollen und Kneten, beim Zeichnen im Produzieren von

Strichen, Spiralen und Kreisen (*Kritzelstadium*); beim Spielen mit Matador gibt es zwei funktionale Stadien (Abb. 53). Auf dieser zweiten Stufe gibt es noch keine Benennungen.
- *Das Symbolstadium.* Hier kommen willkürliche Benennungen vor oder solche auf Grund zufälliger Ähnlichkeit während des Spiels oder am Ende. Manchmal wird zu Beginn des Spiels ein Plan geäußert, das Produkt zeigt dann jedoch keinen Zusammenhang mit dieser Benennung, die auch im Laufe des Spiels wechseln kann.

Auch im konstruktiven Spiel kann sich das Kind kreativ verhalten, besonders auf der Symbolstufe, wenn oft sehr originelle Pars-pro-toto-Lösungen und einfallsreiche Benennungen auf Grund origineller Ähnlichkeitsbeziehungen auftreten. Kreative Verhaltensweisen zeigen sich auch in der Art, wie bestimmte Materialien zur Lösung ven technischen Problemen Verwendung finden.
Je einfacher das Material, desto früher entstehen geplante Gebilde. Schon im dritten Lebensjahr macht das Kind mit feuchtem Sand Kuchen, im vierten Lebensjahr gelangen die Bausteine dreidimensional und zielgerichtet zur Verwendung. Im fünften Lebensjahr werden mit Ton, Plastilin oder anderen knetbaren Medien Körbchen, Tiere, menschliche Figuren, Früchte und dergleichen hergestellt: im sechsten Jahr, oft auch schon früher, tritt der Zeichenstift in Aktion, und es entstehen erkennbare Gebilde, meist Menschen und Häuser. Baumaterial, bei dem Teile durch Verbindungsstücke aneinander gefügt werden müssen, kann meist erst im Schulalter planmäßig gebraucht werden.

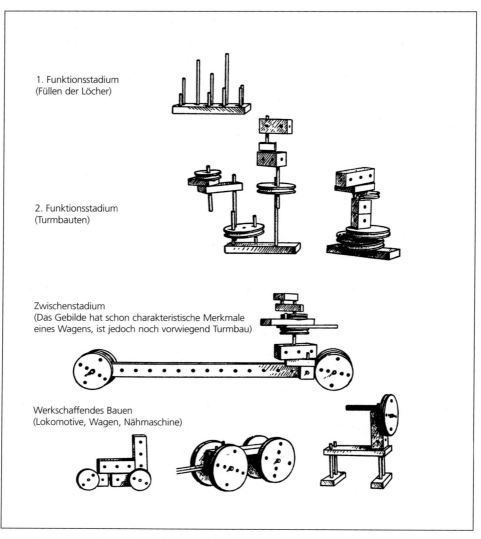

Abbildung 53: Die Entwicklungsstufen beim Matadorspiel

Im werkschaffenden Spiel werden Zielstruktur und Zeitperspektive zunehmend differenziert. Das Spiel kann sich im sechsten Lebensjahr schon auf Stunden erstrecken und kann sogar auf den nächsten Tag übergreifen. Damit wird aber auch die Periodik des Aktivierungszirkels verlangsamt. Die Spannung kann länger, also bis zur Vollendung des geplanten Werkes aufrecht erhalten werden. Dieser Entwicklungsstand sollte bis zum Ende des Vorschulalters erreicht werden.

Eng damit verbunden ist die Entwicklung wichtiger Grundlagen für die *Arbeitshaltung*: Die Verlängerung der Zeitperspektive, die Präszision der Zielstruktur und die Verlangsamung des Wechsels von Spannung und Lösung bedeuten zugleich größere *Konzentration*, Zunahme der *Ausdauer* und der *willkürlichen Aufmerksamkeit*, aber auch ein wachsendes Gefühl der *Verbindlichkeit und Verpflichtung* gegenüber selbst gestellten Aufgaben.

Die Lernprozesse beim schöpferischen Spiel werden zum Teil auch vom Materialcharakter gesteuert. Die Rückmeldung des gelungenen Werkes wirkt motivierend für weitere Unternehmungen. *Die größte Bedeutung als motivierende Faktoren haben jedoch Lob und Anerkennung.*

10.6.3 Die Bedeutung der Spielerziehung

Spielen ist eine Verhaltensweise, die spontan und willkürlich aufgenommen, variiert und abgeschlossen wird und die mit hoher Aktivität des Spielenden einhergeht – entweder mit vorwiegend motorischer, kognitiver oder sozialer Aktivität (KAUKE 1992).

Der Spielerziehung kommen auf dieser Grundlage vier Aufgaben zu:
- Entfaltung und Förderung der Kreativität,
- Hilfestellung bei der Entwicklung von Arbeitshaltungen,
- Unterstützung der motorischen, kognitiven und sozialen Entwicklung,
- ganz allgemein die Förderung der Spielfreude, die das Kind zu immer neuem Gestalten und zu neuen Versuchen anregen soll.

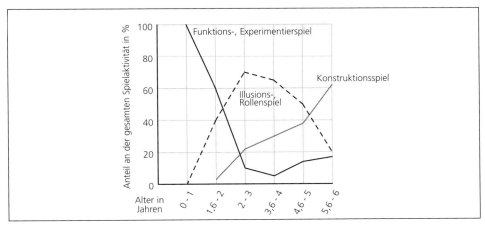

Abbildung 54: Die Entwicklung der Spielfähigkeit der Kinder im Vorschulalter, dargestellt für verschiedene Spieltypen (aus KAUKE 1992: 52)

Nicht jedes Spielmaterial kann dazu geeignet sein, Kreativität zu fördern und Arbeitshaltungen zu entwickeln. Das Spielmaterial muss sich zur Gestaltung und immer wieder möglichen Neugestaltung eignen. Es muss Spielraum für Umdeutungen gewähren, für jene Prozesse, die man unter Phantasie subsummieren kann. Im Bereich des Rollenspiels sind allzu realistische Gebilde nicht gut geeignet. Ein Übermaß an technischem Spielzeug, das man im Grunde genommen nur beobachten und steuern kann, stützt die Entwicklung von Arbeitshaltungen nicht sonderlich. Solche Spielsachen provozieren zwar das Neugierdeverhalten des Kindes – es möchte wissen, wie sie innen aussehen –, sie verleiten dadurch aber im Vorschulalter in erster Linie zum Zerlegen und zur Zerstörung, ohne dass das Kind die Möglichkeit hätte, sich an ihnen konstruktiv zu betätigen.

Arbeitshaltungen werden in besonderer Weise durch konstruktives Spielmaterial einfacher Art gefördert, das die Herstellung von verschiedenartigen Gebilden ermöglicht.

Eine Spielerziehung zum schöpferischen Tun ist für die Gesamtentwicklung des Kindes von großer Bedeutung. Das dabei verwendete Spielzeug muss ausreichend Gelegenheit zu darstellender und konstruktiver Tätigkeit bieten.

MOOSMANN (1974) untersuchte bei Kindergartenkindern im Alter zwischen drei und sechs Jahren die Spielzeugpräferenz. Dabei wurden die Kinder mit acht Spielzeugpaaren konfrontiert, die sehr ähnlich waren, von denen aber jeweils eines größere Spielmöglichkeiten bot als das andere. Es zeigte sich, dass die Kinder signifikant häufiger das Spielzeug wählten, mit dem sie mehr anfangen konnten. Es entfielen auch signifikant längere Spielzeiten auf diese Spielsachen. Das Kind drängt, wie diese Untersuchung zeigt, selbst zu jenen Materialien, die seiner Kreativität Spielraum gewähren.

Das Kind braucht zu einer ungestörten Spielentwicklung neben geeignetem Material eine ruhige, von sozialen Interferenzen freie Spielsituation. Vorzeichnen und Vorbauen wird von Kindern zwar oft gewünscht, kann sich auf ihre schöpferischen Kräfte aber hemmend auswirken.

Diese Feststellung schließt aber nicht aus, dass Kinder zur Entwicklung ihrer Spielfähigkeit auf Erwachsene angewiesen sind.

Partnerbezogenes Spielen spielt eine wichtige Rolle in der Entwicklung der *Soziokognition*. Das wechselseitige Sich-Hineinversetzen in den Partner, die realistische Vorwegnahme seiner Absichten und ihre zunehmende Berücksichtigung bei der eigenen Verhaltensplanung wird so gelernt. Die Ausbildung soziokognitiver Fähigkeiten hilft bei der Übereinkunft zu gemeinsamer Spielzielbildung, Misserfolge in der Anbahnung von Spielen werden eingeschränkt, ebenso interpersonelle Konflikte, die zum Spielabbruch und Rückfall ins Parallel- oder Alleinspielen führen. Soziokognition, die durch Spielen gezielt gefördert werden kann (SALZ und HÄUSER 1987), ist eine wichtige Komponente sozialer Intelligenz. Sie stimuliert das erfolgreiche kooperative Problemlösen, die Lernfähigkeit der Kinder in der Gruppe, die Beziehungsaufnahme etc. (KAUKE 1992).

10.6.4 Die Vorstufen des Regelspiels
Jedes Regelspiel enthält zwei Elemente:
- Wettbewerb
- Spielvollzug im Wechsel mit dem Partner

Diese beiden Elemente können vom Kind vorerst noch nicht kombiniert werden. Wettbewerbssituationen werden schon von dreieinhalbjährigen Kindern verstanden (HECKHAUSEN und ROELOFSEN 1962). Das Interessanteste an den Versuchen war die Erkenntnis, dass die Wettbewerbssituation *in dem Augenblick, in dem sie kognitiv erfasst wird, schon emotional besetzt ist*. In diesem frühen Alter ist das Kind jedoch nicht in der Lage, Misserfolge zu ertragen. Es *vermeidet* deren Fortsetzung und *verweigert* das Weiterspielen. Es *leugnet* den Misserfolg oder *rationalisiert*, indem es die Schuld auf andere Umstände schiebt. Es versucht zu *kompensieren*, indem es auf etwas anderes hinweist, das es kann oder besitzt.
In der zweiten Hälfte des fünften Lebensjahres wird die Frustrationstoleranz größer. Die Kinder können nun länger in der Wettbewerbssituation verweilen, manche bemühen sich auch, Misserfolge durch größere Anstrengungen zu vermeiden.
Erfolg und Misserfolg werden nun eher zur Kenntnis genommen, und das Kind lernt damit zu rechnen. Aber noch immer stellt das Versagen eine starke Belastung dar.
Die Einstellung auf die abwechselnde Betätigung mit einem Partner, unabhängig vom Wettbewerb, gelingt erst in der zweiten Hälfte des fünften Lebensjahres. Eine Verbindung von Wettbewerb und abwechselndem Spiel mit einem Partner wird in der Regel erst im sechsten Lebensjahr möglich, bevorzugt mit einem Erwachsenen oder einem wesentlich älteren Kind.

Das Verlieren im Spiel fällt Sechs- und Siebenjährigen sehr schwer. Es wird immer als eine Minderung des Selbstwertgefühls erlebt, und Affektausbrüche als Reaktion auf das Verlieren sind sehr häufig.

Kinder im Vorschulalter sollten nicht in Leistungs- und Wettbewerbssituationen gedrängt werden.

10.6.5 Geschlechtsspezifische Unterschiede

Bereits im Alter von viereinhalb Jahren bevorzugen Kinder eindeutig Spielkameraden gleichen Geschlechts. Dieser Trend verstärkt sich, wenn sie älter werden (MACCOBY 1990).

Im Alter zwischen dreieinhalb und fünfeinhalb Jahren legen Kinder großen Wert darauf, andere zu beinflussen. Mädchen versuchen dies, indem sie Vorschläge unterbreiten, während Buben ihren Spielgefährten eher direkte Anweisungen und Befehle geben. Buben zeigen sich zunehmend unempfänglich für Steuerungsversuche von Mädchen.

Auch das Kommunikationsverhalten zeigt typische Unterschiede. Buben fallen einander häufig ins Wort, kommandieren herum, drohen, vernachlässigen eher die Bedürfnisse anderer, necken oder spotten. Mädchen gehen eher auf die Bedürfnisse der Spielpartnerinnen ein. In Mädchengruppen haben Gespräche eine sozialbindende Funktion. Untersuchungen von GILLIGAN (1984) ergaben ein ähnliches Bild.

Interessant ist die Tatsache, dass, obwohl in Krippen, Kindergärten oder Kindertagesstätten allen Kindern das gleiche Spielzeug zur Verfügung steht, auch hier geschlechtsspezifische Unterschiede deutlich zu Tage treten. Buben tendieren mehr zu Konstruktionsspielen und Wettbewerbssituationen, während Mädchen verhaltener spielen und ihr Spiel störanfälliger ist.

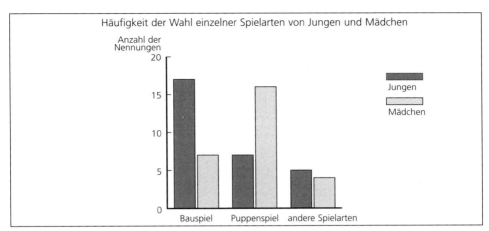

Abbildung 55: Häufigkeit der Wahl einzelner Spielarten, geschlechtsspezifische Unterschiede (KAUKE 1992: 19)

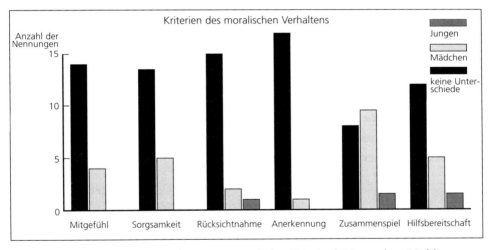

Abbildung 56: Meinungen von Erzieherinnen zu moralischen Kriterien bei Jungen bzw. Mädchen (KAUKE 1992: 19)

10.7 Die Kinderzeichnung

10.7.1 Stadien der Kinderzeichnung

Das Zeichnen ist zwar vor allem ein Ausdrucksmittel des frühen Schulalters und löst in diesem Sinne das Rollenspiel ab, seine Anfänge reichen jedoch bereits ins Vorschulalter.

Wie jede konstruktive Tätigkeit durchläuft auch das Zeichnen zwei funktionale Stadien:
- Das *spezifisch funktionale Stadium*, in dem das Kind aus reiner Freude an der Bewegung des Stifts und an den Spuren, die dieser hinterlässt, kritzelt. Im *Kritzelstadium* erlernt das Kind in spielerischer Selbstnachahmung die zwei Grundelemente jeder grafischen Darstellung, nämlich den Strich, und, über die Spirale, den Kreis.
- Das *Symbolstadium*. Nachdem diese beiden Grundelemente erworben wurden, werden sie kombiniert, und zwar zu Gebilden, die manchmal auf Grund ihrer zufälligen Ähnlichkeit mit einem Gegenstand benannt werden, manchmal jedoch auch Teile von Wahrnehmungsobjekten darstellen, die für das Ganze stehen. So steht ein Fenster für ein Haus, zwei Kreise stehen für ein Auto etc. Auch der so genannte *Kopffüßer*, eine Figurdarstellung, die nur aus Kopf und zwei Beinen, die dem Kopf entwachsen, besteht, ist ein Symbol für die menschliche Figur.

Abbildung 57: Entwicklung der Kinderzeichnung

- Fünfjährige, manchmal auch schon etwas jüngere Kinder, erreichen das Stadium des *werkschaffenden Zeichnens*, das charkterisiert ist durch den *vorgefassten Plan*, also die Darstellungsabsicht, der im weiteren Verlauf zur *Durchführung* gelangt, wobei die beabsichtigte Darstellung an *charakteristischen Merkmalen* erkennbar wird.

10.7.2 Merkmale der Kinderzeichnung

- *Das Kind zeichnet, was es weiß, nicht, was es sieht.* Es zeichnet vorerst ein *Denkschema*, das allmählich angereichert wird und sich langsam dem Anschauungsbild nähert. Im sechsten und siebenten Lebensjahr hat das Kind nur ein Bestreben, nämlich alles zu Papier zu bringen, was es weiß. Daher finden wir menschliche Darstellungen mit Knödeln im Bauch, mit durchsichtigen Kleidern, Profildarstellungen mit zwei Augen, Häuser, bei denen die Stiege durch die Hauswand hindurch sichtbar wird. Das Prinzip des *topologischen Raumbegriffs* (siehe auch Seite 136) zeigt sich deutlich in diesen Darstellungen.
- Die Größenverhältnisse der Kinderzeichnung sind verschoben. Was wichtig ist, wird groß gezeichnet. Überhöhungn, Übertreibungen und Disproportionen der Kinderzeichnung kommen teilweise auch durch Schwierigkeiten der grafischen Bewältigung zustande, mehr aber noch durch die individuelle Wertigkeit, mit der das Kind verschiedene Personen und Dinge ausstattet. Lässt man Kinder beispielsweise ihre Familie zeichnen, so wird oft nicht die Person am größten gezeichnet, die es tatsächlich ist, sondern jene Person, die für das Kind den stärksten Autoritätscharakter hat.
- Wenn in der Kinderzeichnung wichtige Teile weggelassen werden, so geschieht das manchmal nicht nur wegen der noch unvollständigen teilinhaltlichen Durchglierung des Wahrnehmungsobjektes – in frühen Kinderzeichnungen fehlt beispielsweise sehr oft die Nase, während die erlebnismäßig wichtigeren Augen und der Mund vorhanden sind. Manchmal wird auch etwas weggelassen, was unangenehm ist.

Abbildung 58: Ein linkshändiges Kind lässt in der Selbstdarstellung seinen rechten Arm weg, dessen erzwungener Gebrauch ihm Unbehagen verursacht.

- Nacheinander abgelaufene Ereignisse können nebeneinander dargestellt werden (Abbildung 59).
- Dem Inhalt nach zeigt die Kinderzeichnung im sechsten und im siebenten Lebensjahr eine deutliche Zunahme der *Zentralisation*. Die ersten Zeichnungen enthalten Einzeldarstellungen, meist von nebengeordneten, nicht zusammengehörigen Objekten.

Sehr bald beginnt das Kind jedoch, Zusammengehöriges in seinen Zeichnungen zu vereinen. Schließlich kommt es zur Darstellung von Szenen, in denen die Personen in Beziehung zueinander stehen (Abbildungen 60 und 61).

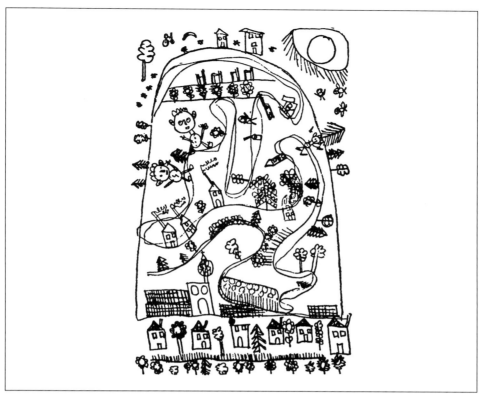

Abbildung 59: Nacheinander Erlebtes wird in derselben Zeichnung dargestellt: „Ein Schulausflug"

Abbildung 60: Zusammengehöriges wird in einer Zeichnung vereinigt (Mädchen, 5;11).

Abbildung 61: Die Szene „Sich balgende Kinder" zeigt Personen, die in Beziehung zueinander stehen.

- Die Kinderzeichnung kann *symbolische Elemente* enthalten, mit denen das Kind Ängste, Bedürfnisse und Konflikte zum Ausdruck bringt.

Die folgende Abbildung zeigt das Bild eines fünfjährigen Buben, der wegen einer Scharlacherkrankung sechs Wochen lang mit seiner Mutter isoliert gelebt hatte, ein Zustand, den er sehr genossen hatte. Als die Quarantäne zu Ende ging, war er sichtlich beunruhigt und wollte den Zustand der gemeinsamen Isolierung um jeden Preis verlängern. Nachdem die Familie wieder vereinigt war, suchte er noch längere Zeit durch ununterbrochene Inanspruchnahme der Mutter sein Recht auf Alleinbesitz geltend machen.
Das Bild heißt: „Hasenmutter mit krankem Kind im Haus". Auffallend an der Zeichnung sind das geschlossene Haus ohne Ein- und Ausgang sowie der Rauch zwischen beiden Schornsteinen, der das Motiv der völligen Abgeschlossenheit wiederholt.

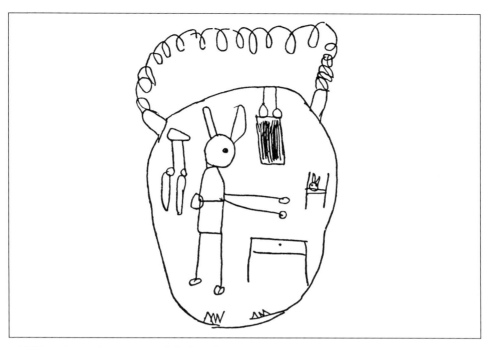

Abbildung 62: Zeichnung mit symbolischen Elementen: „Hasenmutter mit krankem Kind im Haus".

- *Dislokationen* grober Art, beispielsweise ein Auge neben dem Kopf oder ein Fuß neben der Figur, wie man sie auch bei surrealistischen Darstellungen finden kann, können im Symbolstadium manchmal auftreten. Bei älteren Kindern sind sie immer ein psychisch auffälliges Merkmal.
- Die *Farbgebung* ist in keiner Weise an der Wirklichkeit orientiert. Farben werden ganz willkürlich gesetzt. Ausschlaggebend ist primär die Freude an der Farbe.
- Das *Hauptmotiv* der Kinderzeichnung ist das Haus. Es ist das Symbol der Geborgenheit und der eigentliche Lebensraum des Fünf- bis Achtjährigen.
- *Räumliche Beziehungen werden im rechten Winkel dargestellt.* Das dürfte auf der Erfahrung beruhen, dass die Dinge vertikal auf dem Boden stehen. Auch auf schrägen Unterlagen werden Gegenstände im rechten Winkel aufgesetzt. Die rechtwinkelige Anordnung ist aber gleichzeitig jene, die alles am besten sichtbar werden lässt: Alles, was da ist, soll gesehen werden. Es gibt auf dieser Stufe noch keine Überschneidungen, kein Verdecken eines Wahrnehmungsobjektes durch ein anderes.

Abbildung 63: Alles wird im rechten Winkel zur Unterlage gesetzt; beim Baum stehen Blätter und Früchte senkrecht zu den fiederförmig angeordneten Ästen.

- Die Arme des Menschen bilden mit dem Körper eine Kreuzform. Später erst werden sie, ebenso wie die Äste eines Baumes, nach oben gerichtet und noch später im spitzen Winkel nach unten.

Abbildung 64: Richtungswechsel der Arme in der Entwicklung der menschlichen Gestalt (1. Schulstufe)

- Das interessanteste Problem der frühen Kinderzeichnungen ist die Bewältigung der *Dreidimensionalität des Raumes*. Das Kind ist hier völlig naiv und kennt gerade dort keine Probleme, wo sie in Wirklichkeit am größten sind. *Die kindliche Raumdarstellung ist eine Kombination von Aufriss- und Grundrisszeichnungen.*

Abbildung 65: Die Kinder vor dem Affenkäfig und der Zaun sind in die Ebene umgeklappt und „liegend" dargestellt, die Insassen des Käfigs im Aufriss.

10.8 Leistungsmotivation und Aspirationsniveau

Ähnliche emotionale Reaktionen wie beim Wettbewerb (vgl. Seite 173) zeigen sich beim so genannten Aspirationsniveau, das sich Kinder spontan setzen, wenn man sie zwischen verschieden schwierigen Kraft- und Geschicklichkeitsproben wählen lässt.

Bis zum Alter von dreieinhalb Jahren probieren Kinder die Aufgaben der Reihe nach durch, ohne Erfolgs- oder Misserfolgserlebnisse erkennen zu lassen. Zwischen dreieinhalb und viereinhalb Jahren sind deutliche Bemühungen erkennbar. Aufgaben werden nicht mehr der Reihe nach durchprobiert, aber auch noch nicht nach dem Gesichtspunkt des möglichen Erfolgs gewählt. Erfolgs- und Misserfolgserlebnisse finden aber deutlichen Ausdruck. Auf Misserfolg folgen heftige affektive Reaktionen.

In der zweiten Hälfte des fünften Lebensjahres lässt sich das Vorhandensein eines *Aspirationsniveaus* erkennen. Die Kinder ziehen aus Erfolg und Misserfolg gewisse Konsequenzen. Sie wählen die Aufgaben im Hinbick auf möglichen Erfolg, und zwar in der Regel auf Grund einer realistischen Einschätzung ihrer Leistungsfähigkeit. *Bedeutende indivduelle Unterschiede der spontanen Leistungsbereitschaft werden in diesem Alter bereits deutlich erkennbar.* Die Frustrationstoleranz gegenüber Misserfolgen nimmt langsam zu.

Das Aspirationsniveau ist eng verbunden mit der Leistungsmotivation, ja eine wesentliche Komponente derselben. MÜLLER (1973) fand bei Drei- bis Siebenjährigen folgende Zielsetzungsformen für das eigene angestrebte Leistungsniveau:

- Bei den Drei- bis Vierjährigen herrscht die unbezogene Zielsetzungsform vor. Die Kinder wählen jedes nächste Leistungsziel willkürlich ohne Bezugnahme auf die vorhergegangene Leistung und deren Erfolg.
- Die Vierjährigen zeigen eine starr-unangepasste Zielsetzungsform. Sie wählen in ihrem Optimismus immer dasselbe Ziel, in der Regel das schwerste.
- Erst die Fünf- bis Sechsjährigen zeigen eine deutliche Bezugsetzung des jeweiligen Zieles zu den vorangegangenen Leistungserfolgen. Hier liegt eine echte Anspruchsniveaubildung mit entsprechendem Konfliktcharakter vor.
- Die ältesten Kinder in dieser Untersuchung zeigen spontan ein sozialbezogenes Aspirationsniveau. Sie fragen, ob andere ebenso gut oder besser waren als sie selbst. Sie vergleichen also ihre Leistungen in einer Art freiwilligem Wettbewerb.

Motiviertes Verhalten impliziert immer drei Komponenten, nämlich:
1. Die *Wertorientierung*: Wie wichtig ist das angestrebte Ziel?
2. Die *kognitive Komponente*: Zeitperspektive, Vorwegnahme zukünftiger Chancen, Berücksichtigung früherer Erfahrungen etc.
3. Die *emotionale Komponente*: Furcht vor Misserfolg, Hoffnung auf Erfolg.

Bei Kleinkindern tritt in Leistungssituationen sowohl die Wertkomponente als auch die emotionale Komponente sehr deutlich auf.
Erst später tritt die kognitive Komponente auf. Das dürfte in der prälogischen Denkstruktur begründet liegen. Gegen Ende des Kleinkindalters kann das Kind frühere Leistungen schon realistisch – als Erfolg oder Versagen – registrieren, es kann aber aus den Erfahrungen der Vergangenheit noch keine Folgerungen für die Zukunft ableiten. Diese Form des logischen Schließens ist dem Vorschulalter, den Fünf- bis Sechsjährigen vorbehalten.
Eine voll entwickelte Leistungsmotivation mit dazugehöriger Anspruchsniveaubildung, bei der nicht nur die *Werthaltung* und die *emotionale Komponente*, sondern auch die *kognitive Bezugnahme* auf die Vergangenheit und von der Vergangenheit auf die Zukunft in Erscheinung tritt, findet sich erst an der Wende zum Schulalter. Hierin ist ein *Kriterium der Schulfähigkeit* zu sehen.

10.9　Die emotionale Entwicklung im Kleinkindalter

10.9.1　Erste Gewissensbildung

Mit der Vollendung des ersten Lebensjahres bewegt sich das Kind im Raum. Es erforscht seine Umwelt, angetrieben von seiner Neugierde. Dabei gerät es in Konflikt mit den Erwachsenen, die das Kind vor Gefahren und Gegenstände vor Beschädigung oder Zerstörung schützen wollen. Die Welt der Erwachsenen, repräsentiert durch die Eltern, stellt ihre ersten Forderungen: Sie setzt der explorativen Tätigkeit des Kindes durch Verbote gewisse Grenzen und sie konfrontiert das Kind mit Maßnahmen, die darauf abzielen, es an die Beherrschung seiner Körperfunktionen, an die *Reinlichkeit*, zu gewöhnen. Zu diesen ersten Einschränkungen des kindlich-triebhaften Verhaltens kommen später noch viele andere in Richtung der Anpassung an die Tagesroutine und den Erwerb sozialer Gewohnheiten.

Wesentlich bei diesem Lernen, das nun einsetzen muss, ist der Umstand, dass das Kind zu dem Zeitpunkt, an dem die ersten Forderungen an es herantreten, noch nicht in der Lage ist, ihren Sinn intellektuell zu erfassen.

Voll entwickelt ist zu diesem Zeitpunkt allerdings die *emotionale Bindung* an die ständige Pflegeperson. S. FREUD (1935) hat als Erster darauf hingewiesen, dass sich die erste Anpassung an die Umwelt über die Liebesbindung zur Mutter vollzieht. Es handelt sich dabei um eine instrumentale Konditionierung, wobei die Belohnung der Liebesgewinn ist und Liebesverlust die Strafe. Dass eine Anpassung an die erzieherischen Forderungen auf dieser frühen Stufe bei noch weitgehendem Fehlen jeglicher Einsicht überhaupt möglich ist, beruht auf dem Streben des Kindes nach Aufrechterhaltung der emotionalen Bindung. Wenn es in Konflikt gerät zwischen seinen eigenen Triebwünschen und dem, was geboten oder verboten wird, leistet es den Triebverzicht in der Hoffnung auf Liebesgewinn oder aus Furcht vor Liebesverlust. Erfüllt sich die Erwartung des Liebesgewinnes, wenn es den Triebverzicht geleistet hat, wird das Verhalten verstärkt und zugleich das Vertrauen zur Bezugsperson.

Das Verbots- und Gebotsgehorsam des Kindes ist vorerst an die Anwesenheit des Erwachsenen gebunden. Nachdem das Kind viele Male immer wieder versucht hat, seinen Triebanspruch durchzusetzen, und ihn aus Angst vor Liebesverlust oder in der Hoffnung auf Liebesgewinn aufgegeben hat, beginnt es die *geforderten Verhaltensmuster zu bejahen*. Es hat sich die Werturteile seiner Erzieher hinsichtlich „brav und schlimm", „gut und böse", „erlaubt und verboten" *zu Eigen gemacht* und ist nun in der Lage, eigenes sowie fremdes Verhalten nach diesen Gesichtspunkten zu bewerten. Es *identifiziert* sich mit diesen Werten und Normen, es hat sie *interiorisiert*.

In dieser primären Identifikation mit den von den Eltern gesetzten Werten und Forderungen sind die *ersten Ansätze der Gewissensbildung* zu sehen. Das Kind hält sich zwar von jetzt ab auch nicht immer diesen Forderungen entsprechend, *es weiß aber, wann es gegen sie verstoßen hat. Das Gewissen ist zu einer autonomen Instanz geworden*, die relativ unabhängig von äußeren Verstärkungen und oft mit großer Strenge als verhaltensregulierender Faktor wirksam wird.

Verstöße gegen die Gewissensinstanz lösen heftige Unlustgefühle aus – Gewissensbisse. Angepasstes Verhalten ist eine häufige Vermeidungsreaktion gegenüber dieser zu erwartenden Unlust.

Der Interiorisationsprozess vollzieht sich im Anschluss an die Periode der Ich-Abhebung. Auf dieser Basis kann sich allmählich auch die Einsicht in das

Warum und Weshalb von Verboten und Geboten aufbauen. Geschickte pädagogische Führung wird also schon im Kleinkinalter Verständnis für die Forderungen der Umwelt anstreben.

10.9.2 Das so genannte Trotzalter

Im zweiten oder dritten Lebensjahr beobachtet man bei den meisten Kindern eine Periode gesteigerter Erregbarkeit, in der es gehäuft zu Trotzreaktionen kommen kann. In der deutschen Entwicklungspsychologie sprach man daher vom so genannten *Trotzalter* und nahm an, dass das Trotzverhalten als solches entwicklungsbedingt, normal, ja sogar unvermeidlich und notwendig sei. Untersuchungen konnten jedoch zeigen, dass diese Verhaltensformen nicht universell auftreten, sondern nur unter bestimmten *kulturellen und erzieherischen Bedingungen*.

So konnte L. KEMMLER nach ausführlichen Untersuchungen bereits 1957 zum Trotzalter Folgendes festhalten:
- *Trotzanfälle treten bereits vor dem so genannten ersten Trotzalter auf.*
- *Trotzanfälle treten nicht bei allen Kindern auf, sie sind somit offensichtlich kein notwendiges Stadium der Entwicklung.*
- *Trotzanfälle entstehen dann, wenn Erwachsene unvermittelt die Tätigkeit eines Kindes blockieren und das Kind zwar eigene Tätigkeiten länger verfolgen kann, aber sich noch nicht sprachlich so verständlich machen kann, dass die eigenen Bedürfnisse deutlich werden.*
- *Liegt diese Entwicklungsdiskrepanz nicht vor, kommt es nicht zum Trotz.*
- *Liegt sie vorübergehend vor, so verschwinden Trotzanfälle etwa mit 2;6 Jahren.*
- *Einige Kinder zeigen danach fixierten Trotz, und zwar dann, wenn sie erfahren haben, dass sie mit den Trotzanfällen bei den Erwachsenen etwas erreichen können.*

(Zu einer ausführlichen kritischen Auseinandersetzung siehe STEINEBACH 2000).

Entwicklungsbedingt im eigentlichen Sinn ist also nicht der Trotz des Kindes, sondern die Entdeckung seines Ich, die sich in dieser Zeit vollzieht. Der Vorgang der Ich-Abhebung aus der bisherigen Verschmolzenheit mit der Umwelt resultiert einerseits aus den *kognitiven Erfahrungen* mit den Mitmenschen und dem eigenen Körper, anderseits aus dem *Bewusstwerden der eigenen Strebungen und Gefühle*. Das erste Erlebnis der eigenen Identität entsteht wahrscheinlich im

Zusammenhang mit der Entdeckung, dass man Pläne machen und seinen Willen dem der Umgebung entgegensetzen kann. *Das Ich konstituiert sich aus der Konfrontation mit dem Du* (SPITZ 1960).

Die Erregungsphase des zweiten und dritten Lebensjahres ist gekennzeichnet durch eine starke *Ambivalenz der Gefühle*. Die Liebe zu den Eltern schlägt bei Konflikten sehr rasch in Ablehnung um, aber solche negativen Gefühle rufen ihrerseits intensive Schuldgefühle hervor. Diese Schuldgefühle veranlassen das Kind einerseits dazu, sich erneut der Liebe der Eltern zu versichern, anderseits drängen sie auch nach „Entsühnung" durch Strafe. Diese sucht das Kind herbeizuführen, indem es durch besondere Widersetzlichkeit provoziert. Die Gefühlslage ist voll von Widersprüchen, denen das Kind ohne ruhige, überlegte Führung und ohne echte Geborgenheit nicht gewachsen ist.

10.9.3 Die psychoanalytische Theorie der frühkindlichen Entwicklung

Die Psychoanalyse unterscheidet das „Es" als die Instanz des Triebhaften und Instinktiven, die eigentliche Sphäre des Unbewussten; das „Ich", das unser bewusstes Leben, alle kognitiven Prozesse, das Denken und Handeln, kurz die Auseinandersetzung der Person mit der Umwelt, steuert, und schließlich das „Über-Ich", das man mit dem Gewissen gleichsetzen kann, dem Träger unseres Wertsystms, das bestrebt ist, unser Verhalten an diesem zu orientieren, und das jedes Zuwiderhandeln mit Sanktionen straft.

Die grundlegende typisch menschliche Konfliktsituation besteht in der Auseinandersetzung zwischen den Triebansprüchen des „Es" und dem „Über-Ich". Sie entsteht immer dann, wenn die Befriedigung dieser Triebansprüche als mit dem Wertsystem nicht übereinstimmend vom „Über-Ich" zurückgewiesen wird.

Das Ausmaß der Triebbefriedigung, vor allem die Befriedigung des Nahrungsbedürfnisses, der Aggressivität und der Sexualität, wird durch die Strenge des „Über-Ich" entschieden und diese hängt wieder von der Erziehung ab.

10.9.3.1 Die frühkindliche Sexualentwicklung

Der Begriff der Sexualität wird von der Psychoanalyse über die Genitalzone hinausreichend verstanden und auf zwei weitere erogene Zonen, nämlich die Oralzone und die Analzone mit bezogen. Aus der Sicht der Psychoanalyse verläuft die frühkindliche sexuelle Entwicklung entlang dieser drei Zonen. Unterschieden wird dementsprechend:

- *Die orale Phase*, in welcher der Mundbereich die Quelle primärer lustvoller Befriedigung ist: Erstes Lebensjahr.
- *Die anale Phase*, in der sich das Interesse den Ausscheidungsprodukten zuwendet. Sie umfasst das zweite und dritte Lebensjahr und ist gekennzeichnet durch die Forderung der Umwelt nach Verzicht auf den sofortigen Vollzug der lustbetonten Entleerung.
- *Die phallische Phase*. Das Kind nimmt sein Geschlecht zur Kenntnis und stellt die ersten Fragen, die mit der Sexualsphäre zusammenhängen.

In der *Oralphase* besteht der Lustgewinn primär in der Befriedigung des Nahrungsbedürfnisses durch die Mutter, die dadurch zum ersten Liebesobjekt des Kindes wird. Die regelmäßige Befriedigung der oralen Bedürfnisse bei gleichzeitiger liebevoller Zuwendung entscheidet über die Entwicklung des so genannten *Urvertrauens* (ERIKSON 1965), das dem Kind eine sichere Verwurzelung in einer emotionalen Bindung ermöglicht und damit die Basis zum vertrauensvollen Vordringen in die Welt schafft.

Die *Analphase* bringt eine Verlagerung der Aufmerksamkeit auf die Analzone. Dies geht primär vom Erwachsenen aus, der nun verlangt, dass das Kind auf die lustvolle sofortige Befriedigung des Bedürfnisses nach Entleerung verzichtet und lernt, sein Bedürfnis zu melden und die Schließmuskeln erst zum geeigneten Zeitpunkt und am geeigneten Ort zu entspannen. Mit der allmählichen Reinlichkeitsgewöhnung wird der erste Schritt in der Überwindung der kindlichen Triebhaftigkeit getan. Der Verzicht wird in der Regel der Mutter zuliebe geleistet, um Liebesgewinn zu erzielen und eventuellen Liebesverlust zu vermeiden. Die Exkremente, für die das Kind in diesem Alter großes Interesse zeigt und die es als Teil seiner selbst betrachtet, werden der Mutter gleichsam als Geschenk dargebracht. Zur analen Phase gehört auch die spielerische Beschäftigung mit Exkrementen (Kotschmieren). In dieser Phase treten erstmals auch aggressive Tendenzen auf.

Die *phallische Phase* führt im Zusammenhang mit dem Bewusstwerden der eigenen Person, der Ich-Abhebung, dazu, dass das Kind sein Geschlecht zur Kenntnis nimmt. Es kommt zu spielerischem Hantieren, Erektionen, Masturbation und frühkindlichem Exhibitionismus. Die Neugierde des Kindes an der Sexualsphäre äußerst sich in Fragen, und zwar:
- Warum sehen Buben anders aus als Mädchen?
- Woher kommen die kleinen Kinder?

In die phallische Phase fällt auch der von S. FREUD so benannte „Ödipuskonflikt". Die Bezeichnung ist nicht sehr glücklich gewählt und erweckt falsche Vorstellungen von den Wünschen des Kindes. Tatsache ist jedoch, dass sich das Kind mit seiner Stellung zwischen den Eltern auseinander setzen muss. In der Periode der Ich-Abhebung erkennt es, dass die Mutter ihm nicht alleine gehört, und es spürt, dass sie dem Vater in besonderer Weise verbunden ist und mit ihm eine Gemeinschaft bildet, aus der sich das Kind ausgeschlossen fühlt. Diese Entdeckung lässt den Vater als Rivalen erscheinen, mit dessen Rolle sich das Kind jedoch identifizieren möchte.

Nach dem Abklingen der phallischen Phase, etwa im sechsten Lebensjahr, beginnt für das Kind ein Stadium der Beruhigung, die *Latenzperiode*, in der die sexuellen Probleme zu Gunsten einer sachlichen, umweltbezogenen Haltung zurücktreten. Diese Periode deckt sich in etwa mit jener Strukturstufe, die als naiver Realismus bezeichnet wird.

10.9.3.2 Die Abwehrmechanismen

Nach der ursprünglichen psychoanalytischen Theorie werden alle Handlungen des Menschen primär durch das *Lustprinzip* motiviert, also durch das Streben, die triebhaften Bedürfnisse zu befriedigen. In der Konfrontation mit der Umwelt wandelt sich das Lustprinzip jedoch zum *Realitätsprinzip*. Die Umwelt legt Beschränkungen auf, übt Sanktionen aus. So lernt man schließlich als Reaktion auf die frustrierende Einwirkung der Umwelt seine Triebe zu kontrollieren. Es gibt aber nicht nur diese passive Anpassung, sondern auch eine aktive Anpassung, ein So-sein-Wollen, einen freiwilligen Triebverzicht mit dem Wunsch „dazuzugehören".

Das Kleinkind ist von vornherein ein reines Triebwesen, das nach dem Lustprinzip leben möchte. Die Beschränkung und die Eindämmung dieser Triebhaftigkeit sind ein komplizierter Prozess, der sich nach der psychoanalytischen Theorie über die Gewissensbildung und mit Hilfe von *Abwehrmechanismen* vollzieht. *Diese verdrängen manches Unerlaubte*, sichern das „Ich" vor dem Durchbruch der Triebansprüche ab und dienen in diesem Sinne der *Sozialisierung*. Folgende Abwehrmechanismen sind dabei von besonderer Bedeutung:

- *Verdrängung*
  Darunter versteht man das Ausstoßen von Triebansprüchen, Gedanken, Wünschen, die das Gewissen nicht zulassen will, aus dem Bewusstsein.

- *Reaktionsbildungen*
  Um das Wiederauftauchen von Verdrängtem zu verhindern, wird sein Gegenteil im Bewusstsein verankert. Hier spielen die Emotionen des Ekels und der Scham eine wichtige Rolle.
- *Sublimierung*
  Hier handelt es sich um das Aufgeben des Anspruchs auf triebhafte Befriedigung zu Gunsten von Leistungen, die sozial akzeptiert oder sogar besonders positiv bewertet werden.
- *Regression*
  Darunter versteht man das Zurückfallen auf bereits überwundene Entwicklungsstufen. Eine besondere Eigenart der Triebentwicklung besteht darin, dass kein Stadium dieser Entwicklung so voll überwachsen und überwunden wird, wie es bei den Stadien der körperlichen Entwicklung der Fall ist. Nach der psychoanalytischen Theorie bleibt ein Teil der Triebenergie an jenen Zonen und Verhaltensweisen haften, die auf früheren Stufen Befriedigung geboten haben. Ganz schwer fällt die Trennung von oralen Befriedigungen der frühen Kindheit. So bleiben ihnen viele Menschen teilweise verhaftet, auch wenn sich der Gegenstand, aus dem sich orale Befriedigungen ableiten lassen, verändert (beispielsweise Rauchen).
  Teilweises Haftenbleiben ist normal, während Fixierungen (als Steckenbleiben auf einer frühkindlichen Stufe) Abweichungen darstellen. Allerdings ist die Grenze nicht einfach zu ziehen.
  Befriedigungen der früheren Kindheit können eine gewisse Bedeutung für die Stabilisierung des seelischen Gleichgewichts haben. Daher zieht sich das Kind darauf zurück, es *regrediert*, vor allem, wenn die reale Situation eine besondere Belastung darstellt. So kommt es vor, dass Kinder nach der Geburt eines Geschwisters wieder Daumen lutschen oder einnässen. Häufiger treten Regressionen aber bei schulischer Überforderung, Milieuwechsel, Spitalsaufenthalten, Verlust eines Elternteiles, Scheidung und anderen schwer belastenden Situationen auf.
  Auch Erwachsene kennen Regressionen unter dem Druck seelischer Belastung (erhöhter Nikotin-, Alkoholkonsum, gesteigerter Konsum von Süßigkeiten etc.).
  Regressionen sind ein normaler Prozess und oft sehr nützliche Reaktionen auf Situationen, die für das Individuum schwer zu bewältigen sind. Sie helfen Frustrationen zu ertragen, indem sie das Zurückgreifen auf gesicherte

Befriedigungen der frühen Stufe gestatten. Eine Hilfe für die Stabilisierung des seelischen Gleichgewichts ist jedoch nur dann gegeben, wenn Regressionen vorübergehend sind. Kommt es zu Fixierungen, sind Ansatzpunkte für die Herausbildung von Neurosen gegeben.

- *Neutralisierung*
  Hier handelt es sich darum, peinliche Zustände, Frustrationen und qualvolle Erlebnisse dadurch zu entschärfen und erträglicher zu machen, dass man sich emotional von ihnen distanziert – so, als ob sie einem gar nichts ausmachten und einen nicht im Geringsten berührten.

10.9.3.3 Von der infantilen Abhängigkeit zur ersten Verselbstständigung

In Anlehnung an die Ausführungen von A. FREUD (1968), MAHLER et al. (1975) und SPITZ (1957) lassen sich folgende Stufen unterscheiden:

- Die *autistische Phase* (Geburt bis zwei Monate)
  Das Kind ist noch völlig in sich beschlossen, es genügt sich selbst – zwar nicht wirklich, denn es bedarf der Bedürfnisbefriedigung und Pflege der Mutter, jedoch nimmt es diese nicht wahr: Sie ist ein Teil seiner selbst. Aber schon vom ersten Tag an werden nicht nur jene Reize wirksam, die von innen kommen, sondern auch Hautreize, die von der Mundzone und von der Berührung mit der Mutter ausgehen, und bald auch andere Kontaktwahrnehmungen, vor allem die Stimme und der Blick. Nach SPITZ ist die Entwicklung der Fremdwahrnehmung am stärksten an die Situation der Nahrungsaufnahme gebunden. Durch den Blickkontakt ist das Kind durch längere Zeit mit dem Gesicht, vorerst mit der für es einzig relevanten Augenpartie, konfrontiert. Auch erlebt es vage das Innen und Außen, die Beziehung zwischen Ich und der Nahrungsquelle, zwischen dem, was von draußen kommt, und der Befriedigung, die dies verursacht. In der Nahrungssituation sind alle zur Zeit relevanten Quellen der Wahrnehmung vereint.
- Die *symbiotische Phase* (Ab dem zweiten Monat)
  Das Kind beginnt nun die Mutter wahrzunehmen, es bildet mit ihr eine Dyade, die noch keine Unterscheidung von innen und außen kennt. Diese entwickelt sich erst allmählich, etwa ab dem vierten Monat, wenn das Kind zu greifen beginnt und nun auch die Außenwelt aktiv in sein Wahrnehmungsfeld einbezieht. In der symbiotischen Phase ist die Bezugsperson

zwar austauschbar, Veränderungen werden jedoch registriert, und das völlige Fehlen eines symbiotischen Korrelats ist besonders verhängnisvoll. Jede mehr als dreimonatige Trennung von der Mutter im ersten Lebensjahr ohne vollwertige Ersatzperson führt zu irreparablen Schäden. Das Ende dieser Phase, von SPITZ die „Stufe des Objektvorläufers***" genannt, ist charakterisiert durch das Lächeln als Reaktion auf das Gesichtssignal (Augenpartie).

- *Die Phase der Differenzierung* (Ab dem sechsten Monat)
Das Kind beginnt den eigenen Körper von dem der Mutter zu unterscheiden, gleichzeitig aber auch diese von anderen Personen (vgl. Seite 119). Sie ist nicht mehr austauschbar, ohne dass beim Kind heftige Reaktionen eintreten: Sie ist zum Liebesobjekt geworden. SPITZ (1957) spricht von der Stufe der eigentlichen libidinösen Objektbesetzung. Das Kind fühlt sich der Mutter zugehörig. Es stellt an sie besondere Ansprüche, vor allem den der Anwesenheit. Die emotionale Bindungsfähigkeit ist nun voll entwickelt. Die Beziehung zur ständigen Pflegeperson zeigt gegen das Ende des ersten Lebensjahres schon die Merkmale jeder libidinösen Beziehung: Wunsch nach Alleinbesitz, nach Zärtlichkeit und körperlicher Nähe, nach Beachtung und Anerkennung sowie Trennungsangst und -schmerz.
Dass das Kind deutlich zwischen bekannt und fremd unterscheidet, zeigt die so genannte Acht-Monate-Angst. In individuell sehr unterschiedlichem Ausmaß reagieren fast alle Kinder dieses Alters auf fremde Personen mit Versagen des Lächelns, Abwendung, Protest gegen Berührung oder Weinen. Dieses Verhalten markiert den Übergang von der nichtindividuellen Bindungsphase zur individuellen Bindung (HASSENSTEIN 1975).
Mit der Fähigkeit zur Differenzierung der Beziehungen zu den Personen der Umwelt treten neue soziale Fähigkeiten in Erscheinung: das Verständnis für Gebärden, vor allem für solche der Annäherung, aber auch für verbietende, fordernde und drohende Gesten; die Fähigkeit, positive Gefühle wie Liebe, Freude, Zärtlichkeit, freudige Erwartung zu zeigen, aber auch negative: Eifersucht, Neid, Ärger, Zorn und Aggression.
Die Beziehung zur Mutter wird ambivalent, denn seit das Kind sich von ihr wegzubewegen und die Umwelt zu erforschen beginnt, kommt es zu *einschränkenden erzieherischen Eingriffen*. Das Kind versteht sie nicht, betrachtet sie als Versagung, reagiert beleidigt oder aggressiv. Das zeitwese Weggehen der Mutter und die Tatsache, dass sie nicht immer erreichbar ist, wird als Liebesverlust registriert. Das Kind ist nun allerdings auch in der

Lage, sich erzieherischen Eingriffen zu widersetzen. *Es kann nein sagen.* Spitz (1960) betont, dass damit eine neue Stufe der Kommunikation erreicht ist, die eine erste Abhebung des Ich von der Umwelt darstellt, eine Gegenüberstellung des Ich mit der anderen Person, gegen deren Übergriffe man sich zur Wehr setzt. Wahrscheinlich kann das Ich nur in Konfrontation mit dem Du erstmals erlebt werden. Dieses Stadium ist ungefähr mit fünfzehn Monaten erreicht.

Sehr charakteristisch im zweiten Lebensjahr ist das *Nachfolgeverhalten*. Ein Kind, das scheinbar zufrieden alleine oder mit einer wohlvertrauten anderen Person spielt, lässt beim Anblick der Mutter sofort alles liegen und stehen und schließt sich ihr an. Das Kind schwankt zwischen dem eigenen Wunsch nach Verselbstständigung und dem Bedürfnis, die Mutter zu binden. Die Objektkonstanz ist noch nicht gegeben. Die Beziehung ist noch nicht so gefestigt, dass sie ungestört über eine Periode der Trennung bestehen kann. Das Kind fürchtet bei jeder Trennung, die Mutter ganz zu verlieren. Daher kommt es im zweiten und auch im dritten Lebensjahr bei der Trennung des Kindes von seiner Mutter zu besonders heftigen Reaktionen (Meierhofer und Keller 1970).

Nach Müller-Küpers (1979) waren von den Säuglingen, die bei der Trennung drei Monate alt waren, nur wenige gestört. Von denen, die sechs Monate alt waren, wiesen 86 % Störungen auf, und von den sieben Monate alten Säuglingen reagierten ausnahmslos alle mit deutlichen Verhaltensauffälligkeiten auf einen Wechsel der Bezugsperson. Die Unterbrechung einmal eingegangener Bindungen ruft Beunruhigungen hervor, und bereits geprägte Formen des Verhaltens und der Entwicklung können durch Bindungsbrüche zerstört werden. Bewiesen ist, dass ein Säugling in der Zeit vom siebenten bis zum zehnten oder elften Monat besonders empfindlich auf die Unterbrechung gerade eingegangener Bindungen reagiert. Diese sensible Phase betrifft die Entwicklung der Lautbildung, der Sprache und der Fähigkeit, Gefühlsbindungen einzugehen.

- *Die Phase der ersten Verselbstständigung* (Beginn mit etwa drei Jahren)
  Das Kind ist nun – ein positiver Ablauf der vorhergegangenen Phasen vorausgesetzt – in der Lage, die Abwesenheit der Bezugsperson für eine begrenzte Zeit zu ertragen im Vertrauen darauf, dass sie unverlierbar ist und wiederkommen wird. Das Kind versteht nun auch, dass sie eine Eigen-

persönlichkeit ist, mit eigenen Plänen, Wünschen und Bedürfnissen, die nicht immer mit denen des Kindes übereinstimmen. Es kann nun auch ohne ihre körperliche Anwesenheit mit ihr vereint bleiben. Familienfremde Erzieher werden akzeptiert, mit anderen Kindern werden Freundschaften angebahnt, es wird gemeinsam gespielt, das Kind kann sich in das Gruppenleben integrieren.

Je weniger befriedigend die Beziehung zur primären Bezugsperson ist, desto größer ist die Abhängigkeit von ihr („Klammersyndrom"), desto gebremster das Neugierde- und Explorationsverhalten. Es ist, als ob das Kind sich davor fürchtete, dass sie ihm verloren geht, während es sich der Umwelt zuwendet, und dass es daher wichtiger sei, sich an sie zu klammern, als sich neuen Herausforderungen zu stellen.

10.9.3.4 Die Rolle des Vaters

ROTMANN (1980) weist darauf hin, dass sich das Kind schon in der Phase der Differenzierung nicht mehr im Zustand der Dyade befindet, sondern – eine vollständige Familie vorausgesetzt – in einer Dreipersonenbeziehung, der Triade. Auch dem Vater gegenüber gibt es ja keine Fremdheitsreaktion, auch er wird freudig begrüßt. Im zweiten Lebensjahr ist er ebenso Zufluchtsort wie die Mutter und oft ein bevorzugter Spielgefährte (vgl. auch Seite 67). Dies auch dann, wenn er viel weniger in Erscheinung tritt als die Mutter und an den Pflegehandlungen nicht oder kaum teilnimmt.

Unterschiede in der Beziehung der Kinder zu ihren Vätern und Müttern bestehen in zwei Richtungen:
- Der Vater kann ein der Mutter gegenüber bevorzugter Spielpartner werden.
- Die Beziehung zum Vater ist weniger ambivalent. Die anfangs symbiotische Beziehung zur Mutter ist und bleibt sehr eng und damit auch verwundbar.

Der Anspruch auf Zärtlichkeit, körperliche Nähe und Beachtung kann auch dem Vater gegenüber geltend gemacht werden, auch Trennungsschmerz beim Verlassenwerden tritt auf. Von jenen Gefühlsschwankungen zwischen Liebe und Aggression, die bei erzieherischen Eingriffen der Mutter, beim eigenen Wegmüssen von ihr und doch Vereint-bleiben-Wollen und bei der zeitweisen Unerreichbarkeit der Mutter eintreten, bleibt er aber weitgehend verschont. Er ist eher eine bewunderte und geliebte „mächtige" Person. Die Ambivalenz der Gefühle ihm gegenüber tritt erst in der ödipalen Phase (siehe Seite 190) auf.

Rotmann sieht die Bedeutung der Bindung an den Vater in dessen Hilfe für das Kind bei der Ablösung von der Mutter, in der Hilfe beim Aufbau der Geschlechtsidentität, in der allgemeinen Entwicklungsförderung und in der Erweiterung der Kontaktfähigkeit. Voraussetzung ist eine liebevolle Beziehung der Eltern zueinander.

10.10 Das Kind im Kindergarten

Für die meisten Kinder ist der Eintritt in den Kindergarten ein ebenso einschneidendes Ereignis wie später der Schuleintritt, auch dann, wenn jenes Stadium der Ablösung von der Mutter erreicht ist, welche das Leben in der Gruppe ohne traumatisierende Wirkung erst möglich macht.
Hefele und Wolf-Filsinger (1986) haben sich mit den Reaktionen von Kindergartenneulingen auf den Eintritt in den Kindergarten beschäftigt. Dabei hat das Kind vor allem vier belastende Situationen zu bewältigen:
- Trennung von der Bezugsperson,
- eine neue räumliche Umgebung,
- neue Bezugspersonen,
- neue soziale Rollen.

In der ersten Phase nach dem Eintritt zeigen die Kinder deutliche Zurückhaltung in ihren Aktivitäten und im Sprachverhalten. Sie halten Distanz, zeigen eine gewisse psychische Labilität und beschränken sich auf das Zuschauen und Beobachten. Es ist offensichtlich eine Orientierungsphase, die aber eine Belastung darstellt, da die Kinder auch zu Hause ähnliche Verhaltensweisen zeigen.
Erst in einer zweiten Phase kommt es dann zu spontanen Durchsetzungs- und Integrationsbemühungen und zu einer Erweiterung des Aktionsradius. In dieser Phase kann es zu ersten Konflikten mit den bis dahin eher zurückhaltenden Kameraden kommen, die sich durch die Aktivitäten des Neulings in ihrer Position bedroht sehen.
Die Eingewöhnung in den Kindergarten kann erleichtert werden durch
- Bekanntheit mit Kindern, die den Kindergarten besuchen,
- Schnupperstunden und probeweise Aufnahme,
- gute Vorbereitung der Eltern auf den Kindergarten,
- Interesse der Eltern.

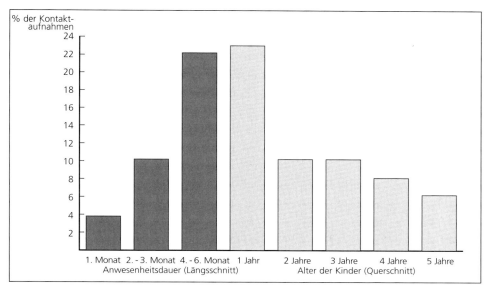

Abbildung 66: Relativer Anteil der Kategorie „Blickkontakt, anlachen, anlächeln" an den Kontaktaufnahmen (SCHMID-DEUTER 1985)

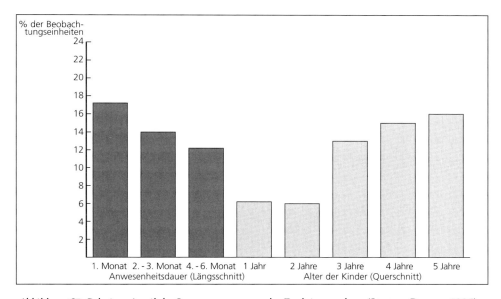

Abbildung 67: Relativer Anteil der Lernanregungen an der Funktionsstruktur (SCHMID-DEUTER 1985)

Die klassischen Untersuchungen von PARTEN und NEWHALL (1943) unterscheiden sechs Kategorien von sozialen Verhaltensweisen im Kindergarten:
- völliges Unbeteiligtsein,
- einsames Alleinspiel,
- Zuschauerrolle,
- parallel verlaufendes Spiel ohne gegenseitige Kontaktaufnahme
- assoziiertes Spiel mit sozialen Kontakten, aber ohne Arbeitsteilung, Organisation und hierarchische Ordnung,
- organisiertes, zielgerichtetes Spiel mit Arbeitsteilung und verschiedenen Rollen.

In derselben Untersuchung wurden auch die Formen der Unterordnung und der Führung bei Kindern erhoben. Dabei zeigten sich folgende fünf Kategorien:
- Folge leisten
- unabhängiges Spiel
- Folgen und Befehlen
- Teilen einer Führungsrolle
- alleinige Führungsrolle

Einzelne Kinder erwiesen sich als besonders aktive Führer. Dabei zeichneten sich zwei Typen ab:
- Der aggressive Führungsstil mit Neigung zu Cliquenbildung. Sein Einfluss beschränkt sich auf einige ergebene Kameraden, der Rest der Gruppe scheint ihn zu fürchten.
- Der überredende, freundschaftlich helfende Führungsstil, meist bei Mädchen, von dem sich viele Kinder leiten lassen.

In den Untersuchungen von SCHMID-DEUTER (1985) hat sich gezeigt, dass die fünfjährigen Buben eine bevorzugte Gruppe im Kindergarten darstellen. Sie werden von allen Altersgruppen am häufigsten als Kontaktpartner gesucht, unbeschadet der Tatsache, dass sie selbst nur auf ungefähr die Hälfte aller Initiativen reagieren. Dabei bevorzugen sie eindeutig die eigene Altersgruppe und aus dieser wieder die gleichgeschlechtlichen Gruppenangehörigen. Zwei Drittel der Initiativen von Buben sind an gleichaltrige Buben gerichtet. Auch die Mädchen, und hier auch wieder vor allem die Fünfjährigen, wenden sich mit zwei Drittel ihrer Initiativen an gleichaltrige Mädchen.

Fünfjährige Mädchen sind viel seltener Adressatinnen von Kontaktwünschen anderer Kinder als die fünfjährigen Buben, obwohl sie viel weniger abweisend sind. Sie haben auch eindeutig weniger Prestige. Alle drei- bis vierjährigen Kinder, aber auch die fünfjährigen Mädchen zeigen sich höchst aufgeschlossen gegenüber Kontaktinitiativen der fünfjährigen Buben, erhalten diese jedoch sehr selten.

Am besten interagieren die Drei- und Vierjährigen, die ersteren, weil sie eifrig nach älteren Partnern suchen, die Vierjährigen, weil sie überlegen sind und die Führungsrolle übernehmen. Mit der eigenen Altersgruppe können die Drei- und Vierjährigen wenig anfangen.

Die fünfjährigen Buben werden also am häufigsten als Adressaten von Kontaktinitiativen gewählt. An zweiter Stelle stehen Gruppen. Hier ist der Erfolg aber am geringsten, die Initiativen werden meist ignoriert. Das betreffende Kind wird dann zum Zuschauer.

Erst an dritter Stelle steht die Erzieherin. Bei ihr wird Trost und Hilfe gesucht (Wünsche, Fragen, Blick- und Körperkontakt – kurz, die Befriedigung emotionaler Bedürfnisse). Mädchen wenden sich viel häufiger an die Erzieherin als Buben. Die Wahrscheinlichkeit, dass die Kontaktinitiative des Kindes aufgegriffen wird, ist sehr hoch. Von den Anforderungen der Kinder her gesehen, kommt den KindergartenpädagogInnen eine instrumentelle und sehr stark eine emotionale Unterstützungsfunktion zu.

---

* k steht für Kind, g für individuelle Grammatik, G für überindividuelle Grammatik
** Unter Objekt versteht die Psychoanalyse immer das Liebesobjekt oder die Bezugsperson.

11 Die spätere Kindheit

11.1 Allgemeines zum Strukturwandel in der späteren Kindheit

Als spätere Kindheit gilt der Lebensabschnitt zwischen dem Schuleintritt und dem Beginn der körperlichen Reife (Vorpubertät). Er ist gekennzeichnet durch eine zunehmend realistische Einstellung dem Leben gegenüber und durch die Auseinandersetzung des Kindes mit der Welt der Schule. LehrerInnen können im positiven wie im negativen Sinn große Bedeutung erlangen und prägenden Einfluss auf die Persönlichkeit nehmen.
Man unterscheidet zwei Perioden:
- Den *naiven Realismus*, etwa von fünf bis acht Jahre, und den daran anschließenden
- *kritischen Realismus.*

Im naiven Realismus ist das Kind noch sehr in seine engere Umwelt eingebunden und dieser – sowie Autoritäten gegenüber – unkritisch. In der darauf folgenden Periode weitet sich der Horizont, und das logisch-kritische Denken macht auch vor den engsten Bezugspersonen nicht Halt. Es vollzieht sich ein Strukturwandel, nicht nur im kognitiven, sondern auch im sozialen und emotionalen Bereich, wobei die Strukturen fließend ineinander übergehen und die Dauer des Verharrens auf jeder der beiden Strukturstufen im Einzelfall stark variiert. Das zweifellos wichtigste Ereignis in der späteren Kindheit ist der Schuleintritt.

11.2 Schulfähigkeit und Schulbereitschaft

11.2.1 Kriterien der Schulfähigkeit
Der Ausdruck „Schulreife", mit dem man früher üblicherweise die Summe der psychischen Merkmale bezeichnete, die ein Kind befähigen, sich die Kulturtechniken im Rahmen einer Gruppe anzueignen, stammen aus der Zeit, in der die Veränderungen im Laufe der Kindheit und der Jugend fast ausschließlich als Reifungsphänomene aufgefasst wurden (vgl. auch Seite 35f.). Inzwischen hat man die Entwicklung als einen komplexen Prozess von

Wechselwirkungen erkannt, bei dem das Tempo der strukturellen Reifung (der Altersreifung) modifiziert werden kann, durch stärker oder schwächere individuell-genetische Reifungsimpulse (Intelligenz, Begabung), durch fördernde oder hemmende Milieueinflüsse, und schließlich durch Art und Intensität der individuellen Selbststeuerung.

Man spricht somit besser von *Schulfähigkeit* im objektiven Sinn und von *Schulbereitschaft* im subjektiven Sinn.

Schulbereitschaft ist dann gegeben, wenn ein Kind die Lernmöglichkeiten, die im Vorschulalter angeboten werden, erschöpft hat und es in seiner geistigen Auseinandersetzung mit der Welt an einem Punkt angelangt ist, an dem es nach neuen Ordnungsprinzipien verlangt, die es selbst nicht mehr gewinnen kann.

Schulbereitschaft ist schließlich auch dann vorhanden, wenn sich die emotionale Ablösung von der Familie, besonders von der Mutter, so weit vollzogen hat, dass nun auch ein Bedürfnis nach einer aktiven Anteilnahme an einer Gemeinschaft Gleichaltriger entstanden ist.

Der Schulfähigkeit ist ein psychischer Wandlungsprozess vorausgegangen, dessen Ansätze sich bis ins vierte Lebensjahr zurückverfolgen lassen, denn mit der Überwindung des Anthropomorphismus verschwindet auch die soziale und geistige Egozentrik und macht allmählich einer realistischen Weltauffassung Platz.

Eine neue Realitätszugewandtheit, ein neues Regelbewusstsein ermöglichen nun die ersten Ansätze eines erfahrungsorientierten kausalen und begrifflichen Denkens. (Siehe dazu die Beispiele Seite 138f.)

Das Kind lernt nun allmählich, *Erfahrungen im Sinne logischer Denkstrukturen zu generalisieren*. Die Diskrepanz zwischen Erfahrungswissen und Denkprinzip wird nach und nach überwunden, indem das Erfahrungswissen in die logischen Denkstrukturen integriert werden kann. Das Kind stiftet nun nicht mehr selbst Beziehungen, es sucht sie in der Wirklichkeit zu finden. An Stelle der willkürlichen Setzung tritt die Entnahmefähigkeit, dies ist besonders an der nun am Vorbild orientierten und auf Genauigkeit bedachten Nachahmungsbereitschaft zu sehen.

Von besonderer Bedeutung speziell für das Erlernen von Schreiben, Lesen und Rechnen ist der Übergang vom globalen Erfassen optischer und akustischer Gestalten zur *Gliederungsfähigkeit*, also zum teilinhaltlichen Erfassen (KERN 1951, NICKEL 1967). Das gelingt bereits Vierjährigen verhältnismäßig gut bei gegenständlichen Wahrnehmungsobjekten, besonders wenn sie dem Kind gut vertraut sind. Bei abstrakten Formen ohne Sinnbezug hingegen – und dazu gehören auch Grapheme und Wortbilder – kommt die wahrnehmungsmäßige Durchgliederung der Gestalten erst später. Erst im siebenten Lebensjahr können die meisten Kinder auch die akustischen Gestalten der Wörter zergliedern, indem sie einzelne Laute heraushören. Dann gelingt es ihnen auch, das Wort aus seiner engen Verbundenheit mit den assoziierten Erlebnissen (Vorstellungen und Gefühlen) zu lösen und als „Ding an sich" zu erfassen, das man in seine Bestandteile zerlegen und aus eben diesen Bestandteilen wieder aufbauen kann. Vom Einfluss des *werkschaffenden Spiels* (Seite 168f.) auf *Ausdauer* und *Konzentrationsfähigkeit, willkürliche Aufmerksamkeit* und *Aufgabenbereitschaft* wurde bereits gesprochen. Kinder, die sich selbst Aufgaben stellen, sind in der Regel auch bereit, Aufgaben von Erwachsenen zu übernehmen. Sie wollen und brauchen fremdgestellte Aufgaben.

Es gibt eine Reihe spezifischer Anforderungen an ein Schulkind, die je nach der Organisation der schulischen Umgebung unterschiedlich bedeutsam sind: Es muss zumindest einige Zeit still sitzen können, seine körperlichen Bedürfnisse zu bestimmten Zeiten befriedigen, es muss einige Zeit zuhören können, seinen starken Bewegungsdrang unterdrücken können – kurz, auch die kindgerechteste Schule verlangt in gewissem Maße Triebverzicht und Triebhemmung. Das Kind muss im Stande sein, in Anpassung an die jeweilige Situation auf die unmittelbare Befriedigung individueller Wünsche und Bedürfnisse verzichten zu können.

Schulfähigkeit hat grundlegend eine kognitive und eine soziale Komponente. Im kognitiven Bereich sind es neue Bereiche des Geistigen, im sozialen Bereich die regelhaften Ordnungen einer Gruppe. Zwar sind Sechs- bis Siebenjährige in der Regel noch nicht fähig, das Gruppenleben selbst zu gestalten, aber sie wollen „dabei sein", „dazugehören". Sie wollen auch – und das ist ein wesentlicher Unterschied zum Vorschulalter – *Rollenträger* sein, Funktionen erfüllen, wo sie kraft ihres Amtes zu Ansehen gelangen können.

Eine weitere wichtige Komponente sind *Arbeitshaltung* und *Motivation*. Schulfähigkeit ist somit eine Frage der gesamten Persönlichkeit.

Früher wurde ein weiterer Aspekt der so genannten Schulreife betont, nämlich das *körperliche Wachstum*. Das Wachstumstempo des Kindes bleibt zwar zwischen dem dritten und dem elften Jahr in etwa konstant, es zeigen sich aber gegen Ende des Vorschulalters gewisse Proportionsveränderungen, die auch als „erste Streckung" bezeichnet wird. Der vorgewölbte Leib flacht sich ab, die Gliedmaßen werden länger und schlanker, die Fettpolsterung schwindet. Das Kind wirkt nun schlank und lang, die weichen Gesichtszüge werden schärfer, der Blick distanzierter, der Kopf erscheint kleiner. Bei Zweijährigen beträgt die Kopfhöhe etwa ein Fünftel, bei Sechsjährigen hingegen etwa ein Sechstel der Körperlänge. SEYFRIED (1966) konnte aber nachweisen, dass ein Zusammenhang von körperlicher „Schulkindform" und Schulreife nicht gegeben ist. Auf Grund der allgemeinen Wachstumsakzeleration machen die meisten Kinder heute den Proportionswandel bereits im fünften Lebensjahr durch.

11.2.2 Ein ökologisches Modell des Konstrukts Schulfähigkeit

Schulfähigkeit als Konstrukt beinhaltet also im Grunde nur die Aussage, dass ein Kind aller Voraussicht nach die Aufgaben erfüllen können wird, die an es gestellt werden, und dass es sich an das soziale Leben der Schule anpassen können wird. Die Anforderungen, die man mit Schulfähigkeit in Tests oder durch Beobachtung erfasst, sind soziokulturelle Anforderungen. *Schulfähigkeit bezeichnet weniger das, was ein Kind von selbst wird, sondern das, was die Umwelt von ihm verlangt* (OERTER 1985).

Das insgesamt schwer zu fassende und von vielen Faktoren abhängige Phänomen der Schulfähigkeit hat NICKEL (1981) in einem Diagramm dargestellt. Auf der einen Seite steht das Kind, eingebettet in seine sozialen und materiellen Umweltbedingungen. Seine Lernvoraussetzungen sind bestimmt durch seinen körperlichen Zustand und die entwicklungspsychologischen und differenzialpsychologischen, d. h. besonderen persönlichen Bedingungen, beide beeinflusst durch die Förderung (auch im emotionalen Sinn), die das Kind in der Familie und den vorschulischen Institutionen erfahren hat. Auf der anderen Seite steht die Umwelt „Schule" mit ihren Anforderungen in Form von Lehrplänen und Lehrzielen und mit der von der LehrerInnenpersönlichkeit bestimmten Atmosphäre, mit dem durch sie realsierten Führungsstil, mit ihrer besonderen Form der Unterrichtsgestaltung, was Methoden, Ausmaß der Anforderungen und Tempo des Fortschreitens betrifft.

Schulfähigkeit wird im einzelnen Fall bestimmt durch den Grad der gegenseitigen Passung oder Übereinstimmung der beiden Bereiche. Hindernisse einer solchen Passung können beim Kind liegen oder bei der Schule, oft aber bei beiden.

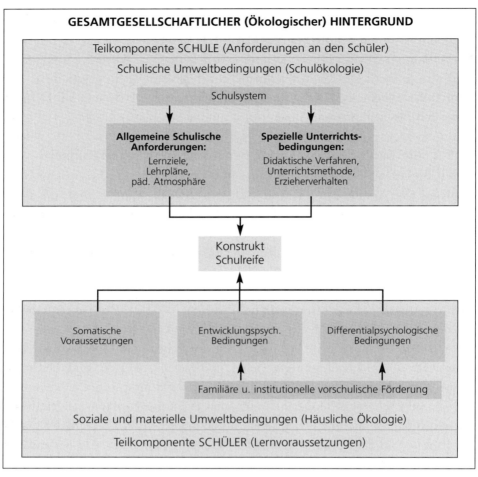

Abbildung 68: Das ökopsychologische interaktionistische Modell des Konstrukts Schulreife (NICKEL 1981)

Für NICKEL ist der Schuleintritt ein ökologischer Übergang. Dieser ist der Rahmen für die *Entwicklungsaufgabe* Schulfähigkeit. Dafür spricht auch, dass die Anforderungen für Schulfähigkeit keineswegs immer gleich bleiben.

Kinder, für die die mit der Schule verbundenen Anforderungen und Tätigkeiten vertrauter sind, haben größere Chancen, diese Aufgabe zu bewältigen. Je nach sozialem Hintergrund wird unterschiedlich gut auf die Schule vorbereitet. Evaluationsstudien konnten nachweisen, dass gute Förderprogramme kompensatorisch wirken und zu beachtlichen Leistungsverbesserungen führen können (SCHENK-DANZINGER 1980). Vorschulförderprogramme entwickeln insbesondere kognitive Stützfunktionen folgender Art:

- Stützfunktionen, welche die Art der Durchführung von Handlungsabläufen bestimmen (Arbeitshaltungen, Konzentration, Ausdauer),
- Stützfunktionen, die Handlungsimpulse setzen (Motivationen).

Die besten Erfolge erzielen Programme, die nicht nur intellektuelle Fähigkeiten trainieren, sondern auch die emotionalen und sozialen Bereiche mit einbeziehen. Von besonderer Wichtigkeit ist es, Familien zur Mitarbeit zu motivieren (ROLLET 1997).

11.2.3 Die Sprache des Kindes beim Schuleintritt

Jene sprachlichen Fähigkeiten, die Kinder benötigen um die sprachlichen Handlungsformen in der Schule bewältigen zu können, sind im Regelfall vor dem Schuleintritt ausgebildet. Selbst auf die Schriftsprache wird bereits außerhalb der Schule vorbereitet. Das sprachliche Handeln in der Schule unterscheidet sich zwar vom alltagssprachlichen durch institutionsspezifische Charakteristika. Aber die sprachlichen Funktionsbereiche der Schule, in denen die Zwecke der Institution Schule durch sprachliches Handeln realisiert werden und die daher die entsprechenden Fähigkeiten erfordern, sind systematisch auf alltagssprachliches Handeln und dessen mentale und soziale Dimensionen bezogen (REHBEIN und GRIESSHABER 1996).

Ein wichtiger Entwicklungsschritt des siebenten Lebensjahres ist die *erste Objektivierung der Sprache*. Für das Kleinkind sind Erleben und Sprache eine untrennbare Einheit. Will man aber Schreiben und Lesen lernen, dann muss man im Stande sein, die Sprache zum Objekt zu machen, zu etwas, was auch unabhängig vom Erlebnis, das man berichten will, besteht. Man muss ein Verständnis dafür entwickeln, dass Sprache zerlegbar ist in Sätze, Wörter, Laute. Die Sprache muss zum „Ding an sich" werden, das auch losgelöst von der erlebten Verbundenheit mit dem Inhalt betrachtet werden kann. Das Phänomen wird auf einer *Meta-Ebene* reflektiert.

Sehr schön kann man das an folgenden Beispielen zeigen. BEVER (1970) stellte fest, dass Kinder im Alter zwischen vier und acht Jahren NVN (Nomen-Verb-Nomen)-Sätze so interpretieren, dass das erste Nomen als Agens (Täter), das zweite als Patiens (Opfer) fungiert. Interessanterweise verfahren sie auch mit Passivsätzen so. Deutlich wird aber die Rolle, die das Weltverständnis des Kindes bei der Interpretation spielt. Passivsätze, die nach dem Weltwissen des Kindes unplausibel sind, werden früher als falsch empfunden, als Passivsätze, die ihrer Natur nach reversibel sind. WODE *(1993) macht dies deutlich am Beispiel: „Ein Jäger wird von einem Wildschwein erschossen" im Vergleich zu „Das Pferd wurde von der Kuh geküsst". Unwahrscheinliche Aktiv- und Passivsätze nach der Art von „Wildschweine erschießen Jäger" wurden von den Kindern notfalls auch entgegen der Wortstellung so gedeutet, dass das Ganze mit der Realität übereinstimmte, also der Jäger der Schütze war. Bei reversiblen Sätzen hingegen, bei denen das Weltwissen bei der Lösung nicht helfen kann, wird länger die NVN-Strategie verwendet. Je älter die Kinder werden, desto mehr werden linguistische Informationen zur Beurteilung herangezogen (*LANGENMAYR *1997).*

Das sechsjährige Kind beherrscht im Regelfall die *syntaktischen* und *morphologischen* Grundstrukturen seiner Muttersprache. Im Schulalter werden die erworbenen Kompetenzen nur mehr verfeinert und ergänzt. Zu einem Ausbau kommt es vor allem im Bereich der Transformationen und der komplexen Sätze. Diese Entwicklung lässt sich auch deutlich an der prozentuellen Zunahme der Verwendung von Konjunktionen (vgl. Abb. 70) erkennen.

Das Passiv wird im Regelfall nicht vor dem siebenten Lebensjahr beherrscht. Ähnlich verhält es sich mit Relativsätzen (APELTAUER 1999).

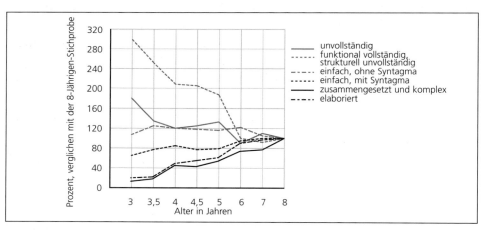

Abbildung 69: Mittlerer Anteil der Satztypen (nach TEMPLIN *1957)*

Alter	3	3,5	4	4,5	5	6	7	8
Substantiv	25,5	23,8	24,2	25,0	23,7	25,9	26,0	27,4
Verb	23,4	24,1	24,0	23,3	23,9	24,4	24,1	24,2
Adjektiv	8,8	9,8	10,3	10,9	11,0	12,1	11,9	11,9
Adverb	11,5	11,6	12,2	12,4	13,4	12,8	12,9	12,4
Pronomen	12,1	11,4	10,4	10,5	10,4	9,2	9,2	8,7
Konjunktion	1,1	1,6	1,6	1,4	1,6	2,2	2,2	2,5
Präposition	5,8	6,6	6,0	5,5	5,7	5,9	6,1	5,6
Artikel	2,2	2,0	1,7	1,7	1,7	1,6	1,5	1,5
Interjektion	2,0	2,0	1,6	1,4	0,9	1,3	1,7	1,3
Gemischt	7,6	7,2	8,0	7,9	7,7	4,8	4,2	4,5

Abbildung 70: Mittlerer prozentualer Anteil der Wortklassen, gemessen an der Anzahl unterschiedlicher Wortäußerungen (aus KEGEL 1974: 60)

Die Frage, wie groß der Wortschatz eines Kindes bei seinem Schuleintritt ist, kann kaum verbindlich beantwortet werden. Die Spracherwerbsliteratur gibt dazu wenig ausreichend wissenschaftlich fundierte Information. Die Zahlen auch in den modernen Standardwerken gehen häufig auf ältere Forschungen, oft bis zum Beginn des 20. Jahrhunderts, zurück. Nach viel versprechenden Ansätzen in den Jahren 1900 bis 1920 gab man das Bemühen um vollständige Wortschatzerhebungen sehr rasch zu Gunsten quantifizierender, auf relationale Vergleiche abgestimmter Tests auf.

Als Richtlinien für den kommunikativen Wortschatz eines Grundschulkindes gelten folgende Werte (AUGST 1977):

Fibelwortschatz	1000
Rechtschreibwortschatz	1200
Grundwortschatz	2000
gesprochener Wortschatz	5000 - 10 000
gelesener/gehörter Wortschatz	25 000 - 40 000

TEMPLIN trennte in ihren Untersuchungen (1957) erstmals zwischen aktivem und passivem Wortschatz. In der o. a. Tabelle entspricht diese Unterscheidung den Bereichen *gesprochener* und *gelesener/gehörter* Wortschatz. Für AUGUST ist die Trennung zwischen kommunikativem Grundwortschatz und didaktisch-methodischem Grundwortschatz von Bedeutung. Es zeigt sich, dass Letzterer zahlenmäßig nur eine kleine Ausschnittsmenge des kommunikativen Grundwortschatzes darstellt, wobei vor allem bei Schulanfängern die Frage zu stellen ist, wie weit die lexikalischen Einheiten des didaktisch-methodischen Grundwortschatzes (also Fibelwortschatz und Rechtschreibwortschatz) bereits Bestandteil der sprachlichen Kompetenz des Schulneulings sind.

Der Fibelgrundwortschatz dient dem Erlernen des Lesens. Er wird in seiner spezifischen Ausprägung grundsätzlich von der Leselernmethode mitbestimmt: Die Struktur der Graphemfolgen, die Länge des Wortes und seine Häufigkeit spielen dabei eine entscheidende Rolle. Speziell ganzheitliche Methoden begrenzen durch die beschränkte Aufnahmekapazität von Wortbildern die Menge der Wörter erheblich. Untersuchungen haben gezeigt, dass die meisten Fibeln im eigentlichen Sinn ihrer Aufgabe nur schlecht gerecht werden. Die Gesamtzahl der in Fibeltexten vorkommenden Wörter ist sehr groß, nur wenige Wörter werden häufig wiederholt (mit Ausnahme der Funktionswörter und der Hilfszeitwörter). Von deren Auftretenshäufigkeit kann man ableiten, dass sie so gut gespeichert werden, dass sie mechanisch und mit gutem Verständnis gelesen werden können. Manche Fibeln haben einen Gesamtwortumfang von bis zu 10 000 Wörtern, davon 4000 verschiedene. Darin liegt mit eine Ursache für Probleme beim Lesenlernen begründet (RIEDER 2001).

Zur Entwicklung der *Semantik* gibt es eine Reihe von Untersuchungen. GRIMM und WINTERMANTEL (1975) stellten in ihren umfangreichen Untersuchungen, bei denen sie die Assoziationen der Kinder analysierten, folgende Kennzeichen fest:

- Der Anteil an Klangassoziationen (des Einflusses der Gestaltähnlichkeit), der für Drei- bis Fünfjährige eine bedeutsame Rolle spielt, nimmt im sechsten Lebensjahr deutlich ab. Klangassoziationen vollziehen sich auf phonetischer Grundlage. Die semantischen und syntaktischen Eigenschaften spielen also noch keine Rolle.
- Paradigmatische Antworten nehmen bei den Fünf- bis Sechsjährigen erheblich zu. Satzbildungen werden im Rahmen funktionaler Definitionen verwendet. Bei jüngeren Kindern dienen Satzbildungen hingegen immer nur dazu,

Erlebnisinhalte ganz persönlicher Art auszudrücken. Diese Veränderung deutet darauf hin, dass die Entwicklung von einem konkret-kontextgebundenen Bedeutungsverständnis zu einer abstrakt-kontextunabhängigen Auffassung fortschreitet. Die Zunahme der paradigmatischen Antworten ist besonders bei Adjektiven sehr deutlich ausgeprägt.
- Asemantische Antworten ohne inhaltlichen Bezug nehmen ab.
- Vereinzelt treten bereits Kontrastierungen auf. Sie unterscheiden sich allerdings häufig von den Kontrasten, die Erwachsene bilden. Es handelt sich dabei um sehr weite Oppositionen, etwa „dunkel – Mond" oder „süß – Salz", was darauf hinweist, dass die Kinder noch nicht alle Merkmale des betreffenden Stimuluswortes erworben haben und daher aus einem weiten semantischen Bereich wählen müssen, wenn sie das kontrastierende Wort festlegen wollen.
- Bei Fünf- bis Sechsjährigen nehmen Gleichordnungsrelationen deutlich zu.

Sechs- bis Siebenjährige beginnen auch, das Phänomen linguistischer *Ambiguität* zu entdecken. Zuerst tritt die Fähigkeit auf, phonologische Ambiguitäten zu entdecken, dann erst folgen lexikalische.

Die Frage schichtspezifischen Sprachverhaltens, die im deutschen Sprachraum, basierend auf den Untersuchungen und Befunden von Basil BERNSTEIN (1966), besonders in den 70er- und 80er-Jahren eine große Rolle gespielt hat, spielt im pädagogischen Kontext auch heute noch eine wichtige Rolle. ROLLET (1997) weist darauf hin, dass Lernen und Denken in vielfältiger Weise an den Gebrauch der Sprache gebunden ist. Wenn Kinder wenig Gelegenheit zum Erwerb eines differenzierten Sprachgebrauchs haben, bedeutet dies eine Beeinträchtigung ihrer Lernmöglichkeiten.
BERNSTEINs Untersuchungen des Sprachstils in Unterschichtfamilien im Vergleich zu Mittelschichtfamilien ergab, dass charakteristische Unterschiede bestehen. Er verwendete die Begriffe *Restringierter* und *Elaborierter Code*, die folgende Merkmale aufweisen:

Elaborierter Code

1. Genaue grammatische Ordnung und Syntax regulieren das Gesagte.
2. Logische Modifikationen und Betonungen werden durch grammatisch komplexe Satzkonstruktionen, vor allem durch die Verwendung einer Reihe von Konjunktionen und Nebensätzen, vermittelt.
3. Häufige Verwendung von Präpositionen, die sowohl logische Beziehungen als auch den zeitlichen und räumlichen Zusammenhang anzeigen.
4. Häufige Verwendung der unpersönlichen Fürwörter „es" und „man".
5. Eine differenzierte Auswahl aus einer Reihe von Adjektiven und Adverbien.
6. Die individuelle Sinngebung wird sprachlich durch die Struktur und die Beziehungen in und zwischen den Sätzen vermittelt. Sie erfolgt explizit.
7. Der expressive Symbolismus unterscheidet mehr zwischen Bedeutungen innerhalb von Sprechsequenzen, als dass er dominante Wörter oder Wendungen unterstreicht oder die Sequenz in einer diffusen und formelhaften Weise begleitet.
8. Es handelt sich also um einen Sprachgebrauch, der die Möglichkeiten ausnutzt, die in einer komplexen begrifflichen Hierarchie für die Organisation der Erfahrung bereit liegen.

Restringierter Code

1. Kurze, grammatisch einfache und oft unvollständige Sätze von dürftiger syntaktischer Form.
2. Einfacher und sich wiederholender Gebrauch bestimmter Konjunktionen (so, dann, und, weil).
3. Geringe Verwendung von untergeordneten Sätzen, durch die die Kategorien des übergeordneten Subjekts modifiziert werden.
4. Unfähigkeit, einen Satzgegenstand über eine ganze Sprechsequenz hinweg durchzuhalten, sodass es leicht zu einer Verzerrung des Mitteilungsgehaltes kommt.
5. Starrer und begrenzter Gebrauch von Adjektiven und Adverbien.
6. Seltener Gebrauch von unpersönlichen Fürwörtern als Subjekt in Bedingungssätzen oder Sätzen überhaupt.
7. Häufiger Gebrauch von Feststellungen, bei denen Begründung und Folgerung vertauscht sind; sie bekommen dadurch den Charakter kategorischer Behauptungen.
8. Eine große Zahl von Aussagen und Wendungen, welche das Bedürfnis anzeigen, die vorausgehende Sprechsequenz zu verstärken:"Nicht wahr? Da sehen Sie! Müssen Sie wissen!" etc. Dieser Vorgang wird „sympathetische Zirkularität" genannt.
9. Individuelle Auswahl aus einer Gruppe idiomatischer Wendungen oder Sequenzen kommt häufig vor.
10. Die individuelle Sinngebung ist in der Satzorganisation impliziert: Es ist eine Sprache impliziter Bedeutungen.

Abbildung 71: Merkmale der Sprachcodes nach BERNSTEIN *(aus* ROLLET *1997: 129)*

Allerdings muss man diese Befunde auf der Grundlage der Ergebnisse zahlreicher Folgeuntersuchungen distanziert und relativierend betrachten. Vor allem wurden in den klassischen Untersuchungen kognitive und pragmatische Aspekte nicht berücksichtigt. In der Zwischenzeit gibt es eine Reihe von Untersuchungen, die einen Zusammenhang zwischen Schulerfolg und schichtspezifischem Sprachverhalten nicht verifizieren konnten (LARSEN und HERMANN 1974, HEMPHILL 1989, THORLINDSSON 1987, FREITAG 1984, ARNTSON 1982; vgl. auch die kritische Bewertung in LANGENMAYR 1997 und die Ausführungen in ROLLET 1997).

11.3 Das soziale Feld der Schule: Schule als Umwelt

Nach OERTER (1987) ist Schule, sowohl was ihre räumliche Abgegrenztheit, als auch was die Tätigkeiten in ihr betrifft, eine Umwelteinheit, die ein für sich funktionierendes System darstellt – ein Setting (siehe auch Seite 43f.).

Die Interaktionsformen in der Schule sind deutlich verschieden von jenen außerhalb. Das Kind kann zu Hause die erwachsenen Partner verhältnismäßig stark für sich beanspruchen. In der Schule ist es aber nur eines von vielen, und es muss erkennen, dass LehrerInnen alle Kinder gleich behandeln und berücksichtigen müssen.

Schulneulinge haben noch sehr viel mit Kleinkindern gemeinsam. Liebhaben und Nichtliebhaben sind vorerst die einzigen Kategorien der mitmenschlichen Beziehung, die sie aus ihren Erfahrungen in der Familie mitbringen und nun auf ihre LehrerInnen übertragen. Damit werden sie als neues *Identifikationsobjekt* von entscheidender Bedeutung. Aus der Identifikation mit der Lehrerin/dem Lehrer übernimmt das Kind allmählich jenes neue System von Werten und Ordnungen, welches das Zusammenleben der Gruppe regelt. Erst Jahre später wird die inzwischen strukturierte Gemeinschaft aus sich heraus Werte und Regeln entwickeln, mit denen sich ihre Mitglieder identifizieren. Im ersten und im zweiten Schuljahr aber sind die LehrerInnen die Brücke für jedes einzelne Kind zur noch unstrukturierten Gruppe, und je stärker sich ein Kind mit seiner Lehrperson und deren Zielsetzungen identifiziert, desto besser wird ihm die Anpassung an das Zusammenleben in der Klasse gelingen. Für die Entwicklung des Kindes ist das insoferne von besonderer Bedeutung, weil es dadurch einen großen Schritt von der Familie weg hin zur Verselbstständigung machen kann. Die Autorität der LehrerInnen steht in dieser Phase vorübergehend in Konkurrenz mit der Autorität der Eltern.

Aus dieser Tatsache erwächst LehrerInnen ein hohes Maß an Verantwortung.

11.4 Verhaltensänderungen vom Kleinkind zum Schulkind

Kognitiver Aspekt	Kleinkind	Schulkind
Denkstruktur	Anthropomorphismus	Realistische Weltschau, die sich dem naturwissenschaftlichen Denken annähert.
	Neigung zur willkürlichen Symbolsetzung	Symbole der jeweiligen Kultur werden angenommen.
	Eindimensionalität des Denkens; Gebundenheit des Urteils an wahrgenommene Veränderungen; Begriffe der Konstanz, der Invarianz und der Reversibilität von Operationen fehlen noch.	Die Begriffe der Korrespondenz, der Invarianz und der Reversibilität entwickeln sich.
	Unfähigkeit, mehrere Faktoren einer Situation zueinander in Beziehung zu setzen: Statische Urteilsfähigkeit.	Verschiedene Faktoren einer überschaubaren Situation können zueinander in Beziehung gesetzt werden: Dynamische Urteilsfähigkeit.
	Der Erfahrungszuwachs kommt überwiegend durch mehr oder weniger zufällige senorische oder sensomotorische Erlebnisse zu Stande.	Der Erfahrungszuwachs kommt durch intendierte teilinhaltliche Erfassung und durch Manipulation realer Objekte zu Stande. Das Interesse ist noch auf die Erfahrungswelt beschränkt.
	Einzelerfahrungen können noch nicht generalisiert und in ein logisches System integriert werden.	Einzelerfahrungen werden generalisiert.
	Die Assimilation aller Information an die prälogische Denkstruktur dominiert gegenüber der Anpassung an reale Gegebenheiten.	Die Anpassung der kognitiven Prozesse an reale Gegebenheiten dominiert.
	Das Eigenerlebnis bildet die einzige Basis der Informationsverarbeitung (Egozentrismus).	Die Informationsverarbeitung wird unabhängiger vom Eigenerlebnis. Ein Sichversetzen in fremde oder fiktive Situationen bereitet noch Schwierigkeiten.
	Es besteht eine Diskrepanz zwischen Erfahrungswissen und Denkstruktur.	Erfahrungswissen wird in zunehmendem Maße in die realistisch-naturwissenschaftliche Denkstruktur integriert und generalisiert.

Kognitiver Aspekt	Kleinkind	Schulkind
Wahrnehmung	Die Fähigkeit zur Isolierung von Merkmalen und zum Beobachten von Details an bekannten Objekten entwickelt sich zunehmend.	Das teilinhaltliche Erfassen von Details bei bekannten und auch bei weniger bekannten Objekten bereitet keine Schwierigkeiten mehr.
	Lageanomalien bei bekannten Objekten stören nicht, werden aber erkannt.	Lageanomalien bei bekannten Objekten stören.
	Teilinhaltliches Erfassen von abstrakten Figuren gelingt nur punktuell. Markante Strukturelemente können isoliert, aber nicht zur Gestalt in Beziehung gesetzt werden. Tendenz zur Konkretisierung abstrakter Figuren.	Teilinhaltliches Erfassen und die Fähigkeit zum grafischen Reproduzieren einfacher abstrakter Figuren (Voraussetzung des Schreibens) entwickeln sich, zu Schulbeginn können sie noch einige Schwierigkeiten bereiten.
	Gegenüber der Raumlage von abstrakten Figuren besteht totale Indifferenz.	Die Fähigkeit, das räumliche Gerichtetsein abstrakter Gestalten zu beachten (Voraussetzung des Lesens und des Rechtschreibens) entwickelt sich. Zu Schulbeginn können noch Schwierigkeiten bestehen.
	Ab dem Alter von 4;6 korreliert das teilinhaltliche Erfassen mit der messbaren Intelligenz. Die Leistung wird wahrscheinlich durch das Ausmaß der willkürlichen Aufmerksamkeit sowie durch den Grad der erreichten Realitätszugewandtheit bestimmt.	Auch bei Schulanfängern ist die Tüchtigkeit im teilinhaltlichen Erfassen ein Hinweis auf die Art der kognitiven Umweltbewältigung.
	Die akustische Durchgliederungsfähigkeit im Sinne der Isolierung von Lauten aus dem Wortganzen gelingt Vierjährigen noch kaum.	Die Fähigkeit zur Lautisolierung (Voraussetzung des synthetischen Lesens) gelingt bereits vielen Fünfjährigen und kann von Sechsjährigen erwartet werden.

Persönlichkeit	Kleinkind	Schulkind
Antriebsstrukturen: Aufmerksamkeit Konzentration	Die unwillkürliche Aufmerksamkeit herrscht vor, sie wird durch äußere und innere Reize gesteuert und fluktuiert stark.	In zunehmendem Maße wird das Verhalten durch Pläne, Zielsetzungen, Interesse und das Gefühl der Verpflichtung gegenüber selbst- und fremdgestellten Aufgaben zentral gesteuert, sodass die willkürliche Aufmerksamkeit belastbarer wird.
	Das Kind verhält sich vorwiegend reaktiv.	Aktive Selbststeuerung ist bereits mit fünf Jahren möglich, die Zeitspannen der Zuwendung werden länger.

Persönlichkeit	Kleinkind	Schulkind
	Entsprechend der begrenzten Fähigkeit zur aktiven Zuwendung sind Konzentration und Ausdauer gering.	Entsprechend der zunehmenden Selbststeuerung des Verhaltens nehmen Konzentration und Ausdauer zu.
	Das Kind ist eigenwillig im Verfolgen kurzfristiger Ziele und in der Reaktion auf Fremdsteuerung.	Eigenwillige Zielsetzungen treten hinter Aufgabenwilligkeit zurück, wenn fremdgestellte Aufgaben der Leistungskapazität entsprechen. Diesen gegenüber entwickelt sich ein Aufgabenbewusstsein.
	Im werkschaffenden Spiel kommt es zu ersten selbstgestellten Aufgaben.	In dem Maße, als werkschaffendes Spiel gegenüber dem funktionalen Spiel überwiegt, entwickelt das Kind das Gefühl der Verpflichtung.

Persönlichkeit	Kleinkind	Schulkind
Antriebsstrukturen: Leistungsmotivation Aspirationsniveau	Vorstufen der Leistungsmotivation: Neugierde, Funktionslust, Freude am Erfolg	Neugierde, Funktionslust und Freude am Erfolg als Basis jeder spontanen Zuwendung sollten erhalten geblieben sein, was jedoch nur unter günstigen pädagogischen Bedingungen der Fall ist.
	Ab etwa 3;6 kann Erfolg mit eigener Tüchtigkeit und Misserfolg mit eigenem Versagen in Verbindung gebracht werden.	Erfolg und Versagen bestimmen nun das Selbstwertgefühl und werden auch als Gradmesser der Beliebtheit bei LehrerInnen und MitschülerInnen empfunden.
	Misserfolg kann emotional nicht adäquat bewältigt werden. Die Kinder entwickeln verschiedene inadäquate Bewältigungsstrategien.	Misserfolg wird noch schwer bewältigt, doch kommt es zunehmend zur adäquaten Vermeidungsstrategie in Form erhöhter Anstrengung.
	Versagen wird erkannt, doch werden daraus noch keine Konsequenzen für die Erfolgschancen bei nachfolgenden Leistungen gezogen.	Versagen wird erkannt und es kommt auch zu einer realistischen Beurteilung weiterer Erfolgschancen.
	Bei selbstgewählten Aufgaben von unterschiedlicher Schwierigkeit können Vorstufen der Anspruchsniveaubildung beobachtet werden, und zwar unbezogene Zielsetzungen, die keine Rücksicht auf vorangegangene Leistungen nehmen, und starre Zielsetzungen, ebenfalls ohne Bezugnahme auf Vorangegangenes.	Anspruchsniveaubildung vollzieht sich unter Berücksichtigung vorangegangener Leistung. Erstes Auftreten von sozialbezogenem Anspruchsniveau.

Persönlichkeit	Kleinkind	Schulkind
	Die Leistungsmotivation umfasst die Komponente der Werthaltung (Gutes leisten wollen) sowie die emotionale Komponente (Angst vor Misserfolg, Hoffnung auf Erfolg).	Die Leistungsmotivation umfasst auch die kognitive Komponente (Bezugnahme auf Vergangenheit und Zukunft).
	Es gibt große indivduelle Unterschiede in der spontanen Anstrengungsbereitschaft.	Bei selbstgewählten Aufgaben gibt es zwei Haupttypen von Wahlstrategien: vorsichtig-meidend/wagemutig
	Es besteht ein indirekter Einfluss des elterlichen Erziehungsstils auf Leistungsmotivation und Aspirationsniveau.	Außer dem indirekten Einfluss des Erziehungsstils wird auch die heteronome Motivation direkt wirksam: Man lernt auch Uninteressantes, um sich Lob und Zuwendung der Eltern und LehrerInnen zu sichern.

Persönlichkeit	Kleinkind	Schulkind
Antriebsstrukturen: Triebbeherrschung	Die Fähigkeit zur Triebbeherrschung und zum Aufschub von Triebbefriedigungen ist vorerst gering und entwickelt sich allmählich im Zuge des Sozialisierungsprozesses durch Konditionierungen, wobei Liebesgewinn als Belohnung und Liebesverlust als Bestrafung wirksam werden.	Das Kind ist imstande, triebhafte Bedürfnisse wenigstens kurzfristig zu unterdrücken und Triebbefriedigung in Anpassung an die gegebene Situation auf einen geeigneten Zeitpunkt zu verschieben.
	Im vierten und fünften Lebensjahr vollzieht sich die erste Gewissensbildung als Ergebnis der Verinnerlichung der von den Eltern gesetzten Werte.	Die Gewissensbildung des Kindes zeigt entsprechend dem familiären Erziehungsstil eine geringere oder eine rigidere Normengebundenheit. Es kann zu konflikträchtigen Abweichungen von den in der Schule geforderten Verhaltenserwartungen kommen.
	Im Zuge der Gewissensbildung entstehen auch - als Abwehrmechanismen - die Reaktionsbildungen Scham und Ekel gegenüber der frühen sexuellen Triebhaftigkeit.	Die wichtigsten Abwehrmechanismen sind aufgebaut. Versagen der Abwehrmechanismen oder übermäßige Strenge kommen im Zusammenhang mit neurotischer Konfliktverarbeitung vor.
	Die unwillkürliche Aufmerksamkeit und die noch geringe Fähigkeit zur bewussten Selbststeuerung gestatten nur eine kurzfristige Eindämmung der Bewegungsunruhe.	Die zunehmende Fähigkeit zur willkürlichen Aufmerksamkeit und die wachsende Zentralisierung des Verhaltens ermöglichen eine längere Kontrolle über Bewegungs- und Spielimpulse.

Sozialverhalten	Kleinkind	Schulkind
	Alle positiven und negativen Formen des Sozialverhaltens zu Gleichaltrigen sind bei Dreijährigen schon möglich, die Kontakte sind jedoch stark fluktuierend und instabil.	Die Sozialkontakte in der Schulklasse sind vorerst erschwert dadurch, dass die Kinder sich im Regelfall nicht kennen. Allmählich entwickeln sich Grenzpositionen der Beliebtheit und Unbeliebtheit. Viele bleiben unbeachtet. Oberflächlich begründete, aber oft stabile Freundschaften. Viele Kettenbeziehungen.
	Alleinspiel neben einem anderen Kind, Spiele ohne Kontaktaufnahme dominieren.	Soziale Spiele mit bis zu fünf oder sechs PartnerInnen dominieren.
	Fehlen jedes Gruppen- oder Kollektivbewusstseins.	Der Wunsch, in der Gruppe eine Rolle zu spielen und beachtet zu werden, ist als Folge einer bewussteren Einstellung zur Gruppe vorhanden. Das Prestigebedürfnis erwacht.
	Zur Kindergärtnerin besteht eine instrumentale Beziehung. Das Kind ist noch primär von den Bestätigungen durch die ständige primäre (häusliche) Bezugsperson abhängig.	Zur Lehrkraft besteht eine emotionale Beziehung. Diese wird zur Identifikationsperson, und das Kind wird sehr abhängig von ihren Bestätigungen. Die erste emotionale Distanzierung von den Eltern bildet die Voraussetzung für die Anpassung an die Gruppe.

11.5 Der naive Realismus

11.5.1 Denkleistungen auf der Strukturstufe des naiven Realismus

Die Denkleistungen des jüngeren Schulkindes stehen im Zeichen der allmählichen Überwindung des Egozentrismus. In den ersten beiden Schuljahren trägt das Denken noch die typischen Züge des Übergangs. Das Kind ist der Wirklichkeit voll und ganz zugewandt, aber es handelt sich dabei noch um eine *egozentrische Wirklichkeit.* Die Zuwendung zu den realen Gegebenheiten des Lebens beschränkt sich weitgehend auf das Erlebnisfeld des Kindes. Das Ordnen und Erobern der Sachwelt ist dem Kind dieser Entwicklungsstufe nur vom Umgangs- und Gebrauchserlebnis her möglich: Beobachtungen an Dingen, Nachahmungen überschaubarer Handlungsabläufe, das Erleben der Zweckbestimmung von Gegenständen und Handlungen ebnen den Weg der geistigen Umwelteroberung. Neue (Er)Kenntnisse gewinnt das Kind aus der unmittelbaren Anschauung, aus dem agierenden Umgang mit den Dingen. Das teilinhaltliche Erfassen der gegenständlichen Umwelt ist ein wichtiges Medium der kognitiven Expansion. Das Benennen von Details, das Feststellen des sichtbar

Vorhandenen befriedigt das Kind und wird als Arbeitsertrag empfunden. PIAGET (1963) bezeichnet diese Denkstruktur als das *anschauliche Denken*.
Die *Begriffsbildung* ist noch völlig vom Eigenerlebnis bestimmt, daher werden Gegenstände nicht nach Oberbegriffen gruppiert, sondern nach Lebensbereichen (*relationale Begriffsbildung*). Durch diese starke Bindung an Lebensbereiche gelangt das Kind im Regelfall auch noch nicht über Zweckdefinitionen hinaus.
Auch das *schlussfolgernde Denken* wird vorerst durch die im Egozentrismus begründete Unfähigkeit, fiktive Situationen zu erfassen, noch behindert. Im Bereich des *kausalen Denkens* herrscht die Wenn-Dann-Beziehung vor, die sich aus der unmittelbaren Erfahrung ableitet. Bestimmte Zusammenhänge können zwar durchaus realitätsbezogen erfasst werden, der Ursache-Wirkung-Zusammenhang ist aber noch nicht einsichtig.
Deduktive Denkleistungen, bei denen ein allgemeines Gesetz auf einen Spezialfall angewendet wird und bei denen erkannt werden muss, dass ein Einzelfall einer bestimmten Regel unterzuordnen ist, gelingen bereits achtjährigen Kindern.

Relationale Begriffsbildung	Kochtopf, Teekanne, Gabel, Messer, Korb, Apfel, Schürze, Birne gehören zur Küche.
Zweckdefinition	Ein Becher ist zum Trinken.
kausales Denken	Wenn es kalt ist, schneit es.

Einer der wesentlichsten Fortschritte, die sich im Übergang vom naiven Realismus zum kritischen Realismus vollziehen, ist der Erwerb des Begriffs der *Mengenkonstanz*. Die Erfahrungen mit Mengen, die bereits Kleinkinder machen, sowie die operativen Erfahrungen mit dem Rechenmaterial in der Schule ermöglichen zwei neue wichtige Einsichten:
- Konstanz (Identität) der Menge
- Reversibilität der Operationen

PIAGET spricht von der Stufe der *konkreten Denkoperationen*. Nun wird Rechnen im eigentlichen Sinn, das ja auf dem Verständnis der Umkehrbarkeit der Mengenbeziehungen beruht, möglich. Der Erwerb des Begriffs der Mengenkonstanz ist von der Art des Materials abhängig: Bei zählbaren Mengen (Plättchen, Perlen etc.) gelingt das früher, bei Material, das nicht in einzelne Elemente zerlegt werden kann (Sand, Wasser etc.) etwas später.

11.5.2 Die motorische Entwicklung

Im Schulalter gewinnen die motorischen Leistungen zunehmend an Sicherheit der Bewegungskoordination und an Reaktionsgeschwindigkeit. Es besteht ein sehr großes Bewegungsbedürfnis. Das funktionale Element überwiegt: Die Kinder bewegen sich primär aus Freude an der Bewegung, ohne damit eine Leistung erbringen oder verbessern zu wollen. Man kann Kinder dieser Altersstufe zwar kurzfristig zu einer Verbesserung der Bewegung anregen und ihnen auch neue Bewegungen beibringen – Ausdauer im Üben gibt es in diesem Alter auf freiwilliger Basis aber noch sehr selten.

Sportliches Leistungsbewusstsein tritt im Übergang zum kritischen Realismus auf. Wie beim werkschaffenden Spiel verschiebt sich der Akzent von der Bewegungsfreude allmählich auf die Freude an der Leistung. Unter Anleitung oder in Wettbewerbssituationen kann sich die Bereitschaft zum Üben entwickeln Leistungsverbesserungen werden erkannt und angestrebt.

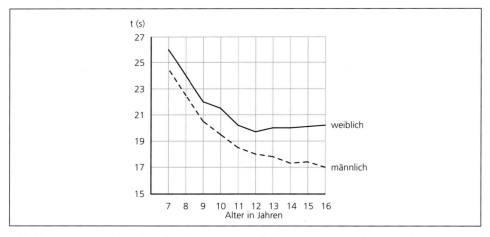

Abbildung 72: Entwicklung komplexer koordinativer Fähigkeiten am Beispiel des Gewandtheitslaufes (nach CRASSELT, FORCHEL, STEMMLER 1985)

11.5.3 Motorische Entwicklung und Schreibleistung

Eng verbunden mit der motorischen Entwicklung ist die Fähigkeit, das Schreiben zu lernen. Während sehr junge Kinder aus dem Oberarm heraus zeichnen (vgl. Seite 133f.), verlagert sich die Bewegungsführung im Vorschulalter in das Ellenbogengelenk und den Unterarm. Schulanfänger müssen in der Regel erst lernen, die Schreibbewegung mit Handgelenk und Fingern durchzuführen. Neben der Koordination von Arm-, Hand- und Fingerbewegung verlangt der

Schreibvorgang auch die visuomotorische Koordinationsleistung, d. h. es müssen visuelle Wahrnehmungen (optische Eindrücke) mit motorischen Abläufen koordiniert werden.

Jede manuelle Leistung wird von drei Faktoren bestimmt:
- Von der Reife der Bewegungskoordination, beim Schreiben insbesondere vom Reifegrad der manuellen Feinkoordination.
- Von der Fähigkeit zum Erfassen von Raum-Form-Beziehungen.
- Von der zentralen Steuerung durch Aufmerksamkeit, Konzentration, Interesse und Intelligenz.

Da jeder dieser Faktoren eine Einflussgröße darstellt, die in der Einzelleistung oft schwer zu isolieren ist, gibt es gerade bei Schulneulingen große Unterschiede in der manuellen Leistungsfähigkeit. Diese Unterschiede können bedingt sein
- durch Altersunterschiede,
- durch Unterschiede in den vorschulischen Betätigungsmöglichkeiten,
- durch primäre Begabungsunterschiede,
- durch Unterschiede in der Arbeitshaltung und der allgemeinen Reife,
- durch angeborene oder erworbene Hemmungen in der normalen Entwicklung der Feinkoordination.

11.6 Der kritische Realismus

11.6.1 Die Merkmale des kritischen Realismus

Im Alter zwischen sieben und neun Jahren wird die anschauliche Denkstruktur des naiven Realismus allmählich durch die Denkstruktur des kritischen Realismus abgelöst. Diese erreicht ihre volle Entfaltung etwa bis zum elften, zwölften Lebensjahr. Die wichtigsten Kennzeichen des kritischen Realismus sind:
- *Größere Selbstständigkeit.* Sie zeigt sich in vielen Bereichen des täglichen Lebens, aber auch in der Urteilsfähigkeit, die oft Kritik enthält.
- *Größere Distanz vom Eigenerlebnis.* Sie zeigt sich darin, dass sich das Kind für Dinge, Menschen, Orte und Phänomene zu interessieren beginnt, die außerhalb seiner unmittelbaren Erlebniswelt liegen. Es interessiert sich auch für die Vergangenheit.
- *Größere Komplexität.* Die Eingleisigkeit des Denkens, welche die Erkenntnis auf ein Element der Wirklichkeit, auf sichtbare Veränderungen beschränkt,

weicht der Fähigkeit, mehrere Faktoren einer Situation zu berücksichtigen. Das Kind kann nun logische Regeln anwenden.
- *Größere Fähigkeit zur Strukturierung und Planung.* Kinder im kritischen Realismus sind fähig, Verhalten zu planen und Strategien zu entwickeln, die ihnen helfen, Fehler zu vermeiden und ein Ziel zu erreichen.
- *Zunehmende Abstraktionsfähigkeit und wachsende Bedeutung der Sprache beim Lösen von Problemen.* Die Abstraktionsfähigkeit nimmt im Schulkindalter kontinuierlich zu. Das Kleinkind löst Probleme durch Manipulation, durch tätigen Umgang mit den Dingen; später sind ihm Lösungen mit Hilfe anschaulicher Vorstellungen möglich: Es kann einfache Lösungsschritte gedanklich vorweg nehmen. Das Schulkind kann nun Probleme auf der Basis eines begrifflichen Plans lösen, kann zunehmend logische Zusammenhänge einer Situation erkennen und sie gedanklich zueinander in Beziehung setzen. Verbale Gesichtspunkte gewinnen dabei bei der Begriffsbildung und der Entwicklung von Lösungsstrategien immer größere Bedeutung. Viele Probleme, die das ältere Schulkind zu lösen hat, werden in sprachlicher Form dargeboten und müssen mit Hilfe verballogischen Denkens gelöst werden.

11.6.2 Die Wahrnehmung von Raum und Zeit

Der wesentliche Fortschritt, der sich im Übergang vom naiven Realismus zum kritischen Realismus erkennen lässt, ist die zunehmende Fähigkeit zur Orientierung im Raum. Für den Sechs- bis Siebenjährigen besteht die Umgebung seines Hauses aus „Schläuchen". Die Wege zur Schule, zum Geschäft, zum Spielplatz sind, auch wenn sie schon alleine zurückgelegt werden, isolierte Bahnen, die keinen Zusammenhang zueinander haben.

Das erkennt man deutlich, wenn man Kinder ihre Wege zu bestimmten Zielpunkten zeichnen lässt. Selbst Orte, die auf derselben Strecke liegen, z. B. das Geschäft auf dem Schulweg, werden getrennt und in entgegengesetzter Richtung gezeichnet.

Das Kind hat noch keine Orientierung im Sinne eines Überblicks über die räumlichen Beziehungen der Orte und Straßen seiner Umwelt zueinander. Diese gewinnt es erst ab dem achten oder neunten Lebensjahr. Dann versteht es auch einen Plan, kann selbst einen zeichnen. Durch die Überwindung des naiven Realismus können Landkartensymbole und Grundrisszeichnungen eingeführt werden.

In diesem Alter, meist aber schon früher, ist auch die enge Bindung der *Zeitbeurteilung* an äußere Ereignisse überwunden. Das Kind ist jetzt im Stande, bei der Beurteilung der Zeit Ausgangspunkt, Geschwindigkeit und Arbeitsleistung zu koordinieren, Altersfolgen als konstant und Altersunterschiede als abhängig von der Geburtenfolge zu betrachten. Schwierigkeiten bereitet dem Kind – bei allem Interesse für die Vergangenheit – auch noch im kritischen Realismus, eine Vorstellung von den zeitlichen Distanzen vergangener Ereignisse zur Gegenwart zu gewinnen.

11.6.3 Die endgültige Überwindung des Egozentrismus

Im kritischen Realismus werden die Reste des Egozentrismus endgültig überwunden. In der Regel im neunten Lebensjahr (individuell unterschiedlich) gelingt es Kindern, sich vom Eigenerlebnis zu distanzieren. Das Interesse erweitert sich räumlich und zeitlich auf Phänomene, die es weder gesehen noch selbst erlebt hat: Das *historische Denken* erwacht.

Da es auch keine Schwierigkeiten mehr bereitet, sich in fiktive Situationen hineinzudenken, erweitert sich auch das *schlussfolgernde Denken*. Rein formale Denkoperationen mit an sich falschen oder dem Verständnis unzugänglichen oder abstrakten Prämissen sind aber einer späteren Entwicklungsstufe vorbehalten.

Das *Verbinden mehrerer Denkprozesse* miteinander wird möglich. Das Schulkind vermag sowohl verschiedene Aspekte eines Sachverhalts gleichzeitig und in ihrem Zusammenhang zu erfassen – beispielsweise Höhe und Breite eines Gefäßes – als auch sich einzelne Denkschritte in ihrer Abfolge vorzustellen. Damit ist die Möglichkeit gegeben, ein Problem nach einem geistigen Plan rein mental zu lösen. Die Lösung, bzw. die einzelnen Lösungsschritte müssen nicht mehr praktisch erprobt werden, sondern können in Form von Denkschritten geistig vorweg genommen werden.

Im *kausalen Denken* treten nun die Weil-Deshalb-Beziehungen auf. Besonders im technischen und handwerklichen Bereich besteht nun ein großes Bedürfnis, Zusammenhänge zu erkennen, und zwar handelnd, mittels *operativer Erfahrungen*. *Oberbegriffe* kristallisieren sich heraus und lösen allmählich die Zuordnung nach Lebensbereichen und Funktionen ab.

Das Bedürfnis, Zusammenhänge zu erkennen, führt bei vielen Kindern nun zu selbstständiger *Theorienbildung*, wobei sie versuchen, vorstellungsmäßig Erfahrungen aus einem Bereich auf einen anderen zu übertragen.

11.6.4 Formale Denkoperationen gegen Ende der späteren Kindheit

Etwa zwischen elf und zwölf Jahren, also bereits im Zeitraum der Vorpubertät, kommt zum konkreten Denken, das ganz an die Erfahrung gebunden ist, die Fähigkeit hinzu, *formale Denkoperationen* zu vollziehen. Nun wird das *Operieren mit Operationen* möglich. Das wird besonders im Bereich des *schlussfolgernden Denkens* deutlich:

Beispiel	konkretes Denken	formales Denken
Alle A sind B. M ist ein A. Was kannst du über M noch erraten?	????	Wenn alle A B sind, und M ein A ist, dann muss es auch ein B sein.
Alle Daros sind Fesos. Die Fesos leben im Wasser. Was kannst du über die Daros erraten?	Die Daros sind Fische.	Die Daros leben auch im Wasser.

Auch andere Denkleistungen rein formaler Art werden nun möglich, so die *Über- und Unterordnung von Begriffen*.

Die Aufgabe: „Auf einem Draht sitzen zehn Schwalben und zwei Spatzen. Sind mehr Schwalben oder mehr Vögel auf dem Draht?" gelingt den meisten Kindern erst im zwölften Lebensjahr.

An einer Reihe interessanter Versuche hat PIAGET (1969) nachgewiesen, dass die *Invarianz des Volumens* (etwa des Zuckers, den man zergehen lässt) erst auf dieser Denkstufe erkannt wird, ebenso der Zusammenhang zwischen *Gewicht, Dichte* und *Volumen*.

So erfassen erst etwa Zwölfjährige, dass gleich große Zylinder aus Plastik, Holz und Metall, ins Wasse gestellt, die gleiche Wassermenge verdrängen. Noch Zehnjährige sind meist der Meinung, der schwerere Zylinder müsse mehr Wasser verdrängen.

Die Denkleistungen der Kinder sind selbstverständlich vom Schwierigkeitsgrad der Aufgaben abhängig. Nicht jedes Kind, das eine Denkstufe erreicht hat, kann jede Aufgabe, die nach diesem Denkprinzip gelöst werden muss, auch lösen. Die Begabung spielt hier eine große Rolle, auch beim Vorstoßen zur nächsten Denkstufe.

11.7 Die Entwicklung der Sprache im Schulalter: Allgemeine Tendenzen

Die sprachlichen Fähigkeiten des Schulkindes nehmen in quantitativer Hinsicht zu, z. B. was den Umfang des Wortschatzes und die Länge der Sätze betrifft, aber auch in qualitativer Hinsicht. Es kommt zu einem differenzierten Verständnis für Wortbedeutungen. Die indivduellen Unterschiede sind groß.

Wichtige Einflussfaktoren für die Sprachentwicklung des einzelnen Kindes sind seine Intelligenz, das sprachliche Vorbild der Familie, die schulische Förderung und schließlich die individuelle Sprachbegabung. Die Grundlagen der Sprachentwicklung werden im Kleinkind- und Vorschulalter gelegt, eine spätere Förderung im Schulalter kann nur noch bedingt korrigierend und ausgleichend einwirken.

Entsprechend der kritisch realistischen Grundeinstellung und dem konkreten Denken des Schulkindes kann man in den ersten vier Schuljahren in erster Linie einen konkret-gegenständlichen Wortschatz beobachten. Abstrakte verbale Begriffe treten erst später im Zusammenhang mit der Ausbildung formaler Denkstrukturen verstärkt auf. Es dominieren Tätigkeitsaussagen gegenüber Beschreibungen. Hierin drückt sich das Interesse an aktivem Geschehen und motorischer Aktivität aus.

Parallel zu den Veränderungen der Denkformen, also parallel zum Übergang vom naiven zum kritischen Realismus, können in der sprachlichen Entwicklung typische Veränderungen im Wortschatz, Satzbau und Sprachstil beobachtet werden. Die Entwicklungstendenz geht dabei von der Beherrschung eines konkreten zu einem zunehmend abstrakteren Wortschatzes, von der Verwendung einfacher Sätze und Satzverbindungen zum Gebrauch komplexer Satzkonstruktionen mit immer mehr Nebensätzen, von der Verwendung eines wenig strukturierten Stils, in dem die Mitteilung, das konkrete Geschehen im Mittelpunkt stehen, zu einem zunehmend strukturierten Stil, in dem die Sprache schließlich bewusst als Ausdrucksmittel eingesetzt wird.

In besonderer Weise wirkt sich die Abnahme des Egozentrismus im Erleben und Denken des Kindes auf die Sprache aus: Die Sprache wird mit zunehmendem Alter gegenstandsbezogener und kontextungebundener. Das Kind im kritischen Realismus kann meist schon so erzählen, dass der Zuhörer zu folgen vermag, ohne das Berichtete selbst erlebt zu haben. Dies hängt mit der größeren Distanz des Kindes vom Eigenerlebnis und mit der zunehmenden Fähigkeit zusammen, sich in andere Personen hinein zu versetzen. Mit dem Zurücktreten der kontextgebundenen Erzählform gewinnt die Sprache als Kommunikationsmittel immer größere Bedeutung.

Im Zusammenhang mit diesem Entwicklungsverlauf wird auch das Schema der *drei Objektivierungsstufen der Sprache* verwendet.

Mit dem Abklingen des Egozentrismus wird das Kind fähig, die Sprache aus der engen Verbundenheit mit Erlebnissen, Vorstellungen und Emotionen zu lösen und sie zum *Gegenstand der Betrachtung* zu machen, zu einem „Ding an sich", das man in Teile (Wörter, Buchstaben, Laute etc.) zerlegen und aus solchen zusammensetzen kann. Diese Fähigkeit bezeichnet man als die *1. Objektivierungsstufe* der Sprache. Sie ist von größter Bedeutung für den Lese- und Rechtschreibunterricht.

Zur *2. Objektivierungsstufe* gelangt das Kind im Zusammenhang mit der *Entwicklung des abstrakten Denkens* im elften und zwölften Lebensjahr. Das Kind wird fähig, die *Regelhaftigkeit der Sprache* zu verstehen, *grammatische Gesetzmäßigkeiten* reflektierend zu erfassen. Systematischer Grammatikunterricht hat vor dem 12. oder 13. Lebensjahr somit keinen Sinn.

Auf der *3. Objektivierungsstufe* wird die Sprache wieder – in neuer Weise – zum Gegenstand. Nun wird sie *bewusst gestaltet*, indem nach jenen Formulierungen gesucht wird, die bestimmte Gedanken am treffendsten wiedergeben, die die Mitteilungsintentionen am besten entsprechen. Die Sprache wird modelliert, sie wird mit *Gestaltungsabsicht* verwendet. Wann und ob die 3. Objektivierungsstufe erreicht wird, ist in erster Linie eine Frage der individuellen Sprachbegabung und nicht, wie bei der 2. Objektivierungsstufe, eine Frage der allgemeinen Intelligenz.

Zwischen Sprachentwicklung und Denkentwicklung besteht grundsätzlich ein Zusammenhang. Das konnte in zahlreichen Untersuchungen belegt werden. Das Ausmaß der wechselseitigen Abhängigkeit scheint allerdings nicht auf jeder Altersstufe gleich zu sein, es wird mit zunehmendem Alter größer.

Beim Kleinkind hat die Sprache zunächst eine soziale Funktion, es lernt, die Sprache als wirksames Kommunikationsmittel zu gebrauchen. Diese Funktion behält die Sprache im Laufe des Lebens bei. Von einem bestimmten Zeitpunkt an kommt es dann aber zu einer Verschmelzung der Sprache mit der Entwicklung des Denkens, und zwar dann, wenn die Begriffsbildung einsetzt. In zunehmendem Maße wird Sprache als ein Mittel zur Problemlösung und zur Darstellung von Sachverhalten eingesetzt.

Es ist klar, dass eine Wechselbeziehung zwischen der sprachlichen Kompetenz eines Kindes und allen Aufgaben, die mit Hilfe der Sprache zu lösen sind, besteht. Ebenso begünstigt eine gute Sprachentwicklung die Lösung von logisch-begrifflichen Denkproblemen.

Intelligente Lösungen kommen jedoch nicht nur im Bereich der Sprache und des begrifflichen Denkens zu Stande, sondern auch auf anschaulichem Gebiet, bei Aufgaben, die das Erfassen von Raum- und Formbeziehungen voraussetzen, und beim Rechnen. Viele Leistungen in diesen Bereichen sind von der Sprache weitgehend unabhängig.

Kinder, die eine geringe sprachliche Lernerfahrung haben, schneiden bei Zahlenaufgaben und beim Erfassen von Raum-Form-Beziehungen wesentlich besser ab als bei sprachlich-begrifflichen Aufgaben. Sie sind also nicht weniger intelligent als Kinder, die sprachliche Aufgaben ebenso gut oder besser bewältigen, aber ihre Intelligenz liegt in einem anderen Bereich. Obwohl die Sprachentwicklung eng mit der gesamten intellektuellen Entwicklung verflochten ist, kann der sprachliche Entwicklungsstand nicht als einziger Indikator für das Intelligenzniveau aufgefasst werden. Die Sprachentwicklung wird vielmehr von einer Reihe anderer Faktoren als der potenziellen Intelligenz, insbesondere von den spezifischen sprachlichen Lernerfahrungen beeinflusst.

Kinder, die sich nicht gut ausdrücken können und deren sprachliche Leistungen eher schwach sind, dürfen somit nicht automatisch als unintelligent eingestuft werden. Umgekehrt gibt es Menschen, die gelernt haben, sich überdurchschnittlich geschickt auszudrücken – ohne dass sie aber über eine entsprechende überdurchschnittliche Intelligenz verfügen.

Richtig ist allerdings, dass Kinder mit geringer sprachlicher Routine in unserem Schulsystem, das sprachliche Leistungen außerordentlich hoch bewertet, grundsätzlich benachteiligt sind. Das gilt nicht nur für die sprachlichen Fächer, sondern auch für die Realien.

11.8 Das Gedächtnis

In der Gedächtnisforschung ist man sich darüber weitgehend einig, dass die Kapazität des Gedächtnisses, d. h. die potenzielle Leistungsfähigkeit, schon sehr früh in vollem Umfang gegeben ist.

Ab dem zweiten Lebensjahr dürfte sich die Kapazität nicht mehr verändern. Die Fähigkeit, Umgebungsreize zu speichern, gehört zur Grundausstattung des Menschen. Wenn die Gedächtnisleistungen trotzdem mit zunehmendem Alter besser werden, hat dies nichts mit dem Ausmaß der Aufnahmefähigkeit zu tun, sondern mit folgenden Faktoren:
- Vorwissen, an das neue Informationen anknüpfen können;
- Stufe der Intelligenzentwicklung und Denkstruktur, von der die Art der Enkodierung wesentlich abhängt;
- Behaltensstrategien,
- Metagedächtnis.

Man unterscheidet nach TULVING *zwei Arten von Langzeitgedächtnis*:
- *Das episodische Gedächtnis.* Hierzu rechnet man einerseits die Erinnerungen an Ereignisse, die in zeitlicher und/oder räumlicher Beziehung zur eigenen Person stehen, anderseits aber auch unzusammenhängendes, für die Person an sich bedeutungsloses Material wie Zahlenreihen, Begriffspaare, Bilderreihen, sinnfreie Silben, Sätze oder Wortlisten, mit denen trationellerweise die meisten der Gedächtnisexperimente durchgeführt werden.
- *Das semantische Gedächtnis.* Die hier gespeicherten Informationen beziehen sich auf alles, was für den Gebrauch der Sprache wichtig ist – Wortbedeutungen, Beziehungen zwischen Begriffen, Regeln, verbalisierte Handlungsabläufe –, aber auch auf Informationen sachlicher Art, wie mathematische Regeln, historische Daten etc.

In beiden Bereichen verbessern sich die Leistungen mit dem Alter des Kindes. Dabei kommt es bei bedeutungslosem Material in der Regel zu quantitativen, bei semantischen Gedächtnisaufgaben jedoch zu qualitativen Verbesserungen. Die aktuelle Gedächtnisleistung eines Kindes ist von drei Faktoren abhängig:
- Von der *Person* des Kindes. Alter, Strukturstufe der Denkentwicklung, alters- und milieubedingte Interessen, Wissensstand, Entwicklungsstufe des Metagedächtnisses und vor allem Lernmotivationen spielen hier die wichtigsten Rollen.
- Von der *Art der Aufgabe*, die den Möglichkeiten des Kindes entsprechen muss.
- Von den eingesetzten *Strategien*, die wieder in Beziehung zu den persönlichen Faktoren, aber auch zu den bisherigen Lernerfahrungen und zu den im frühen Schulalter angebotenen Hilfen zur Strategiebildung stehen.

11.8.1 Gedächtnis und Stufen der Intelligenzentwicklung

Die Merkfähigkeit hängt, wie WEINERT (1979) nachweisen konnte, auch davon ab, wie weit der angebotene Lernstoff der Denkstruktur des Kindes entspricht.

Alter	6 Jahre	10 Jahre	14 Jahre	18 Jahre
Inhalt	Durchschnittliche Zahl notwendiger Wiederholungen			
Anschaulich	2,70	1,45	1,00	1,00
Konkret-kausal	5,92	3,41	1,53	1,06
Formal-abstrakt	9,13	7,63	2,76	2,10

Abbildung 73: Das Erlernen von drei inhaltlich verschiedenen Sätzen gleicher Länge durch 6-, 10-, 14- und 18-jährige Versuchspersonen (N=164) (nach WEINERT 1979)

Ein anderes Beispiel bietet ein Versuch von PIAGET (nach ARBINGER 1984). Kindern im Alter von 3;6 bis 6;6 wurde aufgetragen, sich eine Reihe von zehn Stäbchen zu merken, die nach der Größe geordnet waren. Nach einer Woche und ein zweites Mal nach acht Monaten sollten sie diese Reihe aus dem Gedächtnis zeichnen (vgl. Abb. 74). Die Leistungen (1-4) wichen so lange vom Vorbild ab, als sich die Kinder noch in der prälogischen Strukturstufe der Denkentwicklung befanden. Sie konnten sich erst im Alter von etwa sechs Jahren am Erinnerungsbild orientieren (5), als diese Stufe überwunden und damit das Verständnis für Reihenbildungen erworben war. Interessant war auch, dass sich die Leistungen nach acht Monaten verbesserten, ohne dass die Kinder das Vorbild nochmals gesehen hatten. Es handelte sich um Fortschritte im operativen Niveau.

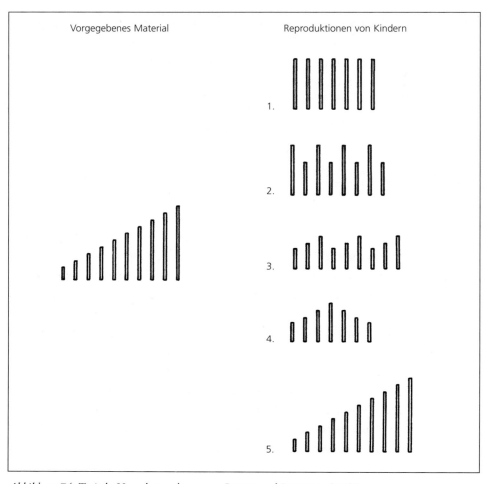

Abbildung 74: Typische Versuchsanordnung von PIAGET und INHELDER (1969).

11.8.2 Der Einsatz von Strategien

Nicht nur Erwachsene, auch Kinder ab einem bestimmten Alter verwenden Strategien, die das Behalten erleichtern bzw. überhaupt ermöglichen sollen. Die wichtigsten sind:
- Memorieren
- Organisation des Materials, d. h. Ordnen nach gemeinsamen Merkmalen begrifflicher oder wahrnehmungsmäßiger Art
- Sinnstiftung
- Notizen machen
- Räumliche Zeichen setzen

> FLAVELL (1979) beschreibt die Entwicklung des Gebrauchs von Strategien am Beispiel des inneren Wiederholens. Drei Stadien werden unterschieden:
>
> | | |
> |---|---|
> | Vorschulalter | Im Regelfall keine Strategie vorhanden, eine Übernahme einer Strategie von außen ist nicht möglich. |
> | Frühes Schulalter | Kinder versuchen Texte auf Anregung von außen innerlich zu wiederholen. Sie sind im Prinzip im Stande, diese Strategie anzuwenden, sie bemerken auch, dass sich ihre Behaltensleistung dadurch verbessert. Werden sie beim Lernen eines Textes sich selbst überlassen, greifen sie noch nicht auf diese Strategie zurück. Sie sind noch nicht im Stande, diese spontan einzusetzen. |
>
> Ab dem neunten Lebensjahr bedarf es keines äußeren Anstoßes mehr. Die Kinder haben dann erkannt, dass inneres Wiederholen und Sich-selbst-Abprüfen zum gewünschten Erfolg führt. Sie wenden diese Strategien spontan an.

Bei schwierigeren Strategien verschieben sich die Altersgrenzen entsprechend der Denkentwicklung.

In engem Zusammenhang mit dem oben Erwähnten steht auch die Frage, wann Kinder überhaupt verstehen, dass sie sich etwas einprägen sollen, d. h. ab wann sie wissen, dass sie bewusst etwas tun müssen, damit eine Einprägung stattfindet. APPEL (nach ARBINGER 1984) untersuchte, wann Kinder in ihrem Verhalten erkennen lassen, dass sie zwischen der Aufforderungen „einprägen" und „genau ansehen" unterscheiden können. Es zeigte sich, dass Siebenjährige den begrifflichen Unterschied der beiden Instruktionen erfassten, aber noch nichts unternehmen konnten, was späteres Behalten begünstigt. Elfjährige hingegen zeigten deutliche Verhaltensunterschiede, entwickelten verschiedene Strategien und konnten sich infolgedessen auf Grund der Instruktion „einprägen" sehr viel mehr merken als auf Grund der Instruktion „gut ansehen".

11.8.3 Das Metagedächtnis

Dass Strategien zur Verbesserung der Gedächtnisleistungen überhaupt zur Anwendung kommen können, setzt voraus, dass Kinder etwas über ihr eigenes Gedächtnis und über ihren eigenen Beitrag zum Erwerb von Gedächtnisinhalten wissen. Dieses Wissen wird Metagedächtnis genannt.

Vieles in diesem Bereich ist noch völlig unerforscht. So wissen wir nicht, wann es Kindern bewusst wird, dass ihnen etwas, woran sie sich im Augenblick nicht erinnern können, später einfallen könnte. Auch ist nicht geklärt, wann sie die Erfahrung machen, dass man sich um dieses Einfallen bemühen kann, indem man Strategien (z. B. Assoziationen) einsetzt. Man nimmt an, dass solche Suchprozesse ab dem zehnten Lebensjahr möglich sind.

Einige Marksteine der Entwicklung sind aber gut gesichert:

7. Lebensjahr	Kinder in diesem Alter begreifen, dass sie sich etwas merken sollen.
9. Lebensjar	Spontane Aktivitäten zur Verbesserung der Gedächtnisleistung können eingesetzt werden. Ab diesem Alter haben Kinder auch schon Erfahrungen mit ihrem Gedächtnis gemacht, etwa, dass alles, was in sinnvoller Beziehung zueinander steht, leichter gemerkt werden kann.
ab 11 Jahren	Kinder wissen nun, dass zuerst Gelerntes durch später Gelerntes verdrängt werden kann und dass schriftliche Notizen nützlich sein können. Sie können angeben, was man tun muss, um sich etwas zu merken.

11.9 Die soziale und moralische Entwicklung

11.9.1 Die Beziehung zu Gleichaltrigen

Die sozialen Beziehungen auf der Strukturstufe des naiven Realismus wurden schon im Zusammenhang mit der Schulfähigkeit beschrieben (siehe Seite 200f.). In dem Maße, als die Kinder Gelegenheit haben, sich kennen zu lernen und in soziale Interaktion zu treten, kommt es nun zu jener zunehmenden Strukturierung der Gruppe, die man auf der Strukturstufe des *kritischen Realismus* als die *informelle Ordnung* bezeichnet.

Jede Zweckorganisation hat ein Doppelgesicht:
- *Die formelle Ordnung.* Sie dient dem Erzielen des Arbeitsertrages.
- *Die informelle Ordnung.* Sie ist das Netz persönlicher Beziehungen, die sich unter der Decke der formellen Ordnung entwickelt. Es dient dem Schutz der Gruppe nach außen sowie der Sicherung des Zusammenlebens.

In der Schule besteht die formelle Ordnung in den Lehrplänen, den Leistungsanforderungen, der Leistungsbeurteilung, den Prüfungen, den vorgeschriebenen Umgangsformen, der Schulordnung und dergleichen. Die informelle Ordnung hingegen, die sich vom dritten Schuljahr an entwickelt und der bis in die Pubertät hinein große Bedeutung für das soziale Leben aller SchülerInnen zukommt, hat folgende Merkmale:
- Eine vertikale Gliederung im Sinne einer *Rangordnung*.

- Eine horizontale Gliederung nach dem *Grad der sozialen Integration*. Man unterscheidet Kern-, Mitte-, Rand- und Außenstehende. Zu den Kernfiguren einer Klasse gehören die *FührerInnen*, die *Stars* und die *SpezialistInnen*. Zwischen FührerInnen und Stars ist insoferne ein Unterschied, als erstere *aktiv* an der Meinungsbildung der Klasse beteiligt sind, während die Stars passiv bleiben, aber trotzdem entweder wegen ihrer Haltung, ihres Könnens oder wegen ihres Besitzes Einfluss auf die Meinungsbildung haben. Sie lassen sich bewundern, ohne Wert auf eine aktive Führungsrolle zu legen. Zu den in der Mitte Stehenden gehören vor allem die Angehörigen von *Cliquen*, in denen mehrere SchülerInnen in gegenseitiger Freundschaft verbunden sind. Als randständig kann man befreundete Paare bezeichnen, die außer ihrer gegenseitigen Beziehung wenig andere Beziehungen zu der Klasse unterhalten. Außenstehend sind SchülerInnen, die übersehen werden, keine Kontakte unterhalten oder aber von den anderen aktiv abgelehnt werden.
- Im Rahmen der informellen Ordnung bildet sich ein für alle *verbindliches Wertsystem* heraus, welches das Zusammenleben sichert. An der Spitze dieser Wertskala stehen Gerechtigkeit und Kameradschaftlichkeit.
- Es entsteht auch eine *öffentliche Meinung*, mit der man sich identifizieren muss, will man dazu gehören. Die Meinungsmacher und -träger sind meist von Anhängern umgeben, die sich in einem engen Abhängigkeitsverhältnis zu Ersteren befinden und deren Meinungen propagieren.
- Im Rahmen der informellen Ordnungen kommt es erstmals zur *kollektiven Aggressivität*. Gruppen, die sich um eine Führerin/einen Führer bilden, oder Cliquen zeigen häufig die Tendenz, ihre Zusammengehörigkeit dadurch zu dokumentieren, dass sie eine feindselige Haltung gegen andere Gruppen einnehmen. Es handelt sich dabei um eine vorwiegend formale Aggressionshaltung, denn die Aggression hat meist keinen echten Grund. Es kommt vor, dass Schule gegen Schule kämpft, Klasse gegen Klasse, aber es kann sich auch eine Gruppe gegen einen Einzelnen wenden, der irgendwie anders ist. Untersuchungen zeigen, dass der Grad der Aggressivität in der informellen Ordnung im hohen Maß vom Führungsstil der LehrerInnen abzuhängen scheint.
- Jede/r strebt danach, einen möglichst guten Platz in der Rangordnung einzunehmen oder zu bewahren und ein möglichst hohes Prestige in der Klasse zu genießen. Daher kommt es häufig zu *Positionskämpfen*, die geschlechtsspezifisch unterschiedlich ausgetragen werden. Sie spielen sich immer vor Dritten ab, sie erst verleihen einem Sieg Sinn.

- Es gibt verschiedene *Rivalitätsebenen*, denn die Rollen, die man in der Klasse spielen kann, haben sehr verschiedenes Prestige. Zu den Stärksten der Klasse zu gehören bringt mehr Ansehen als Besitz eines trendigen Objekts, und dies gilt wieder mehr als die Gunst von LehrerInnen. Kinder, die sich auf keiner der Rivalitätsebenen durchsetzen können, ziehen sich ganz von der Gemeinschaft zurück oder glauben, ihren Rangplatz durch auffälliges Verhalten in der Klasse oder durch Geschenke etc. verbessern zu können.

11.9.2 Die Spiele der späteren Kindheit

Die Spiele der Fünf- bis Achtjährigen sind durch *feste Regeln* charakterisiert. Sie lassen der *Initiative wenig Spielraum*. Die Wahl der Akteure sowie der Ausgang des jeweiligen Spiels sind vom Zufall bestimmt. Kinder lernen in dieser Situation
- Partnersituationen und partnerschaftliches Verhalten,
- Verzicht auf regelwidrige Aktionen,
- Verlieren, soferne es sich nicht um kooperative Spiele ohne Sieger geht.

Auf der Grundlage dieser Lernprozesse verändert sich im neunten und im zehnten Lebensjahr der Charakter der Spiele ganz deutlich. Es kommt nun darauf an, den *Ausgang des Spiels durch persönlichen Einsatz zu beeinflussen*. Das gilt vor allem für Teamspiele: Von der Initiative des Einzelnen hängt der Sieg der Gruppe ab. Diese Initiative kann den Rangplatz, der in der sozialen Gruppe eingenommen wird, wesentlich beeinflussen.

11.9.3 Die Beziehung zu LehrerInnen

Im kritischen Realismus werden Kinder also fähig, Gruppenbildungen spontan und unabhängig von Erwachsenen zu vollziehen. Die vorher stark emotional gefärbte Identifikation mit LehrerInnen macht nun einer sachlicheren und distanzierteren Haltung Platz und wird durch die Identifikation mit der Gruppe abgelöst.

Trotzdem besteht weiterhin – während der gesamten Schulzeit – das Bedürfnis nach Anerkennung durch LehrerInnen, nach gerechter Beurteilung, nach Wohlwollen und Verständnis. Vor allem an die Gerechtigkeit werden strengste Maßstäbe angelegt: Es wird *absolute Gerechtigkeit* erwartet. LehrerInnen dürfen streng sein, sie dürfen Leistungen abverlangen, aber sie dürfen niemanden bevorzugen, und sie dürfen niemandem falsche Motive unterstellen.

Je autoritärer die Führung einer Klasse ist, desto stärker klaffen formelle und informelle Ordnungen auseinander. Es ist ein pädagogisches Problem, durch geschickte demokratisch-integrative Führung der Klasse eine weit gehende Übereinstimmung der beiden Ordnungssysteme herbeizuführen.

11.9.4 Die Beziehung der Geschlechter

In frei gewählten Spielgemeinschaften, bei spontanen Gruppierungen im Turnunterricht oder in den Pausen beobachtet man etwa vom dritten Schuljahr an ein allmähliches Auseinanderrücken der Geschlechter. Mädchen verbringen ihre Freizeit nun am liebsten mit anderen Mädchen, wobei sie Intimgruppen von zwei bis drei Mitgliedern vorziehen, Buben verbringen ihre Freizeit mit anderen Buben in größeren Gruppen.

Aggressionen gegen das andere Geschlecht können auf dieser Altersstufe auftreten, wenn sie nicht durch sozial-integrative erziehliche Führung aufgefangen werden.

11.9.5 Kind und Familie

Mit zunehmender Wirklichkeitsbezogenheit gewinnt das Kind allmählich an *äußerer und innerer Autonomie*. Seine Kritik macht auch vor Erachsenen nicht Halt. Im neunten Lebensjahr kommt es in der Regel zu einer gewissen inneren Distanzierung von den Eltern, denn auch ihnen steht das Kind nun mit einer neuen Sachlichkeit gegenüber. Auch von ihnen erwartet es Wahrhaftigkeit und Gerechtigkeit. Nicht selten führt dieser Wandel zu Konflikten im Elternhaus, besonders dort, wo das Verhalten der Erwachsenen der kritischen Beurteilung durch das Kind nicht standhält.

Das Kind versucht auch, in die Lebenssphäre der Erwachsenen einzudringen, ihre Motive, die Ursachen ihrer Stellungnahmen und Handlungen zu ergründen. Dabei entdecken praktisch alle Kinder, dass die meisten Erwachsenen lügen.

Das Kind ist nun ein scharfer Beobachter des Erwachsenen geworden. Alle Erziehungsmaßnahmen werden geprüft: Sind sie sinnvoll? Sind sie gerecht? Das Kind ist nicht mehr bereit, sinnlose Maßnahmen zu akzeptieren. Es reagiert auch sehr prompt auf inkonsequentes Erziehungsverhalten.

Autorität hat für das Kind nur, wer sich durch sein Verhalten diese Autorität verdient.

Dabei verlieren die Eltern aber keineswegs an Bedeutung für das Kind. Im Gegenteil: Sein sich erweiternder Horizont gestattet es ihm, auch die Position, den Status der Eltern zu erkennen. Ihr Können, ihr Besitz, ihr Ansehen werden wichtig, werden zu einem Teil des eigenen Selbstwertgefühls.

Jedes Kind möchte stolz auf seine Eltern sein, und es leidet darunter, wenn die Eltern – meist bezogen auf Personen der gleichen sozialen Schicht – keinen angesehenen Sozialstatus einnehmen.

Es ist das Alter, in dem sich Kinder nicht nur mit den Statussymbolen der Eltern identifizieren, sondern auch mit deren sozialen Vorurteilen. Prahlerei mit dem Einfluss, dem Besitz, dem Können, dem Ansehen der Eltern sind in diesem Alter an der Tagesordnung. Wo diese Statussymbole fehlen, werden sie oft erfunden.

Die Beziehung zu den Eltern erfährt eine stärkere Differenzierung. Der Neunjährige kommt nicht mehr unbefangen zu seiner Mutter ins Bett, er lehnt Zärtlichkeitsbezeugungen von ihrer Seite ab. Das neunjährige Mädchen setzt sich nicht mehr auf den Schoß des Vaters und weicht oft vor seinen Liebkosungen zurück. Es hat sich, um einen Terminus der Tiefenpsychologie zu verwenden, die *Inzestschranke* zwischen den verschiedengeschlechtlichen Mitgliedern der Familie aufgerichtet.

Bei Knaben kommt es in diesem Alter in der Regel zu einer Lockerung der emotionalen Bindung zur Mutter, wobei das Verhalten einen aggressiven Charakter annehmen kann. In diesem Alter findet man „weiberfeindliche" Tendenzen, Überheblichkeit gegenüber dem weiblichen Geschlecht, Überbewertung der Männlichkeit und dergleichen. Mit der emotionalen Loslösung von der Mutter tritt jedoch gleichzeitig eine stärkere Zuwendung zum Vater in Erscheinung, der von nun an für den Buben eine immer größere Rolle im Prozess der Identifikation mit der eigenen Geschlechtsrolle spielt. Aus der klinischen Psychologie sind Schwierigkeiten bekannt, die beim Sozialisierungsprozess auftreten können, wenn in diesem Alter und in der Vorpubertät keine tragfähige Identifikation mit einer Vaterfigur möglich ist. Wenn die emotionale Bindung zur Mutter sich gelockert hat, aber keine Identifikationsmöglichkeit mit dem Vater besteht, befindet sich der Knabe in einem emotionalen Vakuum, das zur Verwahrlosung führen kann.

11.9.6 Das moralische Urteil der Kinder: Entwicklungstendenzen

Die größte Untersuchung über das moralische Urteil beim Kind wurde von PIAGET (1954) durchgeführt.

Er stellte drei Stufen der kindlichen Moral fest:
- *Einfacher moralischer Realismus:* Stehlen darf man nicht, weil man bestraft oder eingesperrt wird. Würde man nicht bestraft, dann dürfte man stehlen.

- *Heteronome Moral* – Übernahme festgesetzter Haltungen: Man darf nicht stehlen, weil es eine Sünde ist, weil es der Vater verboten hat etc.
- *Autonome Moral* – Beurteilung des Verhaltens auf Grund eigener sozialer Verantwortung: Man darf nicht stehlen, denn wenn jeder sich nimmt, was er haben will, wäre niemand seines Eigentums sicher, und niemand könnte Vertrauen zum Anderen haben.

11.9.7 Das Problem der Absicht

Sechs- und Siebenjährige beurteilen Strafwürdigkeit und Verantwortlichkeit eines Täters nach dem angerichteten Schaden, nicht nach der Schädigungsabsicht. Erst Acht- und Neunjährige kennen den Begriff der Absicht und urteilen dementsprechend. Wer absichtlich etwas anstellt, ist schlimmer als der, der es ohne Absicht tut. Es ist auch schlimmer, ein Kind zu belügen als einen Erwachsenen, weil Kinder die Lüge leichter glauben. Zwölfjährige allerdings sind der Meinung, dass man oft gezwungen sei, einen Erwachsenen zu belügen. Einen Kameraden zu belügen dagegen sei unanständig.

11.9.8 Das Problem der Strafe

Jüngere Kinder bevorzugen strenge Strafen, und zwar Sühnestrafen, die in keinem Zusammenhang mit der Tat stehen. Sie meinen auch, dass nur strenge Strafen bessern können. Im Alter von sechs und sieben Jahren sind sie bereit, gegenüber anderen Kindern als Aufpasser zu fungieren und alles den Erwachsenen zu berichten.

Ältere Kinder halten nur solche Strafen für gerecht, die in einem Zusammenhang mit der Tat stehen. Eine solche Strafe kann die natürliche Folge einer strafbaren Handlung sein oder die Wiedergutmachung des angerichteten Schadens. Außerdem vertreten sie die Meinung, dass Belehrung mehr dazu beiträgt, eine gewünschte Besserung des Verhaltens hervorzurufen.

Bei Achtjährigen sind die Werte des Kollektivs bereits wirksam, auch um den Preis, Erwachsene zu belügen, um den Verrat an Kameraden zu vermeiden.

Auf der Stufe der heteronomen Moral werden kollektive Strafen als gerecht empfunden, weil alle sich schuldig machen, wenn sie den Täter nicht verraten. Acht- bis Zehnjährige bekennen sich aus Kameradschaftlichkeit eindeutig zur kollektiven Verantwortung. Erst Zehn- bis Zwölfjährige lehnen kollektive Strafen eindeutig ab. Sie vertreten die Meinung, dass die Bestrafung eines Unschuldigen ungerechter sei als die Nichtbestrafung eines Schuldigen.

11.9.9 Vergeltung unter Kindern

Wenn es um die Frage geht, ob man Angriffe von Stärkeren heimzahlen solle, urteilen die Sechs- und Siebenjährigen sehr verschieden von älteren Kindern. Sie fühlen sich noch deutlich unterlegen, außerdem ist der Erwachsene noch ihr unbestrittener Beschützer. Daher sind sie der Meinung, dass man Angriffe Stärkerer nicht heimzahlen dürfe, sondern Schutz und Hilfe beim Erwachsenen suchen könne.

Bereits 65 % der Achtjährigen und 96 % der Zwölfjährigen bekennen sich zum Recht des Schwächeren, Angriffe des Stärkeren auf irgendeine Art heimzuzahlen – auch wenn es sich dabei um eine heimlich ausgeführte Bosheit handelt. Sie sehen darin eine Möglichkeit, selbst mit der Situation fertig zu werden, ohne den Angreifer beim Erwachsenen verklagen zu müssen.

11.9.10 Der Begriff der Gerechtigkeit

Jüngere Kinder verwechseln „ungerecht" mit „unrecht". Auch Noten werden vorerst nicht im Zusammenhang mit der Leistungsqualität erlebt, sondern als Liebesbeweise der Lehrkraft. Erst zunehmende Erfahrungen mit Leistungsbewertungen vermitteln den Begriff von „gerecht" und „ungerecht". Erst Neunjährige können Ungerechtigkeit als „Ungleichheit der Behandlung" definieren. Vorher wird Ungerechtigkeit mit Verbotenem oder den (Spiel)Regeln Zuwiderlaufendem gleichgesetzt.

Von dem Zeitpunkt an, zu dem der Begriff der Gerechtigkeit erfasst wird, ist er auch schon als Wert sehr stark emotional besetzt. Die absolute Gerechtigkeit spielt in der späteren Kindheit eine außerordentliche Rolle.

11.9.11 Die moralische Entwicklung nach Kohlberg

Die von Piaget gefundene Entwicklung von der heteronomen zur autonomen Moral wurde auch in anderen Untersuchungen bestätigt.

Im Gesamtsystem der Entwicklung des moralischen Urteilens unterscheidet L. Kohlberg (1964) drei Niveaus moralischen Urteils, denen er jeweils zwei Stufen zuordnet. Die von uns besprochenen Altersgruppen befinden sich auf dem so genannten vormoralischen Niveau. Zur Begründung moralischer Entscheidungen werden auf dieser Stufe drohende Strafen, Autoritäten oder die eigenen Interessen angeführt. Interessen anderer werden nur in dem Maße berücksichtigt, wie sie den eigenen Interessen entsprechen.

Das Vormoralische Niveau umfasst zwei Stufen:

- *Heteronome Moral* (rund um das zehnte Lebensjahr) mit einer starken Orientierung an Bestrafung und Gehorsam, wobei die Vermeidung von Bestrafung und die Unterordnung unter Autoritäten wesentlich sind.
- *Individualistische instrumentelle Moral* (bis zum 14. Lebensjahr) mit einer instrumentellen Orientierung an den eigenen Bedürfnissen. Gegenseitigkeit und Gerechtigkeit sind keine allgemeine Prinzipien, sondern nur richtungsweisend, wenn sie den eigenen Interessen zuträglich sind.

In allen Untersuchungen zeigt sich, dass die Entwicklung eindeutig vom *rigorosen und starren moralischen Urteil* in die Richtung einer gewissen *Liberalisierung* verläuft. Deutlich erkennbar wird dieser Trend beim Gerechtigkeitsbegriff, der sich von der absoluten zur relativen Gerechtigkeit im Sinne der *Billigkeit* entwickelt. Es handelt sich um einen *sozialen Lernprozess auf der Basis einer differenzierteren kognitiven Erfassung der Umwelt.* ECKENSBERGER (1998) weist darauf hin, dass moralische Urteile nach Art und Komplexität des Handlungsbegriffes unterschieden werden können, wobei sie auf Konflikte zwischen unterschiedlichen Handlungsparametern (Ziele, Folgen, Wahleinschränkungen etc.) zurück. Die moralischen Urteile bekommen jeweils ihre eigentliche Dimension durch die Verwendung eines präskriptiven Standards, mit dessen Hilfe die Konfliktlösung vorgenommen oder bewertet wird (STEINEBACH 2000).

11.10 Emotionale Probleme

11.10.1 Die Schulangst

Schulkindern fehlt noch die eigentliche Introspektive im Sinne der Fähigkeit, die eigene Persönlichkeit zu beurteilen und zu bewerten. Sicher ist aber, dass sich das Schulkind in zunehmendem Maße *seiner Gefühle bewusst* wird. Es kann seine Gefühle artikulieren und muss sie nicht mehr, wie das Vorschulkind, nur durch Ausdrucksbewegungen und Affektäußerungen der Umwelt zur Kenntnis bringen. Affektäußerungen werden mit zunehmender Sozialisierung und Selbstbeherrschung seltener. Dafür kann das Schulkind nur sagen, dass es sich freut, kränkt, traurig ist, dass es Angst hat. Im Mittelpunkt stehen nicht Gefühle, die sich auf die eigene Person beziehen, sondern Gefühle, die sich auf andere Personen, auf Gegenstände und Situationen beziehen.

Der häufigste Erreger seelischer Spannungen ist die Angst. HECKHAUSEN (1975) hat darauf hingewiesen, dass jede motivierte menschliche Handlung eine emotionale Komponente hat – die *Hoffnung auf Erfolg* und die *Angst vor Misserfolg*. In einem Schulsystem, in dem Leistung und Erfolg hoch bewertet werden, scheint Angst unausweichlich zu sein.

SCHWARZER (1975) führte eine große Untersuchung über Schulangst und Lernerfolg durch. Dabei zeigte sich:

- Mädchen als Gruppe haben höhere Angstwerte als Knaben. Dies kann man zweifach interpretieren: Mädchen sind eher bereit als Buben, Angst zuzugeben; Mädchen sind aber auch stärker schulleistungsmotiviert.
- Schulangst nimmt mit dem Alter ab.
- Hochsignifikante Zusammenhänge bestehen zwischen Schulangst und Sozialstatus. Angstwerte sinken deutlich und regelmäßig mit der jeweils höheren Sozialschicht. Bei Mittel- und Oberschichtkindern zeigt sich ein enger Zusammenhang zwischen Angstwerten und Schulnote: Bei schlechten Schulnoten waren ihre Angstwerte höher als die der Kinder der Unterschicht.
- Ein deutlicher Zusammenhang besteht jedenfalls zwischen Schulangst und Schulerfolg. Auch hier ist die Frage offen, ob man schlechte Noten hat, weil man ängstlich ist, oder ist man ängstlich, weil man viele Misserfolge erlebt?
- Nur niedrige Zusammenhänge bestehen zwischen Schulangst und messbarer Intelligenz.

Schulangst wird sehr häufig durch den *Führungsstil von LehrerInnen* ausgelöst (GÄRTNER-HARNACH 1972), d. h. durch geringschätziges, unfreundliches und ungeduldiges Verhalten. Untersuchungen zeigen, dass sich das vor allem auf die Leseleistung und auf die verbalen Denkleistungen, weniger auf mathematische Aufgaben auswirkt. LehrerInnen, die streng fordernd und stark an den Leistungen ihrer SchülerInnen interessiert sind und die zugleich einen autoritären Führungsstil haben, haben mehr ängstliche SchülerInnen als LehrerInnen, die das Leistungsprinzip nicht so stark betonen, weniger ehrgeizig sind, und die ihren SchülerInnen gegenüber eine freundliche und verständnisvolle Haltung einnehmen.

Auch der *Erziehungsstil der Eltern* ist häufig die Ursache von Schul- und Prüfungsangst. Eltern, die auf Noten, die nicht ihren Vorstellungen entsprechen, mit strengen Sanktionen reagieren, verursachen oft so intensive Angst, dass die Leistungen der Kinder weit unter dem ihnen erreichbaren Niveau bleiben.

Die *Bildungsorganisation der Schule* selbst kann schließlich auch Schulängste verursachen, beispielsweise durch Zulassungsbestimmungen zu höheren Bildungseinrichtungen.

11.10.2 Magische Ängste

Verschiedene Untersuchungen haben gezeigt, dass es in diesem Alter – trotz der stark realitätsbezogenen Grundhaltung des Schulkindes – noch zahlreiche magische Ängste (vor Dunkelheit, Geistern, bösen Tieren etc.) gibt. Magisches Denken wirkt in der Tiefenstruktur der Person weiter, auch wenn bereits höhere Denkstrukturen entwickelt worden sind.

Etwa im Übergang vom naiven zum kritischen Realismus wird sich das Kind klar über das Wesen des Todes als etwas Endgültiges und Schreckliches. Bei vielen Acht- und Neunjährigen treten Todesängste auf, die sich auf die eigene Person beziehen können, sich aber viel häufiger auf die Eltern beziehen. Das Kind hat plötzlich Angst, dass die Eltern sterben könnten. Man kann diese Ängste rein kognitiv als ein Inbeziehungsetzen von Todeserkenntnis mit der eigenen Existenzunsicherheit und Hilflosigkeit interpretieren. Man kann sie aber auch tiefenpsychologisch als Folge von Schuldgefühlen im Zusammenhang mit Todeswünschen gegenüber den Eltern sehen.

Eine andere Art von magischer Angst, die in diesem Alter vorkommen kann, ist die Angst, nicht das leibliche Kind seiner Eltern zu sein.

11.10.3 Probleme der Identifikation mit der eigenen Geschlechtsrolle

Im Schulalter verfestigt sich das Geschlechtsbewusstsein, die Geschlechtsrollen werden interiorisiert. Es kommt zu einer Bejahung jener Rollenmuster, die in der Gesellschaft akzeptiert sind und die von den Eltern auf die Kinder übertragen werden.

Für die Übernahme der Geschlechtsrolle (Geschlechtsidentifikation) gibt es mehrere, einander zum Teil widersprechende, aber auch ergänzende Erkärungsansätze. Die wichtigsten sind:

- Die *psychosexuelle Identifikation* nach S. FREUD (1938). Hier ist die Haupttriebfeder für die Entwicklung und Sozialisation der Sexualtrieb mit seiner Energie (Libido). Auch bei der Übernahme der Geschlechtsrolle bilden die sexuellen Triebwünsche des Kindes die entscheidende Komponente. Durch die Identifikation mit dem Vater, die auf alles Männliche generalisiert wird, übernimmt der Knabe, soferne die Entwicklung nicht gestört wird, auch die geschlechtstypischen Verhaltensweisen des Vaters. Bei Mädchen gestaltet sich die Geschlechtsidentifikation anders. Das Mädchen löst sich von der Mutter, weil es ihr nicht verzeihen kann, dass es mangelhaft, nämlich ohne Penis, ausgestattet ist (Penisneid). Es setzt sich an die Stelle der Mutter, an die Stelle der primären Mutterbindung tritt die Identifikation mit der Mutter.

- *Geschlechtsrollenidentifikation als soziales Lernen* (MISCHEL 1971). Dieser Ansatz geht von allgemeinen lerntheoretischen Überlegungen aus. Verhaltensweisen und Reaktionen, die verstärkt und bekräftigt werden, behält man bei, solche, die keine Bekräftigung erfahren, werden aus dem Verhaltensrepertoire ausgeschieden. Soziale Normen legen so fest, welche Verhaltens- und Denkweisen zu der Geschlechtsrolle gehören.
- *Geschlechtsrollenidentifikation als kognitive Leistung* (KOHLBERG 1974). Dieser Ansatz berücksichtigt vor allem die Erkenntnisleistung, die nötig ist, um zu verstehen, was zu der entsprechenden Geschlechtsrolle gehört. Soll das Kind also einer geschlechtsspezifischen Rollenerwartung entsprechen, muss es diese erkennen und eine individuelle Rolleninterpretation vornehmen. Dadurch, dass das Kind erkennt, dass es zwei Geschlechter mit unterschiedlichen Aufgaben gibt, bringt es eine erste Ordnung in seine soziale Welt. Das geschieht sehr früh (in den Untersuchungen von WEINTRAUB et al. 1984 bereits zu Beginn des dritten Lebensjahres). Eine korrespondierende Erkenntnisleistung ist die Zuordnung der eigenen Person zu einem Geschlecht. Nun wählt das Kind aus seiner Umwelt aus, was zu ihm passt – Verhaltensmuster und -vorschriften –, und konfrontiert sie und gleicht sie mit seinen eigenen Bedürfnissen, Möglichkeiten und Erfahrungen ab. Die kognitive Theorie der Geschlechtsrollenidentifikation impliziert, dass die anfänglich eher starren Geschlechterstereotype aufgegeben werden und einem flexiblen Verständnis der Geschlechter weichen (OERTER 1987). Das belegen auch die Untersuchungen von TRAUTNER et al. (1983).

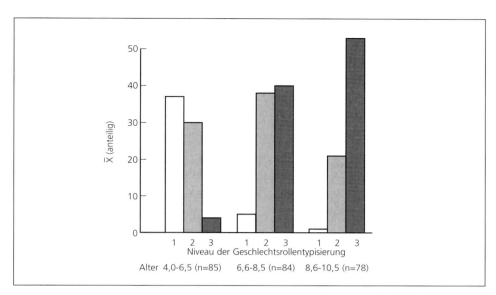

Abbildung 75: Anteile der verschiedenen Altersgruppen an den drei Entwicklungsniveaus der Geschlechtsrollentypisierung (aus OERTER 1987: 241). Die drei Niveaus sind: (1) Begriffe von männlich und weiblich, beinhalten aber nur geringes Wissen, (2) Begriffe mit großem Wissen, aber starren Geschlechtsstereotypen, (3) Begriffe mit großem Wissen und flexibler Definition der Geschlechter.

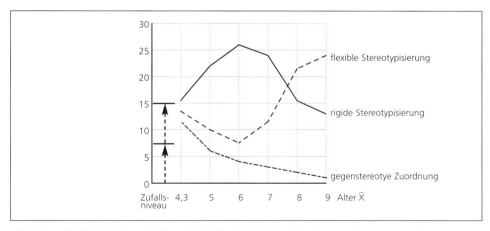

Abbildung 76: Häufigkeiten rigider und flexibler Geschlechtsrollen-Stereotypisierungen sowie gegenstereotyper Zuordnungen bei 4- bis 9-Jährigen (TRAUTNER et al. 1988: 113)

Trotz des sich rasch vollziehenden Wandels moderner pluralistischer Gesellschaften herrschen nach wie vor einige Stereotype vor, die vor allem das Verhalten, physische Eigenschaften und kognitive Fähigkeiten betreffen:

	Knaben	Mädchen
Verhalten	Aggressivität wird geduldet, man erwartet aber Gefühlsbeherrschung, Mut und Durchsetzungsfähigkeit: Ein Bub weint nicht. Ein Bub lässt sich nichts gefallen.	Wohlerzogenheit, Anlehnungsbedürftigkeit, Passivität, größere Gefühlsbetontheit, soziale Angepasstheit, Fügsamkeit, eher ängstlich
physische Eigenschaften	körperliche Geschicklichkeit und Kraft	hübsches Aussehen, Anmut der Bewegung
kognitive Fähigkeiten	mathematisch-naturwissenschaftlich-technische Begabung, sachliche Interessen, analytischer Verstand, Ehrgeiz	sprachliche Begabung, soziale und ästhetische Interessen, intuitiver Verstand

Abbildung 77: Stereotype Rollenerwartungen

Es gibt keine Untersuchungen, die auch nur den geringsten Nachweis über vererbte Unterschiede in den Anlagen erbringen. Jedes moderne Testsystem enthält Aufgaben, die sprachliche und technische Fähigkeiten prüfen. Niemals wurden noch Unterschiede zwischen Mädchen und Knaben gefunden, die darauf hinweisen, dass die sprachlichen Leistungen der Knaben weit unter, die technischen Leistungen hingegen weit über jenen der Mädchen liegen. Tendenzielle Unterschiede wurden hie und da festgestellt, doch waren sie nie so groß, dass man sich gezwungen gesehen hätte, beispielsweise besondere Aufgabenstellungen getrennt nach Geschlechtern zu entwerfen.

Es ist anzunehmen, dass sich die Interessensrichtungen der Frau zum Teil aus ihren traditionellen Rollenfixierungen, zum Teil aber wohl auch aus ihrer biologischen Bestimmung als Trägerin des werdenden Lebens ableiten. Unterschiede im kognitiven Bereich sind anerzogen.

Knaben sind unduldsamer gegen Geschlechtsgenossen, die dem Rollenbild nicht entsprechen, als Mädchen gegenüber Mädchen sind, die sich knabenhaft benehmen – offenbar wird knabenhaftes Verhalten höher bewertet als mädchenhaftes Verhalten.

In der Zeit, in der Mädchen und Knaben zu Beginn des kritischen Realismus auseinander zu streben beginnen (vgl. Seite 219), sind die Rollenstereotype schon gefestigt. Der Zusammenschluss der GeschlechtsgenossInnen verstärkt die Identifikation mit der Geschlechtsrolle.

Sicher ist, dass stereotype Erwartungen betreffend Fähigkeiten und Interessen die Berufsmöglichkeiten und Ausbildungswege vor allem von Mädchen nach wie vor einschränken.

Ein Kennzeichen der heutigen Gesellschaft ist die ambivalente Diskrepanz zwischen nach wie vor und in letzter Zeit wieder verstärkt propagierten Rollenbildern von Mann und Frau und jenen Entwicklungen, die durch Emanzipation, Partnerschaft und häufigen Rollentausch entstanden sind. Offen ist die Frage, wie weit sich daraus für Kinder eine Rollenunsicherheit ergibt, die ein Problem für die Persönlichkeitsentwicklung darstellen kann.

Als angemessene Lösung für die Geschlechtsrollenidentifikation gilt das Androgynie-Konzept. Beide Geschlechter können Einstellungen, Wertüberzeugungen und Verhaltensweisen voneinander übernehmen. Die Vereinigung von positiven Zügen beider Geschlechter in einer Persönlichkeit scheint sich vorteilhaft auszuwirken. Trotz aller Probleme, die in einer Gesellschaft mit ausgeprägten Geschlechtsrollenklischees für androgyne Persönlichkeiten auftreten mögen, bieten sich insgesamt bessere und breitere Möglichkeiten der Geschlechtsidentifikation (OERTER 1987).

11.11 Sexuelle Aufklärung

Die Latenzzeit (vgl. Seite 46) ist die günstigste Periode für die organische Fortsetzung der im Vorschulalter begonnenen Aufklärung, und zwar deshalb, weil die Reaktionen von Kindern dieser Altersstufe auf die Tatsachen, die sie nun erfahren sollen, nicht – wie später – emotional, sondern rein intellektuell sind. Informationen über Geschlechtsorgane oder den Vorgang der Befruchtung werden nicht anders erlebt als Informationen über die Lungenatmung. Das gilt besonders für Kinder, deren Wissensdurst man schon im Vorschulalter adäquat befriedigt hatte und die in Bezug auf die Sexualität keine frustrierenden Tabuvorstellungen in die Latenzzeit mitnehmen.

Diese zweite Phase der sexuellen Aufklärung soll sich auf die Funktion der Geschlechtsorgane, auf Zeugung und Geburt sowie auf die in der Reifezeit zu erwartenden körperlichen Veränderungen beziehen.

Soll sexuelle Aufklärung zugleich Sexualerziehung sein, müssen die Gespräche frei von allen Moralisierungen geführt werden. Von besonderer Bedeutsamkeit ist es auch, durch die gezielte sexuelle Aufklärung Kinder vor möglichem Missbrauch zu schützen, wobei nach FRIEDRICH (1998) für die Gruppe der Zehn- bis 13-Jährigen vor allem die so genannten Necking- und Petting-Täter bedeutsam sind. Es handelt sich um Sexualtäter, die in der vereinigenden

Sexualität keine Befriedigung finden und die sexuelle Spielerei mit Abhängigen und Schwächeren vorziehen, die immer wieder übergriffig werden, ohne dass man sich ohne geeignete Strategien dagegen richtig zur Wehr setzen kann (ausführlicher im nächsten Abschnitt).

In der Latenzperiode, in der nach der Auffassung der Psychoanalyse Triebdruck und sexuelles Interesse abnehmen, um der geistigen Aktivität Platz zu machen, ist das sexuelle Interesse nicht so latent, wie oft angenommen wird, vor allem nicht bei Kindern, die im Vorschulalter nicht aufgeklärt wurden – und das sind viele. Die umfassende Untersuchung von MECHLER (1977) zeigt folgende Teilbefunde für die Altersgruppe der Neun- bis Zwölfjährigen:

Alter/Aktivität	Knaben	Mädchen
12 oder jünger:		
Küssen	9	10
Brustpetting	2	2
Genitalpetting	3	1
Koitus	1	0
9 Jahre und früher:		
Selbstbefriedigung	9	6
zwischen 10 und 12 Jahren:		
Selbstbefriedigung	25	10 (Vorpubertät)

Abbildung 78: Angaben über das Alter bei der Aufnahme verschiedener heterosexueller Aktivitäten in Prozentwerten (nach MECHLER 1977)

11.12 Exkurs: Sexueller Missbrauch

Sexueller Missbrauch erfolgt immer dann, wenn ein Mensch in sexuelle Handlungen einbezogen wird, dem die Macht und die Autorität fehlt, um seine Einbeziehung in das Geschehen zu verhindern, oder der die Handlungen nicht versteht und zu ihnen so keine überlegte Zustimmung geben kann. Kinder sollten niemals als fähig und erfahren genug angesehen werden, um eine solche Zustimmung geben zu können (KOONIN 1995).

Sexueller Missbrauch ist im Wesentlichen die Ausbeutung eines Kindes für die sexuelle Befriedigung eines Erwachsenen. Ein derartiger Missbrauch kann viele Formen annehmen. Dazu gehören Voyeurismus, Exhibitionismus, Petting und

Necking, Geschlechtsverkehr, Einbeziehung in Pornografie und Prostitution. Sexueller Missbrauch passiert nicht zufällig, sondern er wird gezielt arrangiert. Dabei muss der sexuelle Charakter nicht unbedingt offensichtlich und erkennbar sein: Kinder können beispielsweise beim Baden etc. stimuliert werden und bei der handelnden Person eine sexuelle Erregung auslösen. Auch bei Schlägen kann eine sexuelle Motivation vorliegen. Die Situation ist also oft sehr schwer einzuschätzen.

Die folgenden Faktoren kennzeichnen den sexuellen Missbrauch (DORSCH 2001):

- *Die sexuelle Handlung.*
- *Die Abhängigkeitsbeziehung zwischen TäterIn und Opfer:* Dazu zählen verschiedene Aspekte wie der Altersunterschied, die körperliche Überlegenheit, die erziehungsbedingte Abhängigkeit, die emotionale Abhängigkeit besonders im familiären Umfeld, sowie arbeits(ausbildungs)bedingte und hierarchische Abhängigkeit
- *Die Bedürfnisbefriedigung des/r Mächtigeren.* Vor allem bei emotional vernachlässigten Kindern können sexuelle Handlungen den Wunsch nach Nähe, Anerkennung und Körperkontakt wachrufen und scheinbar befriedigen. Solche Handlungen sind aber nie und in keinem Fall altersentsprechend. Der/die missbrauchende Erwachsene glaubt, die Wünsche des Kindes nach Nähe und Zuwendung zu erfüllen, nutzt aber in Wahrheit nur die emotionale Bedürftigkeit des Kindes für seine Interessen und die Befriedigung seiner Bedürfnisse aus.
- *Mangelnde Einfühlung in das Kind.* Die Gefühle des Kindes und vor allem die späteren Auswirkungen auf die Entwicklung werden nicht wahrgenommen, verleugnet, entwertet oder verdreht. Das Kind kann sich diesen Mechanismen nicht entziehen, es unterdrückt seine Gefühle, deutet sie um und entwertet sie ebenfalls.
- *Das Gebot der Geheimhaltung.* Das sexuell missbrauchte Kind wird auf verschiedene Art und Weise unter Druck gesetzt, damit es nichts von den Übergriffen erzählt. Gedroht wird mit körperlicher Gewalt, Liebesentzug, Auseinanderbrechen der Familie, Gefängnisstrafe, gelegentlich auch mit dem Tod.

Es gibt kein spezifisches Missbrauchssyndrom. Fast jede Störung und Auffälligkeit kann in der Folge auftreten. Sexueller Missbrauch führt zu den unterschiedlichsten Symptomen:

- Mögliche kurzfristige Folgen: Unangemessenes Sexualverhalten, Auffälligkeiten im Sozialverhalten, somatische und psychosomatische Auffälligkeiten
- Mögliche Langzeitfolgen: Depressionen, Ängste, emotionale und kognitive Störungen, Persönlichkeitsstörungen, Schlaf- und Essstörungen, Suchtverhalten, Probleme der sozialen Anpassung, Somatisierungen

In Österreich geht man von ca. 25.000 Fällen von sexuellem Missbrauch pro Jahr aus, nach dieser Schätzung wäre jedes dritte bis vierte Mädchen und jeder siebente bis neunte Bub betroffen. Pro Jahr kommt es im Schnitt zu ungefähr 800 Anzeigen mit ca. 200 Verurteilungen (BODENDORFER et al. 1994).
In Deutschland wurden 1997 15.000 Fälle angezeigt, die Dunkelziffer wird vom Bundeskriminalamt auf rund 300.000 geschätzt. Etwa ein Viertel des sexuellen Missbrauchs findet innerhalb der Familie statt. Gut die Hälfte der Fälle besteht aus einmaligen sexuellen Übergriffen. Die Missbrauchsfälle innerhalb der Familien ziehen sich meist über längere Zeit hin.
Das Durchschnittsalter der Opfer liegt zwischen neun und zwölf Jahren. Etwa 80 bis 90 Prozent der Täter sind Männer. In den letzten Jahren ist jedoch immer deutlicher geworden, dass auch Frauen Kinder sexuell missbrauchen (dazu insbesondere KOONIN 1995 und SCHENK 1992). Bei Jungen geht man von einem Täterinnenanteil von etwa 20 Prozent und bei den Mädchen von unter 10 Prozent aus. Ungefähr drei Viertel der TäterInnen sind Erwachsene zwischen 18 und 50 Jahren (ARBEITERWOHLFAHRT 2000).
In Österreich schätzt man, dass Mädchen zu 93% bis 98% von Männern sexuell missbraucht werden, Buben von 80% bis 90% von Männern. Bei den Mädchen sind rund die Hälfte der Täter Vaterfiguren oder Verwandte (Stiefväter, Väter, ältere Brüder, Großväter, Freunde oder Lebensgefährten der Mutter, Onkel, Cousins), fast die Hälfte der Täter sind nahe Bezugspersonen (Freunde der Eltern, Nachbarn, Lehrer, Babysitter, Erzieher, Jugendgruppenleiter, Therapeuten, Ärzte, Priester); nur 6—15% sind Fremde, den Mädchen unbekannte Männer. Buben werden hauptsächlich von heterosexuellen Männern ausgebeutet, die Zahl der Väter ist dabei aber wesentlich geringer als bei den Mädchen. Meist handelt es sich um männliche Verwandte oder nahe Bezugspersonen. (BMUJF 1998).
Bei einer Untersuchung an der Universität Zürich – befragt wurden 539 Studierende des Faches Psychologie – gaben 21,8 % an, als Kind sexuelle Ausbeutung erfahren zu haben, und zwar:

5,6%	erlebten irgendeine Form von Geschlechtsverkehr,
9,6%	wurden aufgefordert, die Genitalien von Erwachsenen zu berühren,
6,8%	wurde Pornografie gezeigt,
10,9%	mussten sich entblößen,
21,6%	erlebten Exhibitionismus,
23,2%	wurden befühlt, gepackt oder so geküsst, dass sie sich sexuell bedroht gefühlt haben,
24,3%	wurden voyeuristisch betrachtet,
32,1%	wurden an Brüsten oder Genitalien berührt,
15,5%	gaben an, knapp einer sexuellen Ausbeutung entgangen zu sein,
24,9%	haben die Gefahr eines sexuellen Angriffs gespürt. (BMUJF 1998).

Es ist schwierig, Missbrauch zu erkennen. Es gibt kein so genanntes „Missbrauchs-Syndrom", also keine Reihe von bestimmten und typischen Auffälligkeiten, die bei allen Opfern auftreten. Mögliche Symptome bei missbrauchten Kindern im Alltag können sein:

- Sie klammern sich stark an die Mutter.
- Sie wollen nicht mehr alleine zu Hause bleiben.
- Sie wollen nicht mehr alleine schlafen.
- Sie haben Schlafstörungen.
- Sie zeigen plötzliche Verhaltensänderungen.
- Sie nehmen an Gewicht ab oder zu.
- Sie waschen sich oft oder gar nicht mehr.
- Sie nässen oder koten wieder ein.
- Sie lehnen Zärtlichkeiten ab.
- Sie laufen von zu Hause weg.
- Sie erzählen sexuell gefärbte Geschichten oder benutzen sexuelle Ausdrücke, die ihrem Alter nicht entsprechen.
- Buben haben Angst, homosexuell zu sein.

Die tatsächlich auftretenden Symptome sind also sehr unterschiedlich. Die meisten können nicht nur durch sexuellen Missbrauch, sondern auch durch eine völlig andere Problemsituation des Kindes hervorgerufen werden.

11.13 Zur Entwicklung der Leistungsmotivation

Im Schulalter wird die *Leistung zu einer zentralen Aufgabe* und die Art der Bewährung zu einem wesentlichen Faktor für die Entwicklung des Selbstwertgefühls. Die im Kleinkindalter beobachteten individuellen Unterschiede der Leistungsmotivation erfahren zwar durch die Schule eine gewisse Nivellierung, sie sind aber immer noch beträchtlich. Es ändern sich aber vor allem die Formen der Leistungsmotivation.

Die Leistungsmotivationen sind in den ersten beiden Schuljahren sehr stark außengesteuert, vor allem durch die Identifikation mit dem elterlichen Vorbild und Anspruchsniveau, aber auch durch die Identifikation mit den Forderungen der Lehrkraft. Diese Identifikationen vollziehen sich über das Medium positiver emotionaler Bindungen. Die Verstärkungen liegen in der Hoffnung auf Belohnung oder Liebesgewinn bei Erfüllung der in das Kind gesetzten Erwartungen oder in der Furcht vor Liebesverlust oder Strafe im gegenteiligen Fall.

Im kritischen Realismus können Leistungsmotivationen auch aus der Identifikation mit einer leistungsfreundlichen öffentlichen Meinung der informellen Gruppe entstehen, aus dem Wunsch dazuzugehören oder aus der Angst vor Ablehnung. *In allen diesen Fällen handelt es sich um extrinsische Motivation – sie ist heteronom gesteuert.*

Allmählich kommt es zu einer gewissen Unabhängigkeit der Leistungsmotivation von den emotionalen Bindungen an Menschen, d. h. die Leistungsmotivationen werden *autonom*. Ganz kann ein Kind zwar nie auf Lob und Anerkennung verzichten, doch es kann aus dem *eigenen Leistungsbewusstsein* in zunehmendem Maße *Verstärkungen* ableiten und in dem Maße von den Bestätigungen des Erwachsenen unabhängig werden, als die äußere Lernkontrolle durch eigene Kontrolle und Selbstkritik ersetzt wird. *Alle autonomen Formen der Leistungsmotivation sind intrinsische Motivationen.*

Die wichtigste *autonome Leistungsmotivation* ist das *Interesse am Gegenstand* selbst. Es gibt zwar auch sehr junge Kinder mit stark sachorientierten Leistungsmotivationen, aber im Allgemeinen kommt das Interesse an einzelnen Fächern erst mit einem gewissen Grad der intellektuellen Differenzierung, in der Regel mit der späteren Kindheit.

So trivial der Begriff scheint, so schwer ist er zu fassen. Ausführlich widmet sich TODT (1995) dieser Frage. Interesse wird einerseits als Zustandscharakter (Gefühl, Streben), anderseits aber auch als Dispositionscharakter (Einstellung, Persönlichkeitsdisposition) beschrieben. Im Zusammenhang mit Interesse wird so eine Reihe psychologischer Konzepte mit erfasst.

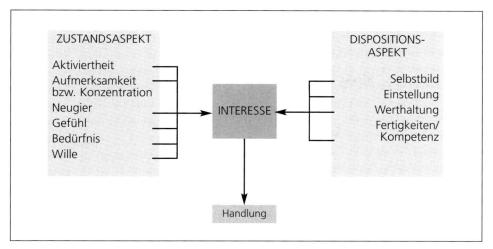

Abbildung 79: Interesse und andere psychologische Konzepte (aus TODT 1995: 222)

Rang	Jungen insgesamt in %	Hobby	Altersstufen in Jahren 6-9	10-13	14-16
1	19,0 %	Fußball	19,7 %	19,0 %	18,4 %
2	10,4 %	Schwimmen, Tauchen	15,7 %	10,8 %	5,5 %
3	7,2 %	Technisches Spielzeug	6,1 %	7,1 %	8,3 %
4	5,6 %	Rad fahren	8,1 %	5,5 %	3,7 %
5	4,9 %	Basteln	5,3 %	4,6 %	4,8 %
6	4,8 %	Tischtennis	2,2 %	6,1 %	5,8 %
7	4,2 %	Tennis	3,4 %	4,8 %	4,4 %
8	3,2 %	Lesen	3,5 %	3,5 %	2,8 %
9	3,1 %	Sammeln	2,6 %	3,8 %	2,8 %
10	2,6 %	Malen, Zeichnen	4,1 %	2,2 %	1,7 %
11	2,3 %	Reiten, Pferde	2,6 %	2,2 %	2,0 %
12,5	2,0 %	Musik hören	0,6 %	1,2 %	4,0 %
12,5	2,0 %	Skisport	2,5 %	1,9 %	1,8 %
14,5	1,8 %	Musikinstrument spielen	1,2 %	1,8 %	2,3 %
14,5	1,8 %	Haustiere	1,3 %	2,0 %	2,0 %
16	1,4 %	Turnen, Gymnastik, Ballett	2,5 %	1,1 %	0,7 %

Abbildung 80: Die beliebtesten Freizeitbeschäftigungen bei Jungen (Stand 1986) (aus TODT 1995: 245)

Rang	Mädchen insgesamt in %	Hobby	Altersstufen in Jahren 6-9	10-13	14-16
1	15,0 %	Reiten, Pferde	13,4 %	17,3 %	14,2 %
2	13,5 %	Schwimmen, Tauchen	19,8 %	13,8 %	7,9 %
3	10,1 %	Lesen	7,4 %	11,2 %	11,3 %
4	6,2 %	Malen, Zeichnen	9,1 %	5,1 %	4,8 %
5	5,4 %	Turnen, Gymnastik, Ballett	8,3 %	5,5 %	2,8 %
6	3,9 %	Musik hören	1,0 %	2,7 %	7,7 %
7	3,8 %	Musikinstrument spielen	3,4 %	4,4 %	3,5 %
8	3,1 %	Tennis	1,9 %	3,0 %	4,3 %
9	2,5 %	Rad fahren	3,9 %	2,3 %	1,5 %
10	2,4 %	Skisport	2,6 %	2,4 %	2,3 %
11	2,3 %	Haustiere	2,0 %	2,8 %	2,1 %
12	2,0 %	Tischtennis	0,9 %	2,5 %	2,5 %
13	1,6 %	Sammeln	1,3 %	2,1 %	1,3 %
14	1,5 %	Basteln	2,3 %	1,4 %	1,0 %
15	0,9 %	Fußball	0,6 %	0,7 %	1,4 %
16	0,3 %	Technisches Spielen	0,4 %	0,3 %	0,4 %

Abbildung 81: Die beliebtesten Freizeitbeschäftigungen bei Mädchen (Stand 1986) (aus TODT 1995: 246)

12 Das Jugendalter

12.1 Vorbemerkungen

Im Zuge des kulturellen und gesellschaftlichen Wandels in Europa und Nordamerika wird eine genaue zeitliche Bestimmung des Jugendalters immer problematischer – die Grenzen verschieben sich stetig in beide Richtungen. Merkmale der körperlichen Reifung, die traditionell als Beginn des Jugendalters galten, setzen früher ein, gleichzeitig verzögern sich Entwicklungsaufgaben wie Abschluss der beruflichen und/oder schulischen Bildung ebenso wie Studium und Familiengründung.
Dieses Phänomen findet auch in der öffentlichen Mediendiskussion immer mehr Beachtung und es wird in der öffentlichen Meinungsbildung mit unterschiedlichen Befunden verquickt.

So hat sich auch die Kronenzeitung in ihrer Wochenendausgabe vom 6. Mai 2001 ausführlich mit dieser Thematik befasst und stellt folgende ‚Diagnose': „Wer erwachsen ist, hat eine in sich gefestigte Persönlichkeit, eine klare Vorstellung vom Leben und vom Part, den er darin übernehmen möchte. Diese Vorstellung wird in uns von Kindheit an aufgebaut. Kein Wunder, dass eine Jugend, der medienwirksam eine Scheinwelt (coolness, fun, action, Jugendkult, Reality(!)-TV) als Erwachsenenwelt vorgegaukelt wird, lange braucht, um die Wirklichkeit hinter der Schminke zu erkennen. Dazu kommt, dass die heutige Jugend eine Erbengeneration ist. Sie wird von den Eltern versorgt (bis zum dreißigsten Lebensjahr ist keine Seltenheit) und kann mit großzügigen Transferzahlungen der Großeltern rechnen. Wer satt ist, hat keinen Biss zum Erwachsenwerden."

Soziologische Studien zeigen eine zunehmende Differenzierung von Lebensabschnitten. Das Jugendalter ist durch seine Stellung zwischen Kindheit und Erwachsenenalter definiert, bei genauer Betrachtung ist es aber in sich segmentiert (STEINEBACH 2000).

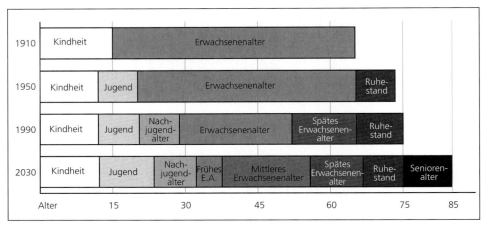

Abbildung 82: Lebensphasen im historisch-gesellschaftlichen Wandel (nach HURRELMANN 1995 aus STEINEBACH 2000: 135)

Interessant ist in diesem Zusammenhang auch die Selbsteinschätzung der Betroffenen. In der Repräsentativerhebung des Österreichischen Instituts für Jugendforschung „Abschied von der Kindheit? Die Lebenswelten der 11- bis 14-jährigen Kids" (KROMER 1996) wurden Jugendlichen befragt, wie sie sich selbst einschätzen würden, also ob als Kind, als Jugendliche/r oder als Erwachsene/r. Mehr als die Hälfte der Befragten definieren sich als Jugendliche. Bei der Auflistung nach dem Alter wird deutlich, dass sich ab dem 12. Lebensjahr bereits mehr als die Hälfte als Jugendliche/r fühlen und nur die 11-Jährigen sich überwiegend (mit 62%) als Kind einstufen.

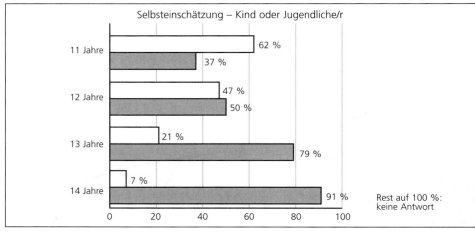

Abbildung 83: Selbsteinschätzung – Kind oder Jugendliche/r (aus KROMER 1996)

Geänderte Lebensbedingungen (Wohnen, Ernährung, Ökonomie etc.) führen zu einem früheren Einsetzen der geschlechtlichen Reifung. Gleichzeitig machen erhöhte Anforderungen an eine eigenständige Gestaltung des Erwachsenenlebens eine Verlängerung des Jugendalters notwendig. Diese zeitliche Verlängerung dient der Aneignung vielfältiger Kompetenzen (HURRELMANN 1995):
- Intellektuelle Kompetenz
- Soziale Kompetenz
- Geschlechtsrolle
- Partnerfähigkeit
- Fähigkeit zur Nutzung des Warenmarktes
- Entwicklung des Norm- und Wertesystems

Die Aneignung dieser Kompetenzen stellt sich den Jugendlichen in Form von Entwicklungsaufgaben (vgl. auch Seite 45f. und Seite 204). Ihre erfolgreiche Bewältigung hängt nach OERTER (1995) von folgenden Komponenten ab:
- Individuelle Leistungsfähigkeit
- Soziokulturelle Entwicklungsnorm
- Individuelle Zielsetzungen

Was als ausschlaggebender Faktor für die erfolgreiche Bewältigung dazu kommt, ist die Berücksichtigung der Entwicklungsgemäßheit der Anforderungen (ROLLETT 1997).

12.2 Vorpubertät

12.2.1 Allgemeines

Als *Vorpubertät* bezeichnet man die Zeitspanne zwischen dem ersten Auftreten der sekundären Geschlechtsmerkmale und dem ersten Funktionieren der Geschlechtsorgane (Menarche beim Mädchen, erster Samenerguss beim Knaben), das übrigens in den meisten Fällen noch nicht gleichbedeutend mit Zeugungsfähigkeit ist. Der weibliche Uterus (Gebärmutter) wächst noch bis zum Alter zwischen 16 und 20 Jahren. Zwischen Menarche und Gebärfähigkeit liegt etwa ein Jahr.

Der jugendliche Körper verändert sich aber nicht nur im Hinblick auf die geschlechtliche Differenzierung, sondern auch hinsichtlich der Körperproportionen und des Tempos des Längenwachstums, das bei Mädchen etwa um das elfte Jahr, bei Knaben um das 13. Jahr schubartig zunimmt.

Erstmals verläuft die Entwicklung von Knaben und Mädchen, auch im selben Kulturkreis, verschieden, was den Beginn der Veränderungen, die Veränderungen selbst und die Bedürfnisse und Verhaltensformen betrifft.

Die psychischen Veränderungen sind zum Teil als unmittelbare Folgen neuer innerer Antriebskräfte auf Grund der hormonalen Umstellung zu verstehen, aber auch als Reaktionen auf das Bewusstwerden der körperlichen Geschehnisse sowie auf das veränderte Verhalten der Umwelt, also soziokulturell bestimmt. Das Kind erlebt sich in verschiedenen Aspekten als in einem Prozess der Umstrukturierung und Neuorientierung begriffen – es ist nicht mehr Kind und doch auch noch nicht Erwachsener. Eine Veränderung in der Art der Zuwendung zur dinglichen und sozialen Umwelt, deutliche Ablösungstendenzen von der Familie, in vielen Fällen Probleme im Bereich der Schulleistung und der Anpassungsbereitschaft an vorgegebene Verhaltensnormen, die zuvor fraglos akzeptiert worden waren, sowie eine mehr oder weniger ausgeprägte Unsicherheit bezüglich der eigenen Rolle sind zu beobachten.

Die Intensivierung der Ablösungs- und Verselbstständigungsprozesse in der Vorpubertät kann zu krisenhaften Erscheinungen führen, und zwar in der Regel bei Mädchen häufiger und stärker als bei Knaben. Art und Ausmaß dieser Krisen sind von verschiedenen Faktoren abhängig: einerseits von der individuellen Struktur des Kindes, anderseits von der in den vorangegangenen Jahren aufgebauten Eltern-Kind-Beziehung, von den früheren Lebensbedingungen, zu denen auch der Zusammenhalt und die Zusammensetzung der Familie sowie der Erziehungsstil der Eltern gehören; ferner von der erzieherischen Haltung, mit der Eltern und LehrerInnen den im Kind vorgehenden neuen Veränderungen begegnen, von dessen gleichaltrigen Bezugspersonen und Bezugsgruppen, von den Identifikationsmöglichkeiten, die ein Kind vorfindet oder sich schafft.

Krisenhafte Konflikte sind also nicht einfach die notwendigen Folgen der körperlichen Veränderungen, wie man früher vielfach angenommen hat. Sie stehen zwar immer im Zusammenhang mit dem Ablösungsprozess, sind aber in einem größeren Ausmaß von soziokulturellen Faktoren mitbestimmt.

Im intellektuellen Bereich beobachtet man eine individuell sehr verschiedene, aber stetige Leistungssteigerung des Gedächtnisses, des fomalen Denkens und der Problemlösefähigkeit. Vor praktische Aufgaben gestellt, zeigt der Jugendliche eine zunehmende Fähigkeit, auf längere Sicht zu planen, Geplantes durchzuführen und sich bei echter Herausforderung situationsgerecht zu verhalten.

12.2.2 Puberaler Wachstumsschub und geschlechtliche Differenzierung

Nach der gleichmäßigen Wachstumsentwicklung im Schulkindalter setzt etwa im 11. bis 13. Lebensjahr, in vielen Fällen sehr plötzlich, ein sehr intensives Längenwachstum ein. Man spricht daher vom so genannten puberalen Wachstumsschub, wobei es jedoch sehr große individuelle Unterschiede gibt. Bei Mädchen kann er frühestens mit 7$^{1/2}$ und spätestens mit zwölf, bei Knaben frühestens mit 10 und spätestens mit 13$^{1/2}$ Jahren einsetzen.

Auslöser ist die erhöhte Ausschüttung von Wachstumshormonen zu Beginn der Pubertät, sie fördert das Skelettwachstum und das Wachstum von Muskelgewebe. Wachstumshormone beeinflussen den Eiweiß-, Fett- und Kohlehydratstoffwechsel und den Elektrolythaushalt.

Das Wachstum ist unharmonisch; es beginnt mit den unteren Extremitäten und endet mit dem Rumpf – daher machen Jugendliche dieses Alters oft einen schlaksigen Eindruck, um so mehr, als sie erst lernen müssen, ihre Bewegungskoordination den veränderten Verhältnissen anzupassen. Parallel zum Wachstumsschub entwickelt sich die geschlechtliche Reife. Die sekundären Geschlechtsmerkmale beginnen sich auszubilden.

Beim Knaben kommt es zur Behaarung um das Geschlechtsteil, unter den Achseln, auf Brust, Armen, Unterschenkeln, Oberlippe. Auch bei ihm schwellen die Brustwarzen vorübergehend an. Der Kehlkopf vergrößert sich – es kommt zum Stimmbruch. Der Adamsapfel wird sichtbar. Auch die Geschlechtsorgane verändern sich nach Größe und Gestalt. Etwa ein Jahr nach Beginn des beschleunigten Peniswachstums kommt es zum ersten Samenerguss. Beim Knaben nimmt ferner die Muskulatur stark zu, auch der Herzmuskel vergrößert sich, die Schultern werden breiter.

Beim Mädchen entsteht die „Knospenbrust". Die Behaarung der Scham, der Achselhöhlen und der Extremitäten – Letzteres in individuell sehr verschiedenem Ausmaß – tritt in Erscheinung. Ovarien und Uterus wachsen. Die Hüften verbreitern sich, es entstehen Fettdepots. Auch wenn die Sexualorgane funktionieren, was das Ende der Vorpubertät andeutet, befinden sie sich noch am Anfang ihrer Entwicklung. Daher warnen viele Frauenärzte vor der Verwendung der Pille durch sehr junge Mädchen.

Gegen Ende der Pubertät sind dann zunehmend die Sexualhormone für die körperliche Entwicklung ausschlaggebend. Besondere Bedeutung haben außerdem die Schilddrüsenhormone sowie Insulin und Cortisol für die Knochenkernentwicklung und das allgemeine Wachstum.

In der Pubertät wird der hormonale Regelkreislauf aktiviert. Die Empfindlichkeit des im Hypothalamus sitzenden Sensors wird herabgesetzt, zur Wiederherstellung des Regelgleichgewichts werden von der Hypophyse vermehrt luteinisierendes Hormon (LH) und follikelstimulierendes Hormon (FSH) ausgeschüttet. So werden die Gonaden angeregt, mehr Sexualhormone zu produzieren. Diese Entwicklung ist abgeschlossen, wenn im Erwachsenenalter diese Hormone auf einem relativ hohen Niveau gleich bleibend produziert werden.

FSH und LH bewirken im Laufe der geschlechtlichen Reifung im weiblichen Körper die Bildung von Östrogen und Gestagen, im männlichen Körper einen Anstieg von Testosteron und Androgen im Verhältnis von 7:1.

Bei Knaben kommt es infolge der stärkeren Muskelentwicklung zu einer physischen Kraftsteigerung, die in dieser Form bei Mädchen nicht zu beobachten ist. Sie sind den Knaben hingegen in der Feinmotorik überlegen und bleiben dies in der Regel auch.

12.2.2.1 Das unterschiedliche Entwicklungstempo von Knaben und Mädchen

Längenwachstum und Gewichtszunahme von Knaben und Mädchen verlaufen bis zum Alter von etwa neun Jahren gleich. Zwischen neun und 13 Jahren wachsen die Mädchen dann schneller als die Knaben und haben auch eine größere Gewichtszunahme. Im Alter von 13 bis 18 Jahren werden die Mädchen von den Knaben deutlich überflügelt.

Es gibt zwei Typen der vorpubertären Entwicklung,
- den früh entwickelten Typ mit starkem Längenwachstum zwischen elf und 13 Jahren, und
- den spät entwickelten Typ mit langsamem, stetigem Wachstum.

Der früh entwickelte Typ ist heute weiter verbreitet.

12.2.2.2 Das Problem der Akzeleration

Beginn und Dauer der Vorpubertät sind durch die körperliche Entwicklung bestimmt. Eine genaue zeitliche Bestimmung dieser Entwicklungsphase stößt jedoch auf Schwierigkeiten, da die Unterschiede zwischen den einzelnen

Jugendlichen sehr groß sind und sich die körperliche Reifung gegenüber früher ständig etwas nach vorne verschiebt. Diese zeitliche Verlagerung der körperlichen Reifung bezeichnet man als *Akzeleration*.

Interessant ist dabei, dass das Akzelerationsphänomen nicht erst beim Einsetzen der sexuellen Reifung, sondern bereits wesentlich früher beobachtet werden kann: bei Säuglingen ebenso wie beim so genannten „Gestaltwandel" – der Veränderung der Körperproportionen vom Kleinkind zum Schulkind. Das Wachstum der Kinder setzt – im Vergleich zu früher – früher ein, und sie verändern auch dementsprechend schneller ihre Körperformen. Sechs- bis Siebenjährige sind heute durchschnittlich um zehn Zentimeter größer als zu Beginn des 20. Jahrhunderts. Was die Auswirkungen der Akzeleration auf die Persönlichkeitsentwicklung betrifft, besteht zwischen dem Grad der Akzeleration und der Intelligenz statistisch nur ein geringer Zusammenhang zu Gunsten der Akzelerierten.

Untersuchungsbefunde zeigen unterschiedliche Interpretationen. Während die einen bei Akzelerierten eine bessere Angepasstheit, eine bessere Selbststeuerung und eine höhere Anregbarkeit feststellen, führen andere das eher auf soziokulturelle Faktoren zurück.

Unbestritten ist, dass es viele „unharmonische", also körperlich stark entwickelte, aber seelisch noch unreife Jugendliche gibt.

12.2.2.3 Erklärungsmodelle für die Ursachen der Akzeleration

Es gibt eine Reihe unterschiedlicher Erklärungsversuche für das Akzelerationsphänomen. Die meisten beziehen sich auf die Zunahme der Vitaminzufuhr, die stärkere Bestrahlung durch künstliches Licht, die Reizüberflutung in Großstädten, die Auslese der vom Land in die Stadt zuwandernden Bevölkerungsschichten und auf die bessere Ernährung.

Bei allen diesen Erklärungsversuchen handelt es sich um Theorien. Am ehesten ist noch die „Ernährungstheorie" empirisch abzusichern, da man weiß, dass bestimmte Nahrungsmittel (Fleisch, Fett) die Funktionen bestimmter wachstumsfördernder Drüsen steigern, und anderseits bekannt ist, dass Kinder, die in Hungerjahren aufwachsen, kleiner sind als Kinder, die in normalen Zeiten entsprechend versorgt werden können.

Übereinstimmung herrscht darin, dass die Entwicklungsbeschleunigung eine Folge der gesteigerten Aktivierung (Anregung) des innersekretorischen Systems (Drüsensystems) ist. Über die Ursachen dieser Aktivierung gehen die Meinungen auseinander, vielfach wird aber ein *multifaktorieller Ansatz* vertreten.

12.2.2.4 Die psychischen Auswirkungen der Akzeleration

Die Akzeleration bedeutet eine Verkürzung der Kindheit. Sie verursacht eine frühere hormonale Umstellung. Im psychischen Bereich bedeutet das eine Veränderung des Weltbildes. Dadurch werden die psychisch noch Unreifen vor besondere Probleme gestellt. Sie wissen oft nicht, wie sie mit dem Ansturm von neuen Wünschen, Bedürfnissen, körperlichen Empfindungen und Phantasien fertig werden sollen, die ihr reifender Körper ihnen aufdrängt.

Zu beobachten sind
- Selbstbehauptungstendenzen
- Hingabetendenzen, Zärtlichkeitsbedürfnis
- Früheres Ansprechen auf sexuelle Reize
- Verlagerung der Interessen aus der Familie hinaus und frühere Beziehungsaufnahme zum anderen Geschlecht

Die Akzeleration stellt für Mädchen ein besonderes Problem dar, wenn die Vorpubertät schon mit acht oder neun Jahren und die erste Menstruation um das zehnte Lebensjahr eintritt. Hier erfolgt ein echter Einbruch in die Kindheit. Für das Kind und natürlich auch die Erwachsenen seines Umfeldes ergeben sich daraus Orientierungsprobleme. Das Kind sieht älter aus und benimmt sich rein äußerlich häufig auch wie ältere, psychisch ist es in vielfacher Hinsicht aber noch völlig kindlich und meist stark verunsichert. Hier kommt es nun wesentlich auf das Verhalten der Erwachsenen an: Sie können die Diskrepanz zwischen körperlicher und psychischer Entwicklung zum Problem und zu einem ständigen Konfliktherd werden lassen, oder sie können dazu beitragen, die vorhandene Unsicherheit zu überbrücken.

Akzelerierte Jugendliche werden häufig von der Umwelt überschätzt. Es werden Leistungen verlangt, die ein Versagen unvermeidlich machen. Der Rollenkonflikt, der sich den unterschiedlichen Erwartungshaltungen in Elternhaus, Schule und in der Gruppe der Gleichaltrigen ergibt, verstärkt die Problematik. *Die Vorpubertät ist somit weitgehend ein biosoziologisches Phänomen.* Das bedeutet, dass die Verhaltensweisen des Jugendlichen zum großen Teil Reaktionen auf das Verhalten der Erwachsenen sind, die sich in ihrer Haltung allzu oft vom Stand der biologischen Entwicklung des Jugendlichen leiten und damit zu nicht adäquaten Verhaltenserwartungen verleiten lassen.

12.2.2.5 Somatische Entwicklung und Selbstwertgefühl

In der Vorpubertät kommt es erstmals zu einer ausgeprägt kritischen Einstellung gegenüber der eigenen Person, und die somatische Entwicklung hat einen großen Einfluss auf das Selbstwertgefühl. Die stärkere Akzeleration bringt Probleme mit sich, wie sich oben beschrieben worden sind, aber noch größer sind die Probleme, die im Zusammenhang mit Spätentwicklung auftreten. Diese ist meist mit sehr starken Minderwertigkeitsgefühlen verbunden, insbesondere bei Burschen. Die geringere Größe und damit im Zusammenhang die relativ geringere Körperkraft und die wenig spektakulären sportlichen Leistungen können den Jugendlichen in die Rolle eines Außenseiters drängen, der wenig Ansehen genießt.

Der Spätreife leidet unter der Angstvorstellung, er könne „klein und unscheinbar" bleiben, das kann oft zu – für seine Umgebung – recht unerfreulichen Kompensationsmechanismen führen. Während die Probleme früh reifender Jugendlicher eher vorübergehend sind und sich hauptsächlich auf die Vorpubertät beschränken, können beim spät Reifenden die Probleme sehr lange Zeit nachwirken. Sie sind auch während der eigentlichen Pubertät mit einer ungünstigeren sozialen Situation konfrontiert. Sie haben ein negatives Selbstbild, Gefühle der Unzulänglichkeit, empfinden sich als zurückgesetzt und unterdrückt und rebellieren eher gegen die Eltern als Frühreife. Letztere sind während der Pubertät hingegen eher selbstsicher, unabhängiger und „erwachsener".

Die psychischen Probleme spät reifender Mädchen sind weniger gravierend. Sie können sich zwar auch – besonders in sexueller Hinsicht – isoliert fühlen, anderseits ist in dieser Hinsicht der gruppendynamische Druck bei Mädchen nicht so stark ausgeprägt wie bei Burschen. Zusätzlich gibt es eine Reihe positiver Kompensationsmöglichkeiten, insbesondere im sportlichen Bereich – im Unterschied zum spät reifenden Knaben sind spät reifende Mädchen ihren Altersgenossinnen hier überlegen.

Psychische Beratung und Unterstützung für junge Menschen, die wegen ihres verzögerten Wachstumstempos Minderwertigkeitsgefühle entwickeln und ihr Selbstwertgefühl durch sozial unerwünschte Kompensationsmechanismen zu stärken suchen, ist wichtig. Sie sollen erkennen, dass sie kompensieren, und sie sollten wissen, dass sie dem Typus des Spätreifers zugehören, der langsamer und stetiger wächst als die Frühreifer, in der Regel jedoch eine mittlere Normalgröße erreicht.

12.2.3 Die Erscheinungen der Vorpubertät beim Knaben

12.2.3.1 Die Kraftsteigerung
Die Erscheinungen der Vorpubertät müssen für Knaben und Mädchen getrennt beschrieben werden. Unter den Bedingungen unserer Kultur ist die Vorpubertät des Knaben eine *Erregungsphase stark extravertierten Charakters und positiver Grundstimmung.*
Die so genannte Kraftsteigerung hat vielfache Manifestationen:
- *Erhöhtes Bewegungsbedürfnis,* verbunden mit bedeutender körperlicher Leistungsfähigkeit. In keinem Alter vorher oder nachher können Jugendliche so lange ohne Unterbrechung in Bewegung sein. Die „Werkreife" im Bereich des Bewegungsspieles ist eindeutig erreicht. Am beliebtesten sind Schwimmen, Tauchen, Radfahren, verschiedene Formen des Skatens und Boardens, Schifahren. Der Jugendliche ist nun nicht nur am Wettbewerb interessiert, sondern auch bereit, spontan oder unter Anleitung zu trainieren.
- *Gesteigerte Aggressivität*
- *Ausgeprägte Freude an Sinneseindrücken*
- *Gesteigerte Abenteuerlust, Bereitschaft zu Unfug, Risiko*

12.2.3.2 Die Gemeinschaft der Gleichaltrigen
Es besteht ein starkes Bedürfnis nach dem Zusammensein mit Gleichaltrigen. Mit der zunehmenden Ablösung von der Familie wird die Anerkennung durch die Gruppe immer wichtiger, der Jugendliche bemüht sich um Ansehen und Geltung im Kreise seiner Altersgenossen. So cool er sich nach außen hin gibt, so empfindlich reagiert er auf den eigenen Status in der Gruppe.

12.2.3.3 Die Beziehung zu den Eltern
In der Vorpubertät macht der Jugendliche einen wichtigen Schritt in der Gewinnung seiner persönlichen Autonomie. Daraus ergeben sich gerade zwangsläufig Konflikte mit den Erwachsenen. Im seinem Streben nach Unabhängigkeit versucht er, sich von Gewohnheiten und Konventionen zu lösen, denen er sich bis dahin gefügt hatte. Diese Lockerung der Bindung an die in der Kindheit übernommenen Verhaltensnormen ist ein notwendiger Teil des Ablösungsprozesses.
Sehr empfindlich reagiert der Jugendliche, wenn man ihn nicht ernst nimmt, ihn oft zurecht weist, ihm selten Gelegenheit gibt, selbst etwas zu tun, ihm

nichts zutraut. Es besteht ein ausgeprägtes Bedürfnis nach *Eigenleben*. Nun hat er Geheimnisse vor den Erwachsenen. Die emotionale Distanz zur Mutter nimmt zu, im selben Maß aber das Bedürfnis nach einem guten Kontakt mit dem Vater, der eine immer größere Bedeutung als Vorbild für die Identifikation mit der männlichen Rolle gewinnt.

Letzteres ist allerdings nicht unproblematisch. Die Vielfalt der Erwartungen, denen sie von Seiten der Gesellschaft als Jungen und später als Männer ausgesetzt sind, ist verwirrend wie nie zuvor, was zu Orientierungsproblemen und depressiver Stimmung führen kann. Das gesellschaftliche Korsett von Männlichkeit lässt nach wie vor keinen Platz für Gefühle. POLLACK (1998) spricht hier von einem Prozess der gesellschaftlichen Abhärtung durch Scham. In unserer Gesellschaft herrscht nach wie vor eine geschlechtliche Arbeitsteilung vor. Das Privileg von Männern ist, sich auf den Beruf konzentrieren zu können – die Versorgung der Familie ist Frauensache. Aus Sicht der antisexistischen Jugendarbeit wird so die Benachteiligung von Männern in Sozialisationsprozessen, in denen es um Beziehungsverpflichtung und soziale Bindungen geht, perpetuiert. (KRUMPHOLZ-REICHEL 1998).

12.2.3.4 LehrerInnen und Schule

Schüler dieser Entwicklungsphase wünschen sich, wie verschiedene Untersuchungen gezeigt haben, LehrerInnen, die ihre Probleme verstehen und auf ihre Bedürfnisse Rücksicht nehmen. Autoritäre LehrerInnen und solche, die herabsetzend, zynisch, disziplinierend reagieren, werden abgelehnt und erfahren heftigen Widerstand. Ungerechtigkeit wird in keiner Weise akzeptiert.

Auch bei einem guten LehrerInnen-Schüler-Verhältnis kommt es in den meisten Fällen zu einem „Haltungsverfall", selten im intellektuellen Bereich, aber sehr häufig in der mangelhaften Ordnung und in der sich verschlechternden Handschrift.

12.2.3.5 Die Entwicklung im kognitiven Bereich

Die Vorpubertät des Knaben ist durch eine ausgeprägte *Wissbegierde* gekennzeichnet. Der Wunsch, etwas über die Welt und die in ihr wirksamen Zusammenhänge zu erfahren, tritt nun noch deutlicher in Erscheinung als in der späteren Kindheit. Das Gedächtnis ist in den meisten Fällen sehr leistungsfähig, es unterstützt das Lernen. Es besteht ein Bedürfnis zum Sammeln unter dem Aspekt Ordnen, Gruppieren und Systematisieren.

Der Charakter des konstruktiven Spieles ändert sich. Das richtige Funktionieren der Objekte wird angestrebt.

Erlebnishunger und Abenteuerlust werden durch Lektüre, Medien, Computerspiele befriedigt.

12.2.4 Die Erscheinungen der Vorpubertät bei Mädchen

12.2.4.1 Veränderung der Grundstimmung

Die Vorpubertät der Mädchen verläuft etwas anders als bei den Knaben. Sie setzt außerdem durchschnittlich ein bis zwei Jahre früher ein.

Zu Beginn handelt es sich ebenfalls um eine positiv getönte Erregungsphase mit ähnlichen Symptomen wie bei den Knaben. Einige Monate vor der Menarche kommt es bei vielen zu einem plötzlichen Umschwung, der in der Literatur manchmal auch als „negative Phase" bezeichnet wird. Die Stimmung wird schwankend, oft leicht depressiv. Geselligkeitsbedürfnis wechselt mit dem Verlangen nach Einsamkeit, Anpassungsbereitschaft mit Auflehnung, Unternehmungslust mit Trägheit. Die labile *Affektivität* führt zu Konflikten mit den Eltern, den Geschwistern und auch den rasch wechselnden Freundinnen.

Häufig entstehen Konflikte zwischen Wollen und Können, dadurch kann ein Gefühl der Hilflosigkeit entstehen. Im Zusammenhang mit diesen als unverschuldet erlebten Konflikten und mit der Umschichtung der Werte entsteht oft eine Unsicherheit, die als seelische Not erlebt wird, als ein Gefühl, sich auf sich selbst nicht mehr verlassen zu können. Manchmal kann sich in dieser Zeit eine Vertiefung der Werterlebnisse anbahnen, die im rasch zunehmenden Verständnis für ästhetische, soziale und ethische Begriffe ihren Niederschlag finden. Hierin liegt vor allem die reifemäßige Überlegenheit der Mädchen gegenüber gleichaltrigen Knaben.

Der individuell sehr unterschiedlich ausgeprägte *Stimmungsumschwung* wird vor allem durch die abnehmende Wirkung des Hormons der Nebennierenrinde (ACTH) hervorgerufen. Dieser Umschwung vollzieht sich vom heiter-knabenhaften Habitus zu Beginn der Vorpubertät zur *Stimmungslabilität* der Pubertät, die mit dem Eintritt der Menarche keineswegs abklingt, sondern, je nach der bereits vorgeprägten Persönlichkeitsstruktur und den individuellen Lebensumständen, mehr oder weniger ausgeprägt erhalten bleiben kann, in der Adoleszenz jedoch zumeist allmählich verschwindet.

12.2.4.2 Vom Eigenleben der Mädchen

Im Gegensatz zu Knaben haben Mädchen kein besonderes Bedürfnis nach Gruppenbildung, sie schließen sich lieber mit einigen Freundinnen zusammen, lieben aber auch das Alleinsein.

Die Interessen und die Gespräche mit Freundinnen gelten sehr häufig sexuellen Themen. Ebenso wie bei Knaben spielen Treue und Verschwiegenheit eine große Rolle. Bei Knaben sind sie aber in erster Linie in der Gruppenmoral verankert, hier gelten sie der besten Freundin.

Häufig tritt die Schwärmerei auf, vor allem für Stars, die in den sexuellen Phantasien eine bedeutende Rolle spielen. Es handelt sich aus psychologischer Sicht um eine Art „Überbrückungshilfe" für die Zeit, bis das körperliche und psychische System für eine vollständige sexuelle Vereinigung bereit ist, gleichsam als Liebe auf Distanz. Bei starker Tabuisierung der Sexualität ist die Neigung zum Schwärmen besonders stark ausgeprägt. Je geringer die sexuellen Tabus sind, desto direkter wird der Zugang zur sexuellen Ernstbeziehung.

Die sexuellen Phantasien sind nicht grob sexueller oder pornografischer Natur, sondern eher erotisch ausgerichtet. Sie können den Mädchen in der Vorpubertät selbst insoferne Verlegenheit und auch echte Probleme schaffen, dass in den Phantasien Bekannte, LehrerInnen, Freundinnen etc. in sexuelle Situationen versetzt werden, die niemals stattgefunden haben, aber oft der besten Freundin erzählt werden, manchmal als Möglichkeit, manchmal als Wirklichkeit.

Die sexuelle Aktivität der Mädchen in der Vorpubertät ist vorwiegend verbal. Die Mehrzahl der Mädchen nimmt in der Vorpubertät so gleichsam Sexuelles vorstellungsmäßig vorweg.

Eine Untersuchung der Universität Innsbruck zeigte für das Jahr 1977 folgende Werte:

Alter	Küssen	Brustpetting	Genitalpetting	Koitus
12 Jahre und jünger:	9 %	2 %	1 %	0 %
13 Jahre:	28 %	8 %	5 %	1 %

Abbildung 84: Sexuelle Aktivitäten in der Vorpubertät (MECHLER 1977)

Im Zusammenhang mit dem einsetzenden Bedürfnis nach erotischer Wirkung nimmt das Interesse der Mädchen an ihrer äußeren Erscheinung stark zu. Mädchen der Vorpubertät sind modebewusst.
Das kann durchaus ein problematischer Faktor sein. Mehr als die Hälfte der Betroffenen ist mit ihrem Gewicht unzufrieden, wobei sich die Wunschfigur meist an „Prominenten" orientiert. Es kommt zu Körperschema-Störungen und negativem Body-Image. In der Altersgruppe der 13- bis 15-Jährigen neigt im Durchschnitt eine von 150 Betroffenen zu Magersucht (Anorexia nervosa). (SCHULTE-STRATHAUS 1998).

12.2.4.3 Das Selbstwertgefühl der Mädchen
Insgesamt sind die Schwierigkeiten des Mädchens bei der Stabilisierung seines Selbstwertgefühles, das mit der Geschlechterrolle zusammenhängt, größer als beim Jungen. Während der Knabe in der Pubertät durch Identifikation mit dem Vater und mit der gleichgeschlechtlichen Gruppe das Bewusstsein seiner Geschlechterrolle – und damit auch sein Selbstwertgefühl – eher stabilisieren kann, kann das Mädchen aus der auch heute in unserer Gesellschaft immer noch üblichen Ungleichbehandlung der Geschlechter, aus dem Gerede vom „schwachen Geschlecht", aus der verächtlichen Haltung der Brüder, aus den Unterschieden in Bezug auf die Freiheiten, die Mädchen und Knaben gewährt werden, aus allem, was es über die Beschwerden bei Menstruation, Schwangerschaft und Geburt erfahren hat, aus der Beobachtung der Benachteiligungen, die die Mutter erfährt, zu dem Schluss kommen, dass Männer es ganz einfach besser haben und dass Frau-Sein kein Vergnügen ist. Manche Mädchen zeigen deutlich ihren „männlichen Protest", schließen sich Knaben an, suchen Aufnahme in Knabengruppen, meiden Geschlechtsgenossinnen – sie sind auf keinen Fall frühreif im sexuellen Sinn. Sie verdrängen im Gegenteil die „weiblichen" Bedürfnisse dieser Altersstufe.

12.2.4.4 Beziehungen zu Eltern und Brüdern
Die Ablösung zeigt sich im Rückzug von Familienaktivitäten und in einer allgemeinen Opposition, in der Abwertung familiärer Traditionen, Werte und Gepflogenheiten, auch in der Weigerung, Ordnung zu halten und im Haushalt zu helfen.
Meist ist das Verhalten wechselnd und die Beziehung zu den Eltern und Geschwistern ambivalent. Besonders die Beziehung zu Brüdern ist häufig gespannt. Auch deren Freunde werden kritisiert und meist abfällig beurteilt, wenn auch mit Interesse beobachtet.

12.2.4.5 Haltungsverfall und Schulleistungen

Der Haltungsverfall und das Nachlassen der Schulleistungen ist nicht, wie bei Knaben, ein Verfall der Arbeitshaltung, sondern ein Zurücktreten der sachlichen Interessen. Auch gut begabte Mädchen lassen in ihren Leistungen nach, empfinden weniger Lust zum Lernen und neigen zu rein rezeptivem Verhalten. Statistische Untersuchungen zeigen bei Mädchen ein Notentief zwischen zwölf und 14 Jahren, bei Knaben zwischen 14 und 15.

Die kognitive Entwicklung des Mädchens verläuft gleich wie die des Knaben: Zunahme des formalen Denkens, wachsende Fähigkeit zum Planen und Organisieren, Bedürfnis nach Übersicht und Systematik. Bei sprachlichen Leistungsbereichen findet man oft Vorsprünge der Mädchen, bei einzelnen technischen Aufgaben solche der Knaben. Bei der Interpretation der Befunde muss man aber sehr vorsichtig sein, weil nicht eindeutig zu entscheiden ist, wie weit diese Unterschiede durch Rollenprägung zu Stande kommen.

12.2.5 Sexualpädagogik in der Vorpubertät

Vor Jugendlichen der Vorpubertät lässt sich auch durch die restriktivste und prüdeste Umgebung Sexuelles nicht mehr geheim halten, denn nun erleben sie ja jene Veränderungen, die aus dem Kind den geschlechtsreifen Erwachsenen formen, am eigenen Leib.

Die Enttabuisierung der Sexualität in den letzten Jahrzehnten und der breite Raum, den dieses Thema in den Massenmedien und in den pädagogischen Diskussionen einnimmt, scheint dazu geführt zu haben, dass viele Kinder noch vor dem Einsetzen der körperlichen Reifung die erste sexuelle Aufklärung erhalten und dass auch viel mehr Kinder als früher von ihren Eltern selbst aufgeklärt werden. Eine breit angelegte Untersuchung der Universität Innsbruck zeigte bereits 1975, dass drei Viertel aller Kinder vor der Vorpubertät über die wichtigsten Punkte aufgeklärt waren.

Eine Untersuchung der Universität Bremen (SCHMIDT 1999) ergab für 1997/1998 folgendes Bild: Alle Befragten empfanden sich selbst als aufgeklärt. Bei der Frage, von wem sie aufgeklärt worden waren, wurden am häufigsten Schule und Elternhaus genannt. In der Schule hatten die meisten Befragten auf der sechsten Schulstufe Aufklärungsunterricht. Interessant ist der Überblick über die behandelten Themen und der Vergleich mit den Wunschthemen, die von den Befragten angegeben wurden:

Themen	besprochen	gewünscht
Entstehung eines Kindes	89,3	2,7
Geburt	84,8	1,8
Verhütung	82,1	16,1
Menstruation	79,5	2,7
Aids	57,1	31,3
Liebe/Gefühl	46,4	26,8
Abtreibung	44,6	24,1
Partnerschaft	38,4	18,8
Hygiene	36,6	3,6
Homosexualität	33,9	22,3
Selbstbefriedigung	33,0	13,4
Das erste Mal	33,0	20,5
Geschlechtskrankheiten	33,0	25,0
Vergewaltigung/Missbrauch	25,0	34,8
Das erste Mal beim Frauenarzt	25,0	17,9
Nein-Sagen	25,0	17,9
Nacktheit	23,2	7,1
Scham	19,6	7,1
Eifersucht	5,4	10,7

12.3 Pubertät und Adoleszenz

12.3.1 Allgemeines zur Pubertät

Die Pubertät, jene Übergangszeit zwischen Kindheit und dem endgültigen Erwachsensein, stellt den Jugendlichen vor eine Reihe von Lebensaufgaben, deren Bewältigung komplex und meistens mit beträchtlichen emotionalen Problemen verbunden ist. Die wichtigsten Aspekte der Pubertätsproblematik werden hier vorerst in großen Zügen dargestellt, danach soll auf die einzelnen Bereiche näher eingegangen werden.

Da ist zunächst einmal die Auseinandersetzung des Jugendlichen mit seinen körperlichen Veränderungen. Das spezifische Entwicklungsphänomen der Pubertät besteht in der *biologischen Reife*, dem Erwerb der vollen Fortpflanzungsfähigkeit. Aufgabe des Jugendlichen ist es, sich auch psychisch damit auseinander zu setzen und die Sexualität in sein Leben zu integrieren. Er muss lernen, mit den neuen Triebimpulsen umzugehen, sie in sein übriges Leben sinnvoll einzubeziehen. In diese Zeit fällt auch das Anknüpfen der ersten sexuellen Kontakte zum anderen Geschlecht. Dadurch entstehen neue soziale Bezüge, und der Jugendliche muss sich in einem Umfang wie nie zuvor den Fragen der Verantwortung stellen.

Ein weiteres Entwicklungsziel ist die *soziale Integration*. Das Hauptthema, mit dem sich der Jugendliche hier auseinander zu setzen hat, sind der Eintritt in das Berufsleben und die damit verbundene Einordnung in die Gesellschaft der Erwachsenen. Mit der Berufsfindung und der Integrierung ins Berufsleben während der Ausbildung ist in der Regel eine mehr oder weniger grundlegende Auseinandersetzung mit gesellschaftlichen Institutionen, Normen und Wertvorstellungen verknüpft. Rollen- und Statusprobleme machen dem Jugendlichen in dieser Zeit stark zu schaffen und treten erst in den Hintergrund, wenn im dritten Lebensjahrzehnt eine erste gesellschaftliche Konsolidierung stattgefunden hat.

Unter *Rolle* versteht man die Summe der Verhaltenserwartungen, die die Gesellschaft an eine Person heranträgt (Pflichten), unter *Status* versteht man die mit einer Position (als Sohn/Tochter, SchülerIn, Lehrling, FreundIn etc.) verbundenen Erwartungen der Betreffenden an die Gesellschaft – im engeren Sinne an die Bezugspersonen der Jugendlichen – in Bezug auf Selbstständigkeit, Mitspracherecht, gebührende Anerkennung, zukommende Verantwortung, Entscheidungsfreiheit etc.

Rollenkonflikte entstehen dann, wenn von Jugendlichen bereits erwachsenenmäßiges Verhalten erwartet wird, zu dem sie auf Grund ihrer psychischen Möglichkeiten noch gar nicht fähig sind, oder wenn sie umgekehrt noch wie Kinder behandelt werden und sich selbst schon halb oder ganz erwachsen fühlen. Rollenkonflikte ergeben sich oft auch aus verschiedenen gesellschaftlichen Positionen, die ein Jugendlicher inne hat – als Kind seiner Eltern, als Lehrling gegenüber dem Lehrherrn, als Kollege im Kreise der Gleichaltrigen etc. Statuskonflikte sind dort anzutreffen, wo Jugendliche mehr Rechte, beispielsweise von ihren Eltern, verlangen.

Viele Probleme Jugendlicher entstehen also dadurch, dass ihre Ansprüche nicht ihren Möglichkeiten entsprechen und noch häufiger nicht mit den Erwartungen ihrer Umwelt übereinstimmen. Die Folge sind Rollenkonflikte, Anpassungs- und Orientierungsschwierigkeiten sowie Unsicherheit mit all den damit verbundenen Reaktionen und Kompensationsversuchen. In der Pubertät, einer Zeit des Werdens, wird manches, oft alles in Frage gestellt, was bisher als gültig akzeptiert worden war – neue, endgültige Lebensformen gibt es aber noch nicht, sie müssen erst erarbeitet werden.

Eine wichtige Aufgabe des Jugendlichen ist die Selbstfindung. Die allmähliche Ablösung vom Elternhaus und die zunehmende Verselbstständigung des Lebensweges setzen eine Bewertung der eigenen Persönlichkeit in Gang. Damit tritt eine neue Dimension in den Vordergrund: Zu den Reifungs- und Lernprozessen früherer Entwicklungsphasen bekommt jetzt die Selbststeuerung mit dem Ziel der Ichfindung und Selbstwerdung als Lebensaufgabe eine zunehmende Bedeutung.

Die Bewältigung dieser Aufgaben ist für viele Jugendliche schwierig, und jede einzelne kann mit besonderen vorübergehenden oder länger anhaltenden emotionalen Problemen verbunden sein. Emotionale Krisen in dem einen oder anderen Bereich – manchmal in mehreren gleichzeitig – gibt es fast in jeder Jugendentwicklung, meist jedoch nur vorübergehend, doch in manchen Fällen auch über Jahre hinweg anhaltend.

Wie konfliktträchtig die Ablösungen, Anpassungen und Entscheidungen, die in wenigen Jahren vollzogen werden müssen, sind, zeigt sich schon daran, dass der Jugendliche sie in Konfrontation mit geliebten Bezugspersonen und mit mehr oder weniger akzeptierten Autoritätspersonen vollziehen muss. Auch darf nicht vergessen werden, dass Einflüsse, die aus den Kinderjahren nachwirken – beispielsweise emotionale Vernachlässigung durch die Eltern – oft eine äußerst schwierige, manchmal von vornherein hoffnungslose Situation schaffen.

Gefühle der Überforderung kommen häufig vor und können sich in Leistungsstörungen in Schule und Beruf, in Schwierigkeiten bei der Berufsfindung und in der Ausbildung sowie in Familienkonflikten niederschlagen. Depressive Verstimmungen und Selbsttötungsgedanken können sich einstellen, aber auch Trotzreaktionen, Aggressionstendenzen, Selbstaufgabe, Apathie etc., findet man bei vielen Jugendlichen, offenbar als Reaktion auf die unbewältigten Aufgaben und das Unbehagen in der allgemein schwierigen Zwischenposition als Nicht-mehr-Kind und Noch-nicht-Erwachsener. Vereinzelt kommt es auch zum Abgleiten in Verwahrlosung, Delinquenz und Kriminalität.

Wichtig für das Verständnis von Jugendlichen in dieser Übergangsphase ist die Einsicht in ihre ambivalenten Gefühlstendenzen: Einerseits Streben nach Bewährung und Behauptung gegenüber den Aufgaben, die das Erwachsenenleben vorbereiten, anderseits Angst vor der unbekannten Lebensform und ihren Anforderungen. Obwohl die Familie im Zuge der Ablösung meist abgelehnt wird, kommt ihr doch eine wichtige Aufgabe zu, nämlich den Jugendlichen für dessen eigenes Leben freizugeben, ohne ihm aber den emotionalen Rückhalt des Elternhauses zu entziehen. Dadurch bieten sie dem Pubertierenden Schutz und eine gefühlsmäßige Verankerung, die ihm hilft, diesen konfliktreichen Lebensabschnitt ohne psychische Störungen, tiefgreifende Entgleisungen oder allzu heftige Anpassungsschwierigkeiten durchzustehen.

Mit der Rollen- und Statusunsicherheit setzen sich viele Jugendliche allein auseinander. In jeder Generation schließen sich aber auch viele zu Gruppen zusammen und schaffen gemeinsame Sicherungen in Form eigener Subkulturen.

Wir haben versucht, die Pubertätsproblematik in Grundzügen darzustellen. Anders als über die Beschreibung der grundlegenden Aufgaben, mit denen sich Jugendliche zu befassen haben, ist dies nicht möglich. *Je älter die Heranwachsenden werden, desto geringer sind die Möglichkeiten, etwas Allgemeines über ihren geistigen, emotionalen oder persönlichen Entwicklungsstand zu sagen. Kann man die Grundstimmung eines Schulkindes noch einigermaßen beschreiben, lassen sich auch in der Vorpubertät noch gewisse Gemeinsamkeiten finden, die die Altersgruppe, wenn auch grob, charakterisieren, so ist das im Jugendalter kaum mehr möglich. Man kann Jugendliche als Gruppe ebenso wenig beschreiben wie die Erwachsenen.* Zu groß sind die Unterschiede in den äußeren und inneren Bedingungen, die ihre sichtbaren Reaktionen und ihre Erlebniswelt bestimmen. Die allen *gemeinsamen Aufgaben* dieser Altersstufe – Ablösung von der Familie, Selbstfindung, Berufsfindung, Anbahnung sexueller Kontakte, Orientierung in der Werthierarchie der Gesellschaft – sind das wesentliche verbindende Element.

Abschließend noch etwas zu den Unterschieden zwischen Vorpubertät und Pubertät. Die Unterschiede sind teils quantitativer, teils qualitativer Art. Als wichtigster qualitativer Unterschied ist in der Vorpubertät vor allem das Fehlen der sexuellen Not im psychophysischen und im psychischen Bereich zu nennen, aus der sich später die gesamte sexuelle Problematik der Pubertät ableitet. Im kognitiven Bereich fehlt noch die Introspektive als Basis der Selbstfindung und des innerseelischen Verstehens auch anderer Personen sowie jene Blickrichtung in die Zukunft, welche Berufsfindung und Lebensplanung ermöglicht. Als quantitative Veränderung in der Pubertät ist die zunehmende Ablösung von der Familie zu nennen, mit der die spezifischen Formen außerfamiliärer Gesellung (Gruppenkontakt) zusammenhängen, die wir bei Pubertierenden finden.

12.3.2 Die biologischen Grundlagen

Die endogen gesteuerten Vorgänge des körperlichen Wachstums und der biologischen Reifung am Ende der Kindheit sind bei allen Menschen durch das Wirksamwerden verschiedener Hormone bestimmt (siehe auch Seite 256. Auf das komplizierte Zusammenspiel der einzelnen Hormone gehen wir hier nicht näher ein.) Im Wesentlichen sind Hormone der Nebennierenrinde, der Hypophyse, der Schilddrüse und Geschlechtshormone verantwortlich für die körperlichen Reifungsvorgänge. Diese bewirken schon in der Vorpubertät den puberalen Wachstumsschub, die Ausbildung der sekundären Geschlechtsmerkmale sowie die Ausbildung der inneren weiblichen und männlichen Geschlechtsorgane, die zu Ende der Vorpubertät funktionsfähig werden. Die Hormone formen im weiteren Verlauf der Pubertät den männlichen und weiblichen Geschlechtscharakter, bremsen allmählich das Längenwachstum und übernehmen die endgültige Gestaltbildung des männlichen und weiblichen Körpers.

Die geschlechtliche Reifung ist ein genetisch determinierter Reifungsprozess. Trotz der genetischen Steuerung bestehen erhebliche Unterschiede zwischen den Individuen. Die Geschlechtsreifung setzt normalerweise bei Mädchen früher ein. Neue Untersuchungen zeigen aber, dass sich die Geschlechter immer mehr aneinander annähern. N. KLUGE (1999) von der Forschungsstelle für Sexualwissenschaften und Sexualpädagogik der Universität Landau gibt folgende Durchschnittswerte bezüglich des Alters der Geschlechtsreife an:

	Mädchen	Knaben
1999	12,2	12,5
1981	13,5	14,2

Die komplexen Zusammenhänge zwischen dem Verhalten und den hormonellen Veränderungen während der Pubertät kann man am folgenden Modell ablesen:

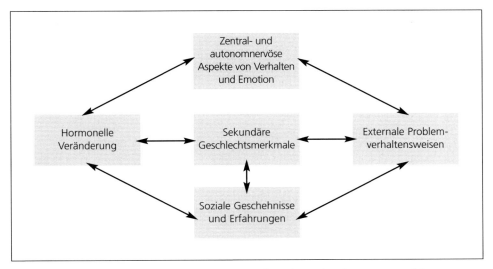

Abbildung 85: Modell der Faktorenzusammenhänge in der Pubertät (aus SILBEREISEN und SCHMITT-RODERMUND 1998: 381)

12.3.3 Die Entwicklungsaufgaben im Jugendalter

HAVIGHURST entwickelte bereits in den 50er-Jahren des 20. Jahrhunderts das Konzept von Entwicklungsaufgaben, die den verschiedenen Altersstufen zugeordnet sind und von den Angehörigen dieser Altersgruppen bewältigt werden sollen (vgl. auch Seite 45f.). Nach seiner Auffassung führt erfolgreiche Bewältigung zur Zufriedenheit und zum Erfolg bei späteren Aufgaben, Versagen aber zu persönlicher Unzufriedenheit, zu Ablehnung durch die Gesellschaft und zu Misserfolg bei weiteren Aufgaben.

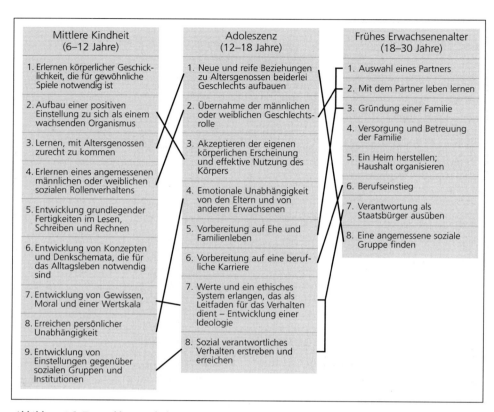

Abbildung 86: Entwicklungsaufgaben nach HAVIGHURST (1982)

E. und M. DREHER haben 1985 untersucht, welche Relevanz Jugendliche im Alter zwischen 15 und 18 Jahren diesen Entwicklungsaufgaben selbst zumessen.

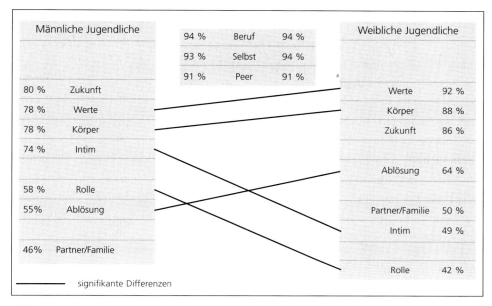

Abbildung 87: Bedeutsamkeitseinschätzungen der Entwicklungsaufgaben (DREHER und DREHER 1985)

Die folgende Übersicht zeigt die Altersentwicklung, die deutlich die größere Autonomie gegenüber den Eltern und die Entwicklung in Richtung zu Paarbeziehungen ausweist.

Entwicklungsaufgaben	Messzeitpunkt	Altersgruppe I		Altersgruppe II
PEER	1	84 %	—— s ——	94 %
		s		ns
	2	100 %	—— ns ——	93 %
INTIMITÄT	1	62 %	—— s ——	82 %
		ns		ns
	2	67 %	—— s ——	82 %
ABLÖSUNG	1	41 %	—— s ——	52 %
		s		s
	2	52 %	—— s ——	65 %
PARTNER/FAMILIE	1	43 %	—— s ——	65 %
		ns		ns
	2	45 %	—— s ——	54 %

Abbildung 88: Unterschiede in den Bedeutsamkeitseinschätzungen zwischen den Altersgruppen zu beiden Messzeitpunkten (DREHER und DREHER 1985)

Was die Bewältigung der Entwicklungsaufgaben betrifft, scheint es solche zu geben, die man früher erledigen zu können glaubt, und solche, mit denen man erst später, zumindest provisorisch, zu Rande kommt (vgl. Abb. 89). Zu den ersteren scheinen der Aufbau eines Freundeskreises zu gehören, aber auch die Berufsvorstellungen, während man Ablösungsprobleme, solche der Intimsphäre und Vorstellungen über die spätere partnerschaftliche Rolle erst gegen Ende der Adoleszenz in den Griff bekommt.

Diese Studie lässt erkennen, dass die von HAVIGHURST erstellte Liste der Entwicklungsaufgaben im Wesentlichen zutrifft, dass aber das differenziertere Selbstkonzept und die bewusstere Wahrnehmung der eigenen Person der Jugendlichen die Ergänzung durch Entwicklungsaufgaben, die der Selbstverwirklichung und der sozialen Kompetenz dienen, nahe legen.

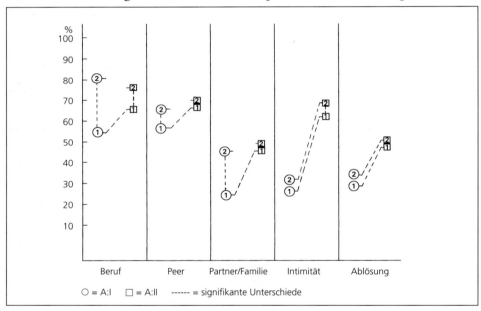

Abbildung 89: Durchschnittliche Bewältigungsgrade (DREHER und DREHER 1985)

Die Bewältigung der Entwicklungsaufgaben ist in erster Linie ein soziokulturelles Problem. Auf welche Art diese Aufgaben gelöst werden und welche Probleme dabei auftauchen, hängt von der Kultur ab, in der ein Jugendlicher aufwächst. Dauer und psychische Erscheinungen der Pubertät und der Adoleszenz sind von der jeweiligen Gesellschaftsform, ja sogar von der Zugehörigkeit zu einer bestimmten sozialen Schicht abhängig.

Zu Recht weist FEND (2000) darauf hin, dass in vielen vorliegenden Untersuchungen die Rolle der sozialen Umwelt nicht angemessen berücksichtigt wurde und dass ältere Befunde und Theorien wegen des historischen, kulturellen und gesellschaftlichen Wandels nur von eingeschränkter Gültigkeit sind.

In den Untersuchungen über Jugendliche wurde in den letzten beiden Jahrzehnten so die Altersgrenze kontinuierlich nach oben verschoben, bis zum 25. Lebensjahr und weiter. Dabei geht man von zwei soziologisch bestimmbaren Merkmalen aus: finanzielle Unabhängigkeit und Familiengründung.

Je höher die Kultur und die Zivilisationsstufe, auf der sich eine Gesellschaft befindet, desto länger wird die Zeit zwischen der erreichten sexuellen Reife und der emotionalen und wirtschaftlichen Selbstständigkeit. Durch die Akzeleration einerseits und durch die immer länger werdenden Ausbildungszeiten anderseits wird die Jugendzeit (Pubertät) für diejenigen, die eine über das Handwerkliche hinausgehende Ausbildung anstreben, über das eigentlich notwendige Maß hinaus verlängert.

In einer komplexen und komplizierten technischen Welt ist der junge Mensch zur Zeit der Geschlechtsreife tatsächlich weit entfernt von der emotionalen Reife sowie von den Kenntnissen und Fertigkeiten, die zur Bewältigung der Lebenssituation notwendig sind. Dies nicht nur, weil der erforderliche Wissensstand so viel umfangreicher geworden ist, sondern auch, weil in der modernen Gesellschaft das Familienleben als emotionale Privatsphäre und das Berufsleben als Lern- und Arbeitssphäre fast vollständig voneinander getrennt sind und somit ein „natürliches" Hineinwachsen in den Aufgabenkreis des Erwachsenen kaum mehr möglich ist. Die Pubertät ist somit eine Zeit des intensiven Lernens. Dabei geht es nicht nur um den Erwerb von praktischen Fähigkeiten und enzyklopädischem Wissen, sondern um die Weiterentwicklung auf geistigem, seelischem und kulturellem Gebiet. Die Pubertät ist daher auch eine pädagogische Aufgabe, die über die Vermittlung von Kenntnissen und Fertigkeiten weit hinausgeht.

FEND (1992) sieht eines der wesentlichen Defizite der heutigen Jugendpsychologie gerade darin, dass sie die kulturell-semantischen Inhalte der seelischen Entwicklung ausblendet und damit kulturneutral zu werden droht. Das führt auch dazu, dass schulische Inhalte nicht als Teil der zu berücksichtigenden entwicklungspsychologischen Prozesse betrachtet werden: Die Jugendpsychologie ermöglicht so keine Bildungstheorien mehr.

12.3.4 Coping – Wie Entwicklungsaufgaben bewältigt werden

In den 60er-Jahren des 20. Jahrhunderts hat man sich in den USA intensiv mit der Frage zu befassen begonnen, wie Entwicklungsaufgaben bewältigt werden (LAZARUS 1966). Das bedeutete eine Abkehr von der traditionellen Betrachtungsweise der Entwicklungskrisen und -konflikte. Die Frage ist: Wie werden Jugendliche mit den auf sie einstürmenden Veränderungen und mit den neuen Aufgaben, die an sie herantreten, fertig? Welcher Strategien bedienen sie sich? Hinter dieser Fragestellung steht die aktive Mitgestaltung des Individuums an seinen eigenen Entwicklungsprozessen.

Coping bedeutet produktive Anpassung. Es ist nach OLBRICH (1984) eine aktuelle oder episodische (kurz dauernde) Form der Anpassung an Anforderungen, die mit den bisher zur Gewohnheit gewordenen Verhaltensweisen der Person nicht oder nicht mehr erfüllt werden können. Die Coping-Forschung betrachtet den persönlichen Einsatz für die Bewältigung der Aufgaben als den eigentlichen Motor der Entwicklung im Jugendalter. Jede bewältigte Aufgabe bedeutet einen Schritt in der Weiterentwicklung, jedes Versagen kann die Entwicklung hemmen. Ob eine Bewältigung gelingt oder nicht, hängt nicht allein vom Schweregrade einer Belastung durch eine neue Aufgabe oder einer Behinderung der Selbstverwirklichung ab, sondern von der Art, wie die betreffende Person mit dieser Belastung umgeht. Der Coping-Prozess beginnt in dem Augenblick, in dem der junge Mensch erkennt, dass die Bewältigung einer Anforderung für ihn wichtig, aber mit Schwierigkeiten verbunden ist. Diese Schwierigkeiten stören das Gleichgewicht zwischen Person und Umwelt, führen zu Unsicherheit.

Der Coping-Prozess verläuft in zwei Teilen, die sich nicht streng trennen lassen:
- Zu Beginn wird die Situation subjektiv beurteilt, wobei kognitive und emotionale Komponenten in die Bewertung einfließen.
- In einer zweiten Phase prüft die/der Betroffene die Möglichkeiten, die für die Bewältigung der Situation zur Verfügung stehen, und versucht, deren Wirksamkeit und deren eventuelle Rückwirkungen abzuschätzen.

Weitere Überlegungen, neue Informationen oder konkrete Erfahrungen können zu neuen Entscheidungen führen. Es handelt sich um einen aktiven dynamischen Prozess, der im Falle des Gelingens zur Weiterentwicklung der Person führt.

COLEMAN (1984) und in der Folge andere Forscher konnten empirisch zeigen, dass Pubertät und Adoleszenz nicht notwendigerweise einen turbulenten, ja dramatischen Verlauf nehmen müssen. Die Anpassung an die vielen Veränderungen gelingt in der Mehrzahl der Fälle. COLEMAN erklärt das in seiner Fokaltheorie damit, dass sich die Entwicklungsaufgaben nicht alle gleichzeitig vor dem Jugendlichen auftürmen, sondern einzeln und zu verschiedenen Zeitpunkten des Entwicklungsprozesses stellen. Jede von ihnen bildet, jeweils zu einer anderen Zeit, sozusagen einen Fokus der aktiven Auseinandersetzung, sodass die Bewältigung schrittweise erfolgen kann. Rund 20 bis 30 % der Jugendlichen sind den Anpassungsaufgaben ihrer Altersstufe aus unterschiedlichen Gründen nicht gewachsen.

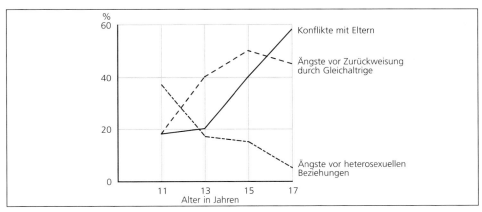

Abbildung 90: Häufigkeit, mit der verschiedene Themen von unterschiedlichen Altersgruppen angesprochen werden (COLEMAN 1984)

Eine gute Darstellung der Coping-Strategien gibt die Untersuchung von SEIFFGE-KRENKE (1985). Sie ermöglicht einerseits Bewältigungsstrategien von Burschen und Mädchen zu vergleichen, andererseits auch den Vergleich mit besonders problembelasteten Jugendlichen.

Die Reaktionen der Mädchen unterscheiden sich deutlich von denen der Burschen insoferne, als sie
- öfter offene Aussprachen suchen,
- sich mehr mit ihren Problemen beschäftigen,
- eher Hilfe, Rat, Trost, Informationen suchen,
- eher Kompromisse schließen,
- stärker dazu neigen sich abzureagieren und ihrer Befindlichkeit emotionalen Ausdruck zu verleihen,
- eher resignieren,
- eher durch Rückzug und Verdrängen einer aktiven Bewältigung ausweichen.

Burschen tendieren eher zu Sorglosigkeit und auch zum Versuch, der Problemlösung durch Alkohol- und/oder Drogengenuss aus dem Wege zu gehen. Insgesamt überwiegen aber bei beiden Gruppen die aktiven Bewältigungsbemühungen bei weitem gegenüber den passiven Verhaltensweisen des Verdrängens, des bloßen Abreagierens, des sich Zurückziehens und des Ausweichens in Drogen- und Alkoholkonsum.

Interessant ist auch der Vergleich mit stark belasteten Jugendlichen.

Coping-Strategien	Burschen (N = 153)	Mädchen (N = 200)
1. Ich diskutiere das Problem mit meinen Eltern/anderen Erwachsenen.	293,5	492,5
2. Ich spreche auftauchende Probleme sofort aus und trage sie nicht tagelang mit mir herum.	207,3	337,5
3. Ich suche bei Schwierigkeiten fachmännischen Rat (Arbeitsamt, Jugendberatungsstellen etc.).	85,8	123,0
4. Ich mache mich auf das Schlimmste gefasst.	136,2	162,5
5. Ich akzeptiere meine Grenzen.	145,9	165,0
6. Ich versuche, Probleme im Gespräch mit den Betroffenen unmittelbar anzusprechen.	225,5	291,5
7. Ich lasse mir nichts anmerken und tue so, als ob alles in Ordnung wäre.	122,3	133,5
8. Ich versuche, mich abzureagieren (durch laute Musik, Motorradfahren, wildes Tanzen, Sport etc.).	168,8	202,5
9. Ich mache mir keine Sorgen, denn meistens gehen die Dinge gut aus.	135,5	89,5
10. Ich denke über das Problem nach und spiele verschiedene Lösungsmöglichkeiten in Gedanken durch.	383,7	478,0
11. Ich schließe Kompromisse.	198,6	237,5
12. Ich mache meinem Ärger und meiner Ratlosigkeit „Luft" durch Schreien, Heulen, Türenknallen etc.	39,3	119,0
13. Ich mache mir klar, dass es immer irgendwelche Probleme geben wird.	162,2	272,0
14. Ich denke erst an Probleme, wenn sie auftreten.	120,9	109,5
15. Ich suche nach Informationen in Fachbüchern, Zeitschriften oder Nachschlagewerken.	122,9	188,0
16. Ich versuche, nicht über das Problem nachzudenken und es aus meinen Gedanken zu verdrängen.	63,5	109,5
17. Ich versuche, meine Probleme durch Alkohol und Drogen zu vergessen.	36,0	16,0
18. Ich suche Trost und Zuwendung bei Leuten, denen es ähnlich geht wir mir.	124,2	349,5
19. Ich versuche, mit Freunden meine Probleme gemeinsam zu lösen.	344,5	625,0
20. Ich ziehe mich zurück, da ich es doch nicht ändern kann.	73,0	94,5

Abbildung 91: Summenwerte der Problembewältigungsstrategien in 14 Problemsituationen der Gesamtgruppe (N=353), getrennt ausgewertet für Burschen und Mädchen (nach SEIFFGE-KRENKE 1985)

Auch bei stark belasteten Jugendlichen zeigt sich die Tendenz zur aktiven Problembewältigung, insgesamt scheint jedoch die schwierigere Situation (vor allem Probleme mit dem Elternhaus) ihre Aktionsfähigkeit zu lähmen und zu Resignation, Verdrängung, Rückzugsverhalten, zu fruchtlosem Dampfablassen und zu Betäubungsstrategien zu drängen.

Coping-Strategien	Hohe Problembelastung	Geringe Problembelastung
1. Ich diskutiere das Problem mit meinen Eltern/anderen Erwachsenen.	356,0	554,7
2. Ich spreche auftauchende Probleme sofort aus und trage sie nicht tagelang mit mir herum.	267,7	371,5
3. Ich suche bei Schwierigkeiten fachmännischen Rat (Arbeitsamt, Jugendberatungsstellen etc.).	109,3	119,0
4. Ich mache mich auf das Schlimmste gefasst.	323,4	112,0
5. Ich akzeptiere meine Grenzen.	205,0	116,9
6. Ich versuche, Probleme im Gespräch mit den Betroffenen unmittelbar anzusprechen.	279,2	264,5
7. Ich lasse mir nichts anmerken und tue so, als ob alles in Ordnung wäre.	325,7	43,0
8. Ich versuche, mich abzureagieren (durch laute Musik, Motorradfahren, wildes Tanzen, Sport etc.).	362,8	102,2
9. Ich mache mir keine Sorgen, denn meistens gehen die Dinge gut aus.	137,4	138,1
10. Ich denke über das Problem nach und spiele verschiedene Lösungsmöglichkeiten in Gedanken durch.	576,8	366,6
11. Ich schließe Kompromisse.	307,2	169,1
12. Ich mache meinem Ärger und meiner Ratlosigkeit „Luft" durch Schreien, Heulen, Türenknallen etc.	177,2	45,4
13. Ich mache mir klar, dass es immer irgendwelche Probleme geben wird.	413,9	111,9
14. Ich denke erst an Probleme, wenn sie auftreten.	132,6	90,6
15. Ich suche nach Informationen in Fachbüchern, Zeitschriften oder Nachschlagewerken.	256,0	171,6
16. Ich versuche, nicht über das Problem nachzudenken und es aus meinen Gedanken zu verdrängen.	288,5	42,9
17. Ich versuche, meine Probleme durch Alkohol und Drogen zu vergessen.	84,0	0,0
18. Ich suche Trost und Zuwendung bei Leuten, denen es ähnlich geht wir mir.	369,7	233,3
19. Ich versuche, mit Freunden meine Probleme gemeinsam zu lösen.	502,4	478,7
20. Ich ziehe mich zurück, da ich es doch nicht ändern kann.	256,0	21,5

Abbildung 92: Summenwerte der Problembewältigungsstrategien in 14 Problemsituationen, getrennt ausgewertet für hoch problembelastete (N=43) und wenig problembelastete Jugendliche (N=42) (nach SEIFFGE-KRENKE *1985)*

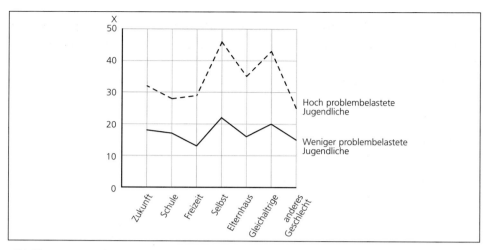

Abbildung 93: Mittelwertsunterschiede zwischen hoch problembelasteten und wenig problembelasteten Jugendlichen in sieben verschiedenen Problembereichen (nach SEIFFGE-KRENKE 1985)

12.3.5 Der Kontext der Erfüllung der Entwicklungsaufgaben – Exkurs zur Familie

Die wichtigsten Kontexte sind Familie und Gleichaltrige, nicht minder bedeutsam sind Schule und Arbeitsplatz.

Da bereits an vielen Stellen notwendigerweise auf die Bedeutung der Familie hingewiesen wurde und sie nun im Zusammenhang mit dem Ablösungsprozess erneut ins Zentrum der Betrachtungen gerückt wird, erscheint es notwendig, diesem Bereich einen Exkurs zu widmen.

Der Begriff *Familie* bezeichnet nach LÜSCHER (1989) primär Sozialformen eigener Art, die als solche sozial anerkannt (und dadurch auch staatlich geschützt) werden, welche auf die Gestaltung der sozialen Beziehungen zwischen Eltern und Kindern hin angelegt sind. Familie ist also sowohl Teilsystem der Gesellschaft als auch eine besondere Gruppe für sich. SCHNEEWIND (1999) schlägt als alternatives Konzept vor, den psychologischen Familienbegriff nicht nach biologischem oder rechtlichem Verständnis auszurichten, sondern am *Prinzip des gemeinschaftlichen Lebensvollzuges* zu orientieren – er spricht von intimen Beziehungssystemen, die sich durch einen hohen Grad an personaler und interpersoneller Involviertheit auszeichnen. (Ausführlicher dazu STEINEBACH 2000).

Bei der Verwendung des Begriffes Familie läuft man Gefahr, als Konnotation die intakte Form der Kernfamilie (Mutter – Vater – Kind) hervorzurufen, dabei darf man nicht übersehen, dass in unserem kulturellen Kontext Familie nach dem

Prinzip des gemeinschaftlichen Lebensvollzuges in einer Vielzahl unterschiedlich aktualisierter Ausformungen auftritt. BLIERSBACH (1999) führt neben der Kernfamilie an:
- Ein-Elternteil-Familie
- Patchworkfamilie
- Zweitfamilie
- geteilte Familie
- nicht eheliche Lebensgemeinschaften mit Kindern
- multiple Elternschaften
- Folgebeziehungen
- Fortsetzungsfamilien
- Stieffamilien

Im Mittelpunkt psychologischer Familientheorien stehen die Begriffe Stress und Entwicklungsaufgaben, wobei insbesondere die Unterschiede in der Entwicklung von so genannten intakten Familien zu Trennungs- und Scheidungsfamilien von Interesse sind (STEINEBACH 2000), beide Begriffe sind aber auch gut geeignet, um zwischen individueller Entwicklung und familiärer Entwicklung zu vermitteln.

Die Monopolstellung der klassischen Familie (Kernfamilie) in Haushaltsgemeinschaft wird von Familienforschern heute als gebrochen gesehen. In Österreich gilt dies mit Einschränkungen, vor allem im städtischen Ballungsraum. Nach Mitteilung des Instituts für Familienforschung Wien lebt die Mehrheit der Bevölkerung sehr traditionell. 75 % der österreichischen Kinder unter 18 Jahren wachsen bei verheirateten Eltern auf, 12 % in Einelternfamilien, der Rest in Stieffamilien (APA 18.5.2001).

Im Mittelpunkt des Interesses für die Bewältigung von Entwicklungsaufgaben und -krisen stehen aber Scheidungsfamilien. In Deutschland gab es 1996 427 297 Eheschließungen und 175 500 Scheidungen, davon waren 141 800 Kinder betroffen (BLIERSBACH 1999).

Die Statistik Austria gibt folgende Zahlen im Vergleich an:

	Scheidungszahlen	Scheidungsrate
1951	10 295	17,7 %
2000	19 552	43,1 %

Im Jahr 2000 waren in Österreich 18 044 Kinder betroffen. Die Scheidungswahrscheinlichkeit liegt im Österreichschnitt bei 36 %.

Es ist heute für Kinder also nichts Ungewöhnliches mehr, geschiedene Eltern zu haben. Diese Tatsache mag dazu beitragen, dass die Situation von den Betroffenen im Großen und Ganzen gut verkraftet wird. Sehr viel wichtiger als die gesellschaftliche Akzeptanz sind für die Entwicklung der Scheidungskinder aber die familiären Beziehungen nach der Trennung. Eine Kölner Studie konnte das 1997 nachweisen.

Ein Bündel von Aspekten hebt sich deutlich als Risikofaktoren ab:
- junges Lebensalter des Kindes bei der Trennung
- geringe und schlechte emotionale Beziehung zum Vater
- ungelöste Trennungsprobleme (Umgangs-, Besuchs-, Sorgerecht)
- finanzielle Probleme (UNVERZAGT 1998)

Stufe im Familienzyklus	Entwicklungsaufgaben für Familien	Entwicklungsaufgaben für Familien Alleinerziehender
Partnerwahl	Ablösung von der Herkunftsfamilie, Gestaltung der Beziehung zur Herkunftsfamilie des Partners bzw. der Partnerin, Entwickeln einer gemeinsamen Familienperspektive.	
Verheiratetes Paar	Gestalten einer befriedigenden Paarbeziehung, Anpassung an Schwangerschaft, ev. Neudefinition von Berufs- und Arbeitsrollen, Einpassen in das Netz der Verwandtschaftsbeziehungen. Aktivieren von Stützsystemen.	
Familien mit Kleinkindern	Sich auf die Kinder einstellen. Ermutigung der Entwicklung. Einrichtung eines Heims für die Kinder, in dem sich auch die Erwachsenen wohl fühlen.	Einrichten flexibler Besuchszeiten. Umgestalten des eigenen Netzwerkes. Gestaltung effektiver und befriedigender elterlicher Beziehungen für die Kinder
Familien mit Schulkindern	Einfügen in die Gemeinschaft von Familien mit schulpflichtigen Kindern, Ermutigung zu Leistungsverhalten	Klärung von Verantwortlichkeiten und Entscheidungswegen (etwa schul- oder berufsbezogene Entscheidung für das Kind)
Familien mit Jugendlichen	Balancieren von Freiheit und Verantwortung entsprechend dem Emanzipationsprozess der Jugendlichen. Entwicklung nachelterlicher Interessen, Berufsplanung	Bei neuen Beziehungen: sensible Anpassung an den Stand der Partnerschaft. Neudefinition von Verantwortlichkeiten
Familien im Ablösungsstadium	Entlassung der erwachsenen Kinder in das Berufsleben, Bereitstellung von Unterstützung	Bei Wiederverheiratung: Umstrukturierung der Familiengrenzen. Einbeziehung des neuen Partners. Neuordnung der Subsysteme. Kontakte zur Verwandtschaft des leiblichen Vaters (auch, aber seltener zur leiblichen Mutter).
Eltern im mittleren Lebensalter	Neugestaltung der Ehebeziehung, Aufrechterhaltung und Gestaltung der Beziehung zur jüngeren Generation	
Alternde Familienmitglieder	Rückzug aus dem Berufsleben. Auseinandersetzung mit Partnerverlust. Auflösung des Familienhaushalts.	

Abbildung 94: Entwicklungsaufgaben für intakte Familien und für Trennungs- und Scheidungsfamilien (STEINEBACH 2000: 153)

12.3.6 Die Selbstfindung

Das zentrale Problem der jugendlichen Entwicklung ist die *Selbstfindung* oder, nach ERIKSON (1998): *Die Bildung einer Identität ist die wesentliche Aufgabe des Jugendlichenalters.*

In der Pubertät kommt es zu einer höheren Form der Identitätsfindung: *zur Konstituierung des Selbst als eines einmaligen, unverwechselbaren individuellen Phänomens, zur Gewinnung einer persönlichen Kontur.* Dabei ist die jetzt beginnende Strukturierung der Persönlichkeit kein Prozess, der mit dem Ende der Pubertät abgeschlossen ist, sondern ein Prozess, der in vielen Phasen bis zum Ende des Lebens andauert.

Die Selbstfindung setzt voraus, dass sich das *Bewusstsein erweitert* hat, und zwar nach *innen*. Erst in der Pubertät entwickelt sich die Fähigkeit zur *Reflexion*, zum Nachdenken über sich selbst und zum kritischen Abstandnehmen von sich selbst. Mit der Fähigkeit zur Reflexion über eigene Gefühle, Strebungen und Gedanken wird nun auch eine Reihe neuer kognitiver und emotionaler Vorgänge möglich, vor allem das *fremdseelische Verstehen, Einfühlungsvermögen* in die *Natur*, das *ästhetische Erleben*, und das *Verständnis für subtilere Persönlichkeitsdarstellung* beispielsweise in der Literatur. Seelisch differenzierte Jugendliche begnügen sich nicht mehr mit der Schwarzweißzeichnung der Charaktere, die so charakteristisch ist für das ältere Schulkind.

Im Ringen um die Selbstfindung stellt sich der Jugendliche drei Fragen:
- Die Frage nach der subjektiven Identität: *Wie bin ich?*
- Die Frage nach der wünschbaren (optativen) Identität: *Wie möchte ich sein?*
- Die Frage nach der zugeschriebenen Identität: *Für wen hält man mich?*

Die Selbstfindung verläuft von *außen nach innen*. Zuerst wird die äußere Erscheinung kritisch betrachtet, zuerst die Frisur, die vielfach zu einem Kennzeichen der Zugehörigkeit zu einer bestimmten Subkultur werden kann.

Um ihre äußere Erscheinung machen sich viele Jugendliche Sorgen. Die Angst, verspottet zu werden oder keinen Anklang beim anderen Geschlecht zu finden, ist weit verbreitet. Der Körper gewinnt als Ausdruck des Selbst eine neue Integrität. Jugendliche scheuen häufig auch freundschaftlich gemeinte Berührungen, sie sind besonders empfindlich gegenüber körperlicher Züchtigung.

Das Eigenartige dieser ersten Stufe der Identitätsfindung liegt in ihrer Gespaltenheit: Subjektiv glauben Jugendliche durch Angleichung an ein von vielen akzeptiertes Vorbild ihr Selbst zu finden, objektiv gesehen bedeutet die aus der Unsicherheit geborene Überidentifikation aber weitgehenden Identitätsverlust. Auf der Suche nach einem neuen Status im Sozialgefüge der außerfamiliären Gesellschaft gibt Konformismus mit Gleichaltrigen offenbar vorerst Halt.

Allmählich verlagert sich das Suchen nach der eigenen Identität mehr nach *innen*. Es ist jetzt zunehmend auf *Eigenschaften und Fähigkeiten* ausgerichtet. Immer besteht eine *Diskrepanz zwischen der subjektiven und der optativen Identität*, die beachtliche Spannungen erzeugt. Wenn man glaubt, seinem Wunschbild näher gekommen zu sein, verringert sich die seelische Spannung. Misserfolge oder Hoffnungslosigkeit, das Vorbild zu erreichen, vergrößern sie. Die Diskrepanz zwischen dem *Ist-Zustand der subjektiven Identifikation* und dem *Soll-Zustand der optativen Identifikation* kann ein mächtiger Faktor der Selbsterziehung werden und Jugendliche zu bedeutenden Anstrengungen motivieren.

Verschiedene jugendliche Verhaltensweisen werden aus der zentralen Bedeutung des Selbstfindungsprozesses verständlich, vor allem die Überbewertung der eigenen Person, die als Ichbezogenheit in Erscheinung tritt. Den eigenen Urteilen wird oft eine Wichtigkeit beigemessen, die in keinem Verhältnis zu den ihnen zu Grunde liegenden Erfahrungen steht.

Aus der Ichbezogenheit und aus dem bei vielen gesteigerten wie auch aus dem bei vielen verminderten Selbstwertgefühl kann das starke Geltungsbedürfnis vieler Jugendlicher verstanden werden. Dieses Geltungsstreben wird oft zusätzlich durch Impulse aus dem erotischen Bereich verstärkt (Imponiergehabe).

Eine Möglichkeit der Steigerung des Ich-Erlebens ist die *Ekstase*, die beim kollektiven Erlebnis des Musikhörens und Abtanzens und bei extrem gesteigerten Geschwindigkeiten mit Krafträdern und -fahrzeugen gesucht wird.

So lange der Prozess der Selbstfindung im Gange ist, muss das Selbstwertgefühl notwendigerweise besonders labil sein. Oft erscheint es übertrieben gesteigert. Widrige Umstände können das Selbstwertgefühl aber auch bis zum Lebensüberdruss herabsetzen. Die Suizidquote ist bei Jugendlichen mit 9 % aller Todesfälle dieser Altersstufe sehr hoch. Sehr hoch ist auch die Zahl der Selbsttötungsversuche. Meist sind in diesem Alter Liebeskummer und Schulschwierigkeiten die auslösenden Momente, die wahren Ursachen liegen aber tiefer, meist in gestörten Familienbeziehungen.

12.3.7 Die Ablösung von der Familie

Eng mit dem Prozess der Selbstfindung verbunden ist die Tendenz der Jugendlichen, sich von der Familie abzulösen. Während die Untersuchungen der 60-er und 70-er Jahre des 20. Jahrhunderts erkennen ließen, dass sich dieser Ablösungsprozess bei einem Großteil der Jugend vorerst auf den Freizeitbereich und die äußere Erscheinung bezog, jedoch im politischen und religiösen Bereich, in weltanschaulichen Fragen, bei Problemen in der Schule, der Arbeit, der Erziehung und des sozialen Prestiges ein hoher Grad an Übereinstimmung mit der älteren Generation erhalten blieb, hat sich in den folgenden Jahren diesbezüglich viel geändert.

Besonders die Untersuchungen des Jugendwerks der Deutschen Shell der 80er- und 90er-Jahre konnten zeigen, dass der Anteil der Jugendlichen, die sich im oben beschriebenen Sinn konform verhält, kontinuierlich abnimmt – 1986 lag er bei 50 %. Die folgenden Übersichten zeigen einige dieser Tendenzen.

	Berufsschüler	Fachschüler	Gymnasium
Von den Eltern keine Vorschriften machen lassen	17,1	16,16	17,2
Statt mit Eltern mit Freund(in) ausgehen	16,1	15,7	16,2
Große Anschaffungen tätigen	17,3	16,7	16,5
Den Eltern Ratschläge erteilen	16,5	15,8	16,8

Abbildung 95: Ablösung von der Familie – durchschnittliche Altersangaben in Prozentwerten (JUGENDWERK DER DEUTSCHEN SHELL 1986)

Konflikte mit den Eltern sehr häufig und häufig	Rauchen	
	täglich und hin und wieder (N = 786)	kaum und gar nicht (N = 686)
Weil ich keine guten Umgangsformen hatte	20	11
Wegen meiner Kleidung	35	19
Wegen meiner Frisur	27	13
Wegen meiner Unordentlichkeit	50	41
Wegen meiner Leistungen in der Schule	39	21
Wegen dem Rauchen	34	4
Wegen dem Ausgehen abends	41	25
Wegen der Musik, die ich hören wollte	23	14
Wegen unterschiedlicher politischer Meinung	15	7
Weil ich zu Hause nicht helfen wollte	34	27

Abbildung 96: Rauchen und Konflikte mit den Eltern – Angaben in Prozentwerten (JUGENDWERK DER DEUTSCHEN SHELL 1986)

Die Ablösung von den Eltern, die letztlich ein emotionales Problem ist, hat auch eine kognitive Seite, welche dieses emotionale Problem modifiziert. Die Erforschung dieser Zusammenhänge steht aber erst am Anfang.

Jugendliche lösen sich heute in der Regel nicht von dominierenden Persönlichkeiten ab, denn die meisten Eltern haben gelernt, einen demokratischen Erziehungsstil zu praktizieren. Die Ablösung betrifft heute auch selten die Dimension der Bildung und des Informationsstandes. Jugendliche haben heute in der Regel eine zumindest gleichwertige, in den meisten Fällen aber eine bessere Schulbildung als die Eltern und sind ihnen in vielen Bereichen der Information, vor allem der modernen Informationstechnologien, überlegen.

In wenig konfliktbelasteten Beziehungen sind die Eltern nach wie vor Ratgeber ihrer Kinder.

LARSON et al. (1996) haben festgestellt, dass der Anteil der direkten Interaktionen von Jugendlichen mit den Eltern zunimmt, obwohl die gemeinsam verbrachte Zeit beständig abnimmt. Ähnliche Ergebnisse zeigen die Untersuchungen von YOUNNISS 1994 und STEINBERG 1996.

Bei starker Konfliktbelastung scheiden die Eltern als Gesprächspartner für Sorgen und Nöte aber aus. An ihre Stelle tritt sowohl bei männlichen Jugendlichen wie auch bei Mädchen die Freundin.

Die eigentliche Konfliktphase der Ablösung ist das Alter zwischen 15 und 17 Jahren.
Die elterliche Kontrolle veranlasst Jugendliche zu mehr oder weniger heftiger Rebellion, aber sie zeigt gleichzeitig, dass man um sie besorgt ist und sie in der Familie nicht missen will. Setzt die Familie den Autonomiebestrebungen keinen Widerstand entgegen, kann das ein Zeichen von Indifferenz und Vernachlässigung sein, und es kann die Entwicklung von Halt und Geborgenheit einschränken oder verhindern. Eine zu schnelle Entlassung aus der elterlichen Kontrolle erspart Jugendlichen zwar den Kampf um ihre Freiheit, nimmt ihnen aber auch die Gewissheit, dass sie in der Familie ihren gesicherten Platz haben. Die Ablösung bewirkt bei gesicherter Beziehung keinen Verlust der Tiefenbindung an die Eltern. Auf der Basis der allmählich errungenen Freiheit kommt es vielmehr zu einer Rückbindung in Form einer Beziehung jetzt gleichwertiger Partner.

12.3.8 Aufbau eines Wertesystems – Interiorisation von Normen

Werte und Normen werden während der ganzen Kindheit übernommen. Dieser so genannte Interiorisationsprozess ist ein wesentlicher Teil der Sozialisation (vgl. auch Seite 230f.).

Jugendliche stehen nun vor der Aufgabe, in Anpassung an den sich erweiternden Lebenskreis neue Normen und Werte aufzunehmen und neue Verhaltensmuster zu erlernen, die es ermöglichen, Rollen gerecht zu werden, die den eigenen Statuswünschen entsprechen und die von den Erwachsenen zugeschrieben werden.

Wesentliche Elemente sind:
- Übernahme von Verantwortung
- Zukunftsorientierung
- Gleichberechtigt partnerschaftliches Verhalten

In diesem Alter handelt es sich naturgemäß und notwendigerweise um eine vorläufige Übernahme von Normen und Werten und nicht um eine Normenintegration im Sinne einer festen und dauerhaften Verankerung in der Charakterstruktur, die bestimmte Reaktionen in bestimmten Situationen vorhersagbar macht. Wäre dem nicht so, gäbe es keine Veränderung mehr, keine Reifung der Persönlichkeit im Laufe des weiteren Lebens.

Der gesamte Komplex des Normen- und Werteaufbaus, der einen der wesentlichsten verhaltensregulierenden Faktoren darstellt, umfasst drei Bereiche, von denen zwei einen unmittelbaren Praxisbezug haben und einer mehr theoretischer Natur ist. Die einzelnen Bereiche können sich bis zu einem gewissen Grad unabhängig voneinander entwickeln:
- *Interiorisation sozialer Verhaltensnormen,*
- *Interiorisation von Normen des Leistungsverhaltens,*
- *Aufbau eines Wertesystems* ideologischer, philosophischer, religiöser, im weitesten Sinne also *weltanschaulicher Art*, das auch soziale Wertorientierungen und solche des Leistungsbereiches auf einer über die Anpassungen an aktuelle Situationen hinausgehenden Ebene einbeziehen kann.

Der Prozess der Normen- und Wertbildung umfasste immer schon drei Problembereiche:
- Verschiedene erwachsene Personen im Bezugsfeld vertreten unterschiedliche Normen und Werte – ein Charakteristikum pluralistischer Gesellschaften. Jugendliche müssen sich orientieren und entscheiden.
- Das Verhalten von Erwachsenen Jugendlichen gegenüber wird oft von Wertvorstellungen bestimmt, die sie nicht akzeptieren können, gegen die sie opponieren müssen.

- Die Interiorisation von Normen, die zu verantwortlichem Handeln in der Gemeinschaft motivieren sollen, sind in komplexen Gesellschaften von besonderer Bedeutung. In vielen Situationen kommt es immer wieder zu Konflikten zwischen den Geboten des verantwortlichen Handelns und den für dieses Alter charakteristischen triebhaften Bedürfnissen. Über das bessere Wissen siegen sehr häufig das Streben nach Ich-Erhöhung durch Bewährung in Risiko und Gefahr, der Wunsch nach Ausleben und ekstatischer Überhöhung.

Einige Beispiele aus der Shell-Studie 1986:

	Jugend (N = 1472)	Erwachsene (N = 729)
Alte und neue Werte wichtig	38	35
Alte Werte nicht wichtig/neue Werte wichtig	29	4
Alte Werte wichtig/neue Werte unwichtig	23	55
Weder alte noch neue Werte wichtig	12	5
Summe	102	99

Abbildung 97: Bedeutung neuer und alter Werte nach Einschätzung Jugendlicher und Erwachsener – Angaben in Prozenten (JUGENDWERK DER DEUTSCHEN SHELL 1986)

„nicht wichtig"	Männliche Jugendliche	
	15–17 Jahre (N = 161)	21–24 Jahre (N = 322)
Sparsam sein	19	42
Ordnung und Sauberkeit	25	38
Gute Umgangsformen	19	33
Pflichtgefühl	14	25

Abbildung 98: Ablehnung der alten Werte nach Einschätzung Jugendlicher und junger Erwachsener – Angaben in Prozenten (JUGENDWERK DER DEUTSCHEN SHELL 1986)

	Selbstbehauptung		Gesamt
	„hoch" (N = 368)	„niedrig" (N = 458)	(N = 1472)
Konflikte mit Eltern sehr häufig/häufig:			
Wegen der Kleidung	38	18	27
Wegen unterschiedlicher politischer Meinung	21	5	11
Weil ich zu Hause nicht helfen wollte	40	25	31
Wegen dem Rauchen	28	14	20
Wegen dem Ausgehen abends	41	27	33
Wegen meiner Frisur	29	16	21
Lieblingsfächer:			
nur geisteswissenschaftliche Fächer	26	16	20
nur naturwissenschaftliche Fächer	19	30	27
Schul- und Ausbildungsprobleme:			
2 und mehr	41	30	34

Abbildung 99: Extremgruppen „Selbstbehauptung" / Erziehung und Schule – Angaben in Prozenten (JUGENDWERK DER DEUTSCHEN SHELL 1986)

	Selbstbehauptung		Gesamt
	„hoch" (N = 368)	„niedrig" (N = 458)	(N = 1472)
Entspannungstechniken sehr häufig/häufig:			
einen Teil des Tages verträumen	34	15	24
mit Freunden/Freundin sprechen	85	74	79
Flips sehr häufig/häufig:			
ganz verrückte Sachen anziehen	27	11	18
mal ganz unvernünftig viel Alkohol trinken	22	10	15
mit anderen mal die Nacht bis zum Morgen durchmachen	42	20	29
Musik irrsinnig laut hören	53	38	44
Vorgesetzte, Lehrer oder Ausbildner richtig durch den Kakao ziehen	27	17	20
Rauchen:			
gar nicht	30	51	41
Alkohol trinken:			
gern	43	25	33
Freizeitbeschäftigungen:			
Sport treiben/Fitness	31	48	40
Unterhalten mit Freunden/Freundinnen	44	31	37
Musik machen/Zeichnen/Kreatives	24	12	18

Abbildung 100: Extremgruppen „Selbstbehauptung" / Alltagspraktiken, Freizeitleben – Angaben in Prozenten (JUGENDWERK DER DEUTSCHEN SHELL 1986)

12.3.9 Die Entwicklung des moralischen Urteilens nach L. KOHLBERG

KOHLBERG unterscheidet drei Niveaus moralischen Urteils, denen er jeweils zwei Stufen zuordnet:

Niveau	Begründung	Einteilung
Vormoralisches Niveau	Zur Begründung moralischer Entscheidungen werden drohende Strafen, Autoritäten oder die eigenen Interessen angeführt. Interessen anderer werden berücksichtigt, wenn sie den eigenen Interessen entsprechen.	**Stufe 1:** Heteronome Moral Orientierung an Bestrafung und Gehorsam **Stufe 2:** Individualistische instrumentelle Moral Instrumentelle Orientierung an den eigenen Bedürfnissen
Konventionelles Niveau	Die Aufrechterhaltung wichtiger sozialer Beziehungen ist für die Entscheidung bestimmend.	**Stufe 3:** Zwischenpersönliche Moral Lösungsversuche sind auf persönlich bekannte Menschen beschränkt. **Stufe 4:** Moral des sozialen Systems Entscheidungen werden auf übergreifende Systeme erweitert. Gesetz und Ordnung des Systems gewinnen besondere Bedeutung.
Postkonventionelles Niveau	Die prinzipielle Veränderbarkeit von Systemen wird erkannt. Stabilität wird als relativ erkannt.	**Stufe 5:** Moral der Menschenrechte und der sozialen Wohlfahrt Der Vertragscharakter, damit die Änderbarkeit von Regeln, wird berücksichtigt. Utilitarismus, aber auch die Gerechtigkeit des Aushandlungsprozesses von Regeln sind entscheidend. **Stufe 6:** Moral universalisierbarer, reversibler und präskriptiver allgemeiner ethischer Prinzipien Suche nach allgemein gültigen Prinzipien. Abstrakte Regeln werden formuliert.

Empirische Befunde zu diesen Stufen moralischen Urteilens zeigen folgendes Bild:

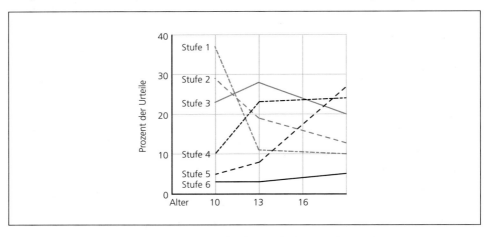

Abbildung 101: Empirische Befunde zu den Stufen des moralischen Urteilens nach KOHLBERG *(aus* STEINEBACH *2000: 140)*

12.3.10 Jugend und Politik

Nach dem revolutionären Aufbruch der 60er-Jahre des 20. Jahrhunderts kam es zu einer Beruhigung im Sinne eines Pendelausschlages nach der anderen Richtung – verschiedene Untersuchungen der 70er-Jahre wiesen auf eine starke Tendenz zu unpolitischem Verhalten, zu Indifferenz gegenüber öffentlichen Anliegen, zur Privatisieruntg hin. Eine weitere Wende zeigte sich in den 80er- und 90er-Jahren: Die Jugend zeigte sich wenig interessiert an den „alten" Parteien, engagierte sich aber zunehmend für die brennenden Anliegen der Welt: Umweltschutz, Frieden, Verzicht auf die Atomkraft. Politische Gruppierungen, die diese Anliegen vertreten, erfahren einen starken Zuspruch. Viele misstrauen aber auch diesen, sie absentieren sich von jeder Form der organisierten Parteipolitik, sind aber keinesfalls apolitisch.

Mitte der 80er-Jahre beurteilt ungefähr die Hälfte aller Jugendlichen die Zukunft der Gesellschaft eher düster, aber auch mehr als zwei Drittel der Optimisten vertreten die Ansicht, dass die Technik die Umwelt zerstören wird.

Ereignis	Jugend '84			Erwachsene '84		
	Jungen (N = 725)	Mädchen (N = 747)	Gesamt (N = 1472)	Männer (N = 258)	Frauen (N = 371)	Gesamt (N = 729)
Technik und Chemie werden die Umwelt zerstören.	71	77	74	52	57	55
Die Welt wird in einem Atomkrieg untergehen.	33	44	39	19	27	23
Wir werden einen wirtschaftlichen Aufschwung erleben.	44	39	41	53	40	46
Es wird gelingen, die Umweltprobleme zu lösen.	36	30	33	60	55	58
Die wirtschaftliche Krise wird sich verstärken.	59	70	65	46	54	50
Es wird immer weniger Arbeitsplätze geben, noch mehr Menschen werden arbeitslos werden.	72	75	74	68	73	70
In Europa werden die Atomwaffen auf beiden Seiten abgeschafft.	7	5	6	11	11	11
Es wird für alle einen angemessenen Arbeitsplatz geben, die Arbeitslosigkeit wird verschwinden.	10	9	10	13	12	13

Abbildung 102: Einschätzung des Eintritts bestimmter Ereignisse in der Zukunft nach Geschlecht – Angaben in Prozenten (JUGENDWERK DER DEUTSCHEN SHELL 1986)

	Schüler	Studenten	Lehrlinge	Berufstätige
Versagen in Schule und Beruf	25	23	22	15
Arbeitslosigkeit	43	37	61	43
Terrorismus	37	34	30	43
Krieg	64	64	66	69
Atomkrieg	73	76	63	71
Gesundheitsschäden durch Atomversuch	48	41	48	55
Gesundheitsschäden durch den Betrieb von Kernkraftwerken	37	45	25	39
Gesundheitsschäden durch Luftverschmutzung	45	50	30	43
Wirtschaftskrise	42	37	52	50

Abbildung 103: Zukunftsängste – Angaben in Prozent (Mehrfachnennungen) (JUGENDWERK DER DEUTSCHEN SHELL 1986)

	Optimisten	Pessimisten
Interesse für Politik	50	61
Positive Einstellung zur Arbeit	54	42
Die Erwachsenen machen Dinge falsch	84	92
Glauben an Gegensatz der Generationen	81	88
Wollen Kinder haben	75	44
Wollen Kinder anders erziehen, als sie selbst erzogen wurden	41	56
Wollen heiraten	92	73
Zuversichtlich hinsichtlich der eigenen Zukunft	61	30
Tagebuchschreiber	44	50
Spielen ein Musikinstrument	27	34

Abbildung 104: Unterschiede Optimisten und Pessimisten – in Prozent (JUGENDWERK DER DEUTSCHEN SHELL 1986)

	Schüler	Studenten	Lehrlinge	Berufstätige
Unterschriftensammlung:				
teilgenommen	35	63	22	31
Teilnahme abgelehnt	8	1	17	8
Demonstrationen:				
teilgenommen	12	31	4	8
abgelehnt	31	14	54	45
Hausbesetzung:				
teilgenommen	1	-	-	-
abgelehnt	81	74	88	87
Politische Versammlung:				
teilgenommen	7	23	5	10
abgelehnt	29	31	28	35
Bürgerinitiative:				
teilgenommen	2	14	1	6
abgelehnt	13	5	23	17
Volksbegehren:				
teilgenommen	4	23	1	11
Teilnahme abgelehnt	7	3	14	15
Parolen auf Wände schreiben:				
teilgenommen	2	3	1	1
abgelehnt	89	80	86	90

Abbildung 105: Protestpotenzial in Prozent (ÖSTERR. INSTITUT FÜR BERUFSBILDUNGSFORSCHUNG 1986)

Die 13. Shell-Jugendstudie (FISCHER, FRITZSCHE, FUCHS-HEINRITZ, MÜNCHMEIER 2000) zeigt, dass sich weitere Veränderungen ergeben haben.
Das politische Interesse der Jugendlichen ist weiter gesunken. Sie verbinden mit dem Begriff Politik Parteien, Gremien, parlamentarische Rituale, politisch-administrative Apparate – all dem bringen sie nur wenig Vertrauen entgegen. Die ritualisierte Betriebsamkeit der Politiker wird zudem als wenig relevant und ohne Bezug zum wirklichen Leben empfunden.
Das Vertrauen zu den Institutionen im staatlich-öffentlichen Bereich ist leicht im Steigen begriffen, während es zu jenen im Bereich der nichtsaatlichen Organisationen deutlich gesunken ist.
Das Ausmaß der erlebten Distanz zur Politik hängt nicht von Sozialisationseinflüssen ab, sondern von der individuellen Zukunftsperspektive: Je belasteter ihnen die Zukunft erscheint, desto mehr lehnen sie den Politikbetrieb ab. Dabei zeigte sich als überraschendes Ergebnis, dass die Unterschiede zwischen ost- und westdeutschen Jugendlichen immer größer werden. Jugendliche im Osten erleben ihre Situation als belasteter und bedrückender.

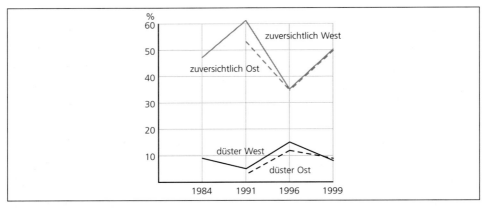

Abbildung 106: Optimisten und Pessimisten im Vergleich (13. SHELL JUGENDSTUDIE 2000): gestiegener Optimismus, aber keine unbekümmerte Zukunftssicht.

Europa wird große Skepsis entgegen gebracht. Besonders Jugendliche mit niedrigem Status befürchten Nachteile durch vermehrte Bildungsanforderungen und durch die wachsende Unsicherheit der Arbeitsplätze.

12.3.11 Berufswahl, Lebenspläne und Erwartungen

Die Wahl eines Berufs und die Vorbereitung auf eine Berufsausübung sind vielleicht die wichtigsten Entwicklungsaufgaben, vor die sich Heranwachsende gestellt sehen. Es erfordert, sich auf die Zukunft und auf die Gestaltung des eigenen Lebens hin zu orientieren. An dieser Orientierung sind einerseits kognitive, anderseits emotionale Faktoren – vor allem Hoffnung auf Erfolg und Erfüllung und Angst vor Versagen – beteiligt.

Tatsächlich ist die Einstellung zum Beruf meist ambivalent. Der Eintritt in das Berufsleben ist für Jugendliche nicht nur mit einer Erprobung ihrer intellektuellen Fähigkeiten im Zusammenhang mit den Berufsanforderungen verbunden, sondern – und vielfach steht das im Vordergrund – mit ihrer Selbstfindung in einem neuen sozialen Rahmen. Es gilt vor allem, sich persönlich durchzusetzen, im Kreis der ArbeitskollegInnen einen Platz zu finden, sich anzupassen, ohne seine eigene Persönlichkeit aufzugeben. Gerade bei jüngeren Jugendlichen stehen diese Anpassungsprobleme im Vordergrund und können zu Beginn die berufliche und intellektuelle Bewährung behindern. In dieser Krisenphase kann es zum Abbrechen der begonnenen Ausbildung, zu Berufswechsel oder Verzögerung des Abschlusses kommen. Viele Jugendliche entfalten sich erst optimal, wenn sie anfängliche persönliche Anpassungskrisen durchgemacht haben.

Wenn eine pessimistische Einstellung und negative Erwartungen überwiegen, kommt es häufig zu Versagen, zu Resignation, zu völliger Abkehr von jeglicher Zukunftsorientierung oder im günstigen Fall zu einem Neubeginn mit einem anderen, manchmal geringeren Anspruchsniveau. Wenn die optimistische Einstellung überwiegt, können Hindernisse und auch Misserfolge leichter überwunden werden.

Die Ausbildungs-/Berufswahl ist also von großer Bedeutung für die Persönlichkeitsentwicklung jedes Jugendlichen, denn der Erfolg in der Ausbildung, das zunehmende Bewältigungsgefühl, die Hoffnung auf eine befriedigende Zukunft und schließlich das Interesse an der Arbeit selbst bestimmen weitgehend das (künftige) Selbstwertgefühl. Ein positives Selbstwertgefühl ist aber eine der wichtigsten Voraussetzungen für die soziale Integration. Nur wer glaubt, etwas leisten zu können, was in absehbarer Zeit die erwünschte Lebenserfüllung sichert, und wer auch glaubt, dass seine Tätigkeit auch im engeren oder weiteren Sinne von Bedeutung und Wichtigkeit für andere ist, kann sich als Teil des sozialen Gefüges fühlen.

Strukturelle sozioökomische Probleme, wie sie für die heutige Zeit kennzeichnend sind, machen diese Aufgabe für Jugendliche zunehmend schwierig.

Problematisch für einen großen Teil der Jugendlichen, nämlich für all jene, die eine Berufswahl bereits unmittelbar nach Beendigung der allgemeinen Schulpflicht treffen müssen, ist die Tatsache, dass sie dafür eigentlich zu jung sind und in den meisten Fällen über ihre eigenen Neigungen, Fähigkeiten und Wünsche selbst kaum Bescheid wissen.

Ein weiteres Problem besteht darin, dass die raschen strukturellen Änderungen in Wirtschaft und Gesellschaft eine zu frühe und zu enge Spezialisierung sinnlos machen. Berufsfelder sind einem raschen Wechsel unterworfen und bieten nicht mehr die Orientierungsmöglichkeit und -sicherheit wie beispielsweise noch in den 70er- und 80er-Jahren des 20. Jahrhunderts.

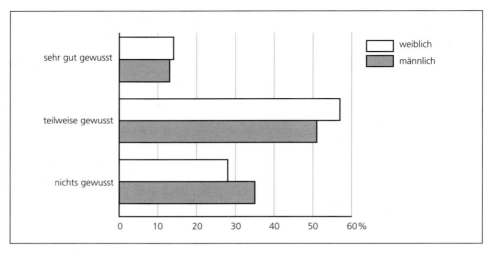

Abbildung 107: Wissen um die berufliche Zukunft im Alter von 14 Jahren (aus KNAPP 1989: 162)

Diese Aspekte bilden auch einen wesentlichen Hintergrund für die 13. Shell Jugendstudie 2000: „... die Sozialgruppe der Jugend, die als Betroffene der zukünftigen Entwicklungen in ihrer Zukunftssicht, ihrem Gestaltungswillen, ihren Wert- und Lebensvorstellungen sowie ihrem eigenständigen Beitrag angefragt ist."
Die Untersuchung kommt zu folgendem Befund: Bei der Lebens- und Zukunftsplanung herrscht ein breiter Konsens in Richtung auf Beruf und Familie. Die Jugendlichen gehen im Allgemeinen davon aus, dass es ihnen gelingen wird, Familie und Beruf miteinander zu verbinden. Entgegen vieler landläufiger Klischees („Spaß- und Freizeitgesellschaft") wird das Lebensziel Beruf und die Aufgabe, sich dafür gut zu qualifizieren, ernst genommen. Beruf ist nicht die vorgegebene Ordnung, in die man sich einfügt und integriert, sondern ein selbst gewähltes Lebenskonzept, für das man sich persönlich einsetzen muss.

12.3.12 Soziale Beziehungen zu Gleichaltrigen

In der Zeit der Ablösung und des Übergangs von der Familie zur eigenen Verselbstständigung spielt die Gesellschaft der Gleichaltrigen eine besondere Rolle. Sie ist zunächst einmal eine *Emanzipationshilfe*. In der Ablösungsphase, in der die Normen und Werte der Eltern (zum Teil) zurückgewiesen werden, geben die verschiedenen Formen der jugendlichen Subkulturen mit ihren spezifischen Trends und Moden, Sprach- und Verhaltensformen, Werten und Normen ein neues Bezugssystem. Die impliziten Schuldgefühle, die mit der

Zurückweisung der Eltern verbunden sind, werden durch das Bewusstsein, dass die Gleichaltrigen dasselbe tun und wollen, gemildert. Die Unterwerfung unter die Normen und Werte der Subkultur gibt ein Gefühl der Sicherheit und Geborgenheit. Durch die Identifikation mit ihnen setzen Jugendliche eine deutlich erkennbare Distanz zwischen sich und die Erwachsenen, heben sich deutlich von ihnen ab und dokumentieren damit ihre Eigenständigkeit, ihre neue Identität. Die Ablösung wird dadurch gestützt.

Das Zusammensein mit Gleichaltrigen bietet gleichzeitig ein wichtiges Umfeld für soziale Interaktionen wie Wettbewerb, Zusammenarbeit, Unter- und Überordnung, die insgesamt sozial bedeutsam sind. Dadurch erhalten Jugendgruppen einen wichtigen Stellenwert als Ort, an dem Jugendliche Status und Prestige erlangen können, die ihnen sonst in ihrer Randposition zwischen Kindheit und Erwachsensein von der Gesellschaft oft verwehrt werden.

Jugendliche selbst machen keinen Bereich ihres Lebens ausführlicher zum Thema als ihre Freundschaften. Sie unterscheiden dabei meist sehr genau zwischen losen Cliquen, guten FreundInnen und dem/der besten Freund/in. Ihre Berichte verweisen immer wieder darauf, wie wichtig ihnen die Peers sind, um Orientierungsarbeit – das Finden kollektiver Standards und jugendkultureller Gruppennormen – zu leisten, Erfahrungen, vor allem sexuelle, zu wagen und Krisen zu bearbeiten. (STICH, DANNENBECK 1999).

Die eigentliche Ablösung von der gemeinsamen Freizeit der Familie findet zwischen 12 und 16 Jahren statt. FreundInnen als FreizeitpartnerInnen werden bevorzugt, nur wenige Jugendliche (insbesondere im städtischen Bereich) streben eine Planung ihrer Freizeitaktivitäten (Vereine etc.) an – ausgenommen sind selbstverwaltete Jugendzentren.

Zwischen 14 und 16 Jahren ist die Cliquenbildung typisch, sie wird mit zunehmendem Alter vom festen Freund oder der festen Freundin abgelöst.

Cliquen sind Verbindungen aus vier bis sechs miteinander bekannten Jugendlichen mit regelmäßigen gemeinsamen Unternehmungen und sozialen Aktivitäten. Ungefähr 50 % der Jugendlichen gehören einer Clique an (OSWALD 1992), die restlichen sind zu etwa gleichen Teilen sozial Isolierte oder Verbindungsglieder zwischen verschiedenen Cliquen.

Ich verbrachte meine Freitzeit:	
mit der Familie	13,5
mit Schularbeiten	5,4
mit Fernsehen	12,2
mit den Freunden (Clique)	30,0
mit der Freundin/dem Freund	21,1
im Sportverein	9,8
anders	8,0

Abbildung 108: Kontaktpartner in der Freizeit (nach KNAPP 1989: 108)

	ja	nein
Zugehörigkeit zu einer Clique	41,9	58,1

Abbildung 109: Zugehörigkeit zu einer Clique (KNAPP 1989: 111)

Clique	Zugehörigkeit	Sympathie	Ablehnung
Umweltschützer	41,4	50,2	8,4
Friedensbewegung	16,1	68,1	15,8
Kernkraftgegner	35,6	48,6	15,8
Fans von Musikgruppen	39,5	43,7	16,8
Motorrad-Fans	20,1	44,1	35,8
Disco-Fans	19,6	40,0	40,3
Hausbesetzer	7,9	48,2	43,9
Rock-gegen-rechte-Gruppen	7,3	46,3	46,3
kirchliche Jugendgruppen	11,4	38,4	50,2
Punker	6,6	42,3	51,1
Fußball-Fans	16,0	31,2	52,8
Rocker	3,7	34,8	61,5
Popper	2,2	24,5	73,3
neue Jugendreligionen	1,8	24,2	74,0
Bundesheer-Fans	2,5	14,4	83,1
national eingestellte Gruppen	0,9	15,9	83,2

Abbildung 110: Zugehörigkeit, Sympathie und Ablehnung in Bezug auf Cliquen (KNAPP 1989: 110)

Alter	Zeitpunkt des	
	Anschlusses	Verlassens
bis 12 Jahre	20,3	0,8
über 12 bis 15 Jahre	32,4	8,6
über 15 bis 18 Jahre	42,6	37,2
über 18 Jahre	4,7	53,4

Abbildung 111: Alter beim Eintritt in die Clique und Alter beim Austritt (KNAPP 1989: 111)

Die Gruppenentwicklung verläuft von der Bevorzugung gleichgeschlechtlicher Gruppenmitglieder in der Vorpubertät zur Bevorzugung von gemischten Gruppen ab etwa dem 16. Lebensjahr. Mädchen beginnen sich aus den gemischten Gruppen früher zu lösen, um ihre Freizeit mit einem Partner alleine zu verbringen – die größere Gruppe löst sich in der späteren Adoleszenz in einen lockeren Verband von Paaren auf.

12.3.13 Freizeitverhalten

Im Vergleich zu den sehr beschränkten Freizeit- und Konsumchancen vergangener Zeiten hat die Entwicklung zur Konsumgesellschaft den Jugendlichen einen großen Zuwachs an Freizeit- und Konsummöglichkeiten gebracht. So ist Jugend als Lebensphase, in der besonders intensiv konsumiert wird, ein historisch relativ junges Phänomen (MITTERAUER 2001).

Die Entwicklung heterosexueller Beziehungen bestimmt auch die Auswahl der Freizeitorte, zunehmend sind es kommerziell betriebene Stätten wie Diskotheken, die in der späten Adoleszenz fester Bestandteil des Lebens Jugendlicher sind (SILBEREISEN, SCHMITT-RODERMUND 1998).

In einer Münchner Untersuchung (1998) sollten Jugendliche im Alter von 12 bis 17 Jahren Gruppierungen und Szenen bewerten und auch die Frage nach ihrer Zugehörigkeit beantworten. Das Ergebnis zeigt eine bunte Szenenvielfalt, wobei die meisten Gruppen nur eine kleine Anhängerschaft haben, ausgenommen Fußballfans (36 %), Rollerblader (35 %) und Computerfreaks (18 %). Zu den häufig zitierten und auch in der Werbung stark strapazierten Szenen der Streetballer, der Rapper, Hip-Hopper und der Raver bekennt sich nicht einmal jeder zehnte Jugendliche. Raver mit 7 % liegen gleich hoch wie bekennende Christen.

Jugendliche sind umfassend in die kommerzielle Freizeitkultur eingebunden. Von einer einheitlichen, uniformen Freizeitgestaltung kann heute nicht mehr gesprochen werden. Passive, medienbezogene und aktive, kommunikative Handlungsphasen wechseln einander ab. Die häufigsten und beliebtesten Freizeitaktivitäten von 11- bis 14-Jährigen sind Folgende: Bei Mädchen rangieren an erster Stelle Aktivitäten mit Freund/inn/en, bei Burschen Fernsehen und Video, an zweiter Stelle folgen bei beiden Geschlechtern Musik hören. Musik nimmt bei den 15- bis 17-Jährigen einen noch höheren Stellenwert ein. Innerhalb der Gruppe der Gleichaltrigen ist die Aneignung eines spezifischen, durch den Musikkonsum vermittelten Lebensstils von hohem Statuswert. Individualität und Nichtangepasstheit gegenüber der Gesellschaft werden damit primär ausgedrückt. Den dritten Rang nehmen bei Burschen Sport und bei Mädchen Fernsehen/Video ein. (KROMER 1996).

Das Freizeitverhalten zeigt auch signifikante Geschlechtsunterschiede.

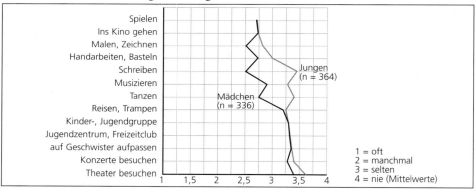

Abbildung 112: Freizeitverhalten von 11- bis 14-Jährigen (KROMER 1996)

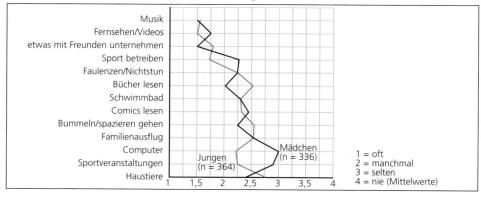

Abbildung 113: Freizeitverhalten von 11- bis 14-Jährigen II (KROMER 1996)

Insgesamt kommt es in der Freizeitgestaltung von Jugendlichen gegenüber historisch dominanten Mustern des Gruppenlebens immer stärker zu einer Tendenz der Individualisierung, informelle Gruppen gewinnen zunehmend an Bedeutung. Gruppen mit ausgeprägt instituionellem Charakter und hohem Konformitätsdruck verlieren an Attraktivität. (MITTERAUER 2001).

12.3.14 Sexuelle Beziehungen

Die physiologische Fähigkeit zu sexueller Erregung ist schon im frühen Kindesalter vorhanden. Erste Auslöser der psychosexuellen Entwicklung sind die biologischen Veränderungen während der Pubertät (siehe Seite 270f.).

Als Vorläufer tritt Masturbation bei Mädchen erstmals durchschnittlich rund um das zwölfte Lebensjahr auf, bei Knaben etwa mit 14 Jahren. Im Alter von 16 bis 17 Jahren masturbieren ungefähr 90 % der männlichen Jugendlichen, weibliche Jugendliche bei 40 %. Bei ihnen steigt der Anteil im Alter von zwanzig Jahren auf rund 70 %.

Die ersten Orgasmuserfahrungen haben männliche Jugendliche naturgemäß durch die Masturbation, weibliche durch Petting und Geschlechtsverkehr (SILBEREISEN, SCHMITT-RODERMUND 1998).

Ein Wendepunkt in der Entwicklung des Sexualverhaltens sind Küssen und Petting. Der Weg von den ersten Verabredungen zum ersten Koitus verläuft in vier Abschnitten (SENGER 1993):

- Verabredung ohne Küssen und ohne Körperkontakt
- Leichtes Petting, Küsse, Berührungsstimulation durch die Kleidung
- Intensives Petting, Berührungsstimulation unter der Kleidung, manuelle Stimulation der Genitalien
- Koitus

Das „erste Mal" erleben Jugendliche im Schnitt mit 15 Jahren. Auch die Studie des Österreichischen Instituts für Jugendforschung (KROMER 1996) zeigt, dass der Beginn koitaler Sexualbeziehungen für über 90% der 11–14-Jährigen erst nach dem 14. Lebensjahr anzusiedeln ist. Der Vergleich zu 1981 zeigt 1999, dass für Mädchen die erste intime Begegnung durchschnittlich 2$^{1}/_{2}$ Jahre, für Burschen drei Jahre früher erfolgt. Außerdem zeigt die Landauer Studie, dass sich die Geschlechter im sexuellen Verhalten immer mehr aneinander annähern. Zwischen dem 14. und dem 16. Lebensjahr bestehen im Sexualverhalten männlicher und weiblicher Jugendlicher kaum mehr Unterschiede (WEIDENBACH 1999).

Die meisten Jugendlichen erleben den ersten Koitus positiv. Dennoch sind Geschlechtsunterschiede deutlich: Für 3/4 der männlichen Jugendlichen ist es eine schöne Erfahrung, aber nur für 3/5 der Mädchen.
Liebe und Treue spielen für beide Geschlechter eine große Rolle.
Auch die Eltern haben sich auf die geänderten Verhältnisse eingestellt. Über 90 % sind nach der Landauer Untersuchung nicht prinzipiell dagegen, dass ihr Kind sexuelle Kontakte hat. Nach einer repräsentativen gesamtdeutschen Befragung unter Jugendlichen und Eltern zum Sexual- und Verhütungsverhalten der Bundeszentrale für gesundheitliche Aufklärung (referiert in SMOLKA 1996) akzeptieren mehr als 2/3 der Eltern, dass ihre Tochter gemeinsam mit dem Freund zu Hause übernachtet (Vergleichswert 1980: 1/3).
Interessant in diesem Zusammenhang ist aber, dass die sexuelle Aufgeklärtheit qualitativ nicht besser geworden ist. Jede zweite weibliche Jugendliche wusste über die fruchtbaren und unfruchtbaren Tage im Zyklus nicht genau Bescheid, bei den männlichen Jugendlichen wusste jeder zweite auch fünf Jahre nach der Geschlechtsreife über den weiblichen Zyklus nicht genau Bescheid (WEIDENBACH 1999).
Die wichtigste Person für die Aufklärung ist nach wie vor die Mutter, insbesondere bei Mädchen. Aber auch bei den männlichen Jugendlichen ist es die Mutter, die in erster Linie die Sexualaufklärung übernimmt (SMOLKA 1996).
Gleichgeschlechtliche Erfahrungen haben bis zu 20 % der Jugendlichen unter 16 Jahren (STEINBERG 1996). Dabei handelt es sich aber nicht um eine anhaltende homosexuelle Orientierung.
Abschließend soll noch ein Punkt berührt werden. Viele Mädchen fühlen sich von männlichen Jugendlichen sexuell belästigt, wie eine Studie des Deutschen Jugendinstituts 1998 erhoben hat (referiert bei HEILIGER 1998). Fast die Hälfte der befragten Mädchen im Alter von 12 bis 17 Jahren hat Erfahrungen verbaler Übergriffe gemacht, ungefähr 10 % geben an, zu sexuellen Handlungen genötigt worden zu sein. Die verbalen Übergriffe sind blöde Sprüche, anzügliche Bemerkungen, sexistische Witze, aber auch aggressive, verächtlich machende Beschimpfungen wie Hure, Nutte, Schlampe. Sie interpretieren das dahin gehend, dass Jungen aus ihrem Verhalten Stärke und Macht über Mädchen ziehen wollen und „sich dann ganz toll vorkommen".
Befragte männliche Jugendliche derselben Altersgruppierung zeigten, dass sie sich kaum selbstkritisch mit ihrem Verhalten gegenüber Mädchen und Frauen auseinander gesetzt haben. Nur 30 % geben an, dass sie sich bisher noch nie

beleidigend oder belästigend gegenüber Mädchen verhalten hätten. Die übrigen 70 % geben folgende Gründe (Mehrfachnennungen waren möglich) an:
- Mädchen wollen angemacht werden (80 %),
- weil es Spaß macht (53 %),
- um sich stark zu fühlen (51 %),
- weil sie von Mädchen dazu provoziert werden (47 %),
- weil sich Mädchen sexuell aufreizend verhalten (41 %),
- weil sie niemand davon abhält (39 %),
- aus Minderwertigkeitsgefühlen heraus (23 %),
- weil sie Mädchen verachten (8 %).

Die Ambivalenz kommt bei ihren eigenen Antworten auf die Frage, wie man gegen dieses Verhalten der Burschen vorgehen könne, deutlich zum Ausdruck:
- Man muss den Burschen Grenzen setzen (59 %),
- Gleichberechtigung sollte mehr gefördert werden (43 %),
- Mädchen müssten mehr unterstützt und gestärkt werden (35 %),
- Jungen sollten selbstbewusster werden (31 %).

12.3.15 Problemverhalten und Fehlanpassungen

Unter dem Einfluss von biologischen Voraussetzungen, soziokulturellen Erwartungen und persönlichen Möglichkeiten, die allerdings stark durch die Lebensgeschichte bestimmt sind, müssen Jugendliche Wege finden, um ihre Entwicklungsaufgaben zu lösen. In der heutigen offenen Gesellschaft ist das sehr schwierig. Es gibt keine verbindlichen Normen wie in einer geschlossenen Gesellschaft. Bis zu einem gewissen Grad sind Jugendliche zwar den Verhaltenserwartungen ihrer Bezugsgruppen verpflichtet, im Zuge der Ablösung wird aber versucht, sich von diesen zu lösen und eigene Wege zu gehen.

Behinderungen bei der Bewältigung von Entwicklungsaufgaben, die Anlass zu Problemverhalten sein können, sind nach SILBEREISEN und EYFERTH (1984):
- Ein Übermaß an Fremdbestimmung durch autoritäre Eingriffe und durch die Beschneidung der Selbstregulierungsmöglichkeiten
- Das Erleben von Sinnverlust (etwa bei Arbeitslosigkeit), das die Entwicklung zukunftsorientierter Perspektiven verhindert
- Störungen der sozialen Interaktion
- Soziale Desorganisation im engeren Lebensraum (Problemfamilien)

Zwischen gelungener Entwicklung und Fehlanpassung bestehen fließende Übergänge. Viele jugendliche Verhaltensweisen, die Probleme aufwerfen, sind nur wegen ihres Zeitpunktes problematisch (SILBEREISEN, SCHMITT-RODERMUND 1998). Dazu kommt, dass Problemverhaltensweisen zeitweise und in Grenzen adaptiv wirken können, etwa um Ansehen unter Gleichaltrigen zu gewinnen. Nur rund 10 % der Population zeigt ein die Jugendphase überdauerndes Problemverhalten.

12.3.15.1 Depressionen

Alle Formen der Depression werden während der Adoleszenz häufiger. Besonders oft tritt die leichteste Form der emotionalen Verstimmung auf. Mit der Pubertät rund um 13 Jahre sind erheblich mehr Mädchen als Burschen betroffen, wobei dieser Unterschied immer größer wird. Mädchen sind von belastenden Ereignissen auf Grund der Erwartungen des Rollenverhaltens und der geschlechtstypischen Sozialisation offensichtlich mehr betroffen.

Suizid und vor allem Selbsttötungsversuche haben als wichtigsten Risikofaktor depressive Beeinträchtigungen, wobei die Modellwirkung und das Nachahmungsverhalten bedeutsam sind (Rocksänger Kurt Cobain).

Die Suizidraten steigen über die Adoleszenz und später im Erwachsenenalter an. Im Alter von 15 bis 24 Jahren sind mehr männliche Jugendliche betroffen (MOENS 1990). In Deutschland war Ende der 80er-Jahre das Verhältnis 15 männliche und 5 weibliche Jugendliche auf 100 000 Personen. Suizidversuche sind hingegen unter Mädchen häufiger.

12.3.15.2 Drop-outs

Dieser Begriff wurde im deutschen Sprachraum Ende der 60er-Jahre des 20. Jahrhunderts im Bildungsbereich eingeführt. Es wird damit zunächst die Tatsache angesprochen, dass aus Bildungseinrichtungen eine mehr oder weniger große Anzahl von Lernenden ohne positiven Abschluss ausscheidet.

Eine Studie des Österreichischen Instituts für Bildungsforschung lieferte dazu interessante Aufschlüsse (KNAPP, HOFSTÄTTER, PALANK 1989). Ungefähr 2,1 % jedes Jahrganges nehmen nach der Pflichtschulzeit keine weiter führenden Bildungsgänge wahr. Für diese Jugendlichen und für jene, die in den weiter führenden Bildungsgängen scheitern, sind die Voraussetzungen für eine qualifizierte berufliche Tätigkeit (vorerst) nicht gegeben.

Drop-outs im Sinne des Verfehlens der gesellschaftlichen Minimalqualifikation erwartet in der Regel eine unsichere berufliche Zukunft, die von finanziellen Nöten, Arbeitslosigkeit, Mangel an Aufstiegschancen und sozialer Marginalisierung geprägt ist.

Die wichtigsten Ergebnisse der Studie im Überblick:

Bereich	Ergebnisse
Unterstützung durch das Elternhaus	• Die emotionale Distanz ist groß. • Mütter unterstützen ihre Kinder öfter (38,2 %) als Väter (13,7 %). • Die Unterstützung durch Freunde ist größer als durch Väter (17,3 %). • Der Mangel an Unterstützung ist bei Burschen höher (19,4 %) als bei Mädchen (9,1 %). • 15,9 % erhielten von niemandem Unterstützung.
Beziehungen zu den Eltern	• Häufig Meinungsunterschiede (21,1 %) • Häufig Streit (18,2 %) • Streit, Gleichgültigkeit und Autoritätskonflikte prägen das häusliche Klima (40,3 %). • Nur 12,8 % haben großes Vertrauen zu ihren Eltern. • Nur 2 % haben häufig gemeinsame Aktivitäten mit den Eltern.
Berufliche Situation	• 26,0 % sind arbeitslos. • 19,0 % sind un- oder angelernte ArbeiterInnen.
Gründe für Berufswahl	• Interesse (33,8 %) • Finanzielle Vorteile (15,2 %) • günstige Gelegenheit (15,7 %)
Weiterbildungsinteresse	• 13,4 % wollen noch eine Lehre abschließen. • 22,3 % wollen eine weiter führende Schule abschließen. • 44,1 % wollen sich in Fortbildungskursen weiterbilden.
Zufriedenheit mit der gegenwärtigen Berufssituation	• 23,3 % sehr zufrieden • 41,3 % positiv • 44,6 % würden, noch einmal vor die Wahl gestellt, weiter zur Schule gehen. • 23,1 % würden in diesem Fall eine Lehre abschließen. • Nur 14,9 % würden die Tätigkeit, die sie zur Zeit ausüben, noch einmal ergreifen wollen.
Leistungsorientierung	• Nur wer etwas leistet, kann etwas erreichen (77,0 %). • Leistung ist die Garantie für Erfolg und Aufstieg (63,2 %). • Das, was jemand wirklich leistet, wird oft nicht honoriert (86,3 %). • Zum persönlichen und beruflichen Weiterkommen gehören ganz andere Dinge als Leistung (71,3 %).
Verhältnis zu Lebenszielen	• Freiheit (95,7 %) • gute Freunde und Selbstverwirklichung (89,2 %) • Berufskarriere (60,9 %)
Verhältnis zu Erwachsenen	• 54,8 % glauben, die Gesellschft sei gegenüber Jungendlichen feindlich eingestellt. • 49,6 % glauben, von gleichaltrigen FreundInnen lerne und erfahre man mehr als von den Eltern. • 85,2 % meinen, man soll sich bemühen, seine Eltern zu verstehen, auch wenn es manchmal schwer ist. • 37,7 % meinen, die Gesellschaft tue eine ganze Menge für Jugendliche.

Bereich	Ergebnisse
Rolle von Cliquen	Die bedeutendsten subkulturellen Gruppen sind • Umweltschutzgruppen (41,4 %) • Kernkraftgegner (35,6 %) • Fanclubs von Musikgruppen (39,5 %) Nur wenig Anklang finden Punker, Popper, Rocker, Militaristen (2,5 %) und Nationale (0,9 %).
Ängste vor gesellschaftlichen Entwicklungen	• 13,0 % Umweltzerstörung • 10,7 % Krieg • 10,0 % Unfälle mit Atomkraftwerken
Verhältnis zum System	• Demokratie ist trotz aller Mängel die beste Staatsform (80,4 %). • Nur 16,4 % behaupten, dass es ihnen im Grunde egal sei, in welcher Staatsform sie leben. • 66,6 % meinen, dass Demokratie nur vorgespielt werde und in Wirklichkeit ganz wenige Leute bestimmen würden. • 78,7 % glauben, dass es nicht um das Allgemeininteresse, sondern vielmehr im Parteiinteressen gehe.
Verhältnis gegenüber Parteien	• Der SPÖ werden Kompetenzen in der Arbeitsplatzbeschaffung (64,6 %), im sozialen Wohnbau (57,2 %) und im Bildungsbereich (47,5 %) zugesprochen. • Den Grünen wird ernst zu nehmender Umweltschutz zugesprochen (83,2 %), sorgfältiger Umgang mit Steuergeldern (35,3 %), Jugendpolitik (46,1 %). • Der FPÖ werden Verhinderung der Steuergeldverschwendung (19,3 %) und Kampf gegen Korruption (21,1 %) zugetraut. • Die ÖVP kann in keinem Kompetenzbereich punkten.

12.3.15.3 Drogen und Alkohol

Beim Umgang mit Alkohol und Drogen muss man zwischen *Gebrauch* und *Missbrauch* unterscheiden, wobei jeder Missbrauch mit gelegentlichem Gebrauch beginnt. Hier kommt in der Prophylaxe der Erkennung und Beachtung bedeutsamer Risikofaktoren ein wichtiger Stellenwert zu.

Akuter Gebrauch (Missbrauch) liegt im EU-Durchschnitt sowohl für Alkohol als auch für illegale Drogen (vor allem Haschisch und Cannabis) jeweils unter 5 %. Beim Alkoholkonsum haben 25 % der Elf- bis 15-Jährigen Erfahrungen, mit 18 Jahren praktisch alle Jugendlichen, bei illegalen Drogen liegt die Zahl bis zum 18. Lebensjahr bei 10 % und steigt bis zum 20. Lebensjahr auf ungefähr 20 % an. Der Drogenbericht für das Jahr 2000 zeigt in Österreich aber eine steigende Zahl an Beschlagnahmen illegaler Drogen, vor allem Heroin und Ecstasy, mit einer weiterhin steigenden Tendenz für das Jahr 2001. Im Jahr 2000 erfolgten mehr als 18 000 Anzeigen nach dem Suchtmittelgesetz, die Hälfte davon betrifft Personen unter 25 Jahren. (APA Pressemeldung vom 18. Juli 2001).

1994	1998	1999	2000
250	162	174	227

Abbildung 114: Zahl der Drogentoten in Österreich im Vergleich

Die Partydroge Ecstasy ist in ihrer Gefährlichkeit weithin unterschätzt. Hinter dem Begriff steht eine ganze Gruppe ähnlich wirkender Substanzen, die chemisch mit den Amphetaminen und den Halluzinogenen verwandt sind. Die Substanzen stimulieren Gefühle von Glück, zwischenmenschlicher Nähe, Offenheit, Angstfreiheit sowie einer tiefen Bedeutungshaftigkeit. Dieser euphorische Zustand wird vermutlich vom hirneigenenen Botenstoff Serotonin hervorgerufen. Bedenklich sind vor allem die Langzeitwirkungen, da hier ein antagonistischer Effekt nachgewiesen werden konnte: Bei fortdauerndem Ecstasykonsum verkümmern die serotoninhaltigen Nervenendungen mehr und mehr, was zu einem Serotoninmangel im Gehirn führt (THOMASIUS 1999). Die Langzeitschädigungen können einen komplexen dynamischen Prozess auslösen, der in einer vorübergehenden oder dauernden psychischen Störung mündet: Affektverflachung, Kontakt- und Denkstörungen, paranoide Psychosen, Depressionen, Panikattacken, Depersonalisation.

Nach neuesten Erhebungen konsumieren 5 – 6 % der 15- bis 20-Jährigen gelegentlich, 1 % einmal im Monat regelmäßig Ecstasy, in erster Linie bei Rave-Parties (ORF 10. 8. 2001).

Risikofaktoren, die zu Missbrauch führen können, stammen aus drei Bereichen (SILBEREISEN, SCHMITT-RODERMUND 1998):

- Interpersonale Umwelt: Vorbildwirkung durch Freunde bei gleichzeitigen Problemen der elterlichen Erziehung
- Werte und Einstellungen: Zu Grunde liegt eine gestörte Internalisierung konventioneller Normen des sozialen Miteinanders bei Drop-outs, devianter Lebenshaltung mit Kriminalitätsbelastung, sozial schwach positionierte Familien, Erziehungsprobleme
- Intrapersonal: Biophysiologische Empfänglichkeit für Alkohol- und Drogengebrauch bei gleichzeitigem Vorliegen anderer förderlicher Umstände (Familiensituation, Erziehungsproblematik). Auch relativ stabile Persönlichkeitsmerkmale wie mangelnde Ich-Kontrolle und erhöhte Aggressivität im Kindesalter sind bedeutsam.

Auch die Ausbildung normorientierter Haltungen kann die Kontaktaufnahme und Erfahrung nicht verhindern, die durch Vorbildwirkung, Abenteuer- und Experimentierlust, Neugierde motiviert sind. Es handelt sich in diesen Fällen aber immer um vorübergehenden oder konstant geringfügigen Konsum (JESSOR et al. 1995).

12.3.15.4 Suchtverhalten

Sucht ist jeder Prozess, über den wir machtlos sind. Wenn man Dinge tut und denkt, die im Widerspruch zu unseren Werten und Vorstellungen stehen, und unsere Verhaltensmuster einen immer zwanghafteren Charakter annehmen, dann hat sie die Kontrolle über uns gewonnen. Ein sicheres Anzeichen von Sucht ist das unvermittelte Bedürfnis, sich selbst und andere zu täuschen – zu vertuschen, zu leugnen, zu lügen (SCHAEF 1993).

Süchte werden normalerweise in zwei Kategorien unterteilt. Beide funktionieren im Wesentlichen nach dem gleichen Muster:

- *Substanzgebundene Süchte.* Zu dieser Gruppe gehören alle Süchte, bei denen die Abhängigkeit von einer bestimmten Substanz vorliegt, die normalerweise künstlich bearbeitet oder hergestellt wurde und dem Körper vorsätzlich zugeführt wird. Die Substanzen haben fast immer eine stimmungsverändernde Wirkung und führen zu einer zunehmenden Abhängigkeit. Dazu zählen Alkohol, Drogen, Nikotin, Koffein als die bekanntesten Sucht erzeugenden Substanzen. Daneben gibt es aber eine ganze Reihe von Stoffen, die äußerlich eingenommen werden und deren Wirkung derjenigen von stimmungsverändernden chemischen Substanzen sehr ähnlich ist, beispielsweise Zucker. Eine besondere Form liegt vor, wenn Essen zur Sucht wird.
- *Prozessgebundene Süchte.* In diese Gruppe fallen alle Süchte, bei denen ein Prozess, eine bestimmte Folge von Handlungen und Interaktionen, in die Abhängigkeit führt. Praktisch jeder Prozess kann als Sucht erzeugender Vermittler dienen. Einige Beispiele dafür sind Spielen, Sexualität, Arbeit (Workaholics).

Ein nicht unwesentlicher Faktor ist in diesem Zusammenhang der Medikamentenkonsum. Jeder dritte 12- bis 17-Jährige nimmt regelmäßig Medikamente, vor allem gegen Schlafschwierigkeiten, Appetitlosigkeit, Kopf- und Bauchschmerzen. Die Symptome sind Stressfolgen, die meist im Zusammenhang mit schulischen Problemen stehen. Nach einer Untersuchung der Universität Bremen nimmt ein Viertel der Jugendlichen im Alter von zwölf bis 16 Jahren mindestens einmal in der Woche ein Medikament ein (FÖRSTERLING 2000).

An der Spitze der Selbstmedikamention stehen Schmerzmittel. Sie nehmen nicht nur den Schmerz, sondern lösen auch Spannungen. Als indirekte Nebenwirkung lernen Kinder und Jugendliche so, ihre Probleme „wegzuschlucken" – offenbar gibt es ja für jedes Problem eine Pille. Die chemische Krücke wird zum ständigen Begleiter und kann zum Wegbereiter in Suchtverhalten werden.

Zunehmend von Bedeutung wird auch die „Droge" Cyberspace – es muss aber angemerkt werden, dass die Existenz einer Internetsucht in Fachkreisen mehr als umstritten ist. Für die BefürworterInnen ist die Zahl der Internet-Süchtigen (Cybernauten, Online-Abhängige) jedenfalls im Zunehmen begriffen. Der Wiener Psychiater ZIMMERL ermittelte in einer Umfrage 1998 in einer Online-Umfrage bei ca. 13 % der Befragten ein suchtartiges Verhalten, das er „pathologischen Internetgebrauch" (PIG) bezeichnet (EICHENBERG, OTT 1999). GOLDBERG hat für diese Erscheinungen den Begriff „Internet Addiction Disorder" (IAD) geprägt und definiert ihn als Störung der menschlichen Gesundheit, hervorgerufen durch die Sucht nach einem Abtauchen in den Cyberspace. Als diagnostische Kriterien werden angeführt (SCHULTE 1996):

- Der Zwang des Cybernauten wächst, immer länger online zu gehen, um das gleiche Maß an Befriedigung zu erzielen.
- Es stellen sich Unruhe bis hin zu Angstzuständen ein, wenn der Nutzer nicht oft genug im Internet surfen kann.
- Internet-Süchtige lenken sich bei Problemen durch Surfen im Web ab.
- Online-Abhängige verlieren das Zeitgefühl, während sie online sind, oder sie verbleiben regelmäßig länger, als sie ursprünglich vorhatten.
- Soziale und berufliche Verpflichtungen, auch wichtige, werden vernachlässigt, um sich statt dessen im Internet aufhalten zu können.
- Obwohl die negativen Auswirkungen auf Wohlbefinden, Gesundheit, Kontakte zu Familie und Freunden, Beruf bemerkt werden, schränkt der Süchtige seine Internetnutzung nicht ein.

Internet-Süchtige schätzen das WWW nicht wegen der Fülle der Informationen, sondern aus folgenden drei Gründen (YOUNG 1997):

- Soziale Unterstützung. Anders als in der Realität können im Internet sehr schnell Kontakte geknüpft werden. Auch Menschen, die Kontaktprobleme haben, die sehr schüchtern oder zurückhaltend sind, haben im Netz keine Beziehungsschwierigkeiten.

- Sexuelle Erfüllung. Sexuelle Phantasien können ohne Furcht ausgelebt werden. Im Schutz der Anonymität wird vieles möglich, was man in der Realität niemals wagen würde.
- Identitätssuche. Im Netz braucht man sich nicht zu deklarieren. Für Menschen mit niedrigem Selbstwertgefühl bietet das die Chance, sich online selbst eine neue, problemlosere Identität zu verschaffen.

12.3.15.5 Delinquenz

Unter den 1996 nach dem Jugendstrafrecht verurteilten 41 006 Jugendlichen waren nach Angaben des Statistischen Bundesamtes (Deutschland) nur 5 060 Mädchen. Männliche Jugendliche bereiten sich und der Gesellschaft massivere Probleme. Aggressives Verhalten steht im Vordergrund. POLLACK (1998) führt das auf stereotype geschlechtsspezifische gesellschaftliche Sozialisationsmuster zurück: Wut ist die einzig zulässige Empfindung für „echte" Männer (siehe auch Seite 261).

Männliche Jugendliche gefährden nicht nur andere, sondern sich selbst. Der typische Fahranfänger, der in den Tod rast, ist fast immer männlich. Männliche Jugendliche verursachen auch drei Mal mehr Unfälle als weibliche.

Das Kriminologische Forschungsinstitut Niedersachsen hat 1998 drei umfangreiche Untersuchungen zum Thema Jugendgewalt durchgeführt und auf Grund der Ergebnisse folgende Thesen zusammengefasst (PFEIFFER, WETZELS 1999):

- Der Anstieg der Jugendgewalt fällt in Wirklichkeit schwächer aus als es die polizeilichen Daten signalisieren.
- Die polizeilich registrierten Gewalttaten junger Menschen sind in den letzten Jahren nicht brutaler geworden. Die durchschnittliche Deliktschwere hat vielmehr abgenommen.
- Eine besondere Problemgruppe sind junge MigrantInnen, die sozial nicht integriert werden können.
- Jugendliche, die in ihrer Kindheit oder auch als Jugendliche von ihren Eltern misshandelt wurden, werden erheblich häufiger selber gewalttätig.
- Das Risiko der Entstehung von Jugendgewalt und Delinquenz erhöht sich drastisch, wenn mindestens zwei der folgenden drei Faktoren zusammentreffen:
  - Die Erfahrung innerfamiliärer Gewalt,
  - gravierende soziale Benachteiligung der Familie,
  - schlechte Zukunftschancen der Jugendlichen selbst auf Grund eines niedrigen Bildungsniveaus.

Das bayrische Landeskriminalamt hat 1998 ebenfalls in einer Sonderstudie nachweisen können, dass von 38 000 Jugendlichen lediglich 200 als Gewalttäter auffällig waren. Die sind es aber dann meist in hohem Maße – als SerientäterInnen. Etwa 5 % der jugendlichen Kriminellen sind für die Hälfte aller Straftaten verantwortlich.

Viele TäterInnen probieren nur einmal aus, was sie sich trauen. Das Massendelikt der Kids ist Ladendiebstahl, der meist nur als Mutprobe dient. Die deutsche Bundesregierung beschreibt deshalb in einer Parlamentsdrucksache Jugenddeliquenz als „Probierverhalten mit episodenhaftem Charakter" (SPIEGEL 1998).

Wenn Jugendliche nicht Täter, sondern Opfer werden, verkraften Burschen das wesentlich schlechter als ihre weiblichen Leidensgenossinnen, wie eine Langzeituntersuchung in der Bullying-Forschung zeigen konnte (KRUMPHOLZ-REICHEL 1998).

12.3.15.6 Rechtsextremismus

Rechtsextremismus ist durch drei Faktoren gekennzeichnet:
- Rechtfertigung oder Verharmlosung des Nationalsozialismus
- Propagierung eines ethnozentrischen Weltbildes
- Gewaltbereitschaft

Von rechtsextremen Tendenzen spricht man, wenn nur eine oder zwei der Variablen auftreten.

OTTOMEYER (1998) stellte in einer Untersuchung im österreichischen Bundesland Kärnten fest, dass 15 % der Schüler rechtsextreme Tendenzen zeigen. Mädchen stellten dabei eine zu vernachlässigende Größe dar.

Bei einer detaillierten Analyse zeigten alle Jugendlichen mit rechtsextremen Tendezen ein „zweites Gesicht": Depressive Problematik, Verlust von Halt und Selbstwert. Es wird versucht, diese Erscheinungen mit Hilfe der autoritären Aggression zu überspielen.

Der gegenwärtige Rechtsextremismus bei Jugendlichen entsteht nicht mehr auf der Grundlage einer autoritär-zwanghaften Persönlichkeitsstruktur, die sich in einem patriarchalischen Familienmilieu, verbunden mit einer idealisierten Vaterfigur, entwickelt. Eher liegen Konflikte mit dem Vater vor bei einer gleichzeitig affektiven Verstrickung mit den Eltern. Der Wunsch nach Beziehung wird auf außerfamiliäre Autoritäten und Betreuer projiziert. Ihre situative Verunsicherung macht diese Jugendlichen zu leichten Opfern einer agitatorischen Verführung, die ihnen Orientierung und Halt verspricht.

Auffälligkeiten zeigen sich auch in der sexuellen Entwicklung. Die betroffenen männlichen Jugendlichen zeigen eine hohe Unsicherheit bezüglich ihrer Geschlechtsrolle. Das wollen sie dadurch überspielen, dass sie „ganze Männer" sind. Verbale wie auch körperliche Gewalt wirkt dabei wie eine Droge: Sie hebt das männliche Selbstwertgefühl.

Bezüglich der Zusammenhänge zu Ausländerfeindlichkeit zeigt die 13. Shell Jugendstudie (2000) auf, dass nicht die Attraktivität rechtsextremen Milieus oder autoritärer Verhaltensmuster die Adaptierung xenophobischer Motive begünstigt, sondern die Angst vor der eigenen Arbeits- und Chancenlosigkeit. Das schlägt sich in der These von der Konkurrenz zu Asylanten und Ausländern, die zu zahlreich seien und einem deshalb die Stellen wegnähmen, nieder.

Die geeignete pädagogische und politische Gegenstrategie ergibt sich daher primär nicht aus dem Ansatz der Widerlegung und argumentativen Auseinandersetzung mit rechten Thesen oder Gruppierungen, sondern aus einem arbeits- und ausbildungsplatzbezogenen Programm (FISCHER, FRITZSCHE, FUCHS-HEINRITZ, MÜNCHMEIER 2000).

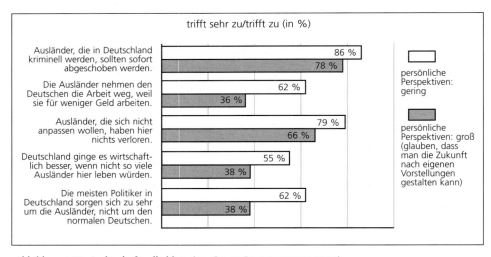

Abbildung 115: Ausländerfeindlichkeit (13. SHELL JUGENDSTUDIE 2000)

12.3.16 Der individuelle Verlauf der Pubertät

Der individuelle Verlauf der Pubertät, vor allem das Ausmaß an emotionaler Stabilität oder Instabilität, der positiven oder negativen Affekte sowie insgesamt das Gelingen der Anpassung oder das Misslingen hängen von vielen Faktoren ab. An sich sind in der Zeit des Übergangs vom Kind zum Erwachsenen in jedem Individuum sehr viele Verhaltens- und Erlebnisformen als Möglichkeiten angelegt, deren Realisierung außer von schwer definierbaren konstitutionellen Faktoren (etwa der Vitalität oder der Kontaktfähigkeit) von äußeren Umständen bestimmt wird.

Der Verlauf der Pubertät kann beeinflusst werden:
- Vom Grad des Autoritätsdrucks der Familie, der sich den Autonomiebestrebungen entgegensetzt.

    Das elterliche Erziehungsverhalten spielt eine wichtige Rolle. BAUMRIND (1989) unterscheidet elterliche Herausforderung und elterliche Zuwendung. Kombiniert man die verschiedenen Ausprägungen, kommt man zu vier Erziehungsstilen:

	Zuwendung +	Zuwendung –
Herausforderung +	AUTORITATIV	AUTORITÄR
Herausforderung –	LAISSEZ FAIRE	INDIFFERENT

Autoritative Eltern sind liebevoll und unterstützend, stellen zusätzlich jedoch Herausforderungen als Entwicklungsaufgaben. Sie setzen klare Regeln, an die sich Jugendliche halten müssen, gehen dabei aber freundlich auf sie ein und diskutieren diese Regeln mit ihnen aus. Dieser Erziehungsstil bietet Jugendlichen eine günstige Balance zwischen Autonomie und Aufsicht (SILBEREISEN, SCHMITT-RODERMUND 1998).

In Österreich ist der Erziehungsstil in einem Wandel begriffen. Je älter die Menschen sind, desto autoritärer ist ihre Einstellung Kindern und Jugendlichen gegenüber. Auffallend und auch beunruhigend ist die Zunahme der Zustimmung zu einer autoritären Haltung bei Jugendlichen unter 19 (SENGER 1993).

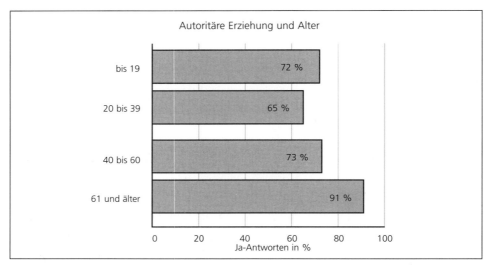

Abbildung 116: Autoritäre Erziehung - Zustimmung nach Alter (aus SENGER 1993: 36)

- Von der sexuellen Erziehung während der ganzen Kindheit (siehe auch Seite 243f. und Seite 265f.) und den Aussprachemöglichkeiten über sexuelle Probleme in Familie und Freundeskreis.
- Von Erfolgen und Misserfolgen in der Ausbildung, in der Berufswahl und in der Realisierung von Zukunftsplänen.
- Von Erfolgen und Misserfolgen bei der Anbahnung von Kontakten zu Gleichaltrigen und dem Ansehen, das man hier genießt, wie überhaupt von der Subkultur, in der man sich befindet.
- Von der Art und Weise, wie die eigene Geschlechtsrolle gefunden wird.

Damit ist das Spektrum familialer, sozial-emotionaler und gesellschaftlich-politischer Aspekte erfasst. MENZEN (1996) nennt dazu als Stichworte:
- zusammen oder alleine sein
- ohne Zuwendung sein
- überlastet sein
- hin- und hergerissen sein
- unbetreut sein
- orientierungslos sein
- psychopathologisiert sein
- auf sich selbst zurückgeworfen sein
- beziehungslos sein

- bildungslos sein
- sozial minderwertig sein
- arbeitslos sein
- für Rechtsradikalismus anfällig sein
- voller Angst sein
- *und dennoch optimistisch sein.*

Das trifft genau auch eine der Kernaussagen des 13. Shell Jugendberichtes 2000 in der griffigen Kurzformulierung: *Recht optimistische Zukunftssicht ..... aber kein fröhlicher Optimisus.*

Es gibt sehr dramatisch verlaufende Pubertätsentwicklungen, von denen sich manche in der Adoleszenz völlig normalisieren. In anderen derartigen Fällen bildet sich eine Neurose oder die Vorstufe einer psychotischen Enwicklung heraus. Die überwiegende Mehrheit bewältigt jedoch trotz vieler Hürden ihre Entwicklungsaufgaben.

Am leichtesten gelangen aber jene zur Mündigkeit und zur verantwortungsvollen Lebensführung, die von Anfang an geliebt und akzeptiert wurden und in ihren Familien Verständnis für ihre Autonomiebestrebungen, für ihre Sorgen und Nöte fanden.

Bibliografie

ADLER, A.: Menschenkenntnis. Frankfurt 1966.
AEBLI, H.: Über die geistige Entwicklung des Kindes. Stuttgart 1963.
AINSWORTH, M.D.S.: Feinfühligkeit versus Unempfindlichkeit gegenüber den Signalen des Babys. In: GROSSMANN, K.E. (Hg.): Entwicklung der Lernfähigkeit in der sozialen Umwelt. München 1977.
AINSWORTH, M.D.S.: Patterns of infant-mother attachments: Antecedents and effects on development. Bulletin of the New York Academy of Medicine, 61 (9) 1985: S. 771–791.
AKERT, K.: Probleme der Hirnreifung. In: LEMPP, R. (Hg.): Teilleistungsstörungen im Kindesalter. Bern 1979.
ALLPORT, G.W.: Persönlichkeit. Stuttgart 1949.
AMBROSE, J. A. (Hg.): Stimulation in Early Infancy. London 1970.
ANASTASI, A.: Heredity, environment, and the question „how"? In: Psychological Review 65 (1958), 197–208.
APPEL, L.F.; COOPER, R.G.; MCCARELL, N.; SIMS-KNIGHT, Y.S.R.; FLAVELL, J.H.: The development of the distinction between perceiving and memorizing. In: Child Development 43, 1972.
ARBEITERWOHLFAHRT: Sexueller Missbrauch – Zahlen, Fakten, Hintergründe.
http://www2.awo.org/pub/alt/awomag/ausgaben/2000_01/0100_4.html/view, 2000
ARBINGER, R.: Gedächtnis. Darmstadt 1984.
ARBINGER, R.: Entwicklung der Motorik. In: HETZER, H.; TODT, E.; SEIFFGE-KRENKE, I.; ARBINGER, R. (Hg): Angewandte Entwicklungspsychologie des Kindes- und Jugendalters. Heidelberg ³1995, S. 47–76.
ARBINGER, R.; KUBSDA, J.: Situations-Kontext und Verarbeitungstiefe als Bedingungen für Behaltensleistungen im Vorschulalter. In: Zt. Psychologie in Erziehung und Unterricht, 34 (3), 1987.
AYRES, A. J.: Bausteine der kindlichen Entwicklung. Berlin ²1992.
BACKES, H.; STIKSRUD, A.: Gestreckte versus verkürzte Adoleszenz in Abhängigkeit vom Bildungsstatus: Normative Entwicklungsvorstellung von Jugendlichen. In: LIEPMANN, D.; STIKSRUD, A. (Hg.): Entwicklungsaufgaben und Bewältigungsprobleme in der Adoleszenz. Göttingen 1985.
BARKER, R. G.: Ecological psychology. Concepts and methods for studying the environment of human behavior. Stanford 1968.
BARTEN, S.; BIRNS, B.; RONCH, J.: Individual differences in the visual pursuit behavior of neonates. In: Child Development 42, 1971: S. 313–319.
BARTMANN, Th.: Zum Erwerb der Mengenkonstanz bei Kindern im Alter von 5 bis 8 Jahren. In: Schule und Psychologie, 3, 1969.
BATES, E.; BRETHERTON, I; SNYDER, L.: From First Words to Grammar: Individual Differences and Dissociable Mechanisms. Cambridge 1988.
BATTEGAY, R.: Alkohol, Tabak und Drogen im Leben des jungen Mannes. Sozialmedizinische und pädagogische Jugendkunde, Bd. 14. Basel 1977.
B:E (Betrifft Erziehung Redaktion) (Hg.): Familienerziehung, Sozialschicht und Schulerfolg. Weinheim ⁴1974.
BERNSTEIN, B.; BRANDIS, W.; HENDERSON, D. (Hg.): Soziale Schicht, Sprache und Kommunikation. Düsseldorf 1973.
BIERMANN, G.: Das kranke Kind und seine Umwelt. Basel 1982.

BIERMANN, G.; BIERMANN, R.: Die Angst unserer Kinder im Atomzeitalter. Frankfurt 1988.
BLAKE, J.; DE BOYSSON-BARDIES, B: Patterns in babbling: A cross-linguistic study. In: Journal for Child Language 19, 1992: S. 211–227.
BLIERSBACH, G.: Schwierige Verhältnisse. Über das Innenleben von Stieffamilien. In: Psychologie Heute 26(1) 1999: S. 36–42.
BLOOM, B.: Stabilität und Veränderung menschlicher Merkmale. Weinheim 1971.
BONN, H.; ROHSMANITH, K. (Hg.): Studien zur Entwicklung des Denkens im Kindesalter. Darmstadt 1972.
BORNSTEIN, M.H.: Infants are trichromats. In: Journal of Experimental Child Psychology 21, 1976: S. 425–445.
BOURGEOIS, V.: Stimulation durch stabile Eltern-Kind-Bindung. In: Pflegezeitschrift 48 (1), 1995: S. 19–20.
BOWER, T.G.R.: Human development. San Francisco 1979.
BOWLBY, J.: Maternal Care and Mental Health. WHO Genf 1951.
BOWLBY , J.: Attachment and loss, Vol. 1: Attachment. New York 1969.
BOWLBY , J.: Bindung. München 1975.
BRACKEN, H.: Humangenetische Psychologie. In: BECKER, P.E. (Hg.): Humangenetik, Band I/2. Stuttgart 1969.
BRANDSTÄDTER, J.: Kern- und Leitbegriffe psychologischer Prävention. In: BRANDSTÄDTER, J.; VAN EYE, A. (Hg.): Psychologische Prävention. Bern 1982: S. 81–115.
BRANDSTÄDTER, J.; VAN EYE, A. (Hg.): Psychologische Prävention. Bern 1982.
BRAZELTON, T.B.; CRAMER B.G.: Die frühe Bindung. Die erste Beziehung zwischen dem Baby und seinen Eltern. Stuttgart 1991.
BRIERE, J.N.: Child Abuse Trauma and Treatment of the Lasting Effects. Sage 1992.
BRIM, O.G.; KAGAN, J. (Hg.): Constancy and change in human development. Cambridge (Mass.) 1980.
BRISCH, K.H.: Bindungsstörungen – Von der Bindungstheorie zur Therapie. Stuttgart 1999.
BRISCH, K.H.: Grundlagen der Bindungsforschung und ihre Anwendung in der psychotherapeutisch-pädagogischen Arbeit mit Kindern und Familien. *http://www.liga-kind.de/pages/brisch199.htm,* 2000.
BRONFENBRENNER, U.: Ansätze einer experimentellen Ökologie menschlicher Entwicklung. In: OERTER, R.: Entwicklung als lebenslanger Prozess. Hamburg 1978, S. 33–65.
BRONFENBRENNER, U.: The ecology of human development. Cambridge 1979.
BRONFENBRENNER, U.: Die Ökologie der menschlichen Entwicklung: Natürliche und geplante Experimente. Stuttgart 1981.
BRUNER, J.S.: Über die kognitive Entwicklung. In: BONN, H.; ROHSMANITH, K. (Hg.): Studien zur Entwicklung des Denkens im Kindesalter. Darmstadt 1972.
BÜHLER, Ch.: Der menschliche Lebenslauf als psychologisches Problem. Göttingen ^{2}1958. BÜHLER, Ch.: Values in Psychotherapy. New York 1962.
BÜHLER, Ch.: Kindheit und Jugend. Göttingen ^{4}1967.
BÜHLER, Ch.: Das Seelenleben des Jugendlichen. Stuttgart ^{6}1967.
BÜHLER, CH.; HETZER, H.: Inventar der Verhaltensweisen im 1. Lebensjahr. In: Quellen und Studien zur Jugendkunde, Wien 1927.

BÜHLER, H.: Sprachbarrieren und Schulanfang. Basel 1972.
BÜHLER, K.: Vom Wesen der Syntax. In: Idealistische Neuphilosophie, Festschrift Karl VOSSLER, Heidelberg 1922: S. 54–84.
BÜHLER, K.: Les lois générales d'évolution dans le language de l'enfant. In: Journal de Psychologie 23, 1926: S. 597–607.
BÜHLER, K.: Sprachtheorie. Stuttgart ²1965.
BÜHLER, K.: Abriss der geistigen Entwicklung des Kleinkindes. Heidelberg ⁹1967.
BUNDSCHUH, K.: Heilpädagogische Psychologie. München ²1995.
CARPENTER, G.: Mother's Face and the Newborn. In: New Scientist 1974: S. 742–744.
CASTNER, T.; CASTNER, H.: Sexualrevolution und Schule. Neuwied 1970.
CLEMENTS, M: Observations on Certain Aspects of Neonatal Behavior in Response to Auditory Stimuli. 5th International Congress of Psychosomatic Obstetrics and Gynecology. Rom 1977.
C.I.R.D.H.: Haptonomie. *http://www.haptonomy.org,* 2001.
COERPER, C.; HAGEN, W.; THOMAE, H.: Deutsche Nachkriegskinder. Stuttgart 1954.
COHEN, L.B.; SALAPATEK, P. (Hg.): Infant Perception: From Sensation to Cognition. Band I, London 1975.
COLEMAN, J.: Eine neue Theorie der Adoleszenz. In: OLBRICH, E.; TODT, E. (Hg.): Probleme des Jugendalters. Berlin, Heidelberg 1984.
DAY, M.C.: Development trends in visual scanning. In: REESE, H.W. (Hg.): Advances in child development and behavior. Band 10. New York 1975.
DEGENHART, A.: Zur Veränderung des Selbstbildes von jungen Mädchen beim Eintritt in die Reifezeit. In: Zt. Für Entwicklungspsychologie und Pädagogische Psychologie, 1, 1971.
DE JONG, T.M.: Damit sich Frühgeborene gut entwickeln. In: Psychologie Heute 25(1) 1998: S. 16–17.
DREHER, E.; DREHER, M.: Wahrnehmung und Bewältigung von Entwicklungsaufgaben im Jugendalter: Fragen, Ergebnisse und Hypothesen zum Konzept einer Entwicklungs- und Pädagogischen Psychologie des Jugendalters. In: OERTER, R. (Hg.): Lebensbewältigung im Jugendalter. Weinheim 1985.
DREHER, E.; DREHER, M.: Entwicklungsaufgaben im Jugendalter: Bedeutsamkeit und Bewältigungskonzepte. In: LIEPMANN, D.; STIKSRUD, A. (Hg.): Entwicklungsaufgaben und Bewältigungsprobleme in der Adoleszenz. Göttingen 1985.
VAN DEEST, H.: Heilen mit Musik. München 1997.
DEUTSCHE FORSCHUNGSGEMEINSCHAFT (Hg.): Schwangerschaftsverlauf und Kindesentwicklung. Forschungsbericht. Bonn 1977.
DOLLASE, R.: Entwicklung und Erziehung. Stuttgart 1985.
D'O RDRICO, L.; FRANCO, F.: Selective production of vocalization types in different communication contexts. In: Journal for Child Language 18, 1991: S. 475–499.
DORIS, J.; COOPER, L.: Brightness discrimination in infancy. In: Journal of Experimental Child Psychology 3, 1966: S. 31–39.
DORSCH, J.M.: Sexueller Missbrauch.
http://www.netdoktor.de/sex_partnerschaft/fakta/Sexueller_Missbrauch.htm, 2000.
ECCLES, J. C.: Die Evolution des Gehirns – die Erschaffung des Selbst. München 1989.
EGGERS, Chr. (Hg.): Bindungen und Besitzdenken beim Kleinkind. Wien 1984.
EGLE, U.T.; HOFFMANN, S.O.; JORASCHKY, P. (Hg.): Sexueller Missbrauch, Misshandlung, Vernachlässigung. Stuttgart 1997.
EIBL-EIBESFELDT, I.: Grundriss der vergleichenden Verhaltensforschung. München 1967.

EICHENBERG, CH.; OTT, R.: Suchtmaschine. Internetabhängigkeit: Massenphänomen oder Erfindung der Medien? In: c't 19, 1999. *http://www.heise.de/ct/99/19/106/*
ENGEN, T.; LIPSITT, L.P.; KAY, H.: Olfactory Responses and Adaption in the Human Neonate. In: Journal of Comparative Physiology and Psychology 3, 1963.
ENNET, S.T.; BAUMANN, K.E.: Adolescent social networks. School, demographic and longitudinal considerations. In: Journal of Adolescent Research 11, 1996: S. 194–215.
ERIKSON, E.H.: Kind und Gesellschaft. Stuttgart 1965.
ERIKSON, E.H.: Jugend und Krise. Die Psychodynamik im sozialen Wandel. Stuttgart ⁴1998.
ESCALONA, S.: The Roots of Individuality. London 1969.
ESCALONA, S.: Emotional Development in the First Year of Life. In: SENN, M.J.E. (Hg.): Problems of Infancy and Childhood: Transactions of the 6th Josiah Macy Conference, New York.
EWERT, O.M. (Hg.): Entwicklungspsychologie. Band I. Köln 1972.
EWERT, O.M.: Entwicklungspsychologie des Jugendalters. Stuttgart 1983.
FEND, H.: Vom Kind zum Jugendlichen. Band I. Bern 1992.
FEND, H.: Entwicklungspsychologie des Jugendalters. Opladen 2000.
FERREIRA, A.J.: The Pregnant Mother's Emotional Attitude and its Reflection upon the Newborn. In: American Journal of Orthopsychiatry 30, 1960: S. 553–561.
FERREIRA, A.J.: Emotional Factors in Prenatal Environment. In: The Journal of Nervous and Mental Diseases 141, 1965: S. 108–117.
FISCHER, A.; FRITZSCHE, Y.; FUCHS-HEINRITZ, W.; MÜNCHMEIER, R.: 13. Shell Jugendstudie 2000. *http://www.shell-jugend.de,* 2000
FLANAGAN, G.L.: Die ersten neun Monate des Lebens. Reinbek 1975.
FLAVELL, J.H.: Kognitive Entwicklung. Stuttgart 1979.
FLITNER, A: Wege zur pädagogischen Anthropologie. Heidelberg 1963.
FÖRSTERLING, S.: Die Pillen-Kids. *http://www.lifescience.de/artikel/02598/index.html,* 2000.
FRANTZ, R.L.: Der Ursprung der Formwahrnehmung. In: EWERT, O.M. (Hg.): Entwicklungspsychologie. Band I. Köln 1972.
FRANTZ, R.L.: Early Visual Selectivity. In: COHEN, L.B.; SALAPATEK, P. (Hg.): Infant Perception: From Sensation to Cognition. Band I, London 1975.
FRANTZ, R.L.; MIRANDA, S.B.: Newborn infant attention to form of contour. In: Child Development 46, 1975: S. 224–228.
FRASER, A.: Spielzeug. Oldenburg, Hamburg 1966.
FREDERKING, U.: Häufigkeiten, somatische und soziale Bedingungen von Verhaltensstörungen zehnjähriger Schulkinder. In: Praxis der Kinderpsychologie und Kinderpsychiatrie. 6, 1975.
FREMMER-BOMBIK, E.: Innere Arbeitsmodelle von Bindung. In: SPANGLER, G.; ZIMMERMANN, P. (Hg.), Die Bindungstheorie. Grundlagen, Forschung und Anwendung. Stuttgart 1995: S. 109–120.
FREUD, A.: Das Ich und die Abwehrmechanismen. London 1946.
FREUD, A.: Wege und Irrwege in der Kindesentwicklung. Bern, Stuttgart 1968.
FREUD, S.: Vorlesungen zur Einführung in die Psychoanalyse. Berlin 1935.
FRIEDRICH, M.: Tatort Kinderseele. Sexueller Missbrauch und die Folgen. Wien 1998.
FRÖHLICH, A.: Zu früh für diese Welt? In: Zeitschrift für Heilpädagogik 48, 1997: S. 178–183.
FTHENAKIS, W.E.: Zur Psychologie der Vater-Kind-Beziehung (Bd. 1). München 1985.
GÄRTNER-HARNACH, V: Angst und Leistung. Weinheim 1972.
GEBEL-SCHÜRENBERG, A.: Frühgeborene – Pflegerische Interaktionsmöglichkeiten in der Neonatologie. In: Pflege aktuell 7–8, 1995: S. 512–514.

GEHLEN, A.: Der Mensch, seine Natur und seine Stellung in der Welt. Bonn [6]1958.

GEHLEN, A.: Anthropologische Forschung. Zur Selbstbegegnung und Selbstentdeckung des Menschen. Hamburg [2]1963.

GEHMACHER, E.: Jugend in Österreich. Wien 1981.

GESELL, A.: Das Kind von 5 bis 10 Jahren. Bad Nauheim 1954.

GLASER, B.G.: Doing grounded theory: Issues and discussions. Mill Valley, 1998.

GÖLLNITZ, G.: Neuropsychiatrische Langzeitkontrollen von Enzephalopathen bis zum 6. Lebensjahr – biologische und psychosoziale Risiken. In: SERRATE, A. (Hg.): VI Congreso de la Union Europea de Paidopsiquiatras. Madrid 1979.

GOTTESMANN, I.I.: Biogenetics of Race and Class. In: MUSSEN, P.H.; CONGER, J.J.; KAGAN, J. (Hg.): Readings in Child Development and Personality. New York 1965.

GROSSMANN, K. (Hg.): Entwicklung der Lernfähigkeit in der sozialen Umwelt. München 1977.

GROSSMANN, K.E.: Die Ontogenese kindlicher Zuwendung gegenüber Bezugspersonen und gegenüber Dingen. In: EGGERS, Chr. (Hg.): Bindungen und Besitzdenken beim Kleinkind. Wien 1984.

GROSSMANN, K.E; GROSSMANN, K.: The Mother-Child-Relationship. In: The German Journal of Psychology 5 (3) 1981: S. 237–252.

GROSSMANN, K.E; GROSSMANN, K.: Verhaltensontologie bei menschlichen Neugeborenen. Regensburg 1983.

GROSSMANN, K.E; GROSSMANN, K.: Phylogenetische und ontogenetische Aspekte der Entwicklung der Eltern-Kind-Bindung und der kindlichen Sachkompetenz. In: Zt. für Entwicklungspsychologie und Pädagogische Psychologie XVIII (4), 1986.

GUDJONS, H.: Pädagogisches Grundwissen. Bad Heilbrunn [6]1999.

GUILFORD, J.P.: Persönlichkeit. Weinheim 1964.

GUTTMANN, G.: Einführung in die Neuropsychologie. Bern 1972.

HAUKE, M.: Das Konzept von Dr. Marcovich. *http://www.uni-koeln.de/hp-fak/GB/service/mitarb/heinen/node/100.html*, 1997 (nicht mehr im Internet).

HAUSEN, W. (Hg.): Psychologie der Unterrichtsfächer. München [3]1961.

HAVIGHURST, R.J.: Developmental tasks and education. New York 1972.

HECKHAUSEN, H.: Hoffnung und Furcht in der Leistungsmotivation. Meisenheim 1975.

HECKHAUSEN, H.; KEMMLER, L.: Entstehungsbindungen der kindlichen Selbständigkeit. In: Zeitschrift für experimentelle und angewandte Psychologie 4, 1957.

HEILIGER, A.: Warum Jungs die Mädchen belästigen. In: Psychologie Heute 26(3) 1999: S. 14.

HENDERSON, D.: Schichtenspezifische Unterschiede im Gebrauch der Wortklassen bei fünfjährigen Kindern. In: BERNSTEIN, B.; BRANDIS, W.; HENDERSON, D. (Hg.): Soziale Schicht, Sprache und Kommunikation. Düsseldorf 1973.

HENNEBORN, W.J.; COGAN, R.: The Effect of Husband participation in Reported Pain and the Probability of Medication during Labour and Birth. In: Journal of Psychosomatic Research 19, 1975: 215–222.

HERRMANN, J.; ULLRICH, H., AUTORENKOLLEKTIV: Menschwerdung. Millionen Jahre Menschheitsentwicklung – natur- und geisteswissenschaftliche Ergebnisse. Berlin 1991.

HERRNSTEIN, R.; MURRAY, C.: The bell curve. New York 1994.

HETZER, H.: Die symbolische Darstellung in der frühen Kindheit. Wien 1926.

HETZER, H.; FLAKOWSKI, H.: Die entwicklungsbedingten Stilformen von kindlichen und jugendlichen Schreibern. In: Harms Pädagogische Reihe 7, 1962.

HETZER, H.; TODT, E.; SEIFFGE-KRENKE, I., ARBINGER, R. (Hg.): Angewandte Entwicklungspsychologie des Kindes- und Jugendalters. Heidelberg ³1995.

HETZER, H.; ZELLER, W.: Ambulante Beobachtung psychisch auffälliger Kinder. In: Zeitschrift für Kinderforschung 44, 1935.

HILGARD, R.; BOWER, G.H.: Theories of learning. Eaglewood Cliffs ⁵1981.

HOFFMANN, M.L.; HOFFMANN, L.W. (Hg.): Review of Child Development Research. New York 1964.

HOLZKAMP, Kl.: Kritische Psychologie. Frankfurt 1985.

HOPPE-GRAFF, S.: Tagebücher, Gespräche und Erzählungen. Zugänge zum Verstehen von Kindern und Jugendlichen. In KELLER, H.: Lehrbuch Entwicklungspsychologie. Bern 1998, S. 261–294.

HUBEL, D.H.; WIESEL, T.N.: Receptive fields and functional architecture of monkey striate cortex. In: Journal of Physiology 195, 1968: S. 215–243.

HUNZIKER, U.A.: Der Einfluss des Tragens auf das Schreiverhalten des Säuglings. *http://www.didymos.de/html/studien.htm*

HUTT, S.J.; HUTT, C. (Hg.): Early Human Development. Oxford 1973.

INSTITUT FÜR EMPIRISCHE SOZIALFORSCHUNG (IFES): Jugend in der Großstadt. Wien 1983.

INSTITUT FÜR EMPIRISCHE SOZIALFORSCHUNG (IFES): Jugend in der Großstadt. Wien 1985.

JANDL, K.: Chancengerechtigkeit für Heimkinder. Wien 1978.

JESSOR, R.; VAN DEN BOS, J.; VANDERRYN, J.; COSTA, F.M.; TURBIN, M.S.: Protective factors in adolescent problem behavior: Moderator effects and developmental change. In: Developmental Psychology 31, 1995: S. 923–933.

JOURNAL FÜR PSYCHOLOGIE: Themenschwerpunkt „Introspektion als Forschungsmethode", Heft 7 (2), 1999.

JUNGENDWERK DER DEUTSCHEN SHELL (Hg.): Jugendliche und Erwachsene '85. Leverkusen 1986.

JUNGENDWERK DER DEUTSCHEN SHELL (Hg.): Jugend '92, Band 2: Im Spiegel der Wissenschaften. Opladen 1992.

KAGAN, J.: Perspectives on continuity. In: BRIM, O.G.; KAGAN, J. (Hg.): Constancy and change in human development. Cambridge (Mass.) 1980.

KAMMERMEYER, G.: Schulfähigkeit. Stuttgart 2000.

KAUFMANN-HAYOZ, R.: Entwicklung der Wahrnehmung. In: KELLER, H. (Hg.): Handbuch der Kleinkindforschung. Berlin 1989.

KEGEL, G.: Sprache und Sprechen des Kindes. Hamburg 1976.

KELLER, H. (Hg.): Handbuch der Kleinkindforschung. Berlin 1989.

KELLER, H. (Hg.): Lehrbuch Entwicklungspsychologie. Bern 1998.

KELLER, H.; KELLER, W.: Verbales und vokales Verhalten von Vätern und Müttern gegenüber ihren weiblichen und männlichen Säuglingen in einem dreieinhalbmonatigen Längsschnitt. In: Zeitschrift für Entwicklungspsychologie und Pädagogische Psychologie 13 (4) 1981.

KELLER, H.; MEYER, H.J.: Psychologie der frühesten Kindheit. Stuttgart 1982.

KELLER, H.; WERNER-BONUS, E.: Vater-Kind-Interaktionen bei drei Monate alten Säuglingen. In: Zeitschrift für Entwicklungspsychologie und Pädagogische Psychologie 10 (4) 1981.

KELLMANN, P.J.; GLEITMANN, H.; SPELKE, E.S.: Object and observer motion in the perception of objects by infants. In: Journal of Experimental Psychology: Human Perception and Performance. 13, 1987: S. 596–593.

KEMMLER, L.; WINDHEUSER, H.J.; MORGENSTERN, F.: Gruppenanwendung von PIAGET-Geschichten zum moralischen Urteil bei 9- bis 19-jährigen Knaben im Vergleich mit einigen anderen Variablen. In: Zeitschrift für Entwicklungspsychologie und Pädagogische Psychologie 2, 1970.

KINDLERs Psychologie des 20. Jahrhunderts, Band 2: Entwicklungspsychologie. Weinheim 1984.

KLAUS, M.H.; KENNELL, J.H.: Mutter-Kind-Bindung. Über die Folgen einer frühen Trennung. München 1983.

KLAUS, M.H.; KENNELL, J.H.; KLAUS, PH.H.: Der erste Bund fürs Leben. Die gelungene Eltern-Kind-Bindung und was Mütter und Väter dazu beitragen können. Reinbek 1997.

KLIPPSTEIN, E.: Konstanz soziometrischer Wahlen in Vorschulklassen. In: Psychologie in Erziehung und Unterricht 2, 1970.

KNAPP, I.; HOFSTÄTTER, M.; PALANK, F. (Hg.): Drop-outs. Jugendliche nach dem Schulabbruch. Wien 1989.

KOHLBERG, L: Development of Moral Character and Moral Ideology. In: HOFFMANN, M.L.; HOFFMANN, L.W. (Hg.): Review of Child Development Research. New York 1964.

KÖHLER, W.: Intelligenzprüfungen an Menschenaffen. Berlin 1921.

KOONIN, R.: Breaking the last taboo: Child sexual abuse by female perpetrators. In: Australian Journal of Social Issues 30(2) 1995: S. 195–210.

KRESS, G.: Children's early spelling: between convention and creativity. London 2000.

KRETZ, L.; REICHEL, R.; ZÖCHLING, M.: Sexueller Missbrauch von Kindern in Österreich. Wien 1988.

KRIEGER, R.: Entwicklung von Werthaltungen. In: HETZER, H.; TODT, E.; SEIFFGE-KRENKE, I., ARBINGER, R. (Hg.): Angewandte Entwicklungspsychologie des Kindes- und Jugendalters. Heidelberg ³1995: S. 265–305.

KROMER, I.: Abschied von der Kindheit? Die Lebenswelten der 11- bis 14-jährigen Kids. In: KIK 87, 1986.

KRUMPHOLZ-REICHEL, A.: Ist Bullying männlich? In: Psychologie Heute 25 (1) 1998: S. 14.

KRUMPHOLZ-REICHEL, A.: Unsere Söhne: Hart – aber innen ganz weich. In: Psychologie Heute 25 (12) 1998: S. 58–63.

LANGENMAYR, A.: Sprachpsychologie. Göttingen 1997.

LARSON, R.W. et al.: Changes in adolescents' daily interactions with their families from ages 10 to 18: Disengagement and transformation. In: Developmental Psychology 32, 1996: S 744–754.

LEHR, U.: Die Rolle der Mutter in der Sozialisation des Kindes. Darmstadt 1974.

LEMPP, R. (Hg.): Teilleistungsstörungen im Kindesalter. Bern 1979.

LEMPP, R.: Frühkindliche Hirnschädigung und Neurose. Bern 1965.

LEWIN, K.: Principles of topological psychology. New York 1936.

LIEPMANN, D.; STIKSRUD, A. (Hg.): Entwicklungsaufgaben und Bewältigungsprobleme in der Adoleszenz. Göttingen 1985.

LILEY, A.: The Fetus as a Personality. In: The Australian and New Zealand Journal of Psychiatry 6, 1972: S. 99–105.

LUCZAK, H.: Die unheimliche Macht des Clans. In: Geo 3, 2000: S. 16–40.

LÜSCHER, K.: Von der Sozialisationsforschung zur Familienforschung. In: NAVE-HERZ, R.; MARKEFKA, M. (Hg.): Handbuch der Familien- und Jugendforschung. Band 1: Familienforschung. Neuwied 1989: S. 95–112.

LYNCH, A.M.: Ill Health and Child Abuse. In: The Lancet, 1975: S. 317.

MACFARLANE, A.: Olfaction in the Development of Social Preferences in the Human Neonate. In: Parent-Infant-Interaction. Ciba Foundation Symposium 33, Amsterdam 1975.

MACFARLANE, A.: Die Geburt. Stuttgart 1978.

MARCOVICH, M.: Vom sanften Umgang mit Frühgeborenen – Neue Wege in der Neonatologie. In: RINNHOFER, H. (Hg.): Hoffnung für eine Handvoll Leben – Eltern von Frühgeborenen berichten. Hamburg 1997.

MATURANA, H.R.: Erkennen – die Organisation und Verkörperung von Wirklichkeit. Braunschweig ²1985.
MATURANA, H.R.; VARELA, F.J.: Der Baum der Erkenntnis. Die biologischen Wurzeln des menschlichen Erkennens. Bern 1987.
McCALL, R.B.: Infants. Cambridge 1979.
McGURK, H.: Infant discrimination of orientation. In: Journal of Experimental Child Psychology 14, 1972: S. 151–164.
McNEILL, D.: The acquisition of language: The study of developmental psycholinguistics. New York 1970.
MECHLER, H.J. (Hg.): Schülersexualität und Sexualerziehung. Wien 1977.
MEIERHOFER, M.; KELLER, W.: Frustration im frühen Kindesalter. Bern 1970.
MEIERHOFER, M.; NUFER, H. et al.: Nachuntersuchungen ehemaliger Heimkinder. Zürich 1970.
MEIER-PROBST, B.; TEICHMANN, H.: Risiken für die Persönlichkeitsentwicklung im Kindesalter. Leipzig 1984.
MENZEN, K.H.: Kids´ problems. Neuwied 1996.
MESSER, D.J.: The Development of Communication. From Social Interaction to Language. Chichester 1995.
MEY, G.: Qualitative Forschung und Prozessanalyse. Überlegungen zu einer „Qualitativen Entwicklungspsychologie". Forum Qualitative Sozialforschung / Forum: Qualitative Social Research (On-line Journal), 1 (1). Verfügbar über: *http://qualitative-research.net/fqs/fqs.htm,* 2000.
MEYER W.U.: Anspruchsniveau und erlebte Selbstverantwortlichkeit bei Erfolg und Misserfolg. In: Psychologische Beiträge 11, 1969.
MILLNER, M.: Neuropädiatrie. Stuttgart 1992.
MILLS, M.; MELHINSH, E.: Recognition of Mother's Voice in Early Infancy. In: Nature 252, 1974: 123.
MITTERAUER, M.: Jung sein heute – historisch betrachtet. In: Didaktik 2, 2001.
MONTADA, L. (Hg.): Brennpunkte der Entwicklungspsychologie. Stuttgart 1979.
MOSS, H.A.: Sex, Age and State as Determinants of Mother-Infant Interaction. In: MUSSEN, P.H.; CONGER, J.J.; KAGAN, J. (Hg.): Readings in Child Development and Personality. New York ²1970.
MÜLLER-RIECKMANN, E.: Das frühgeborene Kind in seiner Entwicklung. München 1993.
MUSSEN, P.H.; CONGER, J.J.; KAGAN, J. (Hg.): Readings in Child Development and Personality. New York 1965. (2. Auflage 1970).
NASKE, R. (Hg.): Aufbau und Störungen frühkindlicher Beziehungen zu Mutter und Vater. Wien 1980.
NAVE-HERZ, R.; MARKEFKA, M. (Hg.): Handbuch der Familien- und Jugendforschung. Band 1: Familienforschung. Neuwied 1989.
NEUMANN, K.: Der Beginn der Kommunikation zwischen Mutter und Kind. Strukturanalyse der Mutter-Kind-Interaktion. Bad Heilbrunn 1983.
NICKEL, H.: Schulreife und Schulversagen: Ein ökopsychologischer Erklärungsansatz und seine praktischen Konsequenzen. In: Psychologie in Erziehung und Unterricht 28, 1981: S. 19–37.
NICKEL, H.: Sozialisation im Vorschulalter. Bern 1985.
N.N.: Jugend heute – mehrheitlich Normalos. In: Psychologie Heute 25 (10) 1998, S. 18.
OERTER, R.: Moderne Entwicklungspsychologie. Donauwörth ¹⁴1974.
OERTER, R.: Entwicklung als lebenslanger Prozess. Hamburg 1978.
OERTER, R. (Hg.): Lebensbewältigung im Jugendalter. Weinheim 1985.
OERTER, R.; MONTADA, L.: Entwicklungspsychologie. Ein Lehrbuch. München ²1987.
OERTER, R.; MONTADA, L.(Hg.): Entwicklungspsychologie. Weinheim ⁴1995.

OLBRICH, E.; TODT E. (Hg.): Probleme des Jugendalters. Berlin, Heidelberg 1984.
OLBRICH, E.: Entwicklung der Persönlichkeit. In: HETZER, H.; TODT, E.; SEIFFGE-KRENKE, I., ARBINGER, R. (Hg.): Angewandte Entwicklungspsychologie des Kindes- und Jugendalters. Heidelberg ³1995: S. 397–427.
ÖSTERREICHISCHES INSTITUT FÜR BERUFSBILDUNGSFORSCHUNG (ÖIBF)(Hg.): Jugendkultur. Alternativen im Freizeitverhalten und den Freizeitbedürfnissen Wiener Jugendlicher. Wien 1986.
OSWALD, H.: Beziehungen zu Gleichaltrigen. In: JUGENDWERK DER DEUTSCHEN SHELL (Hg.) Jugend '92, Band 2: Im Spiegel der Wissenschaften. Opladen 1992: S. 319–332.
OTTOMEYER, Kl.: Die eigenen Ängste werden anderen eingejagt. In: Psychologie Heute 26 (1), 1999: S. 30–35.
PAPOUSEK, H.; PAPOUSEK, M.: Mothering and the cognitive headstart: Psychological considerations. In: SCHAFFER, H.R. (Hg.): Studies in Mother-Infant Interactions. London 1977, S. 63–85.
PAPOUSEK, M.; PAPOUSEK, K.H.; SYMMES, D.: The meanings of melodies in mothers in tone and stress languages. In: Infant Behavior and Development 14, 1991: S. 491–516.
PARIS, S.G.; LINDAUER, B.K.: Entwicklungsbedingte Veränderungen in den Gedächtnisprozessen. In: Kindler's Psychologie des 20. Jahrhunderts, Entwicklungspsychologie, Band 2. Weinheim 1984.
PECCEI, J. St.: Child Language. London 1994.
PEILHOFER, R.: Sexualwissen, Sexualverhalten und Einstellung zur Sexualität 15- bis 18-jähriger weiblicher Gastgewerbelehrlinge. Österreichisches Institut für Jugendkunde Bd. 49, 1986.
PELTZER-KARPF, A.: Spracherwerb bei hörenden, sehenden, hörgeschädigten, gehörlosen und blinden Kindern. Tübingen 1994.
PFEIFER, CH.; WETZELS, P.: Zur Struktur und Entwicklung der Jugendgewalt in Deutschland – Ein Thesenpapier auf Basis aktueller Forschungsbefunde. 1999.
http://www.der-jugendrichter.de/html/forschung.html
PFLÜGER, L.: Neurogene Entwicklungsstörungen. München 1991.
PIAGET, J.: La représentation du monde chez l'enfant. Paris 1926.
PIAGET, J.: Das moralische Urteil beim Kinde. Zürich 1954.
PIAGET, J.: Die Bildung des Zeitbegriffes beim Kind. Zürich 1955.
PIAGET, J.: Psychologie der Intelligenz. Zürich 1963.
PIAGET, J.: Sprechen und Denken des Kindes. Sprache und Lernen, Bd. 1. Düsseldorf 1972.
PIAGET, J.: Der Aufbau der Wirklichkeit im Kinde. Stuttgart 1974.
PIAGET , J.; INHELDER, B.: Die Entwicklung des Zahlenbegriffes beim Kind. Stuttgart 1965.
PIAGET, J.; INHELDER, B.: Die Entwicklung der physikalischen Mengenbegriffe beim Kinde. Stuttgart 1969.
PIAGET, J.; SZEMINSKA, A.: Die Entwicklung des Zahlbegriffes beim Kind. Stuttgart 1975.
POLLACK, W.F.: Richtige Jungen. Was sie vermissen, was sie brauchen – Ein neues Bild von unseren Söhnen. Bern 1998.
POPP, M.: Einführung in die Grundbegriffe der Allgemeinen Psychologie. München ⁵1995.
PORTMANN, A.: Biologische Fragmente zu einer Lehre vom Menschen. Basel ²1951.
PREYER, W.: Die Seele des Kindes. Leipzig 1882.
RAUH, H.: Frühe Kindheit. In: OERTER, R.; MONTADA, L. (Hg.): Entwicklungspsychologie. München ²1987.
REESE, H.W. (Hg.): Advances in child development and behavior. Band 10. New York 1975.

RIEDER, K.: Linguistik für Lehrerinnen und Lehrer. Wien 2000.
RINNHOFER, H. (Hg.): Hoffnung für eine Handvoll Leben – Eltern von Frühgeborenen berichten. Hamburg 1997.
ROEDER, P.M.: Sprache, Sozialstatus und Schulerfolg. In: B:E (Betrifft Erziehung Redaktion) (Hg.): Familienerziehung, Sozialschicht und Schulerfolg. Weinheim ^{4}1974.
ROLLET, B.: Lernen und Lehren. Eine Einführung in die Pädagogische Psychologie. Wien ^{5}1997.
ROSENMAYR, L.: Jugend in Wirtschaft und Gesellschaft. Forschungsbericht der sozialwissenschaftlichen Forschungsstelle der Universität Wien. 1963.
ROTH, E.; OSWALD, W.D.; DAUMENLANG, K.: Intelligenz. Stuttgart ^{2}1972.
ROTMANN, M.: Über die Rolle des Vaters in der Entwicklung des Kleinkindes. In: NASKE, R. (Hg.): Aufbau und Störungen frühkindlicher Beziehungen zu Mutter und Vater. Wien 1980.
ROTTMANN, G.: Untersuchungen über Einstellung zur Schwangerschaft und zur fötalen Entwicklung. In: GRABER, H. (Hg.): Geist und Psyche, München 1974.
SALK, L.: The Role of Heartbeat in the Relationship between Mother and Infant. In: Scientific American 3, 1973.
SCHAEF, A.W.: Im Zeitalter der Sucht. Wege aus der Abhängigkeit. München ^{2}1993.
SCHAFFER, H.R. (Hg.): Studies in Mother-Infant Interactions. London 1977.
SCHELER, M.: Die Stellung des Menschen im Kosmos. Darmstadt ^{12}1999.
SCHENK, M.: Die vergessenen Opfer. Sexueller Missbrauch von Jungen – Möglichkeiten der pädagogischen Arbeit. In: PädExtra 5, 1992. Auch: *http://www.people.freenet.de/M.Schenk/missbrau.html*
SCHENK-DANZINGER, L.: Das Spiel des Kindes. In: Studien zur Entwicklungspsychologie und zur Praxis der Schul- und Beratungspsychologie. München, Wien ^{2}1970.
SCHENK-DANZINGER, L.: Entwicklungstests für das Schulalter. Wien ^{2}1971.
SCHENK-DANZINGER, L.: Möglichkeiten und Grenzen kompensatorischer Erziehung. Wien 1980.
SCHENK-DANZINGER, L.: Zur entwicklungspsychologischen Bedeutung des Spiels. In: KREUTZER, K.J. (Hg.): Handbuch der Spielpädagogik, Band 3. Wien 1984.
SCHENK-DANZINGER, L.: Entwicklung, Sozialisation, Erziehung. Wien ^{2}1994.
SCHERER, Kl.R.; WALLBOTT, H.G.: Entwicklung der Emotionen. In: HETZER, H.; TODT, E.; SEIFFGE-KRENKE, I., ARBINGER, R. (Hg.): Angewandte Entwicklungspsychologie des Kindes- und Jugendalters. Heidelberg ^{3}1995: S. 307–351.
SCHIEFENHÖVEL, W.: Der bessere Start ins Leben – Marina Marcovichs neue Weise der Behandlung Frühgeborener. In: RINNHOFER, H. (Hg.): Hoffnung für eine Handvoll Leben – Eltern von Frühgeborenen berichten. Hamburg 1997.
SCHINDLER, S. (Hg.): Geburt – Eintritt in eine neue Welt. Göttingen 1982.
SCHLEMM, A.: Die Mensch-Werdung. *http://www.opentheory.org/anthropogenese/v0001.phtml*, 2001
SCHMALOHR , E.: Den Kindern das Leben zutrauen. Frankfurt 1986.
SCHMID-DEUTER, U.: Kurz- und langfristige Anpassungsprozesse in vorschulischen Einrichtungen und ihre Konsequenzen für die erzieherische Praxis. In: NICKEL, H. (Hg.): Sozialisation im Vorschulalter, Bern 1985.
SCHMID-DEUTER, U.: Kontaktinitiativen von Vorschulkindern und ihre Bedeutung. In: NICKEL, H. (Hg.): Sozialisation im Vorschulalter, Bern 1985.
SCHMIDT, R.B: Empirische Untersuchung zur sexuellen Aufklärung in der Schule. *http://www.informatik.uni-bremen.de/~niclas/sexpaed/*, 1999.
SCHNEEWIND, K.A.: Familienpsychologie. Stuttgart ^{2}1999.

SCHNEIDER, W.; KÖRKEL, J.; VOGEL, K.: Zusammenhang zwischen Metagedächtnis, strategischem Verhalten und Gedächtnisleistungen im Grundschulalter: Eine entwicklungspsychologische Studie. In: Zeitschrift für Entwicklungspsychologie und Pädagogische Psychologie 19 (2), 1987. SCHURIAN, W.: Psychologie des Jugendalters, Opladen 1989.
SCHULTE, S.: Droge Cyberspace: Gefangen im Netz? In: Psychologie Heute 23 (11), 1996, S. 9.
SCHULTE-STRATHAUS, R.: Magersucht. In: Psychologie Heute 25 (9) 1998: S. 18.
SCHWARZER, R.: Schulangst und Lernerfolg. Düsseldorf 1975.
SCUPIN, E.; SCUPIN, W.: Bubis erste Kindheit. Leipzig 1927.
SENGER, G.; HOFFMANN, W.: Österreich Intim. Wien 1993.
SEIFFGE-KRENKE, I.: Formen der Problembewältigung bei besonders belasteten Jugendlichen. In: OLBRICH, E.; TODT, E. (Hg.): Probleme des Jugendalters. Berlin, Heidelberg 1984.
SEIFFGE-KRENKE, I.: Die Funktion des Tagebuchs bei der Bewältigung alterstypischer Probleme in der Adoleszenz. In: OERTER, R. (Hg.): Lebensbewältigung im Jugendalter. Weinheim 1985.
SEIFFGE-KRENKE, I.: Entwicklung des sozialen Verhaltens. In: HETZER, H.; TODT, E.; SEIFFGE-KRENKE, I., ARBINGER, R. (Hg.): Angewandte Entwicklungspsychologie des Kindes- und Jugendalters. Heidelberg ³1995: S. 352–396.
SERRATE, A. (Hg.): VI Congreso de la Union Europea de Paidopsiquiatras. Madrid 1979.
SEYFRIED, H.: Schulreife und Schulerfolg. Wien 1966.
SILBEREISEN, R.K.; KASTNER, P.: Jugend und Problemverhalten. In: OERTER, R.; MONTADA, L.: Entwicklungspsychologie. Ein Lehrbuch. München ²1987.
SILBEREISEN, R.K.; SCHMITT-RODERMUND, E.: Entwicklung im Jugendalter: Prozesse, Kontexte und Ergebnisse. In: KELLER, H. (Hg.): Lehrbuch Entwicklungspsychologie. Bern 1998: S. 377–398.
SINZ, R.: Lernen und Gedächtnis. Stuttgart 1976.
SKEELS, H.N.: Adult Status of Children with Contrasting Early Life Experience: A Follow-Up Study. Monographs of the Society for Research in Child Development 32 (2), Chicago 1966.
SMOLKA, D.: Jugend und Sexualität: Erhebliche Wissenslücken. In: Psychologie Heute 23 (12) 1996: S. 18.
SOLKOFF, N.: Effects of Handling on the Subsequent Development of Premature Infants. In: Developmental Psychology 1, 1969: S. 765.
SPANGLER, G.; ZIMMERMANN, P. (Hg.), Die Bindungstheorie. Grundlagen, Forschung und Anwendung. Stuttgart 1995.
SPELT, D.K.: The Conditioning of the Human Fetus in Utero. In: Journal of Experimental Psychology 38, 1948: S. 338–346.
SPITZ, R.A.: Hospitalism. In: The Psychoanalytic Study of the Child. Band 1, New York 1945.
SPITZ, R.A.: Die Entstehung der ersten Objektbeziehungen. Stuttgart 1957.
SPITZ, R.A.: Ja und nein. Stuttgart 1960.
SPITZ, R.A.: Vom Säugling zum Kleinkind. Naturgeschichte der Mutter-Kind-Beziehung im 1. Lebensjahr. Stuttgart 1965.
STEINBERG, L.: Adolescence. New York 1996.
STEINEBACH, Ch.: Entwicklungspsychologie. Stuttgart 2000.
STERN, K.; STERN, W.: Die Kindersprache. Leipzig 1927.
STERNBERG, R.J.: Myths, countermyths, and truth about intelligence. In: Educational Researcher 2, 1996: S. 11–16.
STEWART, A.: Separating Together: How Divorce Transforms Families. Michigan 1998.
STICH, J.; DANNENBECK, C.: Peers und sexuelle Lernprozesse. In: DJI Bulletin 49, 1999. *http://www.dji.de/bulletin/bull49/bull49_s03.htm*

STOTT, D.H.: Follow-Up Study from Birth of the Effects of Prenatal Stresses. In: Developmental Medicine and Child Neurology 15, 1973: S. 770–787.
STÜCKRATH, F.: Kind und Raum. In: HAUSEN, W. (Hg.): Psychologie der Unterrichtsfächer. München ³1961.
SZAGUN, G.: Sprachentwicklung beim Kind. Weinheim ⁶1996.
TAUSCH, R.; TAUSCH, A.: Erziehungspsychologie. Göttingen ⁵1970.
TERMAN, L.M.; ODEN, M.H.: The Gifted Child Grows Up. Stanford 1948.
THALMANN, H.C.: Verhaltensstörungen bei Kindern im Grundschulalter. Stuttgart 1971.
THIELEN, E.: Rhythmical stereotypes in normal human infants. In: Animal Behavior 27, 1979: S. 699–715.
THOMAE, H.: Entwicklungsbegriff und Entwicklungstheorie. In: Handbuch der Psychologie, Band 3. Göttingen 1959.
THOMAE, H.: Das Individuum und seine Welt. Eine Persönlichkeitstheorie. Göttingen 1968.
THOMAE, H.: Formen der Auseinandersetzung mit Konflikt und Belastung im Jugendalter. In: OLBRICH, E.; TODT, E. (Hg.): Probleme des Jugendalters. Berlin, Heidelberg 1984.
THOMAS, A. (Hg.): Kulturvergleichende Psychologie, Göttingen 1993.
THOMASIUS, R. (Hg.): Ecstasy – Wirkungen, Risiken, Interventionen. Stuttgart 1999.
TODT, E.: Entwicklung des Interesses. In: HETZER, H.; TODT, E.; SEIFFGE-KRENKE, I., ARBINGER, R. (Hg.): Angewandte Entwicklungspsychologie des Kindes- und Jugendalters. Heidelberg ³1995: S. 213–264.
TRAUTNER, H.M.; HELBING, N. et al.: Unkenntnis – Rigidität – Flexibilität: Ein Entwicklungsmodell der Geschlechtsrollen-Stereotypisierung. In: Zt. für Entwicklungspsychologie und Pädagogische Psychologie XX (2), 1988.
TRAUTNER, H.M.: Lehrbuch der Entwicklungspsychologie. Band I. Göttingen ²1992.
TREHUB, S.E.: Infants' sensitivity to verbal and tonal contrasts. In: Developmental Psychology 9, 1973: S. 91–96.
TROMMSDORFF, G.: Entwicklung im Kulturvergleich. In: THOMAS, A. (Hg.): Kulturvergleichende Psychologie, Göttingen 1993: S. 103–143.
TSA: Ecstasy – die unterschätzte Droge. In: Psychologie Heute 26 (4), 1999. S. 12.
TULVING, E.; OSLER, S.: Effectiveness of retrieval cues in memory for words. In: Journal of Experimental Psychology 77, 1968.
UDDENBERG, N.; FAGERSTROM, C.F.: The Deliveries of Daughters of Reproductively Maladjusted Mothers. In: Journal of Psychosomatic Research 20, 1976: S. 223–229.
ULRICH, M.: Risiko- und Schutzfaktoren in der Entwicklung von Kindern und Jugendlichen. In: Zeitschrift für Entwicklungspsychologie und Pädagogische Psychologie 20 (2), 1988.
UNVERZAGT, G.: Scheidungskinder: Was das Leben nach der Trennung leichter macht. In: Psychologie Heute 25 (4) 1998: S. 14–15.
VERNY, TH.; KELLY, J.: Das Seelenleben des Ungeborenen. München 1983.
VOLLMER, G.: Evolutionäre Erkenntnistheorie. Stuttgart 1975.
WAGNER, G.: Das Befinden von Kindern und Jugendlichen in der Schule. In: ÖPU-Nachrichten 11 (2), 1997.
WEIDENBACH, J.: Frühstart ins Liebesleben. In: Psychologie Heute 26 (1) 1999: S. 18.
WEIDENMANN, B.; KRAPP, A. et al. (Hg.): Pädagogische Psychologie. München 1986.
WEINERT, F.E.: Entwicklungsabhängigkeit des Lernens und des Gedächtnisses. In: MONTADA, L. (Hg.): Brennpunkte der Entwicklungspsychologie. Stuttgart 1979.

WEINERT, F.E.: Entwicklung im Kindesalter. Weinheim 1998.
WEISS, C.: Pädagogische Psychologie II. Bad Heilbronn 1965.
WENDT, D.: Entwicklungspsychologie. Stuttgart 1997.
WENZL, A.: Theorie der Begabung. Leipzig 1934.
WITZEL, A.: Verfahren der qualitativen Sozialforschung. Überblick und Alternativen. Frankfurt 1982.
WODE, H.: Psycholinguistik. Eine Einführung in die Lehr- und Lernbarkeit von Sprachen. Ismaning 1993.
WOHLWILL, J.F.: Strategien entwicklungspsychologischer Forschung. Stuttgart 1977.
WYGOTSKI, L.S.: Denken und Sprechen. Stuttgart 1971.
YOUNG, K.S.: Internet: Warum das Surfen zur Droge werden kann. In: Psychologie Heute 25 (1), 1998, S. 9.
YOUNISS, J.: Soziale Konstruktion und psychische Entwicklung. Frankfurt 1994.
ZIMBARDO, P.G.: Psychologie. Berlin [7]1999.
ZOLLINGER, B.: Spracherwerbsstörungen. Grundlagen zur Früherfassung und Frühtherapie. Bern [5]1997.
ZULEHNER, P.: Ein Kind in ihrer Mitte. Wien 1999.

Sachregister

AAM 34
Abenteuerlust 260, 310
Aberglauben 162
Abhängigkeit 245
Abhängigkeit, infantile 192
Ablehnung 63, 271
Ablösung 196, 201, 215, 254, 268, 269, 274, 283, 285f., 298f.
Abortus 70
abreagieren 278
Absicht 235
abstrakte Figuren 213
abstraktes Denken 224
Abstraktion 111f.
Abstraktionsfähigkeit 156
Abtreibung 266
Abwehr 215
Abwehrmechanismen 49, **190f.**
Acht-Monate-Angst 107, 193
ACTH 262
Adaption 159
Adjektive 209
Adoleszenz **266f.**
Adoptiveltern 52f.
Adoptivkinder 51
Adrenalin 68, 71
Affekte 35
Affektivität, labile 262
Affektverflachung 309
Agens 205
Aggression 117, 166, 188, 189, 193, 233, 268, 313
Aggression, sexuelle 304
Aggressivität 242, 260, 309
Aggressivität, kollektive 231
Agitation 314
Aids 266
Akkomodation 159, 163, 167
aktive Selbststeuerung 47
Aktivierungszirkel 170
Aktivität, sexuelle 263

Aktivitäten, spontane 41
Aktivsätze 206
akustische Gliederungsfähigkeit 213
Akzeleration 203, **256f.**, 275
Akzeleration, Auswirkungen 258
Akzeleration, Ursachen 257f.
Alkohol 63, 191, 278, 291, **308f.**, 310
Alkoholsyndrom, fötales 65
Alleinerziehende 283
Alleinspiel 215
Als-ob-Einstellung 165
alte Werte 289
Altenbetreuung 21
Alter, neurologisches 55
Altersreifung 42, 201
Ambiguität 209
Ambivalenz 67, 70, 188, 193, 195, 243, 268f., 296, 305
Amnesie 146
Amphetamine 309
anale Phase 46, 189
Analzone 188, 189
Androgen 256
Anerkennung 267
Anforderungen, Entwicklungsgemäßheit 253
Anforderungen, soziokulturelle 45
Angst 40, 69, 73, 107f., 117, 129, 162, 180, 215, 237f., 246, 277, 294, 308, 309, 317
Angst, magische 240
Angstüberflutung, pränatale 68
Animismus 159
Anlage 27, 30, **34**, 50
Anlage – Umwelt 27, 30, 50f., 55, 78f.,
Anlage – Umwelt – Individuum 28f.
Anorexia nervosa 264
Anpassung 16, 80, 257, 268, 276f., 315
Anpassungsbereitschaft 254
Anpassungskrise 296f.
Anpassungsschwierigkeiten 267
anschauliches Denken 216

Anschauung 156
Anspruchsniveau 214, 247, 297
Anspruchsniveau, sozialbezogenes 214
Anstrengung 215
Anthropologie 20, 21
Anthropomorphismus 155, 159f., 165, 201, 212
Antriebsstrukturen 213f.
Apathie 268
Apgar-Index 72
Appetitlosigkeit 310
Arbeitshaltung 171, 172, 202, 265
Arbeitslosigkeit 307, 314, 317
Arbeitsplatz 280, 286
Arbeitspsychologie 21
Arbeitsteilung 261
Artikel 150
Artikulationsart 98
Artikulationsstelle 98
Asphyxie 73
Aspirationsniveau 184f., 215
Assimilation 159, 163. 165, 212
Assoziationen 166, 208, 229
Ästhetik 284
Asylanten 314
Asymmetrie, funktionelle 91
Atemzüge, erste 72f.
Atmung, Neugeborenes 73
Atomkraft 293
Attachment 120
Aufgaben 226, 268, 269, 271
Aufgaben, Schwierigkeit 222
Aufgaben, selbstgewählte 215
Aufgabenbereitschaft 202
Aufklärung, sexuelle 243f., 265, 304
Aufklärungsunterricht 265f.
Auflehnung 287
Aufmerksamkeit 171, 213, 218, 248
Aufmerksamkeit, unwillkürliche 213, 215
Aufmerksamkeit, willkürliche 202, 213
Aufsetzen 105
Aufsicht 315
Auge-Hand-Koordination 96, **99**, 106
Augen 56
Augenbewegungen 92, **93**, 135

Ausbeutung 245
Ausbeutung, sexuelle 246f.
Ausbildung 242, 267, 316
Ausdauer 202, 214
Ausländer 314
Ausländerfeindlichkeit 314
Auslösemechanismen, angeborene **34**
autistische Phase 192
autonome Moral 235, 236
autonome Motivation 247
Autonomie 46, 233, 260, 315, 317
autoritäre Führung 233
autoritärer Erziehungsstil 315
Autorität 233, 236, 244, 268, 305, 313, 315
autoritativer Erziehungsstil 315
Autoritätsdruck 315
Auxiliarverben 150
Axone 76

Ball werfen 131, **133**
Bauchlage 104
bedingte Reflexe 62
Bedürfnisse 17, 248, 264
Bedürfnisse, Befriedigung 48, 121, 245
Bedürfnisse, primäre 48
Bedürfnisse, triebhafte 289
Beeinträchtigungen, psychosomatische 70
Befriedigung, orale 87, 191
Begabung 21, 84, 145, 201
Begabungsreserven 21
Begabungsunterschiede 218
Begleitung, haptonomische 67
Begleitung, pränatale 67
Begriffe, Ordnung 158
Begriffe, Überordnung 222
Begriffe, Unterordnung 222
begriffliches Denken 201
Begriffsbildung 144, 154, **155f.**, 216
Begriffsbildung, rationale 216
Begriffsbildung, relationale 216
Begriffsbildung, Stufen 157
Behaarung 255
Behaltensstrategien 226
Behaviorismus 150, 151
Belästigung, sexuelle 304

Belastung 278f.
Benachteiligung 225, 261
Beobachtung **22**
Beruf 261, 267, 268, 274, 298
Beruf, Einstellung 296
Berufsfindung 269
Berufsleben 272
Berufsmöglichkeiten 242
Berufsschüler 286
Berufswahl **296f.**
Berufswechsel 296
Beschimpfung 304
Beschwerden, somatische 310
Beschwichtigungsgebärden 103
Besuchsrecht 282
Betasten 136
Betreuung, nachgeburtliche 117
Bettnässen 129, 191, 247
Beurteilung 232
Bewährung 268
Bewegung, Grundformen 41
Bewegung, Präzision 41
Bewegungen, stereotype 91
Bewegungsbedürfnis 260
Bewegungsfreude 217
Bewegungskoordination 217
Bewegungsspiele 167
Bewegungsunruhe 215
Bewegungsverbesserung 217
Bewusstsein 19, 284
Beziehung 101, 107
Beziehung, Eltern – Ungeborenes **66f.**
Beziehung, emotionale 17
Beziehung, erstes Lebensjahr 107f.
Beziehung, Geschlechter 233
Beziehung, Geschwister 264f.
Beziehung, Internet 311
Beziehungen, Erfassen 136
Beziehungen, heterosexuelle 277
Beziehungen, sexuelle **303f.**
Beziehungen, soziale 230f.
Bezugsperson 192f., 215, 254, 268
Bezugspersonen, Wechsel 126f.
Bilderfassen 135
Bildinterpretation 31

Bildungsangebote, kompensierende 50f.
Bildungsforschung 306
Bildungsniveau 312
Bildungsorganisation 239
Bildungsstand 287
Bildungstheorie 275
Bindung 46, 74, 123, 126, 193, 240, 260, 287
Bindung, sichere **129f.**
Bindungen, soziale 261
Bindungsfähigkeit 17, 85, 108
Bindungsmotiv, Entwicklung 117f.
Bindungsverhalten, Phasen 120
Biologie, Pubertät **270f.**
Bildungsoptimismus 84
Blickfeld 105
Blickkontakt 101, 103, 115
Blickwinkel 137
blind Geborene 34f.
Body-Image 264
Bonding **114f.**
Brustpetting 244, 263
Brutpflege 17
Bullying 313
Bürgerinitiativen 295

Cannabis 308
cephalo-caudale Entwicklungsrichtung 91
Chancengleichheit 51, 84
Chromosomenanomalie 51
Chromosomenfehler 75
Clique 231, **299f.**, 308
Code, elaborierter 209f.
Code, restringierter 209f.
Computerfreaks 301
Computerspiele 262
Contergan 65
Coping **45, 276f.**
Coping, Strategien 277
Cortisol 256
Curriculum 21
Cyberspace, Droge 311

Darstellungsfunktion 110
Dauerbelastung, psychische 68

Dauerbeobachtung, systematische 22
Daumenlutschen 191
Deduktion 153
Defizite, Bildung 50
Dekompensation 126
Delinquenz 268
Delinquenz, Jugendliche **312f.**
Demonstrationen 295
Demutsgebärden 103
Dendriten 56, 77, 78
Denken, abstraktes 224
Denken, anschauliches 159, 216
Denken, begriffliches 201
Denken, egozentrisches 136
Denken, eindimensionales 212
Denken, erfahrungsorientiertes 201
Denken, formales 222, 254, 265
Denken, historisches 221
Denken, kausales 201, 216, 221
Denken, komplexes 219f.
Denken, konkretes 222, 223
Denken, logisch-begriffliches 225
Denken, logisch-kritisches 200
Denken, magisches 160, 240
Denken, naturwissenschaftliches 212
Denken, prälogisches 136, 161, 212
Denken, realistisches 212
Denken, schlussfolgerndes 216, 221, 222
Denken, späte Kindheit 222
Denken, symbolisches 159
Denken, verballogisches 220
Denkentwicklung 158f.
Denkoperationen, formale **222f.**
Denkoperationen, konkrete 216f.
Denkprinzip 143
Denkprozesse verbinden 221
Denkprozesse, logische 161
Denkpsychologie 20
Denkschema 177
Denkstörungen 309
Denkstruktur 212
Denkstruktur, prälogische 185
Denkstrukturen, logische 201
Denkstufe, prälogische 158
Depersonalisation 309

Depression 246, 306, 313
Deprivation 39, 78, 82, **125f.**
Deskriptivismus 151
Desorganisation, soziale 305f.
Dialog 121
Dichte 222
Differenzierung 27, 31, 36, 158, 193
Differenzierung, geschlechtliche 253, **255f.**
Differenzierungshemmungen 36
Diffusion der Identität 46
Ding an sich 202, 205
Diskotheken 301
Diskrepanz, Identität 285
Diskrepanz, kognitive 108
Dislokation 181
Disposition 34, 83, 247
Distanz, emotionale 261
Distanzierung, emotionale 215
Dominanzwechsel 14f.
Dreidimensionalität 183
Dreiermenge 142
Dreirad fahren 133
Dritte Welt 82, 96
Drogen 63, 278, **308f.**, 310
Drogen, illegale 308
Drogengebrauch 308
Drogenmissbrauch 21, 308f.
Drop-outs **306**, 309
Drüsen, endogene 35
Drüsen, innersekretorische 257
Du 188
Durchsetzung 196
Dyade 195

Ecstasy 308, **309**
egozentrisches Denken 136
Egozentrismus 136, 159f., 201, 212, 215, 224
Egozentrismus, Überwindung 215, **221f.**
Ehe 272, 283
Eifersucht 193, 266
Eigendynamik 29
Eigenerlebnis 212
Eigenerlebnis, Distanz 219, 221, 224
Eigenleben 261
Eigenleben, Mädchen 263f.

Eigenschaften 42, 285
Ein-Elternteil-Familie 281
Einfühlungsvermögen 284
Eingeschlossenheit 136
Eingewöhnung, Kindergarten 196f.
Einkoten 129, 247
Einnässen 191, 247
Einprägen 229
Einsatz, persönlicher 232
Einsicht 17, 108f.
Einstellungen 247, 248, 296f., 309
Ein-Wort-Sätze 112f., 148
Einzelsprache, Parametrisierung 153
Eizelle, Einnistung 63
Ekel 191, 215
Ekstase 285, 289
elaborierter Code 209
Eliten 50
Eltern, Erziehungsverhalten 315
Eltern, Rückhalt 269
Elternbeziehung 124, 196
Eltern-Jugendliche-Beziehung 260f.
Eltern-Kind-Begleitung 67
Eltern-Kind-Beziehung 254
Elternschaft, multiple 281
Elternteil, Präferenz 124
Elternteil, Verlust 191
Emanzipation 283, 298f.
Embryo 55
embryonale Schlafhaltung 73
Embryonalentwicklung 38
Emotion 185
emotionale Entwicklung, Kleinkind **185f.**
emotionale Krisen 268
emotionale Probleme, Schulkind **237f.**
Emotionen, negative 68f.
Empfangsrituale, Geburt 74
empathische Beziehung 66
empathische Kommunikation 67
Encephalisation 36
endogenistische Theorien 29, **30**
endokrines System 75
Enkodierung 226
Entfaltungslogik, sachimmanente 36
Entfernungssehen 134

Entfremdung 116
Entscheidungsfreiheit 267, 268
Entspannung 291
Entsühnung 188
Enttabuisierung 265
Entwicklung **19f.**
Entwicklung, aktive Rolle des Individuums 45
Entwicklung, Definition **27f.**, 42
Entwicklung, Determinanten 20, **34f.**
Entwicklung, embryonale 76
Entwicklung, erstes Lebensjahr **85f.**
Entwicklung, genetische Faktoren 42
Entwicklung, innerseelische dynamische
    Faktoren 42, **47f.**
Entwicklung, intrauterine 55f.
Entwicklung, Kleinkind – Schulkind **212f.**
Entwicklung, kognitive 158f.
Entwicklung, Krisen 45
Entwicklung, Lebensspanne **47**
Entwicklung, Leistungsmotivation 247f.
Entwicklung, moralische 230f., **236f.**
Entwicklung, psychoanalytische Theorie **188f.**
Entwicklung, somatische 259f.
Entwicklung, soziale 230f.
Entwicklung, soziokulturelle Faktoren 42, **43f.**
Entwicklung, unharmonische 257
Entwicklung, vorgeburtliche **55f.**
Entwicklung, vorpubertäre 256
Entwicklungsaufgaben **45f.**, 204, 253, 269
Entwicklungsaufgaben, Berufsfindung 296f.
Entwicklungsaufgaben, Bewältigung **276f.**,
    317
Entwicklungsaufgaben, Erfüllung 280f.
Entwicklungsaufgaben, Familie 283
Entwicklungsaufgaben, Jugendalter **271f.**
Entwicklungsaufgaben, Struktur **46**
Entwicklungsdynamik 45
Entwicklungskrisen 276
Entwicklungsmodelle, prozessorientierte 49f.
Entwicklungsnorm 253
Entwicklungsnorm, soziokulturelle 45
Entwicklungsprobleme, vorgeburtliche **63f.**
Entwicklungsprozesse 14f.
Entwicklungsprozesse, Merkmale **31f.**
Entwicklungspsychologie der Lebensspanne 24

Entwicklungspsychologie, Definition **19**
Entwicklungspsychologie, differenzielle 24, 25
Entwicklungspsychologie, Gegenstand 19, **20**
Entwicklungspsychologie, interdisziplinär 21
Entwicklungspsychologie, Stellung **20f.**
Entwicklungspsychologie, Ziele **25f.**
Entwicklungsquotient 127
Entwicklungstheorien **29f.**
episodisches Gedächtnis 226
EQ 127
Erbanlagen 50, 51
Erbgangsmodell, Passung 51
Erbkonstellationen **35**
Erbkoordination 167
Erbmaterial 152
Erbtheoretiker 50
Erektion 189
Erfahrung 30
Erfahrungen, operative 221
Erfahrungen, sensorische 41
Erfahrungswissen 143, 212
Erfassen von Beziehungen 111, 136
Erfassen, ganzheitliches 139
Erfassen, globales 201
Erfassen, teilinhaltliches 201f., 213, 215f.
Erfolg 214, 271
Erkunden 29
Erleben 19
Erleben, ästhetisches 284
Ernährung 257
erogene Zone 188
Erotik 263, 285
Erregung, sexuelle 245, 303
Erscheinungsbild, äußeres 284f.
erstes Lächeln 100
erstes Lebensjahr, aktive Zuwendung **104f.**
erstes Lebensjahr, Beziehung 107f.
erstes Lebensjahr, Entwicklung **85f.**
erstes Lebensjahr, Gedächtnis **104**
erstes Lebensjahr, Gehen **109**
erstes Lebensjahr, Hören **97f.**
erstes Lebensjahr, Interaktion **114f.**
erstes Lebensjahr, Motorik **98f.**, **104f.**
erstes Lebensjahr, Sehen **98**
erstes Lebensjahr, spezifische Reaktionen **96f.**

erstes Lebensjahr, Verhalten **86f.**
erstes Wort 109f.
Erwartungen 87, 296f.
Erzählen 223f.
Erzieher 199
Erziehung 29, 233
Erziehung, sexuelle 316
Erziehungsstil 215, 238f., **315**
Erziehungsverhalten, elterliches 315
Es 188
Essprobleme 129
Essstörungen 70
Esssucht 310
Ethik 292
Ethnozentrismus 25, 313
Euphorie 309
Europa 296
Evolution 14, 35
Exhibitionismus 189, 244, 247
Existenzunsicherheit 240
Exogenistische Theorien 29f.
Exosystem **44**
Expansion, schöpferische 48
Expansionen 150
Experiment **22**
Experimentierlust 310
Exploration 23, 41, 136
Explorationsverhalten 195
Extensionen 112
extrauterines Frühjahr **85**
Extraversion 260
extrinsische Motivation 247

Fähigkeiten 285
familiäre Gewalt 312
Familie 43, 45, 124, **233f.**, 246, 272, 273, 274, **280f.**, 298
Familie, Autoritätsdruck 315
Familie, Definition 280
Familie, Entwicklungsaufgaben 283
Familie, geteilte 281
Familie, intakte 281
Familie, sozial schwache 309
Familienbeziehungen, gestörte 285
Familienforschung 51

Familiengründung 275
Familienkonflikte 268
Familientheorie 281
Farbdifferenzierung 97
Faschismus 22
Fehlanpassungen, Jugendliche **305f.**
Fehlernährung 63
Fehlgeburten 63
Feinkoordination 218
Feinkoordination, manuelle 134
Feinmotorik 86, **132f.**, 256
Feinmotorik, Hände 133f.
Fernsehen 302
Fibelwortschatz 207
Fiktionsspiel **164f.**
Finalismus 154
Fingerlutschen 87
Fingermotorik 98
Fixation 93, 98
Fixierung 192
Fixierung, prälogische 157
Flächenunterscheidung 144
Flegeljahre 28
Flips 291
Fluktuation 213
Förderprogramme 204
Förderung, schulische 223
formales Denken 222, 254, 265
Formkonstanz 135
Formwahrnehmung 97
Forschung, qualitative **21f.**
Forschung, quantitative **21f.**
Fortbewegung 105
Fortpflanzung 267
Fortsetzungsfamilie 281
fötales Alkoholsyndrom 65
Fötus 56
Fötus, Aktivität 60
Fötus, Fähigkeiten **59f.**
Fötus, Hören **61**
Fötus, Lernen **62**
Fötus, Motorik **60f.**
Fötus, rhythmische Bewegungsmuster 61
Fötus, Sehen **61f.**
Fötus: negative Emotionen der Mutter **68f.**

Fötus: Schmecken **62**
Fötusentwicklung, Alkohol 65
Fötusentwicklung, exogene Einflüsse **64f.**
Fötusentwicklung, Kaffee 65
Fötusentwicklung, Medikamente 65f.
Fötusentwicklung, Passivrauchen 64
Fötusentwicklung, Rauchen 64
Fragealter 148, **154f.**
Fragebogen 23
Freizeit 45, 248, 291, 299f.,
Freizeitbereich 286
Freizeitbeschäftigungen 248f.
Freizeitgesellschaft 298, 301
Freizeitkultur, kommerzielle 302
Freizeitpartner 300
Freizeitverhalten, Jugendliche **301f.**
Fremdbestimmung 163, 305
Fremde Situation 119
Fremdeln **107f.**
Fremdsteuerung 214
Fremdwahrnehmung 192
Frequenzen, Wahrnehmung 94
Freunde 274, 299f., 302
Freundeskreis 43
Freundinnen 263
Friedensbewegung 293, 300
Fruchtwasser 62
Frühentwickler 256
Frühgeborene 59, **74f.**, 127
Frühgeborene, klinische Probleme 74
Frühgeborene, Selbstregulation 74
Frühgeburt, physiologische 85
Frühkontakt 115
Frühkontaktmütter 114
Frühreife 259
Frustration 40, 191
Frustrationsintoleranz 69
Frustrationstoleranz 184
FSH 256
Führer 231
Führung, autoritäre 233
Führungsrolle 198, 231
Führungsstil 198, 238
funktionale Stufen 168f.
funktionelle Asymmetrie 91

Funktionslust 164, 167, 214
Funktionsspiel 102, 136, **167f.**, 214
Funktionsübung 41
Funktionsübungen 48
Funktionswechsel 14
Funktionswörter 150
Fußballfans 301

Gang, aufrechter 17, 85, 108f.
Ganzheitlichkeit 139
Gattungsbegriffe 156
Gebärde 34, 96, **103**, 193
Gebärfähigkeit 253
Geborgenheit 17, 67, 121, 287
Gebotsgehorsam 186
Geburt 55, 62, 68, **71f.**, 264
Geburt, Empfangsrituale 74
Geburt, normale 71f.
Geburt, operative 70
Geburt, Risikogeburt 75
Geburt, Stress 73
Geburt, termingerechte 71
Geburtsgewicht 64
Geburtstrauma 73
Geburtsvorgang **72**
Gedächtnis 254f.
Gedächtnis, episodisches 226
Gedächtnis, erstes Lebensjahr **104**
Gedächtnis, Kleinkind 145f.
Gedächtnis, Neugeborene 87f.
Gedächtnis, Schulkind **225f.**
Gedächtnis, semantisches 226
Gedächtnisforschung 147
Geheimnisse 261
Gehen **109**
Gehirn 16, 18, 35, 151
Gehirnentwicklung **76f.**
Gehirnentwicklung, Umwelt 76f.
Gehirngewicht 56
Gehirnwachstum 56
Gehorsam 292
Geisteswissenschaften 19
geistige Prozesse, biologische Grundlagen **76f.**
Gelegenheitsbeobachtung 22
Geltung 17

Gene 13, 34, 38
Generalisierung 26, 54, 158, 201, 212
Generative Grammatik 112, 150, **151f.**
Generativität 46
Genetik 20
genitale Phase 46
Genitalien 247
Genitalien, Stimulation 303
Genitalpetting 244, 263
Genitalzone 188
Genotyp 51, **81**, 83
Genstruktur 27
Gerechtigkeit 232, **236**, 237
Gesamtkultur 44
Geschicklichkeit 272
Geschlechterbeziehung 233
Geschlechterstereotyp **240f.**
geschlechtliche Reifung 253
Geschlechtsbewusstsein 239
Geschlechtsbeziehungen 258
Geschlechtshormone 270
Geschlechtsidentifikation 239f.
Geschlechtsidentität 196
Geschlechtskrankheiten 266
Geschlechtsmerkmale, sekundäre 255, 270
Geschlechtsorgane 243, 253
Geschlechtsorgange, innere 270
Geschlechtsrolle 46, **239f.**, 242, 253, 261, 314, 316
Geschlechtsrolle, Typisierung 241
Geschlechtsverkehr 244, 247, 303
Geschlossenheit 136
Gesellschaft 43
Gesellschaft, Eingliederung 267
Gesellschaft, offene 305
Gesellschaft, pluralistische 241, 288
Gesellschaft, Wandel 297
Gesicht erkennen 98
Gestagen 256
Gestalten, akustische 139, 202
Gestalten, optische 139f.
Gestalten, Raumlage 141f.
Gestaltwahrnehmung 139, 202
Gestaltwandel 257
Gestaltzusammenhang 141

Gestationszeit 74
Gesten 34, **103**, 112, 193
Gewalt 21
Gewalt, familiäre 312
Gewalt, Jugendliche 312f.
Gewaltbereitschaft 313
Gewichtszunahme 256
Gewissen 18, 185f., 190, 272
Gewissensbildung 185f.
Gewissensbildung, erste 48, 215
Gewohnheiten 33
Gleichaltrige 43, 230f., 260, 267, 280, 285, 298f., 302, 316
Gleichberechtigung 288, 305
Gleichgewicht 276
Gleichgewicht, Systeme 80
Gliederungsfähigkeit 201
Gliederungsfähigkeit, akustische 213
Gonaden 256
Grammatiktheorie 112
Grammatiktradition 151
Grammatikunterricht 224
Grapheme 202
Greifen 41, 96, **98f.**, 105, 136, 192
Greifen, palmares **99**, 106
Greifreflex 90, 99
Greifschema 98
Größenkonstanz 135
Größenunterscheidung 143
Großhirn 76
Großhirnrinde 35f.
Grundbewegungen 132
Grundfarben 144
Grundrisszeichnung 220
Grundstimmung 262f.
Grundwortschatz 207
Gruppe 215, 230f., 260, 263, 269, 272,
Gruppe, Entwicklung 301
Gruppe, gemischte 301
Gruppen, informelle 303
Gruppen, institutionalisierte 303
Gruppen, soziale 43
Gruppenbewusstsein 215
Gruppenbildung 232
Gruppendynamik 259

Gruppenidentifikation 232
Gruppenkontakt 269
Gruppenmoral 263
Gruppennorm 299
Gruppierungen, politische 293
Grußzeremonien 103
Gurren 101

Habituierung 93
halbstrukturierte Situation 123
halbverbale Zeichen 111
Halluzinogene 309
Halt 287
Haltung, autoritäre 315
Haltungen 42, 48f., 235, 254
Haltungsverfall 265
Handeln 16
Handeln, Freiheitsgrade 16
Handeln, sprachliches 205f.
Händigkeit 91
Handlung, sexuelle 245
Handlungsabläufe, ritualisierte 146
Handlungsbegriff 237
Handlungsspiele 148
Handlungstheorie 47
Handmotorik 98
Hantieren 41
Haptonomie 67
Haschisch 308
Hautkontakt 117
Hautreize 192
Heimkinder 125, 129
Heimunterbringung 126
Helligkeitsempfindung 92
Hemmung 36, 60, 218
Herausforderung, elterliche 315
Heroin 308
Herzschlag, Mutter 61
Herztätigkeit, fötale 62
heteronome Moral 235, 236, **237**, 292
Hingabe 258
Hip-Hopper 301
Hirnaktivität 38
Hirnentwicklung **56f.**
Hirnreifung 38

339

Hirnrinde 39
Hirnschädigung 73, 116, 134
historisches Denken 221
Hobby 248
Holophrasen 148
Homologie Mensch – Tier 37
Homöostase **80**
Homosexualität 247, 266, 304
Hören, erstes Lebensjahr **97f.**
Hören, Fötus **61**
Hören, Neugeborenes 93f.
Hormone 254, 255, 256, 258, 270
Hörrinde 61
Hospitalismus 82, 126
Hüpfen 131
Hypochondrie 70
Hypophyse 256, 270
Hypothalamus 256
Hypotrophie 75

IAD 311
Ich 188
Ich, selbststeuerndes 47
Ich-Abhebung 186, 187, 189, 190, 194
Ich-Bewusstsein 16
Ich-Bezogenheit 159, 285
Ich-Erhöhung 289
Ich-Erleben 285
Ich-Findung 268
Ich-Kontrolle 309
Identifikation 254, 261
Identifikation, Gruppe 232
Identifikation, psychosexuelle 239
Identität 46, **284f.**, 312
Identität, Menge 216
Identität, optative 284
Identität, subjektive 284
Identitätsdiskrepanz 285
Identitätsfindung 285
Identitätsverlust 285
Identitätszuschreibung 284
Ideologie 44, 288
Illusionsspiel **164f.**
Imponiergehabe 285
indifferenter Erziehungsstil 315

Indifferenz 213, 287
Individualbegriffe 155
Individualisierung 303
individualistische Moral 292
Individuum 29
Induktion 151
Infektionskrankheiten 63
Informationsaufnahme 37
Informationsbewertung 37
Informationsspeicherung 37
Informationsverarbeitung 212
Initiative 46
Inkubator 74
Innenohr 61, 93
Instabilität, emotionale 314
Instinkte 15, **34**
Instinktreduktion 16
Instinktverhalten 100
Instinktverhalten, angeborenes 100
Institutionen, Vertrauen 295
Insulin 256
Integration 196
Integration, sensorische 95
Integration, soziale 231, **267**, 297
Integrierung 31
Integrität 46
intellektuelle Kompetenz 253
Intelligenz 42, **50f.**, 145, 201, 213, 218,
    223, 225, 226, **80f.**
Intelligenz, aktualisierte **83f.**
Intelligenz, Definition **80**
Intelligenz, Kleinkind 145
Intelligenz, Mythen 84
Intelligenz, nichtsprachliche 135
Intelligenz, potenzielle **83f.**, 225
Intelligenz, sensomotorische 113, 135
Intelligenz, soziale 173
Intelligenzentwicklung **227f.**
Intelligenzniveau 53
Intelligenzpotenzial, Vererbung 51
Intelligenzquotient 50, 75
Intelligenztests 53, 83, 143, 145
Interaktion 149
Interaktion, Dialog 121
Interaktion, Eltern 124

Interaktion, Eltern – Jugendliche 287
Interaktion, erstes Lebensjahr **114f.**
Interaktion, gestörte **125f.**
Interaktion, soziale 305
Interaktionen, psychotaktile 67
Interaktionismus 29f.
Interaktionistische Theorien 29, **30f.**
Interdisziplinäre Zusammenarbeit 41
Interdisziplinarität 21
Interesse 197, 212, 218, **247f.**, 258
Interesse, Politik 294
Interiorisation 288
Internet Addiction Disorder 311
Internetsucht 311
Intervention 25f.
Interventionsforschung 51
Interventionsstudien 26
Intimität 46
Intimsphäre 274
Intonation 98, **102f.**
intrauterine Entwicklung 55f.
intrinsische Motivation 247
Introspektion 269
Invarianz 212
Invasivtherapie 75
Inzestschranke 234
Irreversibilität 33, 159
Isolierung 46

Jugendalter **251f.**
Jugendalter, Entwicklungsaufgaben **271f.**
Jugendgewalt 312f.
Jugendgruppen 299
Jugendkult 251
Jugendliche, Delinquenz **312f.**
Jugendliche, Fehlanpassungen **305f.**
Jugendliche, Freizeitverhalten **301f.**
Jugendliche, Problemverhalten **305f.**
Jugendzentren 299

Karriere 45
Katharsis 166
kausales Denken 201, 216, 221
Kehlkopf 255
Kernfamilie 280f.

Kids 252, 313
Kind – Familie 233f.
Kind-Eltern-Beziehung 123
Kinderdorf 126
Kindergarten 174, **196f.**
Kindergartenerziehung 144
Kinderzeichnung 31, **175f.**
Kinderzeichnung, Merkmale **177f.**
Klammersyndrom 195
Klassenbildung 156
Kleinhirn 76, 77
Kleinkind, emotionale Entwicklung **185f.**
Kleinkind, Gedächtnis 145f.
Kleinkind, Intelligenz 145
Kleinkind, Kognition **135f., 158f.**
Kleinkind, Körperbeherrschung **131f.**
Kleinkind, Leistung 184
Kleinkind, Motorik **131f.**
Kleinkind, Sozialverhalten 215
Kleinkind, Spiel **163f.**
Kleinkind, Sprache **148f.**
Kleinkind, Wahrnehmung **134f.**
klinische Psychologie 20
Knospenbrust 255
Koaktionen 53
Koffein 310
Kognition, Kleinkind **135f., 158f.**
kognitive Entwicklung 111
kognitive Entwicklung, Vorpubertät 261f.
kognitive Linguistik 150
kognitive Struktur 38
Koitus 244, 263, 303
Koitus, Bewertung 304
Koitus, erster 303
Kollektivbewusstsein 215
Kollektivstrafen 235
Kommunikation 18
Kommunikation, empathische 66f.
Kommunikationssysteme 17
Kommunikationsversagen 108
Kompensation 50f., 128, 205, 259, 268
kompensatorische Lernangebote 53
Kompetenz 151, 153, 248, 253
Kompetenz, Erwerb 44
Kompetenz, soziale 274

Kompetenz, sprachliche 224
Kompetenzentwicklung 49
komplexe Sätze 206
komplexes Denken 219f.
Komplexität, neuronale 80
Kompromissbereitschaft 277
Konditionierung 17, 151, 160, 215
Konditionierung, instrumentale 121
Konflikt 166, 188, 215, 254f., 258, 260, 262f., 267, 276, 286f., 290, 313
Konformismus 285
Konformitätsdruck 303
Konjunktionen 206
konkretes Denken 222, 223
Konsonanten 102
Konstanz 212
Konstanz, Menge 216
Konstanzleistungen 135
Konstruktionsspiele 167
Konstruktivismus 29
konstruktivistische Stadientheorien 31
Konsum 301
Konsumgesellschaft 301
Kontaktaufnahme 105
Kontakte, sexuelle 269, 304
Kontaktfähigkeit 196
Kontaktsicherung 155
Kontaktstörungen 309
Kontaktverlust 108
Kontext 43f.
Kontext, ökologischer 26
Kontext, sozialer 25
Kontrastierung 209
Kontrolle, elterliche 287
Kontrollgruppe 22
Kontur, persönliche 284
konventionelles Niveau 292
Konvergenztheorie 27
Konzentration 171, 202, 213f., 218
Konzepte, semantische 148
Konzeption 55, 71
Koordination Auge – Hand 96
Koordination, Bewegung 217f.
Koordination, neuromuskuläre 104f.
Koordination, sensomotorische 98

Koordination, visuomotorische 218
Kopffüßer 176
Körperbeherrschung, Kleinkind **131f.**
Körperhaltung 105
Körperkontakt 95
Körperkraft 259
Körperproportionen 253f., 257
Körperschema 142
Körperschema, Störungen 264
Korrespondenz 212
Kotschmieren 189
Krabbeln 105f., 134
Kraftsteigerung, Vorpubertät 260
Krankheit 117
Kreativität 166, 171
Kreolistik 154
Kriechen 105
Krieg 294
Kriminalität 21, 268, 309
Krippe 174
Krise **45**, 254, 276, 296, 299
Krisen, emotionale 268
Kritik 219, 259, 264
kritische Phase **39f.**, 78, 79f.
kritischer Realismus **219f.**, 223, 232, 242, 247
Kritzelstadium 169, 176
Kultur 42, 43, 212, 254, 274, 275
Kundgabe 109f.
Küssen 263, 303

Labilität 196, 262, 285
Laborsituation 26
Lächeln 96, **100**, 101, 193
Lächeln, erstes 100
Ladendiebstahl 313
Lageanomalien 213
Laissez Faire 315
Lallen 96, **102**, 111
Lallphase 102
Landkarten 220f.
Längenunterscheidung 143
Längenwachstum 254, 255, 270
Längsschnittuntersuchung **24**
Langzeitgedächtnis 226

latente Reifung 40
Latenz 46, 190, 243, 244
Lautäußerungen 121
Laute 202, 205
Lauterwerb 110
Lautgebilde, arbiträre 111
Lautsprache 101,f.
Lautspracherwerb, Vorstufen **101f.**
Lebensabschnitte 251f.
Lebensalter 19f.
Lebensaufgabe 268
Lebensbedingungen 253
Lebensbereiche 158
Lebensereignisforschung **47**
Lebenserfüllung 297
Lebensformen 269
Lebensführung, verantwortungsvolle 317
Lebensgemeinschaften 281
Lebensgeschichte 305
Lebensgrundsätze 48
Lebenshaltung, deviante 309
Lebenslage 51
Lebensplanung 269, **296f.**, 298
Lebensraum **43**, 45
Lebensspanne 21, 24
Lebensumwelt, extrauterine 74
Lebensziele 48
Lehrer, Autorität 211
Lehrer, Beziehung **232f.**
Lehrer, Identifikationsobjekt 211
Lehrer-Schüler-Beziehung 215, 261
Leistung 23, 174, 214, 232, **247**
Leistung, Kleinkind 184
Leistung, manuelle 218
Leistungsbewusstsein 217
Leistungsfähigkeit 253
Leistungsfähigkeit, individuelle 45
Leistungsmotivation 184f., 214, 215, **247f.**
Leistungsverhalten 288
Leitbilder 48f.
Leitlinien 48
Lektüre 262
Lernen 29, **37f.**, 40, 42
Lernen, autarkes 18
Lernen, biologische Voraussetzungen 37f.

Lernen, Definition **37**
Lernen, Einsicht 17
Lernen, Fötus **62**
Lernen, intrauterin 58
Lernen, Konditionierung 17
Lernen, Nachahmung 17
Lernen, Neugeborene 87f.
Lernen, soziales 85, 240
Lernfähigkeit, Entwicklung 130
Lernmotivation 226
Lernprozesse 28
Lernpsychologie 20, 150
Lernverhalten, aktives 129
Lernverhalten, spontanes 41f.
Lesen 201, 208, 248, 272
Lexikon 149, 209
LH 256
Libido 193, 239
Liebe 17, 266, 304
Liebesbindung 186
Liebeskummer 285
Liebesobjekt 100, 193
Liebesverlust 186, 194, 247
Linguistik 150
Linkshändigkeit 91, 178
logisch-begriffliches Denken 225
logische Denkprozesse 161
logische Regeln 220
Lügen 146, 233, 235
Lungenatmung 72f.
Lustgewinn 189
Lustprinzip 190

Macht 245
Mädchen, Eigenleben 263f.
Magersucht 264
magische Ängste 240
magisches Denken 240
magisches Weltbild 155
Makrosystem **44**
Mangelmilieu 126
Mangelsituationen 122
Männlichkeit 261, 314
Masturbation 189, 244, 303
Matador 170

Material, Organisation 228
Materialerfahrung 167
Materialerfahrungen, erste 100
Mechanismus, neuronaler 37
Medien 262, 265, 302
Medikamente 310f.
Medikamentenkonsum, Schwangere 66
Mehrfachkontaktmütter 114
Mehr-Wort-Stadium 149f.
Meinung, öffentliche 231
Memorieren 228
Menarche 253, 262
Mengenbegriff **142f.**
Mengenkonstanz 142, 156, 216
Mensch – Umwelt – System 30
Mensch, arteigene Merkmale 17f.
Mensch, Instinktausstattung 15f.
Mensch, Konzept 13
Mensch, Lernwesen 15f.
Mensch, Sonderstellung 13f.
Mensch, Zukunftsbezogenheit 16
Menschenaffen 103
Menschenrechte 292
Menschwerdung 13
Menstruation 264, 266
Merkfähigkeit 227
Merkmal, universelles 150
Merkmale 111f., 156
Merkmale, akzidentielle 156
Merkmale, Erfassen 143f.
Merkmale, generelle 157
Merkmale, gruppieren 144
Merkmale, primäre 156
Merkmale, sekundäre 156
Merkmale, semantische 157
Merkmalstheorie, semantische 157
Mesosystem **44**
Metabolismusstörungen 63
Meta-Ebene 205
Metagedächtnis 226, **229f.**
Metamorphose von Gegenständen 165
Methode, biografische 22
Methodologie **21f.**
Migranten 312
Mikrosystem **44**, 45

Milieu 44, 50, 83, 148
Milieu, physikalisches 43f.
Milieu, rechtsextremes 314
Milieu, soziales 44
Milieumängel 83
Milieutheorie 29, **30**, 50
Milieuwechsel 191
Mimik 96, 101, **103**
Minderwertigkeitsgefühl 46
Missbildungen 63
Missbrauch, Drogen 308f.
Missbrauch, Medikamente 310
Missbrauch, Risikofaktoren 309
Missbrauch, sexueller 243, **244f.**, 266
Missbrauchssyndrom 245
Misserfolg 173, 185, 214, 215, 238, 271, 316
Misshandlung 116, 312
Misstrauen 46, 146
Mitsprache 267
Mittelhirn 76
Mittelohr 61
Mittelschicht, soziale 50, 209
Mittel-Zweck-Verhalten 113
Modebewusstsein 263
Modellwirkung 306
Moral 272, 292
Moral, autonome 235 236
Moral, heteronome 235, 236, **237**, 292
Moral, individualistische 237, 292
Moral, zwischenpersönliche 292
moralische Entwicklung **236f.**
moralische Entwicklung, Schulkind **230f.**
moralischer Realismus 235
moralisches Urteil **234f.**, 291f.
Moro-Reflex 89, 90
Morpheme 150
morphologische Strukturen 206
Motherese **103**
Motivation 17, 184, 202, 214f.
Motivation, autonome **247**
Motivation, extrinsische **247**
Motivation, intrinsische **247**
Motivationspsychologie 20
Motivsystem 117, 120

Motorik 40
Motorik, Entwicklungsprinzipien **91**
Motorik, erstes Lebensjahr **98f., 104f.**
Motorik, Fötus **60f.**
Motorik, Kleinkind **131f.**
Motorik, Neugeborene **88f.**
Motorik, Schulkind **217f.**
Müdigkeit 117
multivariante Forschung 26
Mündigkeit 317
Mundzone 86, 192
Musik 302
Musikalität 42, 50
Muskelentwicklung 256
Muskelwachstum 255
Muskulatur, Entwicklung 133
Muster, syntaktische 150
Mustererkennung 97
Mütter, ängstliche – nichtängstliche 69f.
Mutter-Kind-Beziehung 101, 116, 117
Muttersprache 206
Myelisation 36

Nachahmung 17, 107, 165, 215, 306
Nachahmung, Neugeborene 88
Nachbarschaft 136
Nachfolgeverhalten 194
nachgeburtliche Periode 86f.
Nackenreflex 90
Nähe 108, 117
Nahrungsaufname, Neugeborene **86f.**
naiver Realismus 190, **215f.**, 223
Namen 156
Nationalismus 300
Nativismus **30**, 150
Naturwissenschaften 19
Nebennierenrinde 270
Necking 243, 244
Nein 194
Nein-Sagen 266
Neophilie 130
Neophobie 130
Nervenbahnen 35
Nervenplatte 56
Nervensystem 35

Nervenzellen 56, **58**
Netz, neuronales 38f., 76f.
neue Werte 289
Neugeborene, Atmung 73
Neugeborene, erstes Lernen **87f.**
Neugeborene, Gedächtnis **87f.**
Neugeborene, Hören 93f.
Neugeborene, Motorik **88f.**
Neugeborene, Nachahmung 88
Neugeborene, Nahrungsaufnahme **86f.**
Neugeborene, Riechen 94f.
Neugeborene, Schmecken 94f.
Neugeborene, Schreien 69
Neugeborene, Sehen 91f.
Neugeborene, Sinnesentwicklung **91f.**
Neugeborene, taktile Wahrnehmung 95
Neugeborenenperiode 72
Neugeborenenperiode, frühe 72
Neugeborenenreflexe **89f.**
Neugierde 41, 105, 129, 195, 214, 310
neuromuskuläre Koordination 104f.
neuronale Komplexität 80
neuronale Selbstorganisation **79f.**
Neuronen 38, 39, 76
Neurose 49, 192, 215
Neutralisierung 192
nichtsprachliche Intelligenz 135
Nikotin 310
Noradrenalin 71
Normen 267, 288
Normen, Interiorisation **287f.**
Normen, soziale 240
Normen, verbindliche 305
Normengebundenheit 215
Normenintegration 288
Normsystem 253
Not, sexuelle 269
Noten 236, 238, 265

Oberbegriffe 216, 221
Oberschicht, soziale 50
Objektivierung, Sprache 205
Objektivierungsstufen, Sprache 224
Objektivität 22
Objektpermanenz 46, 120, 123

Objektvorläufer 193
Objektwelt, konstante 144
ödipale Phase 195
Ödipuskonflikt 190
öffentliche Meinung 231
ökologischer Ansatz **43f.**
Ökosystem 30, 124
Ökosysteme, menschliche **43f.**
Online-Abhängigkeit 311
operant behavior 167
Operationen 222
Operationen, Reversibilität 216
operative Erfahrungen 221
Opposition 288f.
optative Identität 284
Optimismus 296f., 317
Optimismus, pädagogischer 50
orale Phase 49, 189
Oralzone 188
Ordnung 264
Ordnung, formelle 230, 233
Ordnung, informelle 230, **231f.**, 233
Ordnung, innere 48
Ordnungszahlen, Entwicklung 142f.
organismische Theorien 31
Organonmodell 110
Orgasmus 303
Orientierung 267f., 297
Orientierung, homosexuelle 304
Orientierungsreflex 41
Orten 94
Östrogen 256

Paarbeziehungen 273
Paare 301
pädagogische Psychologie 21
palmarer Greifreflex 90
palmares Greifen **99**, 106
Panikattacken 309
Parameter 152f.
paranoide Psychosen 309
Parteien, politische 293
Parteipolitik 293
Partner 43, 215, 272, 273, 274
Partnerfähigkeit 253

Partnerprobleme 68
Partnerschaft 266
partnerschaftliches Verhalten 288
Partnerwahl 283
Partnerwechsel 173
Passivrauchen 63, 64
Passivsätze 205f.
Passungen 44, 47, 51, 203
Patchworkfamilie 281
pathologischer Internetgebrauch 311
Patiens 205
Pavor nocturnus 69
Peer-group 273, 274
Penis 255
Penisneid 240
Performanz 151
perinatale Todesfälle 66
Permanenz 120
Person 29, 226
Personenpermanenz 120
Persönlichkeit 29, 42, 49, 213f., 284f.,
Persönlichkeit, androgyne 243
Persönlichkeit, dominierende 287
Persönlichkeit, Entwicklung 40, **42f.**, 45, 297
Persönlichkeit, Neurotiker 49
Persönlichkeitsentwicklung, Prozesse 49
Persönlichkeitsentwicklung, Traits 49
Persönlichkeitsstörungen 246
Persönlichkeitsstruktur, autoritäre 313
Pessimismus 296f.
Petting 243, 244, 263, 303
Pflegefamilie 126
Pflegehandlungen 95
Pflegewechsel 129
Pflichtgefühl 214, 289
phallische Phase 46, 189
Phänotyp 51, **81**, 83
Phantasie, sexuelle 263f.
Phantasielüge 146
Phase, autistische 192
Phase, kritische 37, **39f.**, 78, 79f.
Phase, ödipale 195
Phase, plastische 80
Phase, sensible **36**, 116
Phase, symbiotische 192f.

Phonologie 102
physiognomischer Charakter 160
physiologische Bedürfnisse 17
Pidgin 154
PIG 311
Pille 255
Pilotstudie 23
Pinzettengriff 106
Planen 16, 168, 220, 255
plantarer Greifreflex 90
Plastizität 36, 79, 85
Plazenta 65, 66, 68, 71
Politik 286, **293f.**, 308
Politik, Interesse 294
Politiker, Glaubwürdigkeit 295
Populationsgenetik 51
Pornografie 245, 247, 263
Position 267
Positionskämpfe 231
postkonventionelles Niveau 292
Präferenz, Elternteil 124
Prägung 29
prälogisches Denken 136, 137, 161
pränataler Zustand 74
Preattachment 120
Prestige 215, 232, 299
primäre Bedürfnisse 17
primäre Motivation 17
Primaten 15f.
Prinzip der reziproken Verflechtung 91
Prinzipien 152f.
Prinzipien, ethische 292
Prinzipien, kategoriale 157
Privatsphäre 275
Probierverhalten 313
Problembelastung 278f.
Problembewältigung, aktive 279
Probleme, sexuelle 316
Probleme, sozioökonomische 297
Problemfamilien 305
Problemlösung 220, 254
Problemsituationen 278
Problemverhalten, Jugendliche **305f.**
Prognosen 25
Proportionswandel 203

Propriozeption 95
Prostitution 245
Protestpotenzial 295
proximo-distale Entwicklungsrichtung 91
Prozesse, dynamische 42
prozessgebundene Sucht 310
psychische Labilität, Schwangerschaft 70
Psychoanalyse 188, 244
psychoanalytische Theorie **188f.**
Psychologie, angewandte 20
Psychologie, Definition **19**
Psychosen 309
psychosexuelle Entwicklung 49, 303
psychosexuelle Identifikation 239
psychosoziale Interaktionen 49
psychotaktile Interaktionen 67
puberaler Wachstumsschub **255**
Pubertät 35, 46, 48, **266f.**
Pubertät, biologische Grundlagen **270f.**
Pubertät, individueller Verlauf **314f.**

Qualifikation, gesellschaftliche 307
Querschnittuntersuchung **23f.**, 25

Rangordnung 230f.
Rapper 301
rationale Begriffsbildung 216
Rauchen 63, 64, 191, 291
Raum, euklidischer 137
Raum, topologischer 136
Raumbegriff 177
Raumbeziehungen 181, 225
Raumkategorien 136
Raumkonstruktion 137
Raumlage **141f.**, 213
Raumorientierung 220
Raumvorstellung 136, 137
Raumwahrnehmung 134, **136f.**
Raumwahrnehmung, Schulkind **220f.**
Rauschmittel 63
Rave-Parties 309
Raver 301
Reaktionen, reflektorische 61
Reaktionsbildung 191, 215
reaktives Verhalten 213

Realismus, kritischer 200, **219f.**, 223, 230, 232, 242, 247
Realismus, moralischer 234f.
Realismus, naiver 190, 200, **215f.**, 223
Realitätsanpassung 164
Realitätsprinzip 190
Reality-TV 251
Rebellion 287
Rechnen 201, 216, 225, 272
Rechtsbewusstsein 33
Rechtschreibwortschatz 207
Rechtsextremismus **313f.**
Rechtshändigkeit 91
Rechts-Links-Unterscheidung 142
Rechtsradikalismus 317
Reduplikation 102
Reflex, bedingter 62, 87
Reflexe **35f.**
Reflexe, Neugeborene **89f.**
Reflexionsfähigkeit 205
Reformulierungen 150
Regelbewusstsein 201
Regeln, abstrakte 292
Regeln, logische 220
Regelspiel **173f.**, 232
Regelwidrigkeit 232
Regression **191f.**
Reife, biologische 266f.
Reife, sexuelle 275
Reifung 27, 29, 31, **35f.**, 42, 200
Reifung und Lernen 35
Reifung, geschlechtliche 253, 270f.
Reifung, körperliche 257, 270
Reifung, latente 40
Reifung, neuromuskuläre 41
Reifung, neurophysiologisch 36
Reifungstheorie 29, **30**
Reinlichkeit 185
Reizangebot 77
Reizdeprivation 39
Reize 33, 36
Reize, sexuelle 258
Relativsätze 206
Reliabilität 23
Religion 286, 288, 301

Resignation 277, 279, 297
restringierter Code 209
Reversibilität 212, 216
Rezeptoren 37
reziproke Verflechtung 91
Rhythmus 87
Riechen, Neugeborene 94f.
Risiko 289
Risiko, psychosoziales 126
Risikobereitschaft 260
Risikofamilien 282
Risikogeburt 75, 116, 117, 126
Risikokinder 74, **75**
Rivalität 232
Robben 105
Rolle 43, 165, 167, 215, 232, 267, 288, 299
Rolle, Führung 231
Rolle, partnerschaftliche 274
Rolle, soziale 196
Rollenbilder 243
Rollenerwartungen 242
Rollenfixierung 242
Rollenkonflikte 267
Rollenmuster 239
Rollenspiel 162, **164f.**
Rollenspiele, kollektive 167
Rollenträger 202
Rollenübernahme 120
Rollenunsicherheit 243, 269
Rollerblader 301
Rooming-in 114
Rotation 135
Rückenmark 56
Rückzug 279
Ruhephasen 60

Sachimmanenz 36
Sachwelt 215
Samenerguss 253
Sammeln 261
Satzbildung 208, 223
Sätze 205
Sätze, komplexe 206
Sätze, reversible 206
Satzverbindungen 223

Saugen 86, 87, 99
Säuglingsforschung 114
Saugreflex 86f.
Saugschema 98
Schallleitung 93
Schalllokalisation 94
Scham 46, 191, 215, 266
Schambehaarung 255
Schaukeln 62, 87, 95
Scheidung 191, 281f.
Scheidung, Akzeptanz 282
Scheidungsfamilie 281
Scheidungskinder 282
Schema 98, 158
Schema, kognitives 158
Schema, sensomotorisches 158
Schicht, soziale 274
schichtspezifisches Sprachverhalten 209
Schilddrüse 270
Schilddrüsenhormone 256
Schlafhaltung, embryonale 73
Schlafschwierigkeiten 310
Schlafstörungen 129, 247
Schlafverhalten 96
Schlucken, Fötus 62
Schlüsselreiz 34, 95, 121
schlussfolgerndes Denken 216, 221, 222
Schmecken, Fötus **62**
Schmecken, Neugeborene 94f.
Schmerzmittel 63, 311
schöpferisches Spiel **168f.**
Schreibbewegung, Entwicklung 217f.
Schreibbewegungen 133
Schreiben 133f., 201, **217f.**, 272
Schreien 86, 91, **95f.**, 121
Schreien, Neugeborene 69
Schreikrämpfe 69
Schreitreflex 90
Schulangst **237f.**
Schulbereitschaft **200f.**
Schulbildung 287
Schuldgefühle 46, 48, 188, 298
Schule 43
Schule, Umwelt 211
Schuleintritt 196, 200, 207

Schulerfolg 238
Schulfähigkeit **200f.**
Schulfähigkeit, kognitive Komponente 202
Schulfähigkeit, ökologisch 203
Schulfähigkeit, soziale Komponente 202
Schulkind, emotionale Probleme **237f.**
Schulkind, Gedächtnis **225f.**
Schulkind, moralische Entwicklung **230f.**
Schulkind, Motorik **217f.**
Schulkind, Raumwahrnehmung **220f.**
Schulkind, soziale Entwicklung **230f.**
Schulkind, Sozialverhalten 215
Schulkind, Sprache **223f.**
Schulkind, Zeitwahrnehmung **220f.**
Schulkindform 203
Schulleistungen 265
Schulprobleme 285, 286
Schulreife 200
Schulreife, Konstrukt 204
Schulsystem 238
schwaches Geschlecht 264
Schwangerschaft 264
Schwangerschaft, psychische Labilität 70
Schwangerschaft, unerwünschte 70
Sehen, Entfernung 134
Sehen, erstes Lebensjahr **98**
Sehen, Fötus **61f.**
Sehen, Neugeborene 91f.
Sehen, Tiefe 134
Sehschema 98
Seiendes 14
Sekundäranalysen 26
sekundäre Bedürfnisse 17
sekundäre Motivation 17
Selbst, Integrität 284
Selbst, Konstituierung **284**
Selbstabsorption 46
Selbstständigkeit 219, 254, 267, 275
Selbstaufgabe 268
Selbstbefriedigung 244, 266
Selbstbehauptung 258, 290
Selbstbeschränkung 48
Selbstbetäubung 279
Selbstbewusstsein 16
Selbstbild 248

Selbstbild, Entwicklung 40
Selbsteinschätzung 252
Selbstentfaltung 29
Selbstfindung **268**, 269, **284f.**
Selbstgestaltungstheorien 29, 31
Selbstkonstruktion 31
Selbstkontrolle 95
Selbstkonzept **274**
Selbstkritik 304
Selbstmedikamention 311
Selbstorganisation, neuronale **79f.**
Selbstregulation, Frühgeborene 74
Selbstregulierung 305
Selbststeuerung 42, **47**, 50, 201, 214, 257
Selbststeuerung, aktive 213
Selbststeuerung, bewusste 215
Selbststörung 285
Selbsttötung 268, 306
Selbstvertrauen 95
Selbstverwirklichung 17, 274
Selbstwerdung 268
Selbstwert 313
Selbstwertgefühl 95, **259f.**, 297
Selbstwertgefühl, Mädchen 264
Selbstwertgefühl, vermindertes 285
Selektivität 33
Semantik 148, 157, 208
Semantik, Entwicklung 208
semantisches Gedächtnis 226
sensible Phasen **36**, 116
Sensitivität 79f., 124
Sensomotorik 41, 46
sensomotorische Intelligenz 113, 135
sensomotorische Koordination 98
sensorische Integration 95
Serotonin 309
Setting **43f.**, 44, 47, 211
Sexualaufklärung 304
Sexualerziehung 243f.
Sexualhormone 256
Sexualität 188
Sexualität, frühkindliche 49
Sexualität, Integration 267
Sexualität, Internet 312
Sexualität, Rechtsextreme 314

Sexualität, Tabuisierung 263
Sexualkontakte 267
Sexualpädagogik **265f.**
Sexualtäter 244
Sexualverhalten, unangemessenes 246
sexuelle Aufklärung **243f.**
sexuelle Belästigung 304
sexuelle Beziehungen **303f.**
sexuelle Erziehung 316
sexueller Missbrauch 243, **244f.**
Sicherheit 17, 121
Signal 15
Silbenstrukturen 102
Sinn 297
Sinnesentwicklung, Neugeborene **91f.**
Sinnessysteme, fötale Entwicklung 59f.
Sinnverlust 305
Situation, fiktive 212
Sitzen 105f.
Skelettwachstum 255
Slums 82
small-for-date 75
Somatisierung 246
Sorgerecht 282
Sorglosigkeit 278
soziale Desorganisation 305f.
soziale Entwicklung, Schulkind **230f.**
soziale Kompetenz 21, 253
soziale Normen 240
soziales Lernen 240
soziales System, Moral 292
soziales Verhalten, Kindergarten 198
Sozialisation 47
Sozialisierung 17, 167, 190, 215
Sozialpsychologie 20
Sozialstrukturen, Grundlagen 18
Sozialverhalten, Kleinkind 215
Sozialverhalten, Schulkind 215
Soziokognition 172f.
soziokulturelle Faktoren 28, **43f.**
Soziologie 21
sozioökonomische Probleme 297
Spannungen 170, 311
Spaßgesellschaft 298
späte Kindheit, Denken 222

Spätentwickler 256, 259
spätere Kindheit **200f.**
Spätreife 259
spezifische Reaktionen, erstes Lebensjahr **96f.**
Sphinxstellung 104
Spiel 118, 121, 123, **163f.**, 215
Spiel, Definition 163
Spiel, funktionales 136, 214
Spiel, konstruktives 262
Spiel, schöpferisches 168f.
Spiel, soziales 215
Spiel, werkschaffendes 168f., 202, 214, 217
Spiele, späte Kindheit 232
Spielerziehung **171f.**
Spielfreude 171
Spielmaterial 136, 172
Spielstil, Väter 124
Spielzeug 113, 123
Spielzeugpräferenz 172
spontanes Lernverhalten 41f.
Sport 217, 291
Sprachbegabung 223
Sprache 17, 38, 46, 85, 108f., 145, **148f.**, 164, 205f.
Sprache, Funktionen 109f.
Sprache, Kleinkind **148f.**
Sprache, Objektivierung 205
Sprache, Objektivierungsstufen 224
Sprache, Organon 110
Sprache, Schulkind **223f.**
Sprache, soziale Erfahrungen 103
Sprache, tonale Konturen 103
Sprache, Vorstufen 96
Sprachentwicklung, Theorie **150f.**
Spracherwerb 150f.
Spracherwerb, logisches Problem 152
Sprachgestaltung, bewusste 224
Sprachmischung 154
Sprachspiele 148
Sprachtheorie 150f.
Sprachverhalten, schichtspezifisches 209
Sprechmuskulatur 111
Stabilisierung 192
Stabilität, emotionale 314
Stadientheorien 31

Star 231
Status 234, 260, **267**, 285, 288, 299, 302
Statuskonflikte 267
Statussymbole 234
Statusunsicherheit 269
Stehen 105
stereoskopisches Sehen 97
Stereotyp 240f.
stereotype Bewegungen 91
Stereotypien 91
Stichprobe 24
Stieffamilie 281
Stil 223
Stil, autoritärer 305
Stimme 94
Stimmung 262
Stimmungslabilität 262f.
Stimulation, sexuelle 245, 303
Stoffwechsel 255
Störung, psychische 309
Strafe 186, 188, **235**, 236, 247
Strafe, kollektive 235
Straftäter, jugendliche 312f.
Strahlenexposition 63
Strampeln 86, 91
Strategien 226, **228f.**
Strategien, Coping 277
Strategien, Entwicklung 220
Streben 247
Streckung, erste 202
Streetballer 301
Streicheln 117
Stress 63, 117, 281, 311
Stresshormone 71
Strichführung 133f.
Struktur 158
Struktur, kognitive 38
Strukturalismus 150
Strukturen, Selbstorganisation 80
Strukturierung 27, 33, 36, 220
Strukturierung, rhythmische 60
Stützfunktionen 205
subjektive Identität 284
subkortikale Strukturen 36
Subkultur 44, 269, 284, **298f.**, 316

Sublimierung 49, 191
substanzgebundene Sucht 310
Suchreflexe 86
Sucht, Definiton 310
Sucht, Kategorien 310
Suchtmittel 308
Suchtverhalten **310f.**
Sühne 48
Sühnestrafen 235
Suizid 285, 306
Suprasegmentalia 102f.
Symbiose 43, 195
symbiotische Phase 192f.
Symbol 110f., 155, 164, 212
Symbolfeld 110
symbolische Elemente 180
symbolisches Denken 159
Symbolsetzung 165
Symbolsetzung, willkürliche 212
Symbolstadium 169, 176, 181
Synapsen 38, 56, **58**, 77
syntaktische Muster 150
syntaktische Strukturen 206
System, logisches 212
System, offenes 16
Systematisieren 261
Szene 301f.

Tabu 162, 243, 263, 265
tabula rasa 30, 151, 153
Tagebuch 21f.
Tagesmütter 21
Tagesroutine 185
taktile Wahrnehmung, Neugeborene 95
Taubblinde 103
Teamspiele 232
teilinhaltliches Erfassen 213, 215f.
telegrafische Äußerungen 150
Temporallappen 61
Tendenzen, rechtsextreme 313
Teratologie **63**
Test **22f.**
Testosteron 256
Testpsychologie 20
Testtheorie 22

Theorienbildung 221f.
Tiefenbindung 287
Tiefenlokalisation 134
Tiefenpsychologie 21
Tiefensehen 97, 134
Time Sampling 22
Todesangst 240
Todeserkenntnis 240
Todesfälle, perinatale 66
Tonfall 112
Topologie 177
Totgeburten 63
Tracheotomie 102
Tradition 264
Traits 49
Transformationen 150, 206
Traumatisierung 196
Trennung 119, 194, 282
Trennungsangst 129, 193
Trennungsfamilie 281
Trennungsschmerz 193, 195
Treppensteigen **131f.**
Treue 263, 304
Triade 122
Trieb, Unterdrückung 16
Triebbefriedigung 188, 215
Triebbeherrschung 215f.
Triebe 35, 49
Triebhaftigkeit, sexuelle 215
Triebhemmung 202
Triebverzicht 186, 190, 202
Triebwünsche, sexuelle 239
Trigger 93
Trotz 268
Trotzalter 28, **187f.**
Trotzanfälle 187
Turn-taking 103

Üben 29, 217
Überdiskrimination 157
Überforderung 40, **268**
Übergeneralisierung 157
Übergriffe, verbale 304
Über-Ich 48, 188
Überidentifikation 285

Überordnung, Begriffe 222
Überzeugungssysteme 44

Ultraschall 60, 68
Umstrukturierung 254
Umwelt 25, 27, 29, 31, 33, 42, 50
Umwelt, reizarme 39
Umwelt, Selbstkonstruktion 31
Umwelt, soziale 275
Umwelt, weitere 43
Umweltbelastungen 63
Umweltschutz 293, 300
Unabhängigkeit 275
Unbehagen 95
unbewusste dynamische Prozesse 48f.
unerwünschte Schwangerschaft 70
Unfug 260
unglückliche Töchter 70
Universalgrammatik 152
Unlust 121, 146, 186
Unreife, funktionelle 74
Unsicherheit 267, 269
Unsicherheit, Rolle 243
Unterernährung 63
Unterordnung 198, 299
Unterordnung, Begriffe 222
Unterschicht, soziale 50, 115, 209
Unterschiede, geschlechtsspezifische 122, 174, 231, 238, 242, 256, 265, 277f., 302
Unterschiede, schichtspezifische 238, 274
Untersuchungen, deskriptive 26
Untersuchungen, prospektive 26
Untersuchungsgespräch 23
Unzufriedenheit 271
Urangst 73
Urteil, dynamisches 212
Urteil, moralisches **234f.**, 237, **291f.**
Urteil, statisches 212
Urteilsfähigkeit 219
Urvertrauen 67, 189
Uterus 63

Validität 23
Vater, Rivale 190
Vater, Rolle 67, 75, 195f., 234

Väter, Spielstil 124
Väterforschung 122
Vater-Kind-Beziehung **122f.**
Veränderung 20
Veränderungen, Alter 21
Veränderungen, hormonelle 270f.
Veränderungen, interindividuell 24, 25
Veränderungen, intraindividuell 24, 25
Verantwortung 267, 288
Verantwortung, soziale 235
Verarbeiten 29
Verbalisierung 123, 144, 220
Verbindung von Denkprozessen 221
Verbotsgehorsam 186
Verdrahtungen 77
Verdrängung 190f., 278, 279
Vereine 299
Vererbung **34f.**, 42
Verfestigung 33, 36, 49, 50
Verflechtung, reziproke 91
Vergangenheit, Interesse 221
Vergeltung 236
Vergewaltigung 266
Verhalten 19, 44, 288
Verhalten, erstes Lebensjahr **86f.**
Verhalten, moralanaloges 18
Verhalten, partnerschaftliches 288
Verhalten, reaktives 213
Verhalten, rezeptives 265
Verhaltensänderung 37
Verhaltensanpassungen 124
Verhaltensauffälligkeiten 70, 129, 246
Verhaltensauffälligkeiten, pränatal bewirkt 69
Verhaltenserwartungen 267, 305
Verhaltensformen 42
Verhaltensforschung 20, 21, 34f.
Verhaltensmuster 18, 186, 288
Verhaltensmuster, kollektive 44
Verhaltensmuster, normierte 44
Verhaltensmuster, soziale 151
Verhaltensnormen, soziale 288
Verhaltenspotenzial 37
Verhaltenspsychologie 150
Verhaltensreifung 36
Verhaltensschemata 165

Verhaltensstruktur 33
Verhaltensweisen, angeborene 18
Verhaltensweisen, passive 278
Verhütung 266
Vermeidung 214
Vernachlässigung 268, 287
Verpflichtung 171
Versagen 214
Versammlung, politische 295
Verschwiegenheit 263
Verselbstständigung 192, 194f., 298
Verstärkung 247
Verstehen 29
Verstehen, fremdseelisches 284
Vertrauen 46
Vertrauen, Institutionen 295
Verwahrlosung 268
Verzweiflung 46
vestibuläres System 95
Video 22, 302
visuelle Wahrnehmung 92f.
visuelle Wahrnehmung, Dominanz 135
visuelles System 62
visuomotorische Koordination 218
Vitalstärke 48
Vokale 94, 101, 102
Vokalisation 103, 111
Vokalisierung 101f.
Vokativ 149
Volksbegehren 295
Volumen 222
Volumen, Invarianz 222
Vorbild 247, 284f.
Vorbild, Identifikation 17
Vorbild, sprachliches 223
vormoralisches Niveau 236, **237**, 292
Vorpubertät 46, 200, 234, **253f.**
Vorpubertät, kognitive Entwicklung 261f.
Vorschulalter 201
Vorschulerziehung 21, 144
Vorschulförderung 204
Vorsignal 87
Vorurteile 33, 162
Vorwissen, Bedeutung 226
Voyeurismus 244, 247

Wachstum 29, 202, 256
Wachstumshormone 255
Wachstumskegel 76
Wachstumsschub, puberaler **255**
Wachstumstempo 259
Wachzustand 96
Wachzustand, positiv ruhiger 98
Wahrnehmung 58
Wahrnehmung, kinästhetische 95
Wahrnehmung, Kleinkind **134f.**
Wahrnehmung, vestibuläre 95
Wahrnehmungsdifferenzierung 145
Wahrnehmungskonstanz 134f.
Wahrnehmungspsychologie 20
Waisenkinder 125
Warenmarkt, Nutzung 253
Warum-Fragen 154, 155
Wechsel von Bezugspersonen 126f.
Wehen 72
Weinen 129
Weltanschauung 44, 286, 288
Weltbild 162
Weltbild, ethnozentrisches 313
Weltschau 212
Werbung 301
werkschaffendes Spiel **168f.**, 214, 217
werkschaffendes Zeichnen 177
Werkzeugbenutzung 16
Werkzeugdenken 135
Werkzeugdenken, erstes 113
Werkzeugherstellung 16
Werte 18, 215, 264, 273, 288, 309
Werte, alte 289
Werte, Interiorisation 48
Werte, neue 289
Wertesystem 18, 231, 253, **287f.**
Werthaltung 33, 215, 248
Werthierarchie 269
Wertordnungen 18
Wertorientierung 42, 185
Wertorientierung, soziale 288
Wertsinn 46
Wertvorstellungen 267
Wettbewerb 173, 184, 299
Wiederholung 227

Wiederverheiratung 283
Wiegen 62, 95
Wille 248
willkürliche Aufmerksamkeit 202
Wirklichkeit, egozentrische 215, 216
Wirtschaft 297
Wissbegierde 261
Wissen **275**
Wissenserwerb 37
Wohlfahrt, soziale 292
Workaholics 310
Wort 202, 205, 213
Wort, erstes 109f.
Wortbedeutungen 223
Wortbilder 202
Wortklassen 207
Wortkombinationen 149
Wortschatz 207, 223
Wortschatz, aktiver 208
Wortschatz, passiver 208
Wortschatzerweiterung 154
Wortsprache 17
Wortverständnis 102
Wut 312

Xenophobie 314

Zangengriff 106
Zärtlichkeit 108, 118, 247, 258
Zeichen 15
Zeichen, halbverbale 111
Zeichenbewegungen 133

Zeichnen, werkschaffendes 177
Zeichnung **175f.**
Zeit **137f.**
Zeitbeurteilung 220
Zeitperspektive 139, 185
Zeitwahrnehmung, Schulkind **220f.**
Zentralisation 178
Zentralisierung 27
Zentralnervensystem 37f., 56, 79f.
Zielsetzung, individuelle 45
Zielsetzungen 168, 253
Zivilisationsstufe 275
Zukunft 139, 215, 273
Zukunft, Gesellschaft 293f.
Zukunftsängste 294
Zukunftschancen 312
Zukunftsorientierung 288, 297
Zukunftsplanung 298
Zuschreibung, Identität 284
Zuwendung 104f.
Zuwendung, elterliche 315
Zweckdefinition 216
Zweck-Mittel-Verkehrung 16
Zweiermenge 142
Zweitfamilie 281
Zweiwortsätze 149
Zwillinge, eineiige 52
Zwillingsforschung 30
Zwillingsuntersuchungen 51, **52**
zwischenpersönliche Moral 292
Zyklus 304

Personenregister

ADLER A. 48
AEBLI 138
AINSWORTH 117, 118, 119, 120
AKERT 77, 78, 79
ALLPORT 49
AMBROSE 87
ANASTASI 53
ANDERSON 125
APELTAUER 206
APPEL 229
ARBINGER 91, 97, 99, 106, 131, 132, 134, 135, 227, 229
ARNTSON 210
AUGST 207, 208
AYRES 95
BARKER 43
BARTEN 92
BATES 111
BAUMRIND 315
BAYLEY 131
BELLUGI 150
BERNFELD 73
BERNSTEIN 209, 21
BEVER 205
BIERWISCH 157
BIRNS 92
BLAKE 111
BIERSBACH 281
BODENDORFER 246
BORNSTEIN 97
BOWER 37, 108
BOWLBY 117, 123
BRACKEN 52
BRANDSTÄDTER 45
BREIDBACH 58
BRETHERTON 111
BRONFENBRENNER 24, 44
BROWN 148, 15
BRUNER 155, 156
BRUNS 125
BÜHLER Ch. 22, 47

BÜHLER K. 27, 109, 110, 111, 167
BUNDSCHUH 29, 36, 40
CAIN 125
CARPENTER 92
CHOMSKY 150, 152
CLARKE-STEWART 123
CLEMENTS 61
COLEMAN 276, 277
COOPER 92
CRASSELT 218
DANNENBECK 299
DAUMENLANG 53
DAY 93
DE BOYSSON-BARDIES 111
DE JONG 75
DOLLASE 53
D'ORDRICO 111
DORIS 92
DORSCH 245
DREHER 272, 274
EASTERBROOKS 124
ECCLES 16
ECKENSBERGER 237
EDELMANN 80
EDTFELD 141
EIBL-EIBESFELDT 103
EICHENBERG 311
EINSTEIN 163
EMERSON 123
ERISKON 49, 189, 284
EYFERTH 305
FEND 275
FERREIRA 69
FESER 28
FISCHER 295, 314
FLAVELL 229
FORCHEL 218
FÖRSTERLING 310
FRANCO 111
FRANTZ 92, 98
FREITAG 210

Freud A. 192
Freud S. 49,73,186,190,239
Friedrich 243
Fritzsche 295,314
Frodi 124
Fthenakis 122
Fuchs-Heinritz 295,314
Gärtner-Harnach 238
Gehlen 15
Gilligan 174
Gleitmann 97
Goldberg 311
Gollin 137
Göllnitz 126
Gottesmann 81,82,83
Griesshaber 205
Grimm 149,157,208
Grossmann 115
Guilford 49
Hassenstein 193
Hauke 60, 74
Häuser 173
Havighurst 45,49,271,272,274
Heckhausen 164,173,238
Hefele 196
Heiliger 304
Hemphill 210
Hermann 210
Herrnstein 85
Hetzer 163
Hilgard 37
Hofstätter 306
Holzkamp 14,16
Hubbel 93
Hunton 141
Hunziker 96
Hurrelmann 252,253
Inhelder 136,228
Jessor 310
Kagan 108
Kauke 163,171,175

Kegel 110,111,207
Keller 93,194
Kellmann 97
Kelly 66,68
Kemmler 187
Kennell 114,115
Kern 201
Klaus 114,115
Kluge 270
Knapp 298,300,301,306
Kohlberg 236,240,291,292
Köhler 113
Koonin 244,246
Kromer 252,302,303
Krumpholz-Reichel 261,313
Lamb 123,124
Langenmayr 102,206,210
Larsen 210
Larson 287
Lazarus 276
Leavitt 124
Lewin 43
Liley 61, 62
Locke 30
Lüpke 61
Lüscher 280
Lynch 116
MacCoby 174
MacFarlane 73, 87, 94
Mahler 192
Marcovich 74
McCall 80
McGurk 97
Mechler 244, 263
Meier-Probst 128
Meierhofer 129, 194
Melhinsh 94
Meltzow 87
Menzen 316
Merker 63
Messer 100, 102, 103, 111

Mey 24
Meyer 93
Mills 94
Miranda 92
Mischel 240
Mitterauer 301, 303
Moens 306
Montada 19, 25, 28, 47
Moosmann 172
Moro 90
Moss 122
Müller 184
Müller-Küpers 194
Müller-Rieckmann 74
Münchmeier 295, 314
Munsinger 53
Murray 85
Nelson 150
Neuhaus 139
Neumann 121
Newhall 198
Nickel 141, 145, 201, 203, 204
Norcia 97
Oberg 97
Oerter 43, 44, 46, 53, 203, 211, 240, 241, 253
Olbrich 276
Ollerenshaw 162
Oswald 53, 299
Ott 311
Ottomeyer 313
Palank 306
Papousek 103
Parten 198
Peccei 112
Pedersen 125
Peeples 97
Peltzer-Karpf 38, 39, 79, 98
Pfeifer 312
Piaget 23, 31, 111, 113, 136, 137, 138, 142, 154, 158, 159, 161, 163, 165, 167, 217, 222, 227, 228, 234, 236
Pieper 93
Pinker 153
Piontelli 61

Plato 152
Pollack 261, 312
Portman 85
Preyer 21
Prigogine 80
Rank 73
Rauh 55, 57, 58, 72, 74, 107, 108
Rehbein 205
Remplein 27
Rieder 112, 162, 208
Ritchie 162
Roelofsen 173
Rollet 84, 205, 209, 210, 253
Ronch 92
Roth 53
Rotmann 195, 196
Rousseau 30
Salk 62
Salz 173
Schaef 310
Schaffer 123
Schenk 246
Schenk-Danzinger 40, 166, 204
Schiefenhövel 74
Schlemm 15, 17
Schmid-Deuter 197, 198
Schmidt 265
Schmitt-Rodermund 271, 301, 303, 306, 309, 315
Schneewind 280
Schulte 311
Schulte-Strathaus 264
Schwarzer 238
Scupin 22
Seiffge-Krenke 277, 278, 279, 280
Sekel 97
Senger 303, 315
Seyfried 142, 203
Silbereisen 271, 301, 303, 305, 306, 309, 315
Sinz 34, 37
Skinner 150
Smolka 304
Snyder 111
Solkoff 117

Spelke 97
Spelt 62
Spitz 100, 125, 188, 192, 193, 194
Steinberg 287, 304
Steinebach 19, 24, 25, 45, 86, 93, 95, 120, 159, 187, 237, 251, 280
Stemmler 218
Stern E. 22, 27
Stern W. 22, 27, 148
Sternber 84
Stich 299
Szeminska 161
Teller 97
Templin 206, 208
Thielen 91
Thomae 28, 33, 45, 49
Thomasius 309
Thorlindsson 210
Todt 248, 249, 250
Trautner 20, 240, 241
Trehub 94
Trommsdorf 25
Tulving 226
Unverzagt 282

Van Deest 61
Verny 66, 68
Voss 61
Walker 137
Weidacher 126
Weidenbach 303, 304
Weinert 227
Weintraub 240
Wendt 38
Wenzl 80
Wetzels 312
White 49
Wiesel 93
Wild 133
Wintermantel 208
Wode 102, 206
Wolf-Filsinger 196
Yonas 97
Young 311
Younniss 287
Zimbardo 19
Zimmerl 311
Zollinger 103

Bildnachweis

FACTS 23, 2001: Seite 13
RIEDER, KARL: Seiten 32, 71
PELTZER-KARPF, ANNEMARIE: Spracherwerb bei hörenden, sehenden, hörgeschädigten, gehörlosen und blinden Kindern, Tübingen 1994: Seiten 38, 39
NILSSON, LENNART: Ein Kind entsteht, Mosaik Verlag: Seite 59
AKERT: Probleme der Hirnreifung: Seiten 77, 78, 79
GOTTESMANN: Biogenetics of Race and Class: Seiten 82, 83
HETZER, HILDEGARD / TODT, EBERHARD / SEIFFGE-KRENKE, INGE / ARBINGER, ROLAND (HG.): Angewandte Entwicklungspsychologie des Kindes- und Jugendalters, 3. Auflage 1995: Seiten 90, 99, 106
CARL, ULRIKE: Seiten 87, 101, 105
THERAPIEAMBULATORIUM STREBERSDORF: Seite 105
SCHENK-DANZINGER, LOTTE: Entwicklungspsychologie, Wien, 25. Auflage 2001: Seiten 118, 119, 137, 140, 170, 176, 178, 179, 180, 181, 182, 183, 228
STEINEBACH, CHRISTOPH: Entwicklungspsychologie, Stuttgart 2000: Seiten 29, 252, 292
BREIDBACH, OLAF: Expeditionen ins Innere des Kopfes, Stuttgart 1993: Seite 58
KNAPP, ILAN / HOFSTÄTTER, MARIA / PALANK, FRANZ: Drop-outs. Jugendliche nach dem Schulabbruch, Wien/Stuttgart/Bern 1989: Seiten 298, 300, 301
KEGEL, GERD: Sprache und Sprechen des Kindes, Reinbeck bei Hamburg 1974: Seiten 110, 207
DIEMLING, SABINE: Seite 106, 116
STRASSER, MANUELA: Seite 115
BUNDSCHUH, KONRAD: Heilpädagogische Psychologie, München 1995: Seiten 29, 40
SENGER, GERTI / HOFFMANN, WALTER: Österreich INTIM, Wien 1993: Seite 316
KAUKE, MARION: Spielintelligenz, Heidelberg 1992: Seite 175
OERTER, ROLF / MONTADA, LEO: Entwicklungspsychologie, München-Weinheim 1987: Seiten 53, 241
KROMER, I.: Abschied von der Kindheit? Die Lebenswelten der 11 – 14-jährigen Kids. In: KIK 87, 1996: Seiten 252, 302